AF906227

Jochen Felsenheimer, Wolfgang Klopfer
und Ulrich von Altenstadt

Credit Default Swaps

Jochen Felsenheimer, Wolfgang Klopfer
und Ulrich von Altenstadt

Credit Default Swaps

Handelsstrategien, Bewertung und Regulierung

WILEY

WILEY-VCH Verlag GmbH & Co. KGaA

1. Auflage 2019

Alle Bücher von Wiley-VCH werden sorgfältig erarbeitet. Dennoch übernehmen Autoren, Herausgeber und Verlag in keinem Fall, einschließlich des vorliegenden Werkes, für die Richtigkeit von Angaben, Hinweisen und Ratschlägen sowie für eventuelle Druckfehler irgendeine Haftung.

© 2019 Wiley-VCH Verlag & Co. KGaA, Boschstr. 12, 69469 Weinheim, Germany

Alle Rechte, insbesondere die der Übersetzung in andere Sprachen, vorbehalten. Kein Teil dieses Buches darf ohne schriftliche Genehmigung des Verlages in irgendeiner Form – durch Fotokopie, Mikroverfilmung oder irgendein anderes Verfahren – reproduziert oder in eine von Maschinen, insbesondere von Datenverarbeitungsmaschinen, verwendbare Sprache übertragen oder übersetzt werden. Die Wiedergabe von Warenbezeichnungen, Handelsnamen oder sonstigen Kennzeichen in diesem Buch berechtigt nicht zu der Annahme, dass diese von jedermann frei benutzt werden dürfen. Vielmehr kann es sich auch dann um eingetragene Warenzeichen oder sonstige gesetzlich geschützte Kennzeichen handeln, wenn sie nicht eigens als solche markiert sind.

Bibliografische Information der Deutschen Nationalbibliothek

Die Deutsche Nationalbibliothek verzeichnet diese Publikation in der Deutschen Nationalbibliografie; detaillierte bibliografische Daten sind im Internet über <http://dnb.d-nb.de> abrufbar.

Printed in the Federal Republic of Germany

Umschlaggestaltung: Christian Kalkert Buchkunst & Illustration, Birken-Honigsessen
Umschlagabbildung: Natee Meepian - fotolia.com
Gestaltung: pp030 – Produktionsbüro Heike Praetor, berlin
Satz: SPi Global, Chennai
Druck und Bindung:

Gedruckt auf säurefreiem Papier

Print ISBN: 978-3-527-50949-2
E-Book ISBN: 978-3-527-81587-6

10 9 8 7 6 5 4 3 2 1

Inhalt

Die Autoren

Dr. German Bernhart arbeitete bis 2018 für XAIA Investment im Portfoliomanagement. Zuvor studierte er Finance & Information Management an der Technischen Universität München/Universität Augsburg und promovierte an der Technischen Universität München am Lehrstuhl für Finanzmathematik. Erste praktische Erfahrungen sammelte er in diversen Praktika, u. a. bei der risklab GmbH und Morgan Stanley. Aktuell arbeitet er als Product & Innovation Manager bei Celonis.

Dr. Jochen Felsenheimer ist geschäftsführender Gesellschafter der XAIA Investment und im Portfoliomanagement tätig. Bevor er 2009 XAIA mitbegründete, leitete der promovierte Volkswirt das globale Credit Strategy Research bei der UniCredit Group. Er ist Autor mehrerer Bücher und wissenschaftlicher Artikel zu den Themen Kreditderivate, Kreditmärkte und zu volkswirtschaftlichen Fragestellungen.

Nadja Ferger ist bei XAIA Investment im Portfoliomanagement tätig. Sie studierte Wirtschaftsmathematik an der Universität Ulm und sammelte im Rahmen von Praktika bei XAIA Investment und Lucror Analytics in Singapur erste berufliche Erfahrungen im Bereich Credit und Credit Research.

Konstantin Hammerschmidt arbeitete bis 2018 im Portfoliomanagement für XAIA Investment. Er studierte Volkswirtschaft an der Ludwig-Maximilian-Universität München mit Schwerpunkt Makroökonomie und Empirische Wirtschaftsforschung. Vor seinem Einstieg bei XAIA Investment absolvierte er u. a. ein Praktikum in der Abteilung Credit Strategy & Structured Credit Research der UniCredit Group. Aktuell ist er im Consulting Projektmanagement in der Immobilienbranche tätig.

Dr. Jan-Frederik Mai ist für die mathematische Modellierung bei XAIA Investment zuständig und unterstützt das Portfoliomanagement bei quantitativen Analysen. Er studierte Mathematik an den Universitäten von Ulm und Syracuse (USA), und promovierte an der Technischen Universität München über die stochastische Modellierung von Abhängigkeiten in Kreditportfolios. Jan ist Autor zahlreicher finanzmathematischer Fachpublikationen und war im Sommer 2018 Vertretungsprofessor an der TU München im Fachbereich Risk & Insurance.

Christofer Vogt ist bei XAIA Investment im Bereich Portfoliomanagement tätig. Er studierte Finance & Information Management an der Technischen Universität München/Universität Augsburg sowie an der University of Toronto. Erste berufliche Erfahrungen in der Finanzindustrie sammelte er u.a. bei Allianz Global Investors.

Vorwort

Credit Default Swaps (CDS) haben sich in den letzten 20 Jahren als wichtiges Instrument am Kapitalmarkt etabliert. Sie dienen dem Risikotransfer zwischen Marktteilnehmern – so wie andere Derivate in ihren jeweiligen Risikoklassen auch. Das ausstehende Volumen von 15 Billionen US-Dollar reflektiert die Bedeutung dieses Instrumentes für den Kapitalmarkt.

In diesem Buch werden die Funktionsweise, die Einsatzmöglichkeiten und Rahmenbedingungen von CDS dargestellt. Wir möchten Ihnen ein Handbuch zur Verfügung stellen, in dem alle relevanten Aspekte des Einsatzes von CDS aufgezeigt werden und das dabei helfen soll, die notwendigen Voraussetzungen für eine Analyse und gegebenenfalls den Einsatz von CDS zu schaffen.

Für viele Finanzinstitute, aber auch institutionelle Investoren und Unternehmen dienen CDS als Risikomanagement-Instrument zur Reduzierung des Kredit-, Kontrahenten- oder Länderrisikos. Investoren können andererseits als Risikonehmer mit Hilfe von CDS Positionen aufbauen, die aus Risiko-/Ertragssicht potenziell attraktiver sind als der Erwerb von Unternehmens- oder Staatsanleihen.

In Zeiten massiver Markteingriffe der Notenbanken ist nicht nur der Markt für Staatsanleihen, sondern, insbesondere in Europa, auch der für Unternehmensanleihen massiv verzerrt. CDS sind dagegen ein Instrument, das nicht direkt manipuliert wird und in dem sich die Risikoeinschätzung der Marktteilnehmer deshalb objektiver widerspiegelt. Dieses Marktsegment ist liquider und lässt eine zum Bedarf passende Positionierung sowohl des Absicherungskäufers als auch des Risikonehmers zu.

Die Funktionsweise und vor allem die rechtlichen Spielregeln von CDS erscheinen zunächst komplex und schwierig zu durchdringen. Das Ziel, das Risiko aus Kreditpositionen möglichst genau abzubilden, um sowohl für den Käufer als auch für den Verkäufer von Kreditrisikoabsicherung eine effiziente Positionierung zu ermöglichen, erfordert jedoch ein umfangreicheres Regelwerk.

Dieses Buch soll Ihnen in verständlicher Weise die notwendigen Informationen zu den relevanten Bereichen des CDS-Marktes, zu den aktuellen Entwicklungen und den für Sie möglicherweise geeigneten Einsatzmöglichkeiten geben.

München, im Oktober 2018

Ulrich von Altenstadt
Dr. Jochen Felsenheimer
Dr. Wolfgang Klopfer

Einleitung

Als der Markt für CDS Mitte der 1990er-Jahre entstand, war er wenig standardisiert und hauptsächlich durch bilaterale Absprachen der Kontrahenten geprägt. Entstanden war der Markt aus der Notwendigkeit, Kreditrisiken effizient absichern bzw. eingehen zu können. Geprägt von den Erfahrungen verschiedener Finanzkrisen in dieser Zeit, hat sich der Markt immer weiterentwickelt und wurde zunehmend standardisiert, was zu einer Verbesserung der Schutzwirkung, zu einer Erhöhung der Effizienz und zu einer Reduktion von ungewollten Risiken geführt hat.

Insbesondere nach der Finanzkrise 2008/2009 wurden einige signifikante Änderungen eingeführt, wie die Einführung von standardisierten Kuponzahlungen und festen Fälligkeitsterminen. Nach wie vor werden die vertraglichen Rahmenbedingungen kontinuierlich an das sich ändernde Umfeld angepasst. So wurden z. B. staatliche Eingriffe bei der Restrukturierung von Finanzinstituten als eigenes Kreditereignis definiert.

Das zu Grunde liegende Konzept hat sich jedoch nicht geändert: Beim Abschluss eines CDS einigen sich zwei Parteien bilateral darauf, dass die eine Partei der anderen Partei Absicherung für den Ausfall eines bestimmten Emittenten gibt, also im Falle des Ausfalles des Emittenten den entstandenen Schaden ersetzt. Vergleichbar mit einer Versicherung, generiert eine Partei ein Einkommen aus dem Zur-Verfügung-Stellen einer Absicherung, wohingegen die andere Partei eine Prämie für die Vermeidung eines bestimmten Risikos zu bezahlen bereit ist.

Das im Vordergrund stehende Risiko ist der zu erwartende Schaden aus dem Ausfall eines Emittenten, also der Erwartungswert, der sich aus Ausfallwahrscheinlichkeit und dem erwarteten Schaden im Falle des Ausfalles ergibt. Dieser Erwartungswert spiegelt sich in der entsprechenden Risiko- bzw. Versicherungsprämie auf den betreffenden Emittenten wider.

Damit verbindet sich auch ein Marktwertänderungsrisiko. Dieses resultiert in einer sich ändernden Einschätzung des Marktes zum Erwartungswert des Schadens und reflektiert sich in einer Änderung der Prämie und damit dem Barwert des CDS. Hierbei spielen wiederum unterschiedliche Einflussfaktoren eine Rolle. So können sich die ökonomischen Rahmenbedingungen für den betreffenden Emittenten geändert haben oder aber die allgemeinen Marktbedingungen und damit die generelle Risikoaversion.

Grundlage für die Wirksamkeit von CDS sind die formellen und legalen Rahmenbedingungen. Hier gibt es klare und nachvollziehbare Regeln, die für alle Marktteilnehmer gleichermaßen gelten. So gibt es Regeln für die zu leistenden Prämienzahlungen. Diese erfolgen stets vierteljährlich zu festen Terminen und in standardisierten Kupons. Auch die Fälligkeiten von CDS-Kontrakten sind auf bestimmte Fälligkeitstermine standardisiert. Von besonderer Bedeutung ist auch, festzulegen, unter welchen

Bedingungen ein sogenanntes Kreditereignis eingetreten ist und wie hoch der entstandene Schaden ist, der vom Versicherungsgeber ausgeglichen werden muss. Ein Kreditereignis kann eintreten durch einen Zahlungsausfall, eine Restrukturierung oder ein sonstiges, den Gläubiger schädigendes Ereignis.

Hierfür gibt es definierte Abläufe und Institutionen. Diesen Rahmen definiert die ISDA, die *International Swaps und Derivatives Association*, eine Handelsorganisation, die die am Derivate-Markt teilnehmenden Parteien vertritt. Sie definiert die Rechtsstandards, begleitet die Abläufe und legt in entsprechenden Gremien fest, ob es ggf. zu einem Kreditereignis gekommen ist. In einem solchen Falle begleitet sie den Prozess, in dem die Schadenshöhe festgelegt wird.

Daneben gibt es ein Kontrahenten- und Exekutions-Risiko. Auch hier gibt es ein hohes Maß an Standardisierung, was einerseits zu einem geregelten Settlement der Transaktionen und andererseits zu einer Reduktion von Kontrahenten-Risiken über das gegenseitige Stellen von Sicherheiten führt.

Aufgrund der Größe und der Bedeutung des CDS-Marktes spielen regulatorische Rahmenbedingungen eine wichtige Rolle. So gibt es Reporting-Pflichten, Vorschriften für die Unterlegung mit Eigenkapital bzw. für die Reduktion von Eigenkapitalunterlegungspflichten im Falle des Kaufes von Absicherung. Der Gesetzgeber erkennt die Bedeutung von CDS als Risikotransfer-Instrument an und hat insofern die entsprechenden Vorschriften darauf abgestellt.

In den folgenden Kapiteln werden wir auf alle diese Bereiche detailliert eingehen. Wir haben das Buch bewusst modular strukturiert, so dass auch einzelne Themenbereiche unabhängig voneinander studiert werden können.

Ulrich von Altenstadt

1 Die Evolution des CDS-Marktes

1.1 Credit Default Swaps (CDS) als Antwort auf die Savings & Loan-Krise in den USA

Wie so oft in der Geschichte des Finanzmarktes, war auch für die Entwicklung von Kreditderivaten eine Krise der maßgebliche Auslöser. Ende der 1980er- bis Mitte der 1990er-Jahre kamen sogenannte Savings & Loan Associations, auf die Vergabe von Krediten und Bereitstellung von Depositen spezialisierte amerikanische Kreditinstitute, angesichts zunehmenden Wettbewerbs und damit verbundener Ausdehnung der Kreditvergabe auf riskantere Schuldner, einer verfehlten Regulierung und einem sich verschlechternden ökonomischen Umfeld unter Druck. Insgesamt musste knapp die Hälfte aller S&L-Institute geschlossen werden. Dafür war vor allem der große Anteil zunehmend ausfallgefährdeter Immobilienkredite verantwortlich. Die Problematik der Konzentration von Kreditrisiken kann als ursächlich für die grundsätzliche Idee zur Entwicklung von Instrumenten zum Risikotransfer verstanden werden.

Die ersten Kreditderivate wurden demnach auch in der ersten Hälfte der 1990er-Jahre entwickelt und gehandelt. Vor allem die Großbank *JP Morgan* hat damals CDS eingesetzt, um Kreditrisiken in ihrer Bilanz aktiv zu managen. Hierbei hat sie auch erste strukturierte Kreditderivate konzipiert, die als Vorgänger von Collateralized Debt Obligations (CDOs) gesehen werden können. Die zwei zentralen Vorteile von Kreditderivaten lagen hierbei auf der Hand. Erstens konnten Banken durch den Einsatz von Kreditderivaten ihr Kreditausfallrisiko vermindern und so auch eine Trennung zwischen dem klassischen Kreditgeschäft und dem bisher dafür notwendigen Risikobehalt in ihren Bilanzen umsetzen. Das bedeutet, dass Banken einerseits aktiv ihre Kreditvergabe erhöhen konnten, ohne dafür regulatorisch notwendiges Risikokapital vorzuhalten. Das ist der zweite große Vorteil, der mit dem Einsatz von Kreditderivaten verbunden ist: Es kann regulatorisch gebundenes Kapital freigesetzt werden.

Das grundlegende Funktionsprinzip eines CDS-Kontrakts ist analog zu einer Versicherung zu verstehen (vgl. Kapitel 2). Es stehen sich zwei Vertragspartner gegenüber: der Versicherungskäufer (»protection buyer«) und der Versicherungsverkäufer (»protection seller«). Der Käufer der Kreditausfallversicherung hat eine laufende Prämienzahlung (den CDS-Spread) in vorher vereinbarter Höhe bis zur Fälligkeit des Vertrags an den Verkäufer zu bezahlen – in dem Fall, dass kein Kreditereignis eintritt (das sogenannte »Premium Leg«). Kommt es indes zu einem Kreditereignis – also einem Ereignis, das in der ISDA-Dokumentation als Versicherungsfall definiert ist –, muss der Sicherungsverkäufer dem Käufer den entstandenen Schaden ersetzen (das sogenannte Default Leg). Hierbei beläuft sich der entstandene Schaden aus Sicht des Anleihenhalters auf den Nominalbetrag der Obligation abzüglich der im Insolvenzprozess zu erzielenden Verwertungsquote. Das ist der Anteil des Nominalbetrags, den der Anleihenhalter durch den Verkauf der Vermögenswerte des Unternehmens erhält, wobei diese sogenannte Verwertungsquote zwischen 0 und 100 % liegt. Die

Feststellung eines Kreditereignisses und die Ausgestaltung des Abwicklungsprozesses liegt hierbei in den Händen des *ISDA Credit Determinations Committees*, während die Verwertungsquote durch einen standardisierten Auktionsmechanismus ermittelt wird. So können die Kontrakte zeitnah abgewickelt werden und es muss nicht auf die Beendigung des Insolvenzprozesses gewartet werden. Wir werden später noch detailliert auf die Feinheiten dieses Prozesses eingehen. An dieser Stelle beschränken wir uns auf die Beschreibung der grundlegenden Funktionsweise.

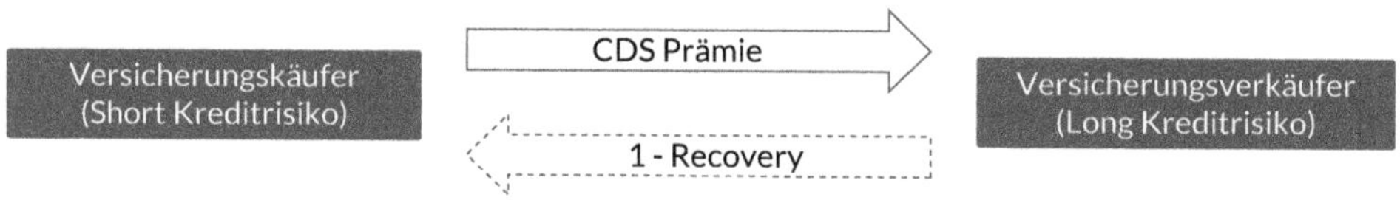

Abb. 1.1: Grundlegendes Funktionsprinzip eines Credit Default Swaps

Der Ursprung von Kreditderivaten geht folglich nicht auf deren Einsatz als Instrument zur Umsetzung von Spekulationsstrategien zurück, sondern vielmehr auf deren Funktion als Absicherungsinstrument. Mit Hilfe von CDS konnten erstmals Kreditrisiken von den in der Kreditvergabe aktiven Banken an andere Banken und auch Nicht-Banken weitergereicht werden. Somit konnten Banken einerseits ein aus Risikogesichtspunkten effizienteres Kreditportfolio aufbauen, indem sie Konzentrationsrisiken reduzierten bzw. ihre Portfolien durch die Aufnahme anderer Kreditrisikoprofile diversifizierten. Vor allem Versicherungen konnten neben Anleihen erstmals Kreditrisiken in Form von Derivaten als Beimischung zu ihrer klassischen Anlagestruktur einsetzen und bekamen somit Zugang zu einer Assetklasse, die sie sich aus ihrer originären Geschäftstätigkeit nicht erschließen konnten. Ein Vorteil von CDS im Vergleich zu Anleihen besteht darin, dass die Versicherung nicht durch die spezifische Laufzeit einer Anleihe oder ihr Volumen beschränkt ist, sondern das eingegangene Kreditrisiko individueller gestaltet werden kann. Bis Ende der 1990er-Jahre war JP Morgan der dominante Akteur auf dem CDS-Markt, der bis zum Jahr 2000 ein Volumen von ca. 900 Milliarden US-Dollar erreicht hatte.

Aufgrund des starken Wachstums des Marktes stieg der Bedarf nach einer Standardisierung und der Etablierung einheitlicher Regeln, um u. a. den bilateralen Charakter der Kontrakte zu reduzieren und damit auch die Liquidität des Marktes weiter zu fördern. Bisher beruhten Derivate-Transaktionen im nicht-regulierten »Over-the-Counter«-Markt (OTC-Markt) auf dem von der International Swaps and Derivatives Association (ISDA) 1985 veröffentlichten sogenannten *Master Agreement*, das von der überwiegenden Mehrheit der Kontrahenten im Markt für OTC-Derivate bereits verwendet wurde. Dieses Master Agreement ist der zentrale Baustein der gesamten ISDA-Dokumentation und regelt die generellen Grundlagen einer Derivate-Transaktion. Hierzu gehören alle die Transaktion betreffenden juristischen, technischen und dokumentatorischen Details. Es wird einmalig von den Kontrahenten unterzeichnet und findet damit nachfolgend Verwendung für alle Transaktionen.

Aufgrund der zunehmenden Bedeutung des CDS-Marktes wurden 1999 die speziell auf CDS anzuwendenden *ISDA Credit Derivatives Definitions* veröffentlicht.[1] Hierin finden sich neben den allgemeinen für die Transaktion relevanten Grundlagen u. a. auch die detaillierte Definition aller möglichen Kreditereignisse (»credit events«), die Beschreibung der lieferbaren Anleihen (»deliverable obligations«), relevante Garantiebeziehungen bei einer Referenzentität und die exakte Beschreibung des Settlement-Prozesses. Diese detaillierte dokumentatorische Ausgestaltung der CDS-Kontrakte stellte somit einen Meilenstein in der Entwicklung des Marktes dar, da nun eindeutige standardisierte Regeln durch eine unabhängige Institution die notwendige Etablierung einheitlicher Marktstandards (von den exakten Eigenschaften der Kontrakte bis hin zur Abwicklung) ermöglichte. Darüber hinaus konnten nun auch generelle Modelle zur Bewertung von CDS entwickelt werden, die nicht nur eine weitere Vereinfachung des Handels, sondern auch eine exakte Quantifizierung des mit einem CDS-Kontrakt einhergehenden Kreditrisikos möglich machte.

Durch den wachsenden Markt und die wachsende Nachfrage nach Versicherungsverkäufern änderte sich um die Jahrtausendwende allmählich die Marktstruktur. Der nach wie vor dominierenden Rolle von Banken als Verkäufer von Kreditrisiko standen immer mehr Asset Manager und Hedgefonds gegenüber, die den spekulativen Charakter von CDS als Risikokäufer in aktiv gemanagte Strategien eingebunden haben. Die Entwicklung des CDS-Marktes, der bis dahin vor allem eine amerikanische Domäne war, wurde durch die Entstehung eines europäischen Kreditmarktes mit der Einführung des Euro als Verrechnungswährung in dieser Zeit komplementiert und es entwickelte sich schrittweise ein globaler CDS-Markt.

Nach dem Platzen der Technologieblase an den globalen Aktienmärkten, welche der CDS-Markt weitgehend unbeschadet überstanden hat, änderte sich langsam auch die Finanzierungsstruktur großer Unternehmen in Europa. Die zunehmende Emission von Unternehmensanleihen führte natürlicherweise zu einer steigenden Nachfrage nach Absicherungsinstrumenten, während viele Asset Manager die Vorteile des CDS gegenüber Anleihen als Anlageinstrument erkannten. Während die Manager von Anleiheportfolien bisher der Fälligkeitsstruktur der Emittenten ausgesetzt waren, konnten mit individuell vereinbarten CDS-Kontrakten laufzeitadäquate Kreditrisiken eingekauft werden. Da Kreditderivate im Vergleich zu Anleihen ein sehr viel geringeres Zinsrisiko aufweisen,[2] mussten die mit Anleihen verbundenen Zinsrisiken nicht mehr separat gemanagt werden. Die Standardisierung des CDS-Marktes brachte außerdem zwei weitere Vorteile mit sich: Erstens war damit eine einheitliche Dokumentation vorhanden und zweitens entwickelte spezifisch das auf Unternehmen referenzierende Segment des CDS-Marktes (Corporate CDS) eine höhere Liquidität als der zugrundeliegende Anleihemarkt, was mit einer größeren Markttiefe und -breite und somit niedrigeren Transaktionskosten als im Anleihemarkt üblich einherging.

1 http://cbs.db.com/new/docs/2003_ISDA_Credit_Derivatives_Definitions.pdf.
2 Zinsänderungen beeinflussen sowohl den Wert der Zahlungsströme von Versicherungsnehmer zum Versicherungsgeber, als auch den erwarteten Barwert der Entschädigungszahlung bei einem Kreditereignis vom Versicherungsgeber zum Versicherungsnehmer. Diese beiden Effekte mitteln sich aus.

1.2 Der CDS-Markt wird erwachsen: Die Etablierung der 2003er-Definitionen und die Entwicklung eines CDS-Indexuniversums

Nach dem Platzen der Technologieblase ging mit der anschließenden starken Erholung an den Märkten Anfang 2003 ein starker Rückgang der Risikoaversion auch am Markt für Unternehmensanleihen einher. Dies spiegelte sich u.a. in der Emission 30-jähriger Anleihen am Euro-denominierten Markt für Unternehmensanleihen wider – aber auch im steigenden Bedarf an Indexprodukten. Also Produkte, die auf einem Korb von einzelnen Anleihen bzw. Referenzentitäten basieren und mit denen man Kreditrisiko auf Markt- bzw. Sektorebene handeln konnte und die in CDS-Index-Spread- oder in Preis-Notation gehandelt wurden. Die ersten Entwicklungsschritte hin zu synthetischen Kreditindices fanden hierbei Anfang der 2000er-Jahre statt, wobei sich aber noch kein Marktstandard etablieren konnte. Die ersten nennenswerten Kreditderivate-Indices waren die von JP Morgan und Morgan Stanley entwickelten *Trac-X-Indices* sowie die von der Deutschen Börse kreierten *iBoxx CDS-Indices* 2003. Diese referenzierten auf ein Portfolio von Einzelnamen-CDS und waren somit nicht nur die geistigen Vorläufer der 2004 etablierten CDX- und iTraxx-CDS-Indexfamilien, die durch einen Merger der beiden Protagonisten entstanden sind.

Des Weiteren hat das starke Wachstum des Marktes vor dem Hintergrund des Auftretens erster Kreditereignisse im Zuge des Platzens der Technologieblase weitere Anpassungen der Dokumentation erforderlich gemacht. Die ISDA reagierte hierauf mit der Publikation der *2003 Credit Derivatives Definitions*.[3] Damit wurden die Version von 1999 ersetzt und einige Änderungen implementiert. Hierzu gehören angepasste Definitionen für Kreditereignisse, die Etablierung von verschiedenen Restrukturierungsformaten, um den unterschiedlichen Insolvenzprozedere in den USA und Europa Rechnung zu tragen, die Möglichkeit, in eine Auktion von der Referenzentität garantierte Anleihen einzuliefern und die Übertragung (»assignment« oder »novation«) bestehender CDS-Kontrakte auf andere Marktteilnehmer als Alternative zu einer Beendigung (»termination«) des Kontrakts. Zusätzlich entstand die Möglichkeit, über sogenannte »Supplements« Modifikationen an diesem Rahmenwerk durch die ISDA vorzunehmen, um beispielsweise auch in einem geänderten regulatorischen Umfeld den Versicherungscharakter des CDS zu schützen. Die ISDA versteht ihr Regelwerk also nicht als Status quo, der möglichst lange beibehalten werden soll, sondern passt ihre Regeln kontinuierlich an die Entwicklungen am Markt und die Bedürfnisse der Marktteilnehmer an. Die Entwicklung der 2003er-Definitionen war eben auch geprägt durch die Erfahrungen bei der Abwicklung der ersten großen Kreditereignisse, u. a. die bis dahin größte Chapter-11-Abwicklung, die Pleite des Telekomgiganten Worldcom 2002. Es sollte nicht lange dauern, bis auch in Europa das erste wirklich relevante Kreditereignis eintrat: die Pleite des italienischen Milchprodukteherstellers Parmalat Ende 2003. Hierbei mussten zum ersten Mal Kontrakte auf Kreditderivateindices (die oben

3 http://cbs.db.com/new/docs/2003_ISDA_Credit_Derivatives_Definitions.pdf.

erwähnten Vorläufer des iTraxx) abgewickelt werden, was wiederum Einfluss auf die Ausgestaltung der später darauf basierenden CDS-Indices hatte.

Mit der Entwicklung der iTraxx- und CDX-Indexfamilien 2004 trat der CDS-Markt in eine neue Ära ein.[4] Das iTraxx-Universum referenziert hierbei auf die europäischen CDS-Märkte, während die CDX-Indices auf dem amerikanischen CDS-Markt basieren. Index-Swaps sind sehr einfach gebaute Instrumente, die aus einem Portfolio gleichgewichteter Einzelnamen-CDS bestehen. Der Index-Spread orientiert sich somit auch an dem durchschnittlichen Spread der Einzelnamen, während der Eintritt eines Kreditereignisses eines CDS innerhalb der Indexfamilie ebenso in der Indexbewertung Berücksichtigung findet (vgl. Kapitel 2). Mit der Hilfe von Index-Swaps hatte eine breite Investorenbasis erstmals die Möglichkeit, einen systematischen Aufbau von Kreditrisiken effizient umzusetzen und ein breit diversifiziertes Kreditportfolio mit sehr liquiden Instrumenten bei sehr niedrigen Transaktionskosten aufzubauen. Natürlich konnten mit Hilfe der Index-Swaps auch erstmals Short-Positionen kreiert werden, weshalb sich die Indices sofort auch zu den klassischen Absicherungsinstrumenten im globalen Kreditmarkt entwickelt haben. Anfänglich bestand das Universum nicht nur aus den großen Teilsegmenten Investment-Grade-Unternehmen (CDX IG und iTraxx Main), High Yield bzw. Crossover (CDX HY und iTraxx Crossover) und Financials (Banken und Versicherungen), sondern auch aus verschiedenen Sektorenindices, um Investoren die Möglichkeit zu geben, aktiv ihre Sektorallokation mit Hilfe des Indexuniversums zu steuern.

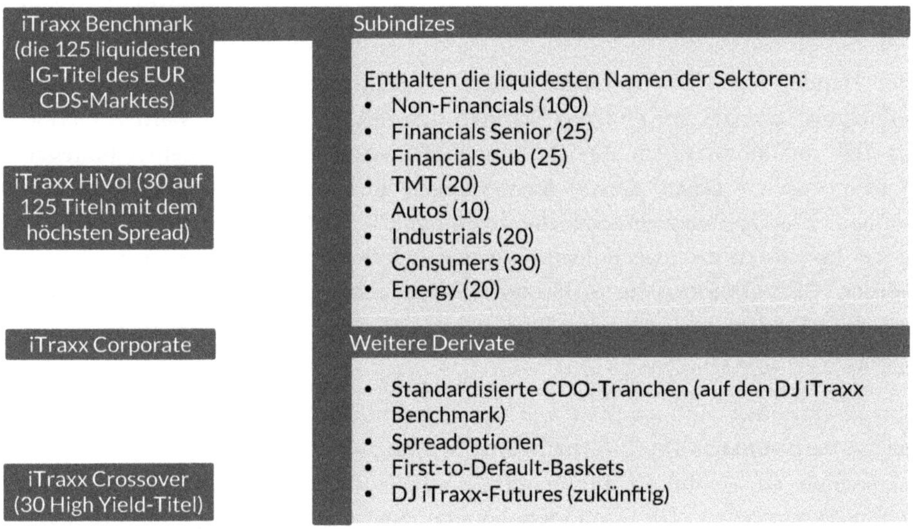

Abb. 1.2: Das aktuelle Indexuniversum im CDS-Markt (iTraxx und CDX),[5] Quelle: Markit, XAIA Investment

4 Vgl. u. a. Felsenheimer et al. (2005a).
5 Die offizielle Präsentation findet sich unter https://www.markit.com/news/Credit Prozent20Indices Prozent20Primer.pdf.

Während diese Index-Swaps klassische Produkte im CDS-Format darstellen und letztlich im Vergleich zu Einzelnamen-CDS keinerlei zusätzliche Risikodimension umfassen, sind mit der Entstehung des Index-Universums auch neue Assetklassen entstanden. Durch die Etablierung von Spread-Optionen und First-to-Default-Baskets auf Basis der Index-Swaps konnten erstmals standardisiert Spread-Volatilitäten sowie Ausfallkorrelationen gehandelt werden.

1.2.1 Optionen

Optionen auf Index-Swaps werden in sogenannte »payer options« und »receiver options« klassifiziert. Mit *Payer-Optionen* kann eine negative Markteinschätzung implementiert werden, da sie von Spread-Ausweitungen profitieren und somit gedanklich Put-Optionen (beispielsweise auf Aktien) ähneln. Der Käufer einer Payer-Option hat hierbei das Recht, zum Laufzeitende der Option Versicherung auf einen CDS-Index zu einem vorher vereinbarten Spread zu kaufen, und erzielt einen Gewinn, wenn der dann am Markt gehandelte Spread darüber liegt. Im Gegensatz dazu entsprechen *Receiver-Optionen* Call-Optionen und profitieren von einer Spread-Einengung des zugrunde liegenden Index. Hierbei hat der Käufer einer Receiver-Option das Recht, Versicherung auf einen CDS-Index zu einem vorher vereinbarten CDS-Spread zu verkaufen, und erzielt dann einen Gewinn, wenn der zum Laufzeitende gehandelte Spread unterhalb des vereinbarten liegt. Man unterscheidet auch bei Credit-Indices nach Out-of-the-Money (OTM)- und At-the-Money (ATM)-Optionen – abhängig davon, ob der Ausübungs-Spread im oder aus dem Geld liegt (also bereits erreicht/überschritten ist oder nicht).

Der Handel von CDS-Optionen basiert auf denselben Bedürfnissen der Marktteilnehmer, wie das auf anderen Märkten der Fall ist. Einerseits werden Optionen als Teil von kurzfristigen Absicherungsstrategien gesehen, mit denen bestehende Kreditportfolien gegen Spread-Ausweitungen immunisiert werden. Andererseits können CDS-Optionen als gehebelte Investments in CDS-Indices verstanden werden, wobei Investoren diese als Substitut zu reinen Index-Positionen einsetzen. Letztlich werden CDS-Optionen zu Arbitragezwecken gehandelt und sie bieten Investoren die Möglichkeit, eine neue Dimension des Kreditrisikos isoliert zu handeln: Spread-Volatilitäten.

Spread-Optionen sind quotiert wie der zugrundeliegende Index, also in der Regel in Basispunkten (bp). Ausnahmen hiervon betreffen nur die amerikanischen CDX-High-Yield- und CDX-Emerging-Market-Indices, die standardisiert in Preisen notiert werden. Die Optionen können nur am Verfallstag ausgeübt werden (Europäische Optionen) und werden physisch abgerechnet, d. h., der Käufer einer Payer-Option wird beim Settlement die zugrundeliegende Indexposition (also in Form von CDS-Versicherung auf den Index) kaufen, während der Käufer eines Receivers den Index (CDS-Versicherung) verkaufen wird. Es besteht analog zu der Behandlung des Indexmechanismus kein klassisches »Knock-out-on-Default«-Feature. Die Option läuft also auch dann weiter, wenn bei einer im Index befindlichen Referenzentität ein Kreditereignis eintritt. In diesem Fall referenziert die Option auf das verbleibende Indexuniversum. Der Optionsinhaber bekommt allerdings am Laufzeitende eine Kompensation für den anteiligen realisierten Verlust des oder der Kreditereignisse, die während der Optionslaufzeit im Index eingetreten (und in der CDS-Auktion bereits festgestellt) sind. Dies ist dahingehend von Bedeutung, da Indexoptionen somit nicht nur einen Schutz gegen eine allgemeine Spread-Ausweitung, sondern auch gegen Ausfallrisiken bieten.

Strike	Rec	Delta	Vol	Chg	B/E	Strike	Pay	Delta	Vol	Chg	B/E
200	0,6 - 3,6	1,6%	35	-0,5	4,6	237,5	44,1 - 50,1	56,0%	35	-0,5	4,8
212,5	1,7 - 6,7	7,6%	35	-0,5	4,7	250	22,4 - 28,4	35,2%	39	-0,5	5,4
225	10,8 - 16,8	22,1%	35	-0,5	4,8	262,5	12,2 - 18,2	21,9%	43	-0,5	6,1
237,5	31,5 - 37,5	44,0%	35	-0,5	4,8	275	7,4 - 13,4	14,2%	48	-0,5	6,7
250	73 - 79	64,8%	39	-0,5	5,4	287,5	4,2 - 10,2	9,7%	52	-0,5	7,4
262,6	-	-	-	-	-	300	1,4 - 7,4	7,0%	56	-0,5	8,0
275	-	-	-	-	-	312,5	0,3 - 6,3	5,4%	61	-0,5	8,7
287,5	-	-	-	-	-	325	0,6 - 4,6	4,3%	65	-0,5	9,4

Abb. 1.3: Spread-Optionen basierend auf dem iTraxx-Crossover-Index, Quelle: Broker

Die Sensitivitäten/Begrifflichkeiten von Spread-Optionen entsprechen weitestgehend der klassischen Optionsbewertung (beispielsweise bei Aktienoptionen), die auch in diesem Fall mit Hilfe eines (modifizierten) Black-Scholes-Modells berechnet werden können (vgl. Abschnitt 3.8.1). Im Folgenden beziehen wir uns auf die Werte aus Abbildung 1.3.

- ***Delta:*** Das Delta einer Option beschreibt die Abhängigkeit des Optionspreises von der Marktpreisänderung (nicht der Spread-Änderung direkt) des Underlyings. Ein Delta von 56 % bedeutet, der Preis der Option ändert sich um 56 % der Marktwertveränderung bei einer Ausweitung/Einengung des iTraxx- Crossover-Index um einen Basispunkt (bp). Indexoptionen werden in der Regel mit Delta-Exchange gehandelt (und quotiert). Das über das Delta bestimmte Indexrisiko wird durch eine gegenläufige Indexposition eliminiert, wodurch eine reine Delta-neutrale Volatilitätsposition entsteht. Dieser Annahme unterliegen auch die obigen Geld/Brief-Kurse. Handelt man Optionen »outright« (also inklusive Indexrisiko bzw. ohne Delta-Exchange), werden die Geld/Brief-Spannen dementsprechend weiter, da der Broker seine offene Indexposition absichern muss und dabei Transaktionskosten anfallen.
- ***Volatilität:*** Die implizite Volatilität von Optionen wird in prozentualer Notation bezogen auf das Spread-Niveau des zugrunde liegenden Index-Swaps angegeben und stellt einen zentralen Parameter bei der Optionsbewertung dar. Sie spiegelt die Erwartungen der Investoren bezüglich der Fluktuation der Credit-Spreads wider und liegt tendenziell über der impliziten Volatilität beispielsweise des Aktienmarktes,

da Spreads generell volatiler sind als Preise. Klassische Volatilitätsstrategien setzen in der Regel auf die Abweichung von impliziten und realisierten Volatilitäten und entsprechen in der Umsetzung den aus anderen Assetklassen bekannten Strategien. Auch bei Spread-Optionen gilt: Je höher die implizite Volatilität, desto höher der Preis.

- ***Skew:*** Als Skew bezeichnet man die Differenz zwischen den impliziten Volatilitäten über verschiedene Ausübungs-Spreads. OTM-Optionen haben üblicherweise eine höhere implizite Volatilität als ATM-Optionen, d. h. weiter aus dem Geld liegende Optionen sind relativ betrachtet teurer als am Geld liegende. Die Höhe der Skew hängt hierbei vor allem von den Flows in Optionen ab, vor allem CVA-Händler bei Banken (Credit Valuation Adjustment zur zentralen Steuerung der Kontrahenten- und Kreditrisken) spielen hier eine dominante Rolle. Generell gilt auch, dass in einem Szenario sich ausweitender Spreads die Skew größer wird, also vor allem die implizite Volatilität von OTM-Optionen zunimmt. Dies ist offensichtlich eine Folge der zunehmenden Nachfrage nach Absicherung gegen eine fortlaufende Spread-Ausweitung und den damit verbundenen Anstieg des Preises von OTM-Optionen.
- ***Gamma:*** Gamma beschreibt die Änderung des Delta bei einer Änderung des Marktwertes des zugrunde liegenden Index. Das Delta des Delta wird generell Gamma oder auch »convexity« genannt und beschreibt einen sehr zentralen Risikofaktor bei der Umsetzung von Optionsstrategien. Der Grund hierfür ist, dass Positionen beim Aufsetzen Delta-neutral gestaltet werden können, jedoch immer Gamma-Risiko besteht, das dann kontinuierlich abgesichert werden muss. In Long-Gamma-Positionen profitiert man beispielsweise von sich stark ändernden Marktpreisen/Spread-Niveaus. In der Regel gilt, dass kurzlaufende Optionen mit nahe am Index-Spread liegenden Ausübungspreisen ein hohes Gamma aufweisen.
- ***Vega:*** Das Vega bezeichnet die Sensitivität einer Option gegenüber einer einprozentigen Änderung der impliziten Volatilität, wobei Optionen mit zunehmender längerer Laufzeit ein höheres Vega aufweisen.

Je nach dem Einsatzgrund von CDS-Optionen, ergeben sich also eine Vielzahl von Abhängigkeiten, die letztlich die Effizienz der Optionsposition als Absicherungs-, Investment- oder Arbitrageposition beeinflussen. Durch die Kombination von mehreren Optionen lassen sich indes die aus anderen Assetklassen bekannten Auszahlungsprofile umsetzen, was in Abbildung 1.4 dargestellt ist.

1.2.2 First-to-Default (FtD)-Baskets

Eine weitere Neuerung neben den Optionen war die Etablierung von Korrelationsprodukten in standardisierter Form, ebenfalls basierend auf dem zugrunde liegenden Universum der CDX- und iTraxx-Index-Swaps: First-to-Default-Baskets

Die ersten standardisierten FtD-Baskets referenzierten auf die iTraxx-Sektorindizes und beinhalteten die CDS-Kontrakte der fünf liquidesten Namen des jeweiligen Sektors (u. a. Autos, Consumers, Energy, Financials, Industrials, TMT). Wie die

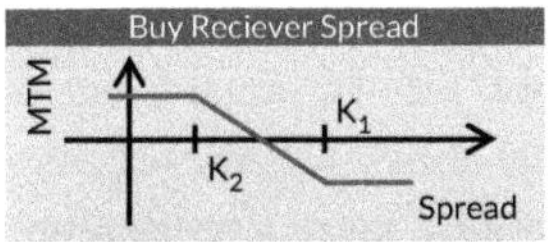

- **Erwartung:** Spreadeinengung
- **Trade:** Kauf at-the-money (ATM) Receiver und Verkauf out-of-the-money (OTM) Receiver
- **Gedanke:** Partieller Ausgleich der Optionsprämie durch Begrenzung des Gewinnpotenzials
- **Risiken:** Verlust der Optionsprämie

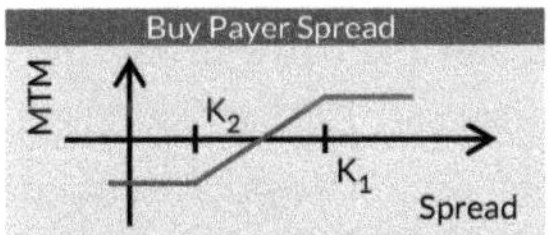

- **Erwartung:** Spreadausweitung
- **Trade:** Kauf ATM Payer und Verkauf OTM Payer
- **Gedanke:** Partieller Ausgleich der Optionsprämie durch Begrenzung des Gewinnpotenzials
- **Risiken:** Verlust der Optionsprämie

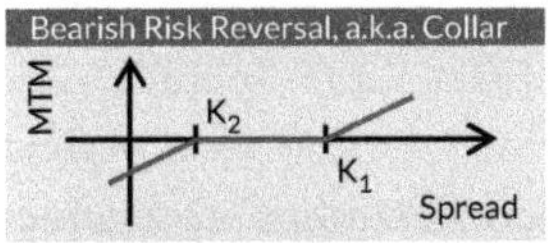

- **Erwartung:** Spreadausweitung
- **Trade:** Kauf Payer und Verkauf Receiver
- **Gedanke:** Ausgleich der Optionsprämie des Payers durch Risikonahme, dass sich die Spreads bis unter den Receiver Strike einengen
- **Risiken:** MTM-Verluste und/oder Verluste von Prämien

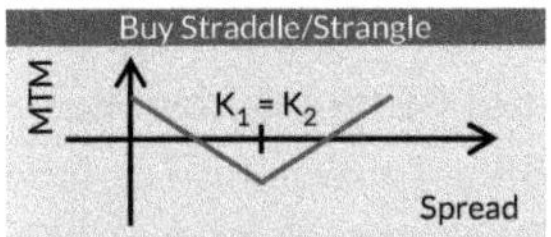

- **Erwartung:** Spreads bei Verfall außerhalb der Bandbreite
- **Trade:** Kauf Payer und Kauf Receiver
- **Gedanke:** Long-Position in Spread-Volatilität ohne direktionale Sicht auf Spreads
- **Risiken:** MTM-Verluste und/oder Verluste von Prämien

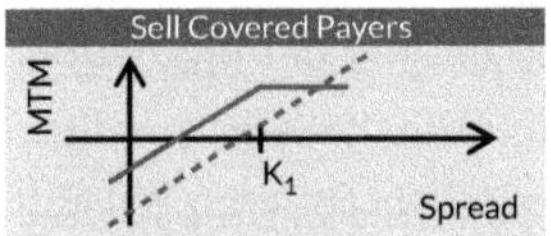

- **Erwartung:** Spreadausweitung kurzfristig nach oben begrenzt
- **Trade:** Kauf von Indexversicherung und Verkauf OTM Payer
- **Gedanke:** Partieller Ausgleich des negativen Carrys der Indexabsicherung durch Begrenzung des Gewinnpotenzials bei Spreadausweitung vor Ablauf
  Gestrichelte Line = Index ; Durchgezogene Linie = Index + Option

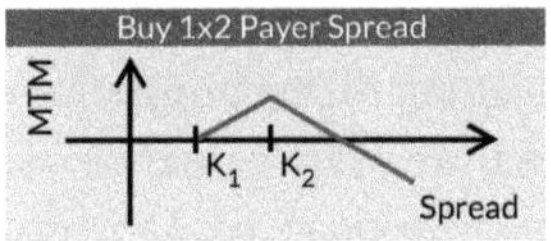

- **Erwartung:** Spreadausweitung innerhalb der Bandbreite
- **Trade:** Kauf ATM Payer und Verkauf OTM Payer auf doppeltes Nominal
- **Gedanke:** Ausgleich der Optionsprämie des Payers durch Risikonahme einer starken Spreadausweitung
- **Risiken:** MTM-Verluste und/oder Verluste von Prämien

Abb. 1.4: Strategien mit Spread-Optionen

Bezeichnung bereits nahelegt, ähnelt der Zahlungsstrom eines FtD-Baskets den Indices im Überlebensfall (Premium Leg) aller zugrunde liegenden Referenzentitäten. Ein Sicherungsverkäufer erhält bis zur Fälligkeit einen vorher vereinbarten Spread als Versicherungsprämie. Der Unterschied zu Index-Swaps liegt jedoch darin, dass im Falle des ersten Kreditereignisses einer Referenzentität innerhalb des Baskets dieser sofort abgewickelt wird und es zu einer Versicherungszahlung an den Sicherungsnehmer kommt. In diesem Fall (Default Leg) wird diese wiederum durch die Verwertungsquote des betroffenen CDS bestimmt. Danach verliert der Sicherungskäufer eben auch jegliche Absicherung gegen einen weiteren Ausfall innerhalb der verbliebenen Referenzentitäten des Baskets.

Hier wird erstmals das Konzept der Ausfallabhängigkeiten, der vor allem in Synthetischen CDOs eine dominante Rolle zukommt, ersichtlich. In marktüblichen Bewertungsmodellen gibt es einen Modellparameter, der die Stärke dieser Abhängigkeiten steuert und per Konvention auf einer Skala von null (schwächste Abhängigkeit) bis eins (stärkste Abhängigkeit) rangiert. Das Verständnis dieses Konzepts wird im weiteren Verlauf noch eine große Bedeutung erlangen (vgl. Abschnitt 3.9), wobei später das Konzept des Korrelationsparameters im Mittelpunkt steht.

Offensichtlich wird die Bedeutung der Ausfallabhängigkeit als Risikodimension bei der Betrachtung des Einflusses auf den fairen Spread eines FtD-Baskets. Liegt die schwächste Ausfallabhängigkeit vor, erwartet man im Falle eines Kreditereignisses einer Basket-Entität, dass bei allen anderen Basket-Entitäten kein Kreditereignis eintritt. Das heißt, der Sicherungskäufer geht davon aus, dass er im Falle eines Kreditereignisses keinen weiteren Verlust erleiden wird, da die anderen Basket-Mitglieder nicht in Mitleidenschaft gezogen werden. Aus Sicht eines Sicherungskäufers, der alle zugrunde liegenden Basket-Entitäten absichern möchte, liegt der faire Spread des Baskets folglich auf der Summe der Risikoprämien (der CDS-Spreads) aller Referenzentitäten innerhalb des Baskets. Ein FtD-Basket bietet somit eine perfekte Absicherung eines aus den Basket-Mitgliedern bestehenden Portfolios. Der andere Extremfall liegt vor, wenn man von der stärksten Ausfallabhängigkeit ausgeht. In diesem Fall wird angenommen, dass ein Kreditereignis eines Mitglieds des Baskets immer begleitet ist von Kreditereignissen aller Basket-Entitäten. Im Default Leg fallen etwa alle Mitglieder gleichzeitig aus. Ein Versicherungskäufer wird jedoch nur für den ersten Ausfall kompensiert und erleidet folglich einen Verlust auf alle anderen Mitglieder des Baskets, ohne jeglichen Versicherungsschutz zu haben. Ein Sicherungsnehmer wird also nur bereit sein, dieselbe Versicherungsprämie zu bezahlen wie die der Entität mit dem höchsten CDS-Spread. Diese Entität weist die höchste Ausfallwahrscheinlichkeit auf und nur gegen diesen Ausfall ist der Sicherungsnehmer versichert. Dieses einfache Beispiel zeigt die immense Bedeutung der gemeinsamen Ausfallabhängigkeiten für die Bewertung von Korrelationsprodukten: Der faire Spread eines FtD-Baskets liegt zwischen dem weitesten CDS-Spread aller Mitglieder und der Summe aller CDS-Spreads.

Der ursprüngliche Gedanke bei der Konzeption von FtD-Baskets war die Möglichkeit für einen Investor, ein bestehendes Kreditportfolio kosteneffizient abzusichern, indem man davon ausgeht, dass es zu einem Ausfall – jedoch nicht zu einer Häufung der Ausfälle – kommen kann, ohne jedoch vorher die Entscheidung treffen zu müssen, welche Entität betroffen sein würde. Der kontinuierliche Rückgang der Risikoprämien ab 2004 hat allerdings immer mehr Investoren dazu veranlasst, ihr Spread-Einkommen dadurch zu erhöhen, dass sie Versicherung auf FtD-Baskets verkauft haben und somit FtDs immer stärker zu Investitionszwecken eingesetzt wurden. Das hat beispielsweise auch dazu geführt, dass die Banken bei der Konstruktion von Baskets sukzessive ansteigende implizite Ausfallabhängigkeiten herangezogen haben, was zu rückläufigen Risikoprämien (analog zum Gesamtmarkt) geführt hat. Sehr beliebt waren in diesem Zeitraum beispielsweise FtD-Baskets, die auf ein Portfolio von Financial-CDS referenzieren, was sich spätestens 2008 als fatal herausstellen sollte. Während FtDs als einfachstes Korrelationsprodukt im CDS-Markt gelten, ist vor allem die Bewertung von CDOs anspruchsvoll, wie sich wiederum 2007/2008 zeigen sollte.

1.2.3 Standardisierte Single-Tranche-CDOs

Während die Tranchierung von Kreditportfolios über CDOs bereits seit Ende der 1990er-Jahre umgesetzt wurde, hat die Einführung von sogenannten Synthetic

Single Tranche CDOs referenzierend auf die iTraxx Main/Crossover sowie CDX IG/CDX HY-Indices die CDO-Technologie extrem populär gemacht. Die prinzipielle Funktionsweise von standardisierten CDOs (STCDOs) ist hierbei analog zu klassischen »bespoke« CDOs[6], ebenso die Bewertungsmodelle und die relevanten Risikoparameter, weshalb wir uns hier auf die Beschreibung ersterer beschränken.

Die grundsätzliche Idee eines CDOs besteht darin, durch eine Tranchierung des zugrunde liegenden Kreditportfolios unterschiedliche Risikoklassen zu schaffen, über die die Verteilung des (erwarteten) Verlustes gesteuert wird. Damit wird der individuellen Risikoneigung bestimmter Investorengruppen Rechnung getragen. Aus fast jedem Kreditporfolio können Derivate geschaffen werden, die für sehr unterschiedliche Investoren von Interesse sind – auch wenn ein Investment in das zugrundeliegende Portfolio für sie völlig uninteressant ist. Die Index-CDOs referenzieren hierbei jeweils auf einen bestimmten CDS-Index und weisen unterschiedliche Risikoprofile auf. In Abbildung 1.5 ist die aktuelle Tranchierung auf den CDX IG dargestellt: 0 bis 3 % (Equity), 3 bis 7 % (Junior Mezzanine), 6 bis 15 % (Senior Mezzanine), 15 bis 100 % (Super Senior), wobei sich die Prozentsätze auf den realisierten Verlust im zugrunde liegenden Index beziehen. Hierbei wird der untere Rand einer Tranche »attachement point« und der obere »detachment point« genannt. Die Differenz zwischen beiden nennt man Tranchen-Dicke (»thickness«).

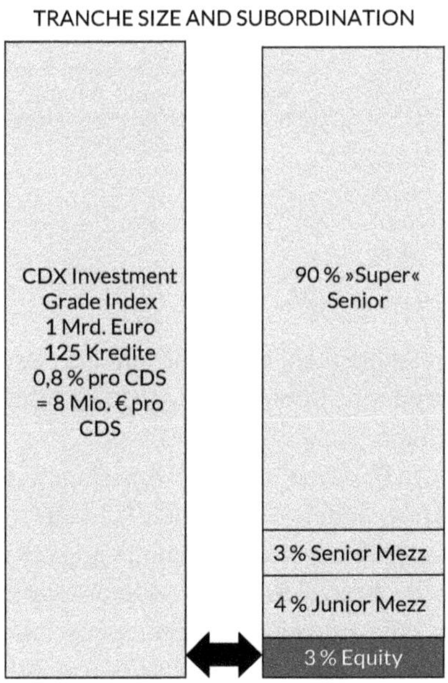

Nachrangigkeit: Misst den prozentualen Portfolioverlust, der eintreten muss, bevor eine Tranche an Wert verliert.

- Die Nachrangigkeit der ersten Verlusttranche beträgt 0 % (0 Mio. Euro).
- Die Equity-Tranche ist ab dem ersten Kreditevent ausgesetzt betroffen.

Tranche-Size: Definiert den nominellen Wert eines strukturierten Kreditinvestments an (»detachment - attachment point«).

- Hier: Die Size der Equity-Tranche beträgt 3 % (30 Mio. Euro).

0-3 % Tranche Verluste in Prozent des nominellen Werts				
		Wiederfindungsrate		
Kreditevent	Ausfallquote	30 %	40 %	50 %
0	0,0 %	0,0 %	0,0 %	0,0 %
1	0,8 %	-18,7 %	-16,0 %	-13,3 %
2	1,6 %	-37,3 %	-32,0 %	-26,7 %
3	2,4 %	-56,0 %	-48,0 %	-40,0 %
4	3,2 %	-74,7 %	-64,0 %	-53,3 %
5	4,0 %	-93,3 %	-80,0 %	-66,7 %
5	4,8 %	-100,0 %	-96,0 %	80,0 %

Abb. 1.5: Konstruktionsprinzip von Single-Tranche-CDO

6 Bespoke CDOs sind CDOs, die klassisch originiert werden und auf ein spezifisches Kreditportfolio referenzieren. Dieses Kreditportfolio kann durch den Kreditrisikoabbauprozess der Bank oder durch den Risikobedarf der Investoren bestimmt sein.

Unter der Standard-Annahme, dass die Verwertungsquote von allen zugrunde liegenden Referenzentitäten innerhalb des Index bei 40 % liegt, generiert ein Ausfall im Portfolio einen Verlust von 0,48 % (60 % × 1/125) aus Portfoliosicht. Dieser Verlust wird nun von »unten« in der Kapitalstruktur des CDOs berücksichtigt. Ein Verlust von 0,48 % während der Laufzeit des CDOs reduziert direkt das Nominal des Equity Piece (oder First Loss Piece) um 16 % (von 3 % auf 2,52 %), während alle anderen Tranchen nicht tangiert werden. Die Junior-Mezz-Tranche wird folglich erst mit dem siebten Ausfall tangiert (7 × 0,48 % = 3,36 %). Mit dem siebten Ausfall innerhalb des Portfolios ist die Equity-Tranche auch auf Null reduziert und die Verluste fangen an, das Nominal der nächsten Tranche zu reduzieren. Trachen werden inzwischen auch mit fixen Kupons quotiert, wobei etwaige Preisabweichungen standardmäßig über Upfront-Zahlungen (analog zu den Index-Swaps) ausgeglichen werden. In Abbildung 1.6 ist der Quotierungsstandard für Tranchen aufgezeigt, wobei wieder das jeweilige Delta der einzelnen Tranchen aufgezeigt ist, da der Standard wie auch bei Optionen (s. o.) Delta-Neutralität im Tranchenhandel (also die Eliminierung des Spread-Risikos des zugrunde liegenden Index) vorsieht.

Tranche	3y Dec16 R 0 : Spread	5y Dec18 R 18 : Spread	7y Dec20 R 44 : Spread
0-3 %	0,0000/0,0000:0	0,1563/ 0,8438 : 547	17,0625/ 18,3125 : 1167
3-7 %	0,0000/0,0000:0	-1,1650/ -0,6250 : 17	1,1563/ 2,1563 : 155
7-15 %	0,0000/0,0000:0	-1,1350/ -0,9250 : 5	-2,1563/ -1,7188 : 36
15-100 %	0,0000/0,0000:0	-0,2875/ -0,2275 : 1	-0,6625/ -0,5425 : 4

Kupon Delta	500 bp 0-3 %	100 bp 3-7 %	100 bp 7-15 %	25 bp 15-100 %
3y	0,00x	0,00x	0,00x	0,00x
5y	28,30x	1,60x	0,40x	0,08x
7y	19,20x	5,30x	1,30x	0,14x

Alle Quotierungen basieren auf »delta exchange«, d. h. die Tranchen werden gegen Index-Delta gehandelt

Veränderung	0-3 %	3-7 %	7-15 %	15-100 %
3y	0,00x	0.00	0.00	0.00
5y	-0.02	0.01	0.00	0.00
7y	-0.03	0.00	0.01	0.00

Abb. 1.6: Standardisierte Single-Tranche-CDOs referenzierend auf das CDX-HY-Universum, Quelle: Broker, XAIA Investment

Der entscheidende Risikoparameter neben Spread-Risiken ist wiederum die Ausfallkorrelation. Hier lohnt es sich, die Modellwelt für Korrelationsprodukte etwas detaillierter aufzugreifen. Der entscheidende theoretische Anstoß stammt von Li (2000), der die sogenannten Copula-Modelle in die Bewertung von CDOs eingeführt hat.[7]. Die Idee basiert auf Funktionen, die eindimensionale Wahrscheinlichkeitsverteilungen zu einer gemeinsamen Verteilung verknüpfen und so Ausfallabhängigkeiten zwischen einzelnen Entitäten generieren (vgl. Abschnitt 3.9.2). Die ersten Ansätze sind hierbei von der Annahme ausgegangen, dass die zugrunde liegenden Portfolien homogen, ausreichend groß und Ausfallkorrelationen über multivariate Normalverteilungen modelliert werden können.[8] Spätestens die Entwicklungen in den Jahren

7 Siehe Li (2000).

8 Der sogenannte Homogenous Large Portfolio Gaussian Copula (HLPGC) Approach, siehe auch Abschnitt 3.9.2.

2007 und 2008 haben die Grenzen dieser Modellansätze aufgezeigt und Lis Ansatz als »The formula that killed Wall Street« gebrandmarkt.[9] Offensichtlich – und auch von Li selbst kontinuierlich angemerkt – sind einige Annahmen des Modells nicht in Einklang zu bringen mit den Beobachtungen am Finanzmarkt. Außerdem wurde Lis Idee von vielen Investmentbanken eher als Argument missbraucht, um CDOs besser vermarkten zu können. Wohlwissend, dass mit deren Hilfe nur sehr eingeschränkt eine exakte Risikobewertung von CDOs möglich ist.

Mit Hilfe der HLPGC-Modelle lässt sich ebenfalls der tranchenspezifische Korrelationsparameter berechnen. Hierbei hat sich das Konzept der Base-Korrelation durchgesetzt.[10] Die Base-Korrelation einer Tranche (z. B. 3-7 %, Junior Mezz) basiert – anders als die Compound-Korrelation – nicht auf der Tranchen-Dicke, sondern auf dem jeweiligen Detachment-Punkt und immer dem Attachement-Punkt der Equity-Tranche (also immer auf null). In unserem Fall referenziert die Base-Korrelation auf 0-7 %. Somit lassen sich implizite Korrelationen einzelner Tranchen direkt miteinander vergleichen und mittels Interpolation die Korrelation jeglicher Equity-Tranchen (also unabhängig davon, wie weit der Detachement-Punkt von null entfernt liegt) ableiten. Die Bedeutung der Korrelation kann anhand folgender Überlegungen verdeutlicht werden: Der erwartete Verlust eines Kreditportfolios wird analog zu CDS über die implizite Ausfallwahrscheinlichkeit und die angenommene Verwertungsquote berechnet, während die Verteilung über die verschiedenen CDO-Tranchen maßgeblich durch die impliziten Korrelationen bestimmt wird. Bei einem konstanten Spread des zugrunde liegenden Index führt ein Anstieg der impliziten Korrelation zu einer Verschiebung des erwarteten Verlustes von der Equity-Tranche hin zu vorrangigen Tranchen. Ein gleichbleibender erwarteter Verlust bei höherer Korrelation bedeutet, dass im Falle des Eintritts eines Defaults einer Referenzentität die Wahrscheinlichkeit zunimmt, dass auch andere Referenzentitäten ein Kreditereignis aufweisen. Somit steigt die Wahrscheinlichkeit, dass beim Eintritt eines Kreditereignisses auch Tranchen mit mehr Verlustpuffer betroffen sind. Diese Aussagen hängen natürlich immer stark davon ab, wie die Attachment- und Detachment-Punkte gewählt sind, aber allgemein lässt sich sagen, dass die Spread-Sensitivität der Equity-Tranche gegenüber der impliziten Korrelation negativ ist. Mit zunehmender Korrelation reduziert sich der auf das Equity-Piece verteilte erwartete Verlust, was die aus Sicht eines Investors notwendige Risikoprämie (als den Spread) verringert. Alle anderen Tranchen weisen hingegen in der Regel eine positive Spread-Sensitivität gegenüber der impliziten Korrelation auf.

Trotz der auch damals offensichtlichen Modellrisiken (vor allem durch vereinfachende Annahmen der ersten Generation von Korrelationsmodellen) in der Bewertung von Korrelationsprodukten stellten sie für eine Vielzahl von Investoren einen Ausweg aus dem Niedrig-Spread-Umfeld dar und das Wachstum des CDO-Marktes war ein dominantes Phänomen in den Jahren bis zur Lehman-Pleite. Neben klassischen

9 https://www.wired.com/2009/02/wp-quant/.
10 Eine detailliertere Darstellung findet sich beispielsweise in Felsenheimer et al. (2005b), siehe auch Abschnitt 3.9.4.

Risikonehmern (vor allem europäische Banken) erweiterten STCDOs das Spektrum möglicher Handelsstrategien enorm. Sie boten die Möglichkeit, einzelne CDO-Tranchen zu shorten, Relative-Value-Strategien innerhalb des Tranchenspektrums umzusetzen (z. B. Delta-neutrale Long/Short-Strategien), die »term structure« der Korrelation[11] zu handeln (indem Tranchen referenzierend auf Index-Swaps unterschiedlicher Laufzeiten gegeneinander gestellt wurden) oder sie ermöglichten auch Strategien, in denen Tranchen mit Index-Optionen kombiniert werden.

Letztlich haben die STCDOs den Weg zu weiteren Produkten und Entwicklungen am Kreditderivatemarkt geebnet, auf die wir im folgenden Abschnitt kurz eingehen werden.

1.3 Ausweitung der Produktwelt und CDS als »Binäre Option« des Kreditderivatemarktes

Die fortschreitende Standardisierung im Kreditderivatemarkt, die starke Nachfrage nach gehebelten Produkten und die sehr engen Spread-Niveaus haben ab 2005 zu einer sprunghaften Entwicklung neuer Finanzinstrumente geführt. Hierbei entwickelten sich CDS als eine Art »Binäre Option« im Kreditderivatemarkt – das ursprüngliche Instrument auf dem viele neue Derivate basierten. Im Zuge dessen haben auch einige »einfache« Instrumente an Bedeutung gewonnen, beispielsweise Digital Default Swaps, Recovery Default Swaps und Constant Maturity CDS.

1.3.1 Digital Default Swap (DDS)

Ein Digital Default Swap (DDS) ist ein CDS mit einer fixen Verwertungsquote, in der Regel bei 40 %. Das heißt, der Sicherungskäufer erhält unabhängig von der realisierten Verwertungsquote in der CDS-Auktion (auf die wir später noch genauer eingehen werden) eine Auszahlung in Höhe von 60 % des versicherten Nominals. Somit kann ein Versicherungskäufer die Risikodimension der Verwertungsquote eliminieren.

1.3.2 Recovery Default Swap (RDS)

Die Sensitivität des CDS-Spreads gegenüber der angenommenen Verwertungsquote lässt sich am einfachsten am berühmten Beispiel des *Credit Triangle* ableiten:

$$\textit{Credit Triangle: Spread (t)} \approx \textit{Default Probability (t)} \times \textit{(1} - \textit{Expected Recovery Rate (t))}.$$

Aus bewertungstechnischer Sicht muss also ein Anstieg der erwarteten Verwertungsquote bei einem gleichbleibenden Spread-Niveau mit einer implizit höheren Ausfallwahrscheinlichkeit einhergehen. Bei gleichbleibender Ausfallwahrscheinlichkeit führt ein Anstieg der impliziten Verwertungsquote zwangsläufig zu einer

11 Die Abhängigkeit der Korrelation einer bestimmten Tranche von der Laufzeit des zugrunde liegenden CDS-Index.

niedrigeren Versicherungsprämie (Spread), da in diesem Fall der Verlust im Falle eines Kreditereignisses (*loss given default*) sinkt.

Ein RDS ist ein Instrument, das im Falle eines Kreditereignisses die Differenz zwischen der im Kontrakt vereinbarten und der in der CDS-Auktion realisierten Verwertungsquote ausgleicht. Das heißt, es kommt während der Laufzeit eines RDS zu keinerlei Zahlungen und eben auch nicht im Überlebensfall der Referenzentität (Premium Leg). Ein Investor kann sich beispielsweise gegen eine niedrigere realisierte Verwertungsquote absichern, indem er aktuell die Verwertungsquote verkauft. Sinkt diese in der Auktion unter das im RDS fixierte Niveau, muss der Käufer des RDS die Differenz an den Verkäufer auszahlen und umgekehrt. Somit hat der Verkäufer die Verwertungsquote fixiert und diese Risikodimension abgesichert.

Während DDS im Anschluss an die Finanzkrise bedeutungslos geworden sind, können diese durch folgende Replikationsstrategien jederzeit synthetisch generiert werden, die auf dem Zusammenhang zwischen CDS, RDS und DDS basieren. Unter der Annahme, dass die implizite Verwertungsquote des CDS der fixierten Verwertungsquote des DDS und der des RDS entspricht, gelten folgende Beziehungen (aus der Sicht des Sicherungskäufers):

1. Kauf DDS = Kauf CDS + Verkauf RDS
2. Kauf CDS = Kauf DDS + Kauf RDS
3. Kauf RDS = Kauf CDS + Verkauf DDS

Indes werden RDS nach wie vor aktiv im Markt gehandelt. Dies gilt vor allem für Distressed-Entitäten, also solchen, die mit einer sehr hohen impliziten Ausfallwahrscheinlichkeit handeln. Genau dann, wenn der Eintritt eines Kreditereignisses sehr wahrscheinlich ist, steigt logischerweise die Nachfrage nach einer Absicherung der Verwertungsquote.

1.3.3 Constant Maturity CDS (CMCDS)

Bei einem CMCDS wird, im Gegensatz zum CDS, die periodische Versicherungsprämie nicht vorher fixiert, sondern diese orientiert sich am aktuellen Marktniveau. Die Versicherungsprämie eines fünfjährigen CMCDS orientiert sich zu jedem Kuponzahltag am aktuellen fünfjährigen CDS-Spread. Die Bewertung eines CMCDS basiert auf dem Modell zur Berechnung von Constant-Maturity-LIBOR-Märkten.[12] Diesem Produkt war allerdings nur eine beschränkte Lebensdauer beschieden, da aufgrund der mangelnden Nachfrage von Seiten der Investoren und die später einsetzende Subprime-Krise die Liquidität in diesem Segment äußerst gering war. Deshalb blieb es in der Regel bei rein bilateralen Transaktionen, die spezifisch auf einen Investor zugeschnitten waren, von diesem bis zur Fälligkeit gehalten und deshalb nicht mehr am Markt gehandelt wurden.

12 Brigo (2006).

1.3.4 Strukturierte Kreditderivate

Die oben vorgestellten Instrumente haben in den Jahren 2005 bis 2007 zunehmend Eingang in strukturierte Produkte gefunden. Hierbei wurden u. a. CDOs mit CMCDS kombiniert oder Rohstoff-CDS entwickelt, die dann in Commodity FTDs Verwendung fanden. Vor allem wurde die CDO-Technologie auf immer mehr Marktsegmente ausgeweitet. Neben Bespoke CDOs, die auf Asset Backed Securities (ABS) oder auch auf Subprime-Krediten referenzierten, wurde auch ein STCDO-Segment innerhalb des CDX-Universums für Mortgage Backed Securities (MBS) geschaffen. Hierbei wurden die jeweiligen Tranchen der Underlyings (US RMBS und CMBS)[13] als Bestandteile der spezifischen standardisierten CDO-Tranchen verwendet. Spätestens mit der großen Popularität sogenannter CDO^2 hat sich die CDO-Technologie ein eigenes Marktsegment geschaffen. CDO^2 sind Bespoke CDOs, die auf ein Portfolio von CDO-Tranchen (in der Regel Mezzanine-Tranchen) referenzieren. Diese waren gerade im Umfeld extrem enger Credit-Spreads ein sehr beliebter Mechanismus, um Kreditrisiko zu hebeln. Hier zeigen sich erste Probleme bei der Weiterentwicklung von CDOs. Die Technologie an sich erlaubt eine sehr effiziente Risikoallokation zwischen sehr heterogenen Investoren und stellte für die Banken eine Alternative dar, um Kreditrisiken aus der Bilanz an den Kapitalmarkt weiterzureichen. Allerdings ist die Anwendung in illiquideren Marktsegmenten dann problematisch, wenn es zu abrupten Preisentwicklungen kommt. Ein effizientes Management von CDOs im Portfoliokontext erfordert die Möglichkeit, eine kontinuierliche Absicherungsstrategie kosteneffizient umzusetzen, um vor allem Spread-Änderungsrisiken zu hedgen. Vor allem bei unzureichender Liquidität des Underlyings führen diese Absicherungsstrategien zu einer Verstärkung der Preisbewegung, was letztlich dazu führt, dass sich selbsterfüllende Preisfindungsprozesse entstehen können, was extreme Volatilitäten auf diesen Marktsegmenten nach sich ziehen kann. So betrachtet war der Erfolg der CDO-Technologie letztlich auch der Grund dafür, dass das Marktsegment während der Finanzkrise 2008/2009 extrem unter Druck geriet und in der Folge auch stark an Bedeutung verloren hat.

Ein zentraler Kritikpunkt bezüglich der Konstruktion von CDOs liegt in dem Anreiz des Originators, Ratingarbitrage zu betreiben. Der an den Investor weitergereichte Spread einer CDO-Tranche hängt insbesondere positiv vom durchschnittlichen Spread des zugrunde liegenden Portfolios ab. Andererseits müssen die Ausfallwahrscheinlichkeiten der Portfoliobestandteile bzw. der erwarteten Verluste auf das Gesamtportfolio begrenzt bleiben, um die Rating-Anforderungen von Investoren zu erfüllen. So hatten beispielsweise Mezzanine-Tranchen in der Regel ein BBB-Rating, um z. B. auch Versicherungen und anderen stark regulierten Investoren die Möglichkeit zu bieten, risikokapitaleffizient zu investieren. Die logische Konsequenz aus dieser Situation war, solche Referenzentitäten zu bevorzugen, deren am Markt gehandelter Spread weit über dem Durchschnitt der jeweiligen Rating-Klasse lag. Das heißt, ein CDO-Portfolio wird tendenziell so zusammengestellt, dass solche Namen überwiegen,

13 Residential Mortgage Backed Securities und Commercial Mortgage Backed Securities.

die implizit (am Markt) zu einem schlechteren Rating als das aktuelle gepreist werden. Nun ist es allgemein bekannt, dass Ratingverschlechterungen im Markt schneller umgesetzt werden, als das im langwierigen Prozess der Ratingagenturen möglich ist. Dieses als Ratingarbitrage bekannte Phänomen führt also dazu, dass CDO-Portfolien eine Tendenz zu Rating-Herabstufungen in einem Ausmaß aufweisen, das über das hinausgeht, was die Rating-Agenturen suggerieren.

Der Exzess, in immer komplexere und stark risikobehaftete Instrumente zu investieren, hat in der Entwicklung von Constant Portfolio Debt Obligations (CPDO) seinen Höhepunkt erreicht. Die niederländische ABN Amro hat Ende 2006 den ersten CP-DO emittiert, der durch ein gehebeltes Investment auf den Referenzindex iTraxx Main einen Ertrag von Libor plus 200 Basispunkte versprochen hat. Die Funktionsweise war hierbei ähnlich einer CPPI-Strategie (Constant Proportion Portfolio Insurance), allerdings mit einem diametral entgegengesetzten Leverage-Mechanismus. Während in einer CPPI-Struktur der Anteil des riskanten Assets bei einem Preisrückgang (bzw. einer Volatilitätserhöhung) desselben reduziert wird, führt in einem CPDO eine Ausweitung des Spreads des Referenzindex zu einer steigenden Investitionquote. Um die 200 Basispunkte über Libor zu erreichen, muss bereits bei der Auflage des Produkts ein großer Hebel eingesetzt werden (beispielsweise handelte der iTraxx Main Ende 2006 bei einem Spread von etwa 25 Basispunkten). Jede Spread-Ausweitung führt dann zu einer weiteren Erhöhung des Hebels. Also genau dann, wenn das Portfolio Verluste erleidet, wird das Risiko erhöht – im Sinne von »If you are in trouble – double!«. Da der Referenzindex kontinuierlich gerollt wird (ein CPDO investiert also immer in den aktuellen 5Y-Index), ist das Risiko eines Kreditereignisses innerhalb des CP-DOs sehr limitiert. Dazu müsste eine Referenzentität innerhalb weniger Monate von einem IG-Rating in ein Ausfallszenario abrutschen. Der dominierende Risikofaktor eines CPDOs ist folglich das Spread-Risiko, da eine kontinuierliche Ausweitung des Index-Spreads mit einem steigenden Hebel einhergeht, was wiederum zunehmende Verluste bedeutet. Somit kann dieser Mechanismus nicht unlimitiert aufrechterhalten bleiben – was bei einer möglichen Abwicklung des Produkts mit Verwertungsquoten im einstelligen Prozent-Bereich endet.

Die eigentliche Attraktivität von CPDOs lag in dem AAA-Rating von Moody's. Somit hatte das Produkt aus Sicht regulierter Investoren (vor allem Versicherungen, Pensionskassen usw.) ein extrem gutes Spread/Rating-Verhältnis. Das lag allerdings nur daran, dass Moody's in ihrem damaligen Ratingprozess Ausfallrisiken, nicht aber Spread-Risiken, berücksichtigt hat. Da Erstere eben sehr gering waren, wurden CPDOs in die höchste Ratingkategorie eingestuft. Auch hier konnte man von Ratingarbitrage sprechen: Da der Rating-Prozess der Agenturen relativ transparent war, konnten bei der Entwicklung dieser Instrumente die Schwächen der Ratingprozesse ausgenutzt werden.

Insgesamt war der Markt für CPDO mit weniger als 5 Milliarden Euro ausstehendem Nominal vernachlässigbar. Allerdings markierten CPDOs die Spitze der Entwicklung opportunistischer Instrumente, die weniger aus ökonomischem Rational, sondern vielmehr aufgrund einer Kombination aus extrem niedriger Risikoaversion und hoher Nachfrage nach gehebelten Produkten heraus entstanden sind.

Das Ende der CPDOs wurde ebenso schnell eingeleitet wie deren Aufstieg. Im März 2007 verkaufte die schweizerische UBS einen CPDO, der auf Financial CDS referenzierte. Das AAA-eingestufte Produkt war der erste Ausfall im CPDO-Universum - im November 2007! Die Verwertungsquote lag hier im einstelligen Bereich.[14]

Die Popularität vor allem von Index-Swaps und strukturierten Kreditderivaten (wobei wiederum ein im CDS-Markt befriedigter Absicherungsbedarf bei den strukturierenden Banken entstand), die fortschreitende Standardisierung des Kreditderivateuniversums (sogar an der Eurex geclearte Future-Kontrakte auf einige iTraxx-Indices hatten ein kurzes Gastspiel) und die Tatsache, dass durch die Möglichkeit zur Novation bei CDS-Kontrakten ein Großteil des Universums nicht gegeneinander verrechnet wurde, führte zu einem extremen Anstieg des ausstehenden CDS-Nominals. Ende 2007 überschritt das ausstehende Volumen im CDS-Markt 60 Billionen US-Dollar - zur damaligen Zeit entsprach das in etwa dem globalen Sozialprodukt.

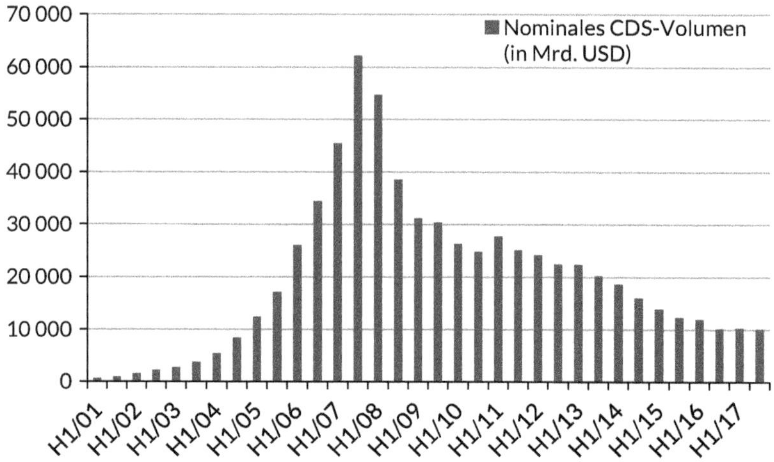

Abb. 1.7: Starker Anstieg des Netto-CDS-Volumens von 2005 bis 2007, Quelle: DTCC, ISDA (bis H1/10), Swap Info (ab H2/10), XAIA Investment

1.4 Die Rolle von Kreditderivaten während der Finanzkrise 2007/2008

Kreditderivate haben nicht nur maßgeblich zur Entstehung der Subprime-Krise beigetragen, sondern vor allem auch eine Rolle bezüglich der Krisenmechanismen und der damit verbundenen Übertragungseffekte auf andere Marktsegmente und letztlich

14 Gordy/Willemann (2010).

auch auf die Realwirtschaft gespielt. Als Subprime-Kredit bezeichnete man Immobilienkredite in den USA, die an wenig kreditwürdige Schuldner vergeben wurden.[15] Zusätzlich waren diese Verträge so strukturiert, dass in den ersten beiden Jahren nur sehr niedrige Zinssätze vereinbart wurden, während nach dieser Zeit eine marktübliche Verzinsung verlangt wurde und dadurch die Finanzierungskosten stark anstiegen. Nach vielen Jahren des ungebremsten Anstiegs der Immobilienpreise und dem Glauben, dass dieser seine Fortsetzung finden würde, stieg die Nachfrage nach Immobilienkrediten in den Jahren 2005 und 2006 stark an. Der Hintergedanke dabei war, dass die Immobilie innerhalb der ersten beiden Jahre wieder verkauft werden kann und somit die höhere Zinsbelastung nicht eintritt. Die Banken konnten mit Hilfe von CDOs und RMBS-Strukturen Subprime-Kredite verbriefen und so die von ihnen originierten Risiken an den Markt (vor allem an Asset Manager) abgeben. Sie hatten somit keinerlei »natürliche« Restriktion (vor allem nicht ihre eigene Risikotragfähigkeit) bei der Vergabe von Subprime-Krediten. In den Jahren 2005 und 2006 beliefen sich die Subprime-Kredite auf ca. 20 bis 25 % des gesamten Immobilienkreditvolumens in den USA. Dann kam es 2006 zu einem Rückgang der amerikanischen Immobilienpreise. Hierdurch stiegen die Zahlungsausfälle in den Krediten stark an und bereits im Dezember 2006 weiteten sich die Spreads im CDO-Universum stark aus.

Anfang 2007 hatten sich diese Entwicklungen bereits deutlich auf die Ergebnisse der auf Subprime-Kredite spezialisierten Finanzinstitute ausgewirkt und im April kam es zur ersten Insolvenz in diesem Sektor. Mitte des Jahres hatte diese Entwicklung dann bereits die Asset-Management-Industrie erfasst, wobei zwei Hedgefonds der amerikanischen Bear Stearns ihre Fonds abwickeln und hierbei mehr als 10 Milliarden US-Dollar abbauen mussten. Erste negative Effekte auf das CDS-Universum materalisierten sich in einer starken Ausweitung der Spreads im Index-Swap-Universum. Im dritten Quartal beschleunigten sich die Ereignisse dramatisch, wobei ein erster Höhepunkt der Subprime-Krise die notwendige Rettung der IKB Deutschen Industriebank war, einer der größten Investoren in strukturierte Kreditderivate. Einerseits weiteten sich die Spreads in allen Segmenten des Kreditderivatemarktes weiter aus, andererseits kamen immer mehr Banken in den Verdacht, in eine ähnliche Situation wie die IKB zu geraten.

Die nächste Stufe der Krise war erreicht, als immer mehr Marktsegmente, die ursprünglich keinerlei Subprime-Risiken ausgesetzt waren, betroffen wurden. Hierzu zählen durch Asset-Backed-Securities gedeckte Commercial Paper (ABCP) und SIVs (Special Investment Vehicle), die auf kontinuierliche Refinanzierung angewiesen waren – was sich durch die zunehmende Unsicherheit drastisch erschwerte. Im vierten Quartal 2007 fingen Banken an, Bilanzpositionen abzuschreiben, um der Entwicklung Rechnung zu tragen, und die Zentralbanken adjustierten ihre Liquiditätsfaszilitäten für den Bankensektor stark nach oben, um potenziellen Liquiditätsengpässen vorzubeugen.

15 Bezüglich des im Folgenden beschriebenen Ablaufs wird Bezug genommen auf Felsenheimer/Gisdakis (2008).

Zu diesem Zeitpunkt hatte die Krise bereits globale Auswirkungen auf den gesamten Finanzmarkt – obwohl das ursprünglich betroffene Marktsegment der Subprime-Kredite ein relativ geringes Volumen aufwies und lokalen Charakter hatte. Kreditderivate haben dazu beigetragen, dass diese Übertragungseffekte sehr schnell eingesetzt haben. Beigetragen hat auch, dass nicht alle Investoren in der Lage waren, die komplexen Risikomechanismen zu bewerten, was sich in der historischen Aussage des damaligen Vorsitzenden der Federal Reserve Ben Bernanke bezüglich ABCPs widerspiegelt: »I would like to know what those damn things are worth.«[16] Ende 2007 rückte dann einer der Protagonisten der Krise in den Mittelpunkt des Geschehens: die Anleiheversicherer (Monoline Insurer). Diese wurden ursprünglich gegründet, um Anleihen von Emittenten niedrigerer Ratingqualität durch Garantien das Höchstrating von AAA zu ermöglichen. Das Kerngeschäft war lange Jahre das Versichern von amerikanischen Kommunalanleihen, bis der Boom strukturierter Kreditderivate Anfang der 2000er-Jahre dazu führte, dass die Versicherung derselben einen eigenen Geschäftszweig für die Monoliner eröffnete. Die größten Monoliner MBAI und Ambac versicherten Ende 2006 bereits mehrere hundert Milliarden US-Dollar. Um ihr eigenes überlebenswichtiges AAA-Rating zu behalten, wurden sie zum partiellen Abbau der Risikopositionen referenzierend auf diese garantierten Produkte gezwungen (z. B. über CDS), als diese im Zuge der Subprime-Krise von den Ratingagenturen herabgestuft wurden. Dieser Verkaufsdruck verstärkte die Spread-Ausweitung im gesamten Kreditderivate-Segment, wobei die Monoliner selbst bedeutende Referenzentitäten im CDS-Markt dargestellt haben.

Erstmals äußerte sich der Internatioale Währungsfonds zu den mit der Krise verbundenen Kosten und schätzte diese auf etwa 200 Milliarden US-Dollar. Eine viel zu geringe Prognose, wie sich in den folgenden Jahren herausstellen sollte.

Während 2007 einen dramatischen Wendepunkt vor allem für strukturierte Kreditderivate markierte, war der globale Kreditmarkt Anfang 2008 bereits in vollem Krisenmodus. Die Spirale aus fundamentalen Verschlechterungen, Ratingherabstufungen und Spread-Ausweitungen fand Mitte März sein vorerst prominentestes Opfer: die US-Investmentbank Bear Stearns, die unter Mithilfe der Federal Reserve von JP Morgan übernommen wurde. Trotz der staatlichen Unterstützungsaktionen (beispielsweise bezüglich des US-Immobilienmarktes), weltweiten Bailouts von Banken und der historisch umfänglichen Liquiditätsbereitsstellung fast aller Zentralbanken konnte der selbsterfüllende Mechanismus der Krise nicht unterbunden und die oben beschriebenen Symptome nicht wirkungsvoll eingedämmt werden. Somit fiel am 15. September 2008 eine weitere US-Bank der Krise zum Opfer: Lehman Brothers. Dieses Mal sollte ein Exempel statuiert werden, womit es zu keiner Bailout-Lösung kam und somit Lehman Insolvenz anmelden musste. Der erste Höhepunkt der Krise war erreicht.

16 Mitte Oktober 2015 im Economics Club von New York auf die Frage, welche Informationen angesichts der Krise nötig sind, um effektivere geldpolitische Instrumente zu entwickeln.

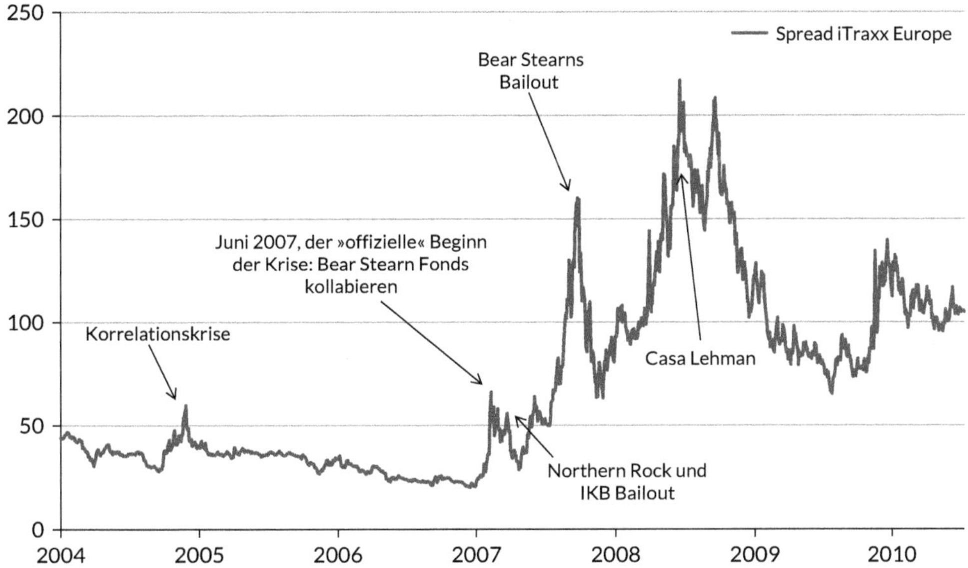

Abb. 1.8: Drastische Spread-Ausweitungen im Zuge der Subprimekrise

Bei der Lehman-Pleite zeigte sich ein weiteres Charaktermerkmal des CDS-Marktes: Kreditderivate sind extrem informationseffizient. Während beispielsweise die Aktie von Lehman in der Woche vor der Insolvenz keine (vor dem Hintergrund der extremen Wochen davor) extrem auffälligen Bewegungen aufgewiesen hat, sind Lehman-CDS im einjährigen Bereich auf ca. 600 Basispunkte angestiegen. Dies erklärt sich durch die Existenz von sogenannten CVA (Credit Valuation Adjustment)-Händlern. CVA-Händler managen das Kontrahentenrisiko, das aus unbesicherten Derivatepositionen entsteht. Kommt ein Kontrahent seinen Besicherungsleistungen nicht nach (oder existieren solche erst gar nicht), können CVA-Händler die Forderung gegenüber den Kontrahenten mit kurzlaufenden, auf den Kontrahenten referenzierenden CDS absichern. CVAs waren somit die ersten am Markt, die angesichts zunehmender Besicherungsforderungen gegenüber Lehman CDS-Versicherung gekauft haben. Das hat dazu geführt, das einjährige CDS-Kontrakte auf Lehman in der Woche vor dem Default auf über 600 Basispunkte angestiegen sind.

Die Insolvenz Lehmans war angesichts der starken Position der Bank im Kreditderivatemarkt und der engen Vernetzung mit dem Finanzsystem insgesamt zwar das dominierende Ereignis zu dieser Zeit – allerdings sind die wirklich systemrelevanten Risiken bei anderen Akteuren entstanden. Allen voran bei der amerikanischen Versicherung American International Group (AIG), die in vielen Derivate-Kontrakten als »*lender of last ressort*« explizite Garantien (bishin zu garantierten Rückzahlungsbeträgen) für die Mehrzahl strukturierter Kreditderivate (u. a. CDOs) abgegeben hatte und angesichts der stark ansteigenden Ausfallrisiken ihren Besicherungspflichten nicht mehr nachkommen konnte. Am 16. September 2008 wurde die AIG quasi-verstaatlicht und erhielt einen Kredit des amerikanischen Staates (bzw. der

Fed) über 85 Milliarden US-Dollar für knapp 80 % der Unternehmensanteile, um ihren Besicherungspflichten nachkommen zu können und einen Dominoeffekt im Finanzsystem zu vermeiden. Profiteure dieses Kredits waren nicht nur US-Institute, sondern auch große europäische Banken. Ohne diesen Kredit wäre also das gesamte globale Bankensystem in Mitleidenschaft gezogen worden, da diese systemrelevanten Institute wiederum ihre Verbindlichkeiten aus Derivatepositionen nicht hätten bedienen können.

Die Disfunktionalität des Finanzmarktes und vor allem der Finanzinstitute nahm danach nie gekannte Ausmaße an. Im Herbst 2009 schätzte der IWF allein den weltweiten Abschreibungsbedarf bei Banken auf über 2,8 Billionen US-Dollar.[17] Allerdings blieben die negativen Auswirkungen nicht auf die Finanzmärkte beschränkt. Der weitaus größte Teil der Krisenkosten entstand durch die negativen realwirtschaftlichen Auswirkungen, die sich letztlich in einer globalen Rezession kulminierten. Kreditderivate wurden in der Öffentlichkeit nicht mehr als sinnvolle Instrumente zur Kreditrisikoallokation betrachtet, sondern vielmehr als »weapons of financial mass destruction« (Warren Buffet) gesehen.

Betrachtet man ex post die Rolle von Kreditderivaten während der Krise, gelangt man zu einer differenzierteren Betrachtungsweise. CDS waren eine Art von Katalysator für die fundamentalen Risiken, die in einem Umfeld niedriger Zinsen und der damit einhergehenden Entwicklung von spekulativen Blasen entstanden sind. Letztlich ist es nicht das Instrument, das ursächlich für die Entstehung von Verlusten ist, sondern die Strategie, in deren Umsetzung dieses Instrument eingebunden wird. Offensichtlich haben Kreditderivate dazu beigetragen, dass vor allem Banken regulatorische Schlupflöcher nutzen konnten und durch die Verpackung und den Weiterverkauf von Risikopositionen einerseits ihre Eigenkapitalanforderungen niedrig halten konnten, andererseits »mehr« realwirtschaftliche Risiken (Subprime-Kredite) generiert haben als das der Fall gewesen wäre, wenn sie diese in ihren eigenen Bilanzen hätten halten müssen. Die Krise offenbarte auch den internationalen Transmissionsmechanismus in voll integrierten Kapitalmärkten, der dazu führt, dass Krisen keinen lokalen Charakter aufweisen, sondern immer auch globale Wechselwirkungen auslösen. Kreditderivate tragen offensichtlich zu einer Beschleunigung dieses Mechanismus bei. Des Weiteren wurden auch die Grenzen des Einsatzes von Kreditderivatetechnologie deutlich. Ein effizienter Risikotransfer über CDOs setzt voraus, dass die zugrunde liegenden Kreditportfolien ausreichend heterogen strukturiert sind. Im Falle der Subprime-CDOs ging vor allem die individuelle Ausfallwahrscheinlichkeit über wenig korrelierte Immobilienkäufer in die Bewertungsmodelle ein, während systematische Risiken (ein allgemein starker Rückgang der Immobilienpreise) weitgehend unberücksichtigt geblieben sind. Über allem steht allerdings die Erkenntnis, dass ausnehmlich alle Marktakteure (inklusive der Ratingagenturen) die Risiken von strukturierten Kreditderivaten falsch bewertet haben.[18]

17 IMF (2009).

18 Banks (2011) bietet eine sehr lehrreiche Beschreibung der Ignoranz der Risiken von Seiten der verschiedenen Akteure.

Als Reaktion auf die Krise wurden Kreditderivate folglich sehr unterschiedlich bewertet. Während die akademische Sicht eine notwendige Weiterentwicklung der Bewertungsmodelle als logische Konsequenz beinhaltet, wendeten sich viele Akteure vom CDS-Markt ab, einige stellten den Nutzen desselben in Frage. Hierzu darf man auch die globalen Regulierungsinstitutionen zählen.

1.5 Nach Lehman: der Beginn der Regulierung

In Folge der Krise hat eine gesellschaftliche Debatte eingesetzt, die sich vor allem an den Banken als zentrale Akteure festmacht. Diesen wurde vorgeworfen, Gewinne zu privatisieren, während sie Verluste sozialisieren, da sie in den meisten Fällen (Ausnahme Lehman) mit staatlicher Unterstützung im Krisenfall rechnen können. Dies hatte regulatorische Änderungen auf vielen Ebenen zur Folge, wie beispielsweise die Einführung neuer regulatorischer Anforderungen für Banken (Basel III) und Versicherungen (Solvency II). Neben der Dimension der Akteure des Marktes wurden auch die Märkte selbst und die darin gehandelten Instrumente einigen Änderungen unterworfen, die letztlich eine zunehmende Transparenz, eine höhere Liquidität und eine Standardisierung der Instrumente zur Folge gehabt hat.

1.5.1 Clearing

Ein zentrales Problem im CDS-Markt wurde während der Krise offensichtlich: die Frage der Besicherung der CDS-Kontrakte. Während die meisten Akteure über sogenannte Collateral Service Agreements (CSA) bilateral ihre Kontrahentenrisiken abgesichert haben, war dies nicht verpflichtend und wurde somit eben auch nicht standardisiert durchgeführt. Verluste aus Derivatekontrakten lösen nur dann Ansteckungseffekte aus, wenn diese Risiken nicht beim originären Risikonehmer bleiben, sondern über die fehlende Verpflichtung, Margin-Zahlungen zu leisten, an den Markt weitergegeben werden.

Die logische Konsequenz daraus ist die Abwicklung von CDS-Kontrakten über zentrale Clearingstellen, wie es beispielsweise bei standardisierten Aktienoptionen seit langem der Fall ist. Dementsprechend wurde im März 2009 die Intercontinental Exchange (ICE) gegründet, über die in den USA seitdem CDS-Kontrakte abgewickelt werden. Das bilaterale Kontrahentenrisiko wird dadurch minimiert, da die ICE als zentraler Kontrahent den jeweiligen Handelspartnern gegenübersteht und hier auch Sicherheiten für die offenen CDS-Positionen zentral hinterlegt werden. Die ICE hat sich im amerikanischen CDS-Markt schnell etabliert, wobei sich das Volumen der Kontrakte, die über die ICE abgewickelt wurden, seit Bestehen der ICE auf etwa 66 Billionen US-Dollar (»Gross Notional Cleared«) beläuft. Da die Verpflichtung über die seit Juli 2009 existierende ICE Europe erst im Zuge der Etablierung der European Market Infrastructure Regulation (EMIR) seit Mitte 2017 schrittweise eingeführt wird, liegt das totale abgewickelte Volumen hier Ende 2017 unter dem amerikanischen Pendant bei ca. 20 Billionen US-Dollar.

Dadurch ist dem Kreditderivatemarkt der Makel des bilateralen Kontrahentenrisikos weitestgehend genommen und dem Ansteckungsmechanismus nach der Lehman-Pleite ein Riegel vorgeschoben.

1.5.2 Small & Big Bang: die Supplements in 2009

Neben der zentralen Abwicklung von CDS-Kontrakten spielt die Standardisierung derselben sowie das Netting ausstehender Kontrakte eine entscheidende Rolle für die Effizienz der CDS-Märkte. Genau dieser Gedanke führte zur ersten Ergänzung der 2003 Credit Derivatives Definitions (2009 Supplement) für den US-CDS-Markt, im CDS-Jargon *Big Bang* genannt.[19] Hierbei wurden vor allem drei global gültige Änderungen umgesetzt. Erstens wurde das Auktionsverfahren zur Abwicklung des CDS inklusive der Bestimmung der Verwertungsquote als Prozess festgeschrieben, während man bisher ein spezifisches Protokoll zur Teilnahme an der Auktion unterschreiben musste. Außerdem wurde das sogenannte Determinations Committee installiert, das feststellt, ob ein Kreditereignis eingetreten ist, und das zusätzlich die Rahmenbedingungen jedes Auktionsverfahrens festlegt. Das Determinations Committee besteht aus den dominierenden Marktteilnehmern (zehn Banken und fünf Asset Managern) und soll ein unparteiisches und objektives Verfahren sicherstellen. Außerdem wurden fixe Kuponzahlungen in den CDS-Kontrakten vorgeschrieben (100 bzw. 500 Basispunkte abhängig vom aktuellen Spread-Niveau). Gerade letztere Änderung hatte eine starke Auswirkung auf die Handelbarkeit und somit die Liquidität von CDS-Kontrakten. Vor den 2009 Supplements wurden CDS bilateral auf dem aktuellen Spread-Niveau abgeschlossen, an dem sich alle Kuponzahlungen orientiert haben. Wurde beispielsweise ein Kontrakt bei einem Spread von 321 Basispunkten abgeschlossen, waren die Kuponzahlungen bis zum Laufzeitende des Kontraktes auf 321 Basispunkten fixiert. Folglich wurde am Markt eine Vielzahl von CDS auf dieselbe Referenzentität gehandelt, die jeweils andere Kuponzahlungen aufgewiesen haben. Damit konnten Kontrakte schlechter konsolidiert werden und, vor allem im Falle einer »distressed« Situation, also kurz vor dem Eintritt eines Kreditereignisses, konnte die Ökonomie und damit die Bewertung von Kontrakten mit unterschiedlichen Kupons voneinander abweichen. Dieses Problem wurde mit der Einführung fixer Kupons gelöst, wobei die Abweichung des aktuellen Marktlevels vom fixierten Kupon über Upfront-Zahlungen ausgeglichen wird (vgl. Kapitel 2).

Um CDS-Kontrakte international anzugleichen, folgten im Juli 2009 die analogen Anpassungen im europäischen CDS-Markt, der sogenannte *Small Bang,* und im Oktober der *EM-Bang*: die Ausweitung der Änderungen auf CDS-Kontrakte im Emerging-Market-Format. Im Zusammenhang mit dem EM-Bang wurde erstmals auch ein Index-Swap auf Staaten eingeführt: der aus 15 westeuropäischen Staaten bestehende iTraxx SovX Western Europe Index, der im Verlauf der Eurokrise noch eine zentrale Rolle einnehmen sollte.

19 Die offizielle Dokumentation findet sich unter http://www.markit.com/cds/announcements/resource/cds_big_bang.pdf.

Die schnelle Reaktion der ISDA auf die Kritik am CDS-Markt während der Finanzkrise zeigt die inhärente Intention, den CDS-Markt liquide, standardisiert und transparent zu gestalten. Um dies zu gewährleisten und andererseits den Versicherungscharakter des Instruments zu erhalten, müssen folglich auch immer wieder Änderungen an der vertraglichen Ausgestaltung für CDS vorgenommen werden, um auf sich ändernde regulatorische und gesetzliche Anforderungen zu reagieren. Vor diesem Hintergrund wird auch offensichtlich, warum es keine weltweit einheitliche Ausgestaltung der Kontraktspezifikationen gibt, sondern mehrere spezifische CDS-Formate existieren, die auf bestimmte Marktsegmente referenzieren (vgl. Abschnitt 2.1.9).

Im Vergleich zu europäischen Standard Corporate CDS (auf Unternehmen referenzierend) stellt eine Restrukturierung kein Kreditereignis im US Standard Corporate CDS dar. Dies beruht darauf, dass der amerikanische Insolvenzprozess (Chapter 11) immer den Konkurs (bankruptcy) des Unternehmens mit einschließt, der für sich allein genommen ein Kreditereignis darstellt. Somit wäre die Einführung von Restrukturierung als Kreditereignis in amerikanischen Unternehmens-CDS redundant, da sichergestellt ist, dass es im Zuge des Chapter-11-Verfahrens zu einem Kreditereignis kommt. Hier zeigt sich auch ein prinzipieller Nachteil des europäischen CDS-Formats gegenüber den amerikanischen Kontrakten: jeweils ein Standard-Format für europäische Unternehmen und für Finanzinstitute muss eine Vielzahl unterschiedlicher nationaler Rechtsprechungen, Insolvenzprozesse usw. abbilden und dementsprechend muss dieses weiter gefasst werden. Das zieht in der Praxis einen höheren Interpretationsspielraum in Europa nach sich, was beispielsweise die Frage betrifft, ob und/oder welches Kreditereignis stattgefunden hat. Somit betreffen die meisten strittigen Fragen bezüglich der Abwicklung von CDS europäische Kontrakte (vgl. Kapitel 4). Ein prominentes Beispiel hierfür ist die Abwicklung der auf Griechenland referenzierenden CDS im Zuge des sogenannten Private Sector Involvements, auf das wir im Zuge der Diskussion über die Eurokrise detaillierter eingehen werden. In bestehende Prospekte für griechische Staatsanleihen wurden per Parlamentsbeschluss sogenannte Collective-Action-Klauseln (Mehrheitsklauseln) eingeführt, die einen Zwangsumtausch dieser Anleihen in neu emittierte Obligationen mit einem stark reduzierten Nominal ermöglicht hat. Dieser Vorgang löst auf jeden Fall ein Kreditereignis (Restructuring) aus, da der Gläubiger einen eindeutigen Verlust erfährt. Allerdings würde dieses Ereignis in verschiedenen Ländern zu unterschiedlichen Zeitpunkten festgestellt werden. Während in Griechenland ein Gesetz direkt durch den parlamentarischen Beschluss verabschiedet wird, müsste beispielsweise in Deutschland noch die schriftliche Zustimmung durch den Bundespräsidenten erfolgen. Erst dadurch tritt das Gesetz in Kraft. Die Frage, wann ein Kreditereignis eingetreten ist, kann beispielsweise dann eine wichtige Rolle spielen, wenn dieses kurz vor oder nach der Fälligkeit eines CDS-Kontraktes stattfindet. Allgemein gilt, dass europäische CDS-Formate gegenüber US-CDS einen breiteren Interpretationsspielraum in Bezug auf Kreditereignisse zulassen.

1.6 Die europäische Staatsschuldenkrise und damit verbundene Phänomene am CDS-Markt

1.6.1 Refinanzierungsdruck

Nicht zuletzt aufgrund der kostspieligen Rettungsaktionen im europäischen Bankensystem und den durch die Finanzkrise 2008/2009 ausgelösten rezessiven Entwicklungen in der Eurozone stieg die Staatsverschuldung der europäischen Staaten ab 2008 stark an. Ohne an dieser Stelle auf die vielen negativen Wechselwirkungen zwischen den institutionellen Rahmenbedingungen innerhalb der Währungsunion, der Problematik fester Wechselkurse innerhalb der Europäischen Union sowie den Maßgaben aus dem Maastrichter Vertrag einzugehen, standen vor allem die Peripherieländer unter hohem Refinanzierungsdruck. Aus unterschiedlichen Gründen standen neben Griechenland (unsolide Haushaltsführung) und Irland (hohe gesamtwirtschaftliche Kosten durch die Restrukturierung des Bankensystems) vor allem Portugal, Spanien (Einbruch des Immobilienmarktes) und Italien (höchste Staatsschuldenquote innerhalb der Eurozone) im Mittelpunkt der ersten Welle der Schuldenkrise. Dies spiegelte sich bereits 2010 in einer starken Ausweitung der Risikoaufschläge am Markt für europäische Staaten-CDS wider.

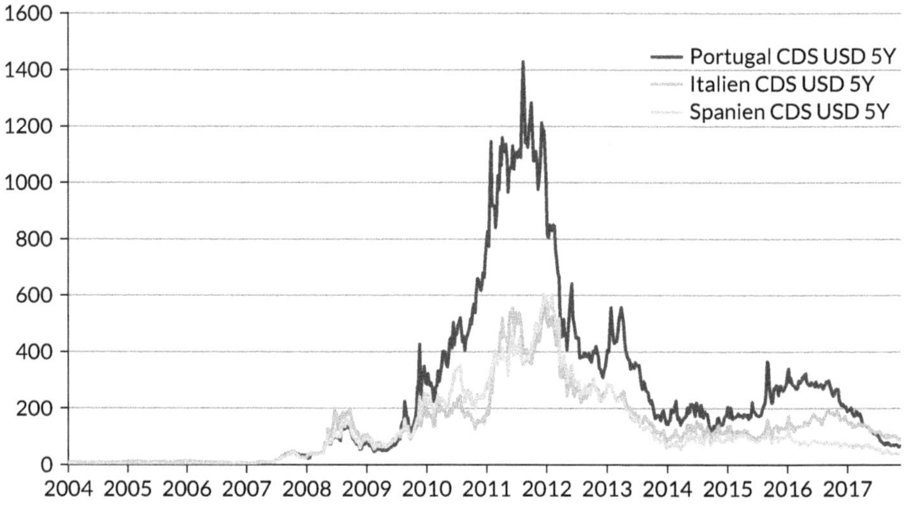

Abb. 1.9: Spread-Ausweitung europäischer Peripherieländer während der Staatsschuldenkrise, Quelle: Bloomberg

Die während der Schuldenkrise stark angestiegenenen Target-Salden[20] innerhalb des EZB-Zahlungssystems, die die Leistungsbilanzsalden der einzelnen Mitgliedländer untereinander reflektieren, haben einerseits einen starken Verlust des Außenwertes

20 Die Diskussion wurde damals maßgeblich vom Ifo-Institut angestossen; vgl. hierzu einen der ersten Beiträge in Sinn/Wollmershäuser (2012).

des Euro ausgelöst und andererseits auch die sogenannten Kernländer in Mitleidenschaft gezogen. Auf dem Höhepunkt der Schuldenkrise erreichten fünfjährige Deutschland-CDS ein Spread-Niveau von über 100 Basispunkten. Dies entspricht einer impliziten Ausfallwahrscheinlichkeit von über 8 % innerhalb der nächsten fünf Jahre. Auf Österreich referenzierende CDS wurden im selben Zeitraum bei über 200 Basispunkten und einer impliziten Ausfallwahrscheinlichkeit von circa 16 % innerhalb von fünf Jahren gehandelt. Hier kam es also zu einer starken Divergenz der fundamentalen Entwicklung und der Spread-Entwicklung am CDS-Markt. Das lässt sich u. a. auch dadurch erklären, dass diese Länder ebenso wie die Peripherieländer Mitglieder des 2009 eingeführten iTraxx Sovereign Western Europe Index (iTraxx SovX) waren und hier im Zuge der Eurokrise eine starke Nachfrage nach Ausfallversicherung entstanden ist – was steigende Risikoprämien bei allen Index-Ländern zur Folge hatte.

Im Zuge der Spread-Ausweitungen europäischer Staaten wurden 2011 erste Analogien zwischen den Aktivitäten am CDS-Markt und spekulativen Attacken auf Währungen einzelner Länder gezogen. Diese Diskussion gipfelte im April 2012 in einer Stellungnahme der European Securities and Market Authority (ESMA) zur Regulierung von »Short Selling von Staaten-CDS« (vgl. Abschnitt 6.3) und final in dessen Umsetzung Ende 2012.[21] Aus politischer Sicht kann man diese Entscheidung nachvollziehen, ökonomisch betrachtet erscheint sie allerdings weniger sinnvoll. Mit der Installierung eines Leerverkaufsverbots sind starke Einschränkungen des Marktmechanismus verbunden (zur Problematik und deren Folgen für den CDS-Markt siehe nachstehenden Exkurs und Abschnitt 1.7.3).

Land	Staatsverschuldung (in Mrd. US-Dollar)	Netto-CDS (in Mrd. US-Dollar)	Netto-CDS (in % zur Staatsverschuldung)
Frankreich	1591,17	24,83	1,56 %
Italien	1842,83	21,73	1,18 %
Deutschland	2061,79	19,24	0,93 %
Spanien	641,80	17,42	2,71 %
Vereinigtes Königreich	1353,28	12,48	0,92 %
Portugal	161,26	5,60	3,47 %
Irland	147,99	4,10	2,77 %
Griechenland	329,35	3,71	1,13 %

Tab. 1.1: Bedeutung von CDS gegenüber europäischen Staatsanleihen, Stand: Dezember 2010/Oktober 2011, Quelle: Bloomberg

Vielmehr stellten CDS die einzige Möglichkeit dar, sich gegen eine Spread-Ausweitung einer bestehenden Anleihenposition abzusichern. Mit der Einführung des Leerverkaufsverbots wurde das Segment der Staaten-CDS für viele Akteure unattraktiv, was einherging mit einer Reduktion der Markttiefe und -breite und letztlich einer geringeren Markteffizienz. Somit wunderte es nicht, dass die regelmäßige Neuauflage

21 www.esma.europa.eu; 2012/263.

Exkurs: Sovereign CDS und spekulative Attacken

Angesichts der existentiellen Bedeutung der Refinanzierungskosten vor allem für die Peripherieländer rückten Staaten-CDS in den Mittelpunkt der politischen Diskussion auf europäischer Ebene. Durch die sehr hohen Risikoaufschläge im CDS-Markt mussten ebensolche bei der Emission von Staatsanleihen bezahlt werden, was die Kosten für die Staatsverschuldung weiter steigerte. Die Europäische Kommission wurde daraufhin beauftragt, festzustellen, ob mit Staaten-CDS auf den Austritt eines Landes aus der Währungsunion spekuliert werden kann – im Sinne spekulativer Attacken auf die Währung eines Landes, wie sie z. B. von George Soros gegen das Britische Pfund im Rahmen des Europäischen Währungssystems (EWS) stattgefunden haben.

Eine spekulative Attacke über Wechselkurse kann als solche gewertet werden, wenn Spekulanten Inlandswährung verkaufen und die Zentralbank des Landes durch den Abbau von Fremdwährungsreserven zum Ankauf derselben gezwungen wird, um eine starke Abwertung der Inlandswährung zu vermeiden. Hierbei kontrahieren die Spekulanten direkt oder indirekt immer mit der Zentralbank des Landes. Eine spekulative Attacke hat dann Erfolg, wenn die Spekulanten mehr Inlandswährung verkaufen können, als die Zentralbank an Fremdwährungsreserven dagegen aufwenden kann oder möchte. Diese wird dann zur Aufgabe des Wechselkurses bzw. zu einer Abwertung der Inlandswährung gezwungen sein. Damit generieren die Verkaufspositionen der Spekulanten Kursgewinne.

Im Gegensatz dazu stehen sich in einem CDS-Kontrakt zwei unabhängige Marktteilnehmer gegenüber. Konsolidiert man die Positionen der zwei Kontrahenten eines Swap-Kontrakts, stellt dieser ein Nullsummenspiel dar. Der eine Kontrahent gewinnt genau das, was der andere Kontrahent verliert. Es steht also jedem Akteur, der auf eine Ausweitung der CDS-Spreads bzw. auf den Ausfall eines Landes spekuliert, ein Akteur gegenüber, der gegen einen Zahlungsausfall setzt. Ein Indiz dafür, dass CDS nicht zu spekulativen Attacken eingesetzt werden, stellte das Phänomen der negativen Basis (vgl. Abschnitt 5.1) während der Schuldenkrise dar. Der Preisverfall der Anleihen war dem der CDS vorlaufend, das heißt die initiale Spread-Ausweitung war im Anleihenmarkt stärker ausgeprägt als im CDS-Segment. Desweiteren belief sich das ausstehende CDS-Nominal nur auf einen Bruchteil des Volumens an ausstehenden Anleihen, was ebenfalls gegen den Status des spekulativen Instruments spricht.

des SovX innerhalb des iTraxx-Universums 2013 eingestellt wurde. Der iTraxx SovX war somit das erste Segment im Kreditderivatemarkt, das der zunehmenden Regulierung im Zuge der Schuldenkrise zum Opfer fiel.

1.6.2 Quanto CDS

Ein weiterer Effekt der Europäischen Schuldenkrise war ein starker Verfall des Außenwerts des Euro – auch gegenüber dem US-Dollar. Hierin liegt ein interessantes Phänomen begründet, das als Reaktion des CDS-Marktes auf die Abwertung des Euro verstanden werden kann: die zunehmende Popularität von Quanto-CDS. Mit Quanto wird die Spread-Differenz zwischen auf unterschiedlichen Währungen referenzierenden CDS-Kontrakten bezeichnet, im Falle europäischer Staaten zwischen CDS auf Kontrakte in US-Dollar und solchen in Euro. Der Hintergrund von Quantos ist relativ simpel. Kauft man eine CDS-Versicherung auf ein Land in der Landeswährung, hängt im Falle eines Kreditereignisses die Kompensationszahlung aus Sicht eines ausländischen Versicherungskäufers auch von der Entwicklung der Landeswährung ab. Tritt ein Kreditereignis ein, ist davon auszugehen, dass die Inlandswährung stark abwertet, was den Wert der Kompensationszahlung für den ausländischen Investor entsprechend verringert. Vor dem Hintergrund einer Währungsunion gewinnt dieses Instrument aber an Bedeutung.

Die theoretische Modellierung von Quanto-Risiken basiert auf der Abwertungserwartung (vgl. Abschnitt 4.1). Es wird also versucht, eine mögliche Abwertung der Inlandswährung gegenüber der Referenzwährung (Standardwährung) im Falle eines Kreditereignisses zu quantifizieren und somit eine arbitrage-freie Preisbeziehung zwischen den beiden CDS-Kontrakten abzuleiten. Letztlich wird die Differenz des jeweiligen erwarteten Verlusts der beiden Kontrakte im Default Leg unter der Annahme eines Sprungs der Währungsrelation (also des Wertverfalls der Inlandswährung) berechnet. Ein auf inländische Währung refenzierender CDS bietet aus Sicht eines ausländischen Investors bei Eintritt eines Kreditereignisses im Gegensatz zum US-Dollar-denominierten CDS keinen Schutz gegen den Verfall der Inlandswährung. Der aus der Sicht des ausländischen Investors erwartete Verlust im Kreditereignis durch den CDS in inländischer Währung (gegenüber dem US-Dollar-Kontrakt) führt dazu, dass dieser nur dann bereit ist, Kreditausfallversicherung in Inlandswährung zu kaufen, wenn diese einen Spread-Abschlag gegenüber dem Standard CDS aufweist. Die Angst vor einem Auseinanderfallen der Eurozone spiegelte sich auch in den stark gestiegenen Quantos europäischer Staaten wider, die während der Eurokrise bei teilweise über 100 Basispunkten lagen und somit die mit dem Zusammenbruch immensen Abwertungserwartungen implizierten.

Fünf-Jahres-Quanto	bid/offer in Basispunkten
Belgien	105/115
Deutschland	60/80
Frankreich	95/110
Italien	75/85
Niederlande	45/55
Österreich	70/90
Portugal	1,5/3 (Prozent Upfront)
Spanien	125/140

Tab. 1.2: Quanto-CDS europäischer Staaten während der Eurokrise (Indikationen, Januar 2011), Quelle: Broker runs

Das zu dieser Zeit stark steigende Volumen an Quanto-Positionen spiegelt die starke Nachfrage nach Ausfallversicherung, vor allem von US-Finanzinstituten, gegenüber europäischen Länderrisiken wider. Kauft eine amerikanische Bank Ausfallversicherung (beispielsweise um bereits währungsgesicherte Euro-Positionen abzusichern) auf europäische Staaten in Euro, baut sie gleichzeitig Währungsrisiken auf, während aus Sicht eines europäischen Fonds, der Euro-denominierte Staatsanleihen absichert, eine Euro-CDS durchaus seine Absicherungsposition erfüllt. Hieraus erklärt sich die Existenz eines Spreads zwischen Euro- und US-Dollar-CDS. Allerdings offerierten die impliziten Abwertungswahrscheinlichkeiten im Quanto-Markt gegenüber dem FX-Markt Arbitragemöglichkeiten, was gegen die vorherrschende Bewertungsmethode von Quantos während der Eurokrise spricht.

Vor diesem Hintergrund erscheint folgende Überlegung, die Quanto-Anomalie, am Beispiel Griechenlands und Deutschlands interessant: Euro-denominierte Griechenland-CDS haben während der Eurokrise in der Spitze bei über 100 Basispunkten im laufenden Spread unter US-Dollar-denominierten CDS gehandelt. Aus Sicht eines reinen Euro-Investors in CDS-Versicherung birgt der Euro-CDS keine Währungsrisiken und war sogar erheblich günstiger als sein US-Dollar-Pendant. Allerdings konnte bei Griechenland die Frage gestellt werden, ob der Euro im Falle eines Kreditereignisses gegenüber dem US-Dollar überhaupt fallen würde oder ob nicht der Austritt des Landes den Euro stärken würde, da es sich ja um sein schwächstes Mitgliedsland handelt. Das Argument traf so oder so ähnlich auf alle »kleinen« Länder der Währungsunion zu, während z. B. bei Deutschland eine große Spread-Differenz zwischen Euro- und US-Dollar-CDS ökonomisch vollkommen rational erscheint. Tritt ein Kreditereignis bei Deutschland-CDS auf bzw. verlässt ein »großes« und »starkes« Mitgliedsland die Währungsunion, sollte die Abwertungswahrscheinlichkeit sehr viel höher sein. Je höher also die Wahrscheinlichkeit, dass der Euro wirklich durch ein Kreditereignis eines seiner Mitgliedsländer geschwächt wird, desto größer sollte der Quotient Spread (US-Dollar)/Spread (Euro) sein. Offensichtlich spielt der Währungseffekt vor allem im Ausfallszenario eine dominierende Rolle, weshalb sich Quanto-Preise in der speziellen Situation einer Währungsunion dazu nutzen lassen, implizite Austrittswahrscheinlichkeiten abzuleiten – auch wenn sich dieser Effekt quantitativ nicht ohne weiteres von den Währungseffekten trennen lässt.

Da ein Austritt aus der Währungsunion (unter Annahme einer Re-Denominierung der Währung bzw. einer Restrukturierung der Staatsschulden) in jedem Fall ein Kreditereignis im CDS auslöst, sprechen bei den Krisenländern niedrige Quanto-Spreads bei sehr hohen Ausfallwahrscheinlichkeiten (der Wert der beiden CDS in der Auktion ist derselbe) für eine sehr geringe Auswirkung auf das Konstrukt der Währungsunion und auf die Gemeinschaftswährung. Bei »guten« Ländern (Deutschland, Finnland etc.) hängt der Quanto eben nicht von der Ausfallwahrscheinlichkeit ab, sondern vor allem von der Größe bzw. der Bedeutung des Landes. Je größer das Land, desto größer ist eben auch die im Kreditereignis implizit angenommene Währungsabwertung.

Während der Eurokrise wurde wiederum deutlich, dass die Bewertung von CDS vor allem in Krisensituationen die Berücksichtigung vieler Parameter erfordert – in unserem Fall die Komponente des Währungsrisikos. Deutlich wurde auch, dass auf den ersten Blick eindeutige Bewertungsmodelle aus Sicht individueller Investoren durchaus unterschiedliche Ergebnisse liefern können – abhängig davon, wie gewisse Parameter (Abwertungswahrscheinlichkeit etc.) bewertet werden.

1.7 Der Höhepunkt der Krise und die daraus resultierenden Implikationen für den CDS-Markt

1.7.1 Eine griechische Tragödie

Die europäische Schuldenkrise gipfelte 2012 in der Restrukturierung griechischer Staatsanleihen als Teil des Rettungspakets gegen das immanente Ausfallrisiko des Landes. Bereits 2010 wurde deutlich, dass angesichts der durch die Subprime-Krise verursachten Kosten zur Rettung des Bankensystems die Nettoneuverschuldung auf einen zweistelligen Prozentsatz des Bruttoinlandsprodukts (BIP) Griechenlands ansteigen würde, was sich zunehmend in einem starken Anstieg der Risikoaufschläge auf griechische Staatsanleihen widerspiegelte. Griechenland sah sich angesichts dieser Entwicklung nicht mehr in der Lage, seinen Zahlungsverpflichtungen langfristig nachzukommen, und beantragt im April 2010 offiziell Finanzhilfe. Diese wurde durch die sogenannte Troika aus IWF, EU und EZB gewährt, wobei ein insgesamt 110 Milliarden Euro schweres Hilfspaket unter den üblichen Bedingungen (Austeritätspolitik) aufgelegt wurde. Entgegen den Erwartungen beruhigte das Hilfspaket die Märkte nicht und die rezessiven Tendenzen in Griechenland nahmen bedrohliche Ausmaße an. Angesichts eines stark rückläufigen BIPs, sprunghaft steigender Arbeitslosigkeit und zunehmender Insolvenzen im Unternehmenssektor stieg der Schuldenstand 2011 auf über 150 % des BIPs an. Somit wurde die Auflage eines zweiten Rettungspakets über 130 Milliarden Euro unausweichlich, wobei dieses wiederum zum großen Teil durch die Troika finanziert wurde. Allerdings sollten erstmals in Europa auch private Gläubiger an den Kosten beteiligt werden, weshalb das sogenannte Private Sector Involvement (PSI) Teil des Rettungspaketes war. Als private Investoren werden hierbei natürlich auch Banken gezählt.

1.7.2 Private Sector Involvement und CDS

Angesichts der oben geschilderten Entwicklungen wurde Mitte 2011 das Private Sector Involvement (PSI) vorgestellt. Es sah folgende Schritte vor: Durch einen Beschluss des griechischen Parlaments sollten in Staatsanleihen nach griechischem Recht Collective-Action-Klauseln (also Mehrheitsbeschlussfähigkeit) eingeführt werden, wobei dann eine Mehrheit der Anleihehalter einer Restrukturierung zustimmen und ein hartes Kreditereignis vermeiden können. Die Minderheitengläubiger, die nicht zustimmen, werden zum Umtausch gezwungen. Ende Oktober 2011 wurde dann auch das Umtauschverhältnis in Brüssel festgelegt. Griechische Staatsanleihen im Nennwert von 1000 Euro wurden hierbei in 315 Euro neu ausgegebene griechische Anleihen nach internationalem Recht, in Anleihen des ESFS (Europäische Finanzstabilisierungsfaszilität) im Nennwert von 150 Euro und in sogenannte GDP-Warrants (also Wertpapiere, deren Kuponzahlung von der Entwicklung des griechischen Bruttoinlandprodukts (= GDP) abhängen) getauscht.

Im Anschluss an die Ankündigung des PSI im Zuge der Brüsseler Beschlüsse kam die Diskussion über die Wirksamkeit von CDS-Kontrakten auf. Die Argumentation basierte darauf, dass erst die »politisch erzwungene« Zustimmung und Beteiligung des europäischen Bankensektors an den Beschlüssen faktisch zu einem Verlust für die Anleihehalter führte, der von einer Kreditausfallversicherung abgedeckt werden müsste. Um diese Kritik einordnen zu können, ist es durchaus sinnvoll, sich die Klauseln eines CDS-Kontrakts genauer anzusehen. CDS-Kontrakte werden spezifisch auf das zugrunde liegende Risiko ausgerichtet. Deshalb gibt es einen sogenannten Standard Western European Sovereign CDS, mit dem man den Ausfall eines europäischen Staates absichern kann. In diesem Kontrakt ist klar definiert (und nicht verhandelbar), dass die Versicherungszahlung genau dann geleistet werden muss, wenn der Kupon oder der Rückzahlungsbetrag verringert wird, wenn es zu einer Verspätung der Kupon- oder Rückzahlung einer Anleihe kommt, wenn zum Nachteil der ausstehenden Staatsanleihen vorrangige Anleihen emittiert werden oder die Währung der Anleihen in eine nicht G-7- oder nicht AAA-Währung geändert wird. Da bis dahin allerdings keines dieser Ereignisse eingetreten ist, kam es logischerweise auch nicht zu einer Versicherungszahlung. Das Argument, dass die europäischen Banken letztlich von der EU gezwungen wurden, einem Schuldenschnitt zuzustimmen, war hierbei völlig irrelevant. Genau deshalb, weil diese faktisch freiwillig einem Umtausch zugestimmt haben und kein Halter von Griechenlandanleihen dazu gezwungen wurde, umzutauschen.

Der CDS-Kontrakt verlor also dadurch, dass es bis dahin zu keinem Kreditereignis in Griechenland-CDS kam, nicht an Glaubwürdigkeit – genau das Gegenteil war der Fall. Es wäre äußert befremdlich gewesen, wenn eine freiwillig getroffene bilaterale Vereinbarung, die für alle anderen Investoren in keiner Weise bindend war, ein Kreditereignis ausgelöst hätte. Ob die Ratingagenturen ein solches Umtauschangebot als Ausfall bewerten, war wiederum völlig irrelevant. Ein CDS ist nicht abhängig von der Qualitätseinstufung einer Ratingagentur und er stellt keine Absicherung gegenüber einem Preisverfall einer Anleihe dar.

Da eine Mehrheit der Investoren erreicht wurde und diese Mehrheitsentscheidung über die Collective-Action-Klausel zur Umsetzung der Restrukturierung geführt hatte, hat die ISDA konsequenterweise Anfang März 2012 ein »Credit Event«, also den Eintritt eines Schadensfalles, festgestellt. Anleihehalter wurden im PSI durch ein Paket von neuen Anleihen teilweise entschädigt, wobei dieses Paket eben auch Elemente enthielt, die nach den damals bestehenden ISDA-Regeln nicht in der folgenden Auktion (in der die Verwertungsquote und damit die Höhe der Entschädigungszahlung festgelegt wird) eingeliefert werden konnten, da sie die dafür notwendigen Kriterien nicht erfüllten. Zum Zeitpunkt des Anleihenumtausches lag der Wert des Anleihen-Pakets bei ca. 23,2 % des ursprünglichen Nominalbetrags, während bis zu der am 19. März 2011 stattfindenden CDS-Auktion ein weiterer leichter Preisrückgang einsetzte und die Verwertungsquote bei 21,5 % gefixt wurde. Die Differenz entstand einerseits durch Marktpreisänderungen zwischen Feststellungstag und Auktion und andererseits durch die Tatsache, dass nicht alle Wertpapiere des Umtauschpakets eingeliefert werden konnten.

Nachdem trotz der vorläufigen »Lösung« des Griechenlandproblems keine Beruhigung an den Märkten einsetzte und der iTraxx Main auch Mitte 2012 noch bei über 150 Basispunkten lag, setzte Mario Draghi in seiner Rolle als Notenbankchef der Eurokrise ein (vorläufiges) Ende, indem er im Sommer seine berühmteste Rede hielt, deren zentrale Aussage in den allgemeinen Sprachgebrauch bereits Eingang gefunden hat: »Whatever it takes«. Was immer es auch kostet, den Euro zu retten, werde von der EZB auch unternommen. Die Erfahrungen aus der europäischen Schuldenkrise hatten starke Auswirkungen auf den CDS-Markt nicht nur in Europa, wobei neben dem Leerverkaufsverbot für Staaten-CDS vor allem auch gewissen Marktanomalien am Kreditderivatemarkt, wie beispielsweise Index-Skew (siehe Abschnitt 5.5.1), zu erwähnen sind. Auf diese wird im späteren Verlauf noch dezidiert eingegangen.

1.7.3 Der Short-Selling Ban auf europäische Staaten-CDS

Die dramatische Ausweitung der Risikoprämien wurde während der gesamten Schuldenkrise weniger der ökonomischen Entwicklung der betroffenen Mitgliedsländer zugeschrieben, sondern vielmehr auf spekulative Marktaktivitäten zurückgeführt. Vor diesem Hintergrund standen CDS schon 2011 unter Beobachtung und die politische Stimmung tendierte zu einer Beschränkung der Aktivitäten auf dem Kreditderivatemarkt. Hierbei wurde vor allem diskutiert, ob CDS für Spekulanten ein Instrument darstellen, das gezielt eingesetzt wird, um Attacken gegen Mitgliedsländer zu implementieren. Es wurde die Parallele zu spekulativen Attacken gegen eine Währung herangezogen, wie beispielsweise 1997 gegen den thailändischen Baht. Bei solchen Attacken verkaufen Investoren Inlandswährung in letzter Konsequenz gegen die Zentralbank des jeweiligen Landes, wobei diese ihre Fremdwährungsreserven einsetzen muss, um die Inlandswährung aufzukaufen. Sind die Währungsreserven erschöpft, muss die Inlandswährung abgewertet werden, wodurch die Spekulation den Charakter einer selbsterfüllenden Prophezeiung annimmt.

Trotz gegenteiliger Auffassungen beispielsweise der Bank für Internationalen Zahlungsausgleich (BIZ) und auch der deutschen Finanzaufsicht BaFin wurde im März 2012 die CDS betreffende Leerverkaufsverordnung veröffentlicht (Verordnung Nr. 236/2012[22]), die dann am 1. November 2012 in Kraft getreten ist. Ziele dieser Verordnung sind u. a.

22 vom 14. März 2012 über Leerverkäufe und bestimmte Aspekte von Credit Default Swaps, ABl. EU Nr. L 86/1, erhältlich unter http://eur-lex.europa.eu/LexUriServ/LexUriServ.do?uri=OJ:L:2012:086:0001:0024:en:PDF.

- eine Erhöhung der Transparenz bezüglich der Investoren, die Kreditausfallversicherung auf europäische Staaten handeln,
- die Reduktion von Risiken, die mit dem Halten »nackter« Short-Positionen einhergehen,
- die Stabilisierung des Staatsanleihenmarktes und die Sicherstellung des Funktionierens desselben,
- den Mitgliedsländern ein Instrument an die Hand zu geben, durch das die Finanzstabilität sichergestellt werden kann, um das Vertrauen der Märkte in außergewöhnlichen Situationen wiederherzustellen und
- die Koordination zwischen einzelnen Mitgliedsländern und der European Securities Markets Authority (ESMA) sicherzustellen.

Das Leerverkaufsverbot umfasst hierbei solche »nackten« CDS-Positionen, die nicht durch entsprechende Long-Positionen in Staatsanleihen (oder andere Gegengeschäften, z. B. staatsgarantierten Anleihen, Quasi-Staatanleihen o. Ä.) gedeckt sind. Kleine Abweichungen müssen durch die Clearingstellen oder die verwaltenden Gesellschaften taggleich den Regulierungsbehörden gemeldet werden.

In der Praxis müssen CDS-Transaktionen, die als Absicherung gelten, von denjenigen, die der »reinen Spekulation« dienen, abgegrenzt werden. Die Definition von Absicherung umfasst hierbei nicht nur das mit der Investition verbundene Ausfallrisiko, sondern eben auch etwaige Marked-to-Market-Risiken, wobei die mögliche abzusichernde Investition nicht nur Anleihen, sondern auch Swaps, Futures und Optionen beinhaltet. Das bedeutet beispielsweise, dass auch Long-Bund-Future-Positionen mit Deutschland-CDS gehedged werden können.

Während dieser Ansatz wenige Fragen für den Fall offen lässt, dass es sich bei der Anlage und der Absicherung um dieselbe Referenzentität handelt, wird es in der Praxis genau dann interessant, wenn das eben nicht der Fall ist. Beispielsweise können Staaten-CDS zur Absicherung von staatsgarantierten Anleihen (z. B. kann eine KfW-Anleihe mit Deutschland-CDS abgesichert werden) eingesetzt werden, aber auch bei Agencies und SPVs desselben Landes. Zusätzlich gibt es gewisse Ausnahmen, bei denen ein »Cross Border Hedge« erlaubt ist, beispielsweise dann, wenn eine Muttergesellschaft eine Tochter in einem anderen Land hat und eine explizite oder implizite Garantie von der Mutter für die Tochter besteht. Abhängig davon, wo das ökonomische Risiko dieses Investments lokalisiert ist, kann entweder auf das Land der Mutter oder der Tochter Versicherung gekauft werden. Auch wenn ein Unternehmen zu einem existenziellen Maße in Staatsanleihen eines anderen Mitgliedstaates investiert ist, kann auf diesen Staat CDS-Versicherung gekauft werden. Weitere Ausnahmen betreffen den Fall, in dem CDS auf ein Land sehr illiquide ist. Dann kann Versicherung auf andere, korrelierte Länder gekauft werden. Zusätzlich ist auch eine Index-Absicherung (z. B. iTraxx WE SovX) erlaubt, wenn es sich um supranationale Entitäten handelt (beispielsweise Anleihen der EIB).

Den Korrelationsnachweis hat hierbei der Investor zu erbringen. Dieser muss auf einer historischen Datenreihe der letzten zwölf Monate basieren. Bei marktgehandelten Instrumenten ist das eine relativ einfache Übung, während es z. B. bei nicht am Markt gehandelten Infrastrukturprojekten oder Gebietskörperschaften (z. B. einige spanische Municipalities), ohne lückenlose historische Zeitreihen, problematischer wird. Dann erlaubt diese Regelung, auch einen Proxy für die Long-Position zu benutzen. Zusätzlich lässt es die ESMA offen, ökonomische Argumente für den Absicherungsgedanken vorzubringen, falls der »statistische« Korrelationsnachweis angesichts nicht vorhandener Daten unmöglich ist. Auch bei der Frage nach dem Volumen der Absicherung lässt die ESMA einen gewissen Spielraum, da im Falle eines nicht perfekten Hedges (also in den meisten Fällen) relevante Risikokennziffern zur Rechtfertigung der Absicherungsposition herangezogen werden können.

Im April 2013 veröffentlichte der IWF eine weitere Ausgabe des *Global Financial Stability Reports*[23], der eine dezidierte Analyse des Marktes für Staaten-CDS enthält. Hierbei stand die Frage im Mittelpunkt, ob CDS eine destabilisierende Wirkung in Krisensituationen haben – was das zentrale Argument für die Einführung eines Leerverkaufverbots darstellt. Zwei zentrale Punkte wurden damals diskutiert: erstens die Frage, ob mit CDS spekulative Attacken auf Länder durchgeführt werden, und zweitens, ob CDS in Krisensituationen eine destabilisierende Wirkung entfalten.

Die Gefahr spekulativer Attacken mit Hilfe von CDS konnte jedoch faktisch und auch theoretisch widerlegt werden, da der Mechanismus des CDS-Handels eine völlig andere Situation darstellt, als das bei Währungsattacken (s. o.) der Fall ist. Die Gegenpartei in einer CDS-Transaktion ist eben nicht das »angegriffene« Land selbst, sondern ein beliebiger Marktteilnehmer, der aus verschiedenen Gründen die Gegenposition nimmt. Das Netto- »Kreditrisikovolumen« des Landes bleibt durch die Transaktion unberührt.

Deshalb hat sich die Diskussion auf die Frage konzentriert, ob CDS in Krisensituationen destabilisierend wirken. Der IWF kam daraufhin zu folgenden Ergebnissen:

- Während CDS denselben fundamentalen Erklärungsmustern folgen wie die Preisentwicklung von Staatsanleihen, ist der CDS-Markt informationseffizienter und verarbeitet Informationen vor allem in Stress-Situationen schneller als der Markt für Staatsanleihen.
- CDS stärken die Stabilität des Finanzsystems aufgrund ihrer Eigenschaft als Absicherungs-instrumente. Allerdings werden in Krisenzeiten über CDS Ansteckungseffekte übertragen, wobei es in einzelnen Euro-Staaten hier auch zu Overshooting-Effekten gekommen ist.

Die Rolle der Staaten und Regulierungen wurde vom IWF zwiespältig betrachtet. Einerseits wurde die geplante Einführung von Central Counterparties (Clearing-Häuser) im Zuge der Umsetzung von EMIR (European Market Infrastructure Regulation), auf

23 IMF (2013).

die wir später näher eingehen werden, positiv bewertet, da Übertragungseffekte eingedämmt werden. Andererseits nimmt der IWF klar negativ Stellung zum europäischen Leerverkaufsverbot, was vor allem mit der damit verbundenen geringeren Liquidität des CDS-Marktes begründet wird. In diesem Zusammenhang wurde auch darauf hingewiesen, dass der CDS Ban möglicherweise Ausweichhandlungen nach sich zieht und alternative Absicherungsmöglichkeiten in hoch korrelierten und nicht regulierten Segmenten gesucht werden (z. B. CDS referenzierend auf die Banken des jeweiligen Landes).

1.8 ISDA 2014 Credit Derivatives Definitions: Der nächste Evolutionsschritt im CDS-Markt

1.8.1 Hintergrund

Während der Subprime-Krise standen Kreditderivate im Mittelpunkt, da über diese neue und vorher nicht bekannte Mechanismen stattgefunden haben, die zu einer Verschärfung der Krise geführt haben. Allerdings wurde damals nicht deren Funktionsfähigkeit in Frage gestellt. Im Zuge der Eurokrise hat sich die Sichtweise diesbezüglich geändert. Vor allem die Situation Griechenlands hat ein weiteres Thema auf die Agenda gebracht: Was passiert im Falle eines Austritts eines Landes aus der Währungsunion? Unstrittig ist, dass es hier zu einem Credit Event kommt, also natürlich der Versicherungsfall eintritt und Investoren in Staatsanleihen durch den CDS Entschädigung erhalten. Das Problem besteht allerdings darin, dass es in so einem Fall sehr wahrscheinlich ist, dass die Regierung des Austrittslandes alle ihre Schuldtitel in die neue Landeswährung redenominiert. Und diese sind eben nicht zwangsläufig in einer CDS-Auktion einlieferbar. Aber auch wenn sie als einlieferbare Obligationen definiert werden würden, bleibt ein Problem bestehen. Man stelle sich vor, Griechenland wäre ausgetreten und hätte eine Nachfolgewährung eingeführt, wobei alle ausstehenden Staatsanleihen nach inländischem Recht in die neue Landeswährung redenominiert worden wären.[24] Natürlich würde der Austritt zu einer starken Währungsabwertung führen, der allerdings keine Auswirkung auf die in der neuen Landeswährung ausgegebenen Anleihen hätte. Diese würden trotzdem nahe ihrem Ausgabepreis (in der Regel also bei Par) handeln. Es kommt folglich zu einer CDS-Auktion, jedoch lassen sich nur neue Anleihen einliefern, da die alten Anleihen nicht mehr existieren und somit auch nicht als lieferbar gelten können. In diesem Fall würde eine hohe Verwertungsquote erreicht werden, womit sich die Kompensation für Käufer von Kreditausfallversicherung auf annähernd null belaufen würde. Der erlittene Schaden aus dem Währungsverlust (aufgrund der Redenomination) müsste somit zum größten Teil vom Sicherungskäufer getragen werden. Der CDS verliert in diesem Fall seinen Versicherungscharakter. Ein Problem eines CDS nach 2003er-Definitionen liegt also darin,

24 Das ist völlig hypothetisch, da es keine Anleihen nach griechischem Recht mehr gibt – außer den »holdouts« (also die vom PSI befreiten Anleihen, die vom »public sector« gehalten wurden). Diese liegen immer noch in den Händen von EZB und EIB.

dass durch bestimmte Restrukturierungsmaßnahmen die ursprünglich der Versicherung zugrundeliegende Anleihe nicht mehr zur Verfügung steht. Auch die folgenden Beispiele aus dem Bankensektor veranschaulichen diese Situation.

- *SNS Bank*: Im Februar 2012 gab das niederländische Finanzministerium die Verstaatlichung der SNS-Gruppe bekannt. Im Zuge dieser Verstaatlichung fand ein Bail-In der nachrangigen Gläubiger statt, d. h. Aktionäre und Halter von LT2-, UT2- und Tier-1-Anleihen wurden enteignet. Senior-Bondholder waren explizit von einer Verlustbeteiligung ausgeschlossen. Nach der diskussionslosen Feststellung eines Credit Events mussten die lieferbaren Anleihen definiert werden. Das Spezielle in diesem SNS-Fall war nun, dass die Regierung ja alle Nachranganleihehalter enteignete und die entsprechenden Anleihen einzog. Das heißt eben, dass zum Zeitpunkt der Auktion keine lieferbaren Nachranganleihen vorhanden waren. Man konnte folglich nur Senior-Bonds einliefern, da vorrangige Instrumente immer in die »nachrangige« Auktion geliefert werden können. Das hatte zur Folge, dass die Verwertungsquote der Sub CDS derjenigen der Senior CDS entsprach (bei 90,5 realisiert) und der Sub CDS aus Sicht des Versicherungskäufers eine sehr niedrige Versicherungszahlung geleistet hat, obwohl dieser einen Totalverlust auf seine Anleihen erlitten hat. Ähnliche Fälle traten außerdem bei der spanischen Bankia und bei der irischen IBRC (früher bekannt als Anglo Irish Bank) auf. Bei der Abwicklung von maroden Finanzinstituten offenbaren sich also Schwächen bei der Funktionsweise von CDS, vor allem von Financial-Nachrang-CDS.
- *Banco Espirito Santo (BES):* Nach ernsthaften Liquiditätsproblemen innerhalb des Finanzkonglomerats um die BES beschloss die portugiesische Regierung im Juli 2014 die Rettung der BES durch die Schaffung einer staatlichen Auffangbank, Novo Banco, umzusetzen (ähnlich der FMS Wertmanagement AöR in Deutschland, nach wie vor eine sehr beliebte Form des Bailouts in Europa), während die BES als Abwicklungsinstitut bestehen blieb. In Ersterer wurde der »gute« Teil der Bilanz gebündelt, während die BES die »schlechten« Risiken behielt. Nun handelt es sich hier technisch betrachtet um ein »succession event« (SE) im CDS, mit dem u. a. der rechtlichen Nachfolge bei einer Aufspaltung einer Referenzentität Rechnung getragen wird. Hier gilt die Regelung, dass bei einem Transfer von mindestens 75 % der relevanten Obligationen auf die neue Entität die CDS komplett auf diese referenzieren. Folglich referenzierten nach der Aufspaltung alle CDS (also Senior und Sub CDS) auf Novo Banco, während die Nachranganleihen bei der Espirito Santo verblieben. Das führte dazu, dass sich die vor- und nachrangigen CDS-Spreads stark eingeengt hatten (da sie ja nun auf das bessere Risiko Novo Banco referenzierten), während die Nachranganleihen bei der BES verblieben und dort starke Verlusten erlitten. Da also der Sub CDS im SE der Mehrheit aller relevanten Anleihen folgt (und eben nicht den Nachranganleihen), kann es in diesem Fall zu einem plötzlichen »Mismatch« zwischen der Referenzentität des CDS und der zugrunde liegenden Nachranganleihe kommen. Die Absicherungsfunktion des CDS ist in diesem Fall also nicht mehr vorhanden.

Neben diesen Situationen gab es einige andere Fälle (z. B. Unitymedia, Northern Rock), bei denen sich Schwachstellen im CDS-Mechanismus offenbart haben. Zeitgleich wurden etliche neue regulative Maßnahmen, vor allem im europäischen Finanzsektor (Bail-In usw.), eingeführt. Ein prominentes Beispiel war die Einführung neuer Finanzinstrumente, Contingent Convertible Anleihen (CoCos), durch die die Finanzaufsicht direkten Zugriff auf die Kapitalstruktur von Banken erhielt (Beteiligung von vorrangigen Anleihen im Abwicklungsfall einer europäischen Bank). Auch diese neuen Entwicklungen im Markt, die regulatorischer Natur waren, betrafen indirekt die Wirkungsweise von CDS im Abwicklungsfall von Banken. Genau hier setzte die ISDA an, um die Abwicklung von CDS effizienter zu gestalten und jegliche Diskussion über die Werthaltigkeit von Nachrang-CDS einzudämmen. Diese Überlegungen fanden direkten Eingang in die nächste Evolutionsstufe der ISDA Credit Derivatives Definitions.

1.8.2 Die Neuerungen in den 2014er-Definitionen

Am 22. September 2014 fanden die neuen ISDA 2014 Credit Derivatives Definitions erstmals Anwendung. Hierbei wurden einige Änderungen des Rahmenwerks für CDS eingeführt, die weitreichende Auswirkungen speziell auf einige Marktsegmente mit sich brachten. Die Modifikationen wurden durch ein Protokoll umgesetzt. Es wurde also nicht bilateral zwischen den Vertragsparteien vereinbart, dass die 2014er-Definitionen auf bestehende Kontrakte angewendet werden, sondern durch die Unterschrift des Protokolls stimmte ein Kontrahent zu, dass alle Kontrakte modifiziert werden. So wurde sichergestellt, dass ab dem Zeitpunkt der Unterschrift CDS unter identischen Vertragsbedingungen gehandelt werden, was eine Voraussetzung für die Aufrechterhaltung der Liquidität und Transparenz des Marktes darstellte.

Allerdings gab es hierzu Ausnahmen, da die 2014er-Modifikationen teilweise einen sehr starken Einfluss auf die Ökonomie der Verträge ausübten. Vor allem sollte die Position des Versicherungskäufers verbessert werden, was folglich einen Einfluss auf die Höhe der Versicherungsprämie hatte. Dieser Einfluss war aufgrund der Natur der Änderungen besonders ausgeprägt für CDS auf Finanzinstitute, aber zum Teil auch für CDS auf Staaten und einige Unternehmen. Deshalb wurden alle Financial CDS, die ab dem 22.9.2014 gehandelt wurden, automatisch im neuen 2014er-Format abgeschlossen. Die ausstehenden (vor dem 22.9.2014) gehandelten Financial CDS blieben im 2003er-Format bestehen.

Das Protokoll betraf konsequenterweise nicht nur die Einzelnamen-CDS, sondern auch alle Indexkontrakte (iTraxx, CDX) und darauf basierende Derivate (Tranches, Options), wobei wiederum Ausnahmen vom Protokoll umgesetzt wurden. Im Folgenden gehen wir detaillierter auf diese Änderungen ein, da sie seit ihrer Einführung bereits mehrmals große Relevanz im Zuge von Kreditereignissen besessen haben.

Es gab globale Änderungen, die auf alle Kontrakte Anwendung fanden:

- *Qualifying Guarantees*: Die Rolle von Garantien ist immer dann bedeutsam, wenn ein Kreditereignis ansteht. Laut den 2003er-Definitionen sind nach der Feststellung eines Kreditereignisses in eine CDS-Auktion nicht nur die vom Emittenten begebenen Anleihen lieferbar, sondern auch alle von ihm explizit (ohne Bedingung und unwiderruflich) garantierten Anleihen. Garantiert werden müssen hier alle potenziellen zukünftigen Verbindlichkeiten, u. a. alle Zins- und Tilgungszahlungen. Ein prominentes Beispiel hierfür war die Auktion der Griechenland-CDS, in die eben nicht nur griechische Staatsanleihen, sondern auch die explizit von Griechenland garantierten Anleihen der griechischen Staatsbahn und der U-Bahn von Athen einlieferbar waren. Da aber viele Garantien dieses harte Kriterium nicht erfüllen, kam es in der Vergangenheit teilweise zu Unklarheiten. Um zu vermeiden, dass eine Garantie aus technischen Gründen nicht akzeptiert wird, wurde diese Definition nun dahingehend nachgebessert, dass garantierte Anleihen auch dann als »qualifizierte Anleihen« gehandhabt werden, wenn a) die Garantie begrenzt ist (beispielsweise nur auf Tilgung/Zins) oder b) die Garantie beispielsweise durch eine Restrukturierung des Emittenten an eine andere Entität (z. B. Finanzierungstochter) übergehen kann. Das erweitert tendenziell das Universum an lieferbaren Anleihen, wobei berücksichtigt werden muss, dass bei einer begrenzten Garantie auch nur das von der Garantie abgedeckte Nominal in die Auktion geliefert werden kann.[25]
- *Standard Reference Obligation (SRO)*: Hier wird von der ISDA nun eindeutiger geregelt, auf welche Anleihe sich der CDS-Kontrakt bezieht. Bisher wurde direkt vom Markt (über Markit, vgl. Kapitel 2) vorgeschlagen, welche Referenz-Obligation zugrunde liegt. Es war den Vertragsparteien aber jederzeit möglich, bilateral eine andere Anleihe zu vereinbaren. Das Konzept der SRO führt also zu einer weiteren Standardisierung der CDS-Kontrakte, erhöht die Liquidität und die Konvertierbarkeit derselben. Somit wird u. a. auch ausgeschlossen, dass bereits fällig gewordene Anleihen als Referenzanleihen in einem CDS-Kontrakt bestehen bleiben. Außerdem wird das Risiko von »orphaned CDS« (also das Risiko, dass ein CDS durch die Fälligkeit einer Anleihe auf eine leere Hülle referenziert und somit sein Wert als Versicherungskontrakt gegen null geht) reduziert. Nun sollen die Marktteilnehmer SROs vorschlagen, die dann durch die ISDA entschieden und in einer offiziellen Liste veröffentlicht werden. SROs werden dabei laufend aktualisiert.
- *Succession Events* (für alle Non-Government-CDS-Kontrakte): Bei Nachfolgeereignissen wurde in den bisherigen 2003er-Definitionen durch eine Erweiterung von 2009 das sogenannte »Successor Backstop Date« eingeführt, mit dem ein Nachfolgeereignis spätestens 90 Tage nach dem Eintritt desselben bei der ISDA angemeldet

25 Beispielsweise ist die Air-France-KLM 6.625 2018 Anleihe zu 60 % von Societe Air France SA garantiert und könnte somit im Gegensatz zu den 2003er-Definitionen zu diesem Cap in eine CDS-Auktion geliefert werden (also 167 % Nominal Anleihe für 100 % CDS Nominal). Genau deshalb wurden die ausstehenden CDS auf diesen Emittenten vom Protokoll ausgenommen. Alle nach dem 22. September 2014 gehandelten CDS beinhalten wiederum exakt diese Garantieklausel.

werden musste. Ist das nicht geschehen, wurde der Nachfolger im CDS nicht eingetragen, womit der CDS-Kontrakt auf eine nicht-existente Entität referenziert hat und damit wertlos wurde.[26] Durch die Einführung eines »Universal Successors« in die 2014er-Definitionen wurde nun ein einheitliches »Backstop Date« zum 1.1.2014 eingeführt – alle SEs nach diesem Datum können also geltend gemacht werden. Hiervon sind auch stufenweise Übertragungen von Anleihen innerhalb von Unternehmenskonglomeraten durch Aggregation derselben mit eingeschlossen (in den 2003er nur Übertragungen von mindesten 25 %), wobei beispielsweise auch die Übertragung von Garantien (s. o.) als ein Nachfolge-Event definiert werden können. Dieses Problem konnte in den 2003er-Definitionen bei typischen Unternehmensstrukturen in den USA (Holding Company und Operating Company) auftreten und wird nun einfacher zu handhaben sein.

- *Restructuring*: In der Mehrzahl der CDS-Kontrakte stellt »Restructuring« nach wie vor ein Kreditereignis dar (Ausnahme: US-Unternehmens-CDS). In den 2014er-Definitionen löst nun ein durch gesetzliche Änderungen verbindlich ausgelöster Anleihetausch ein Kreditereignis aus. Dies geschieht in solchen CDS-Kontrakten, in denen eine einheitliche Auktion für alle Laufzeiten (bis 30 Jahre) – sogenanntes »Old Restructuring« – festgeschrieben ist (z. B. in Staaten-CDS), automatisch. In den Kontrakten, in denen die Auktion Laufzeiten berücksichtigt – sogenannte »Modified-Modified-Restructuring« –, bleibt die Notwendigkeit der Zusendung einer »Credit Event Notice«[27] hingegen bestehen.

Des Weiteren betrafen einige Änderungen spezifisch Corporate-Financial-Kontrakte.

- *Governmental Intervention (GI):* Angesichts der in den letzten Jahren auf europäischer Ebene entwickelten Bankenrestrukturierungsgesetze (Bail-In) enthalten die 2014er-Definitionen für Financial Corporates (ehemals Financials) Staatseingriffe als Credit Event (vgl. Kapitel 2): alle für die Anleiheinvestoren verpflichtenden Eingriffe des Staates, die die Stellung derselben negativ beeinflussen. Darunter fallen ein Aufschub der Zinszahlungen, reduzierte Tilgung oder ein geringerer Rückzahlungsbetrag, wie auch eine Verschlechterung der Stellung der Gläubiger – faktisch muss also ein ökonomischer Schaden eingetreten sein. Ein klassischer »Bail-In« ist nach dieser Definition ein hartes Kreditereignis. In diesem Fall kommt es zu einer Auktion, in der die Verwertungsquote laufzeitenunabhängig festgestellt wird (»no bucketing of deliverables«). Im oben genannten SNS-Fall (vgl. Abschnitt 1.8.1) hätte die Einführung des GI-Credit Events keine Auswirkung gehabt, da ja bereits ein Restructuring Credit Event festgestellt wurde.
- *Asset Package Delivery (APD) & Prior Deliverable Obligation (PDO):* Um das Problem der Nicht-Existenz lieferbarer Anleihen als Folge eines Staatseingriffs oder einer Restrukturierung zu lösen, wurden die Konzepte des APD und PDO in die 2014er-Definitionen eingeführt. APD bedeutet, dass in Zukunft bei diesen beiden

26 So geschehen mit Unitymedia 2010.
27 Eine formale Mitteilung an die ISDA.

Credit Events im Falle eines Anleiheumtauschs die neu erhaltenen Vermögenswerte eingeliefert werden können (auch wenn es sich um im Standardfall nicht lieferbare Vermögenswerte handelt). Werden beispielsweise Anleihen in Aktien getauscht, können diese in die Auktion als Paket eingeliefert werden. Vermögenswerte sind hierbei bewusst breit definiert, um alle möglichen Restrukturierungsfälle abzudecken – darunter fallen beispielsweise auch nicht an den Märkten gehandelte Vermögenswerte (etwa rechtliche Vermögensansprüche). Eine wichtige Bedeutung fällt in diesem Zusammenhang dem PDO zu – also die Anpassung der Definition dahingehend, dass das Universum lieferbarer Anleihen auf die Zeit vor dem Eintritt des Ereignisses festgestellt wird. Damit wird das Risiko abgedeckt, dass ein Kreditereignis dazu führt, dass es keine lieferbaren Anleihen zum Zeitpunkt der Auktion mehr gibt (siehe SNS-Fall, Abschnitt 1.8.1).

- *No-Cross-Default-Trigger:* In den bisherigen 2003er-Definitionen gab es die Konvention des Cross-Defaults. Unabhängig davon, auf welcher Ebene der Kapitalstruktur (Subordinated- oder Senior-Anleihen) ein Credit Event stattgefunden hat, es wurden alle CDS – also Sub und Senior – »getriggert« und auktioniert. In der Regel werden Nachranganleihen als erste von Restrukturierungen betroffen sein, weshalb Subordinated CDS tendenziell vor Senior CDS triggern sollten. Oftmals sind aber bei den Senior-Anleihen gar keine Verluste aufgetreten und das Credit Event auf dieser Ebene war also mit keinem Verlust verbunden. Trotzdem mussten dann eben auch die Senior CDS abgewickelt werden und der Versicherungkontrakt war damit abgelaufen. In den neuen Definitions wird es keinen Cross Default mehr geben. Findet ein Credit Event auf Nachrangebene statt, wird das eben auch nur Nachrang-CDS betreffen, während Senior CDS unberührt bleiben. Das gilt logischerweise nur in den beiden Credit Events »Restructuring« und »Governmental Intervention«, da eine »Bankruptcy« oder ein »Failure to pay« Credit Event die gesamte Kapitalstruktur des Finanzinstitutes betrifft.
- *Successor Provisions:* Um die oben beschriebene Problematik bei Nachfolgeereignissen (Banco Espirito Santo) zu lösen, wurde von der bisherigen Praxis (Subordinated und Senior CDS folgen der Mehrheit der qualifizierten Anleihen im Falle eines Succession Events) Abstand genommen und das Prinzip »Senior follows Senior – Sub follows Sub« implementiert. In dem beschriebenen BES-Fall (siehe Abschnitt 1.8.1) würde sich das dahingehend materialisieren, dass die Senior CDS auf die Novo Banco referenzieren (wie das damals auch der Fall war), während die Sub CDS weiter auf die Banco Espirito Santo referenzieren, da hier ja auch die Nachranganleihen zur Abwicklung verbleiben. Somit behält der Sub CDS seinen Versicherungswert.
- *CoCo Supplement:* Von der ursprünglichen Idee, CDS auch auf der Ebene von Contingent Convertibles einzuführen, wurde angesichts der extremen Heterogenität dieses Segments abgesehen. Allerdings wurde noch 2014 eine Erweiterung zu CoCos (Coco Supplement) veröffentlicht, in der CoCo CDS auf die Schweizer Banken UBS und Credit Suisse eingeführt wurden. Der Hintergrund hierfür war, dass der Schweizer Regulator die Emission von CoCos vorgeschrieben hat, wobei klassisches Tier 2-Kapital nicht als regulatorisches Kapital Anerkennung findet.

Es bleiben also nur CoCos als Referenz für Nachrang-CDS. CoCos könnten dann im Zuge des Asset Package Delivery (s. o.) eingeliefert werden.

Spezifische Änderungen bei den Sovereign CDS betreffen die sogenannte *Asset Package Delivery (APD) und Package Observable Bonds (POBs)*: Das APD bei Staaten-CDS unterscheidet sich stark von dem oben beschriebenen APD bei Financials. Bei Staaten wird das Konzept der POBs (»Package Observable Bonds«) eingeführt, bei dem in einem ersten Schritt jeweils zwei Anleihen eines Landes (eine nach nationalem, eine nach internationalem Recht) für jeweils drei Fälligkeitszeiträume ein bis drei Jahre, drei bis zwölf Jahre, zwölf bis dreißig Jahre) ausgesucht werden. Diese Anleihen müssen liquide gehandelt werden (mindestens fünf Market Maker) und ein Volumen von mindestens einer Milliarde US-Dollar Nominal aufweisen. Falls also eine dieser Anleihen restrukturiert werden sollte, kann das daraus resultierende Paket als Ganzes geliefert werden. Alle anderen Anleihen bleiben hierbei auch in ihre Laufzeitbänder lieferbar. Hier erfolgt die Behandlung genauso wie bei Financials, d. h. auch hier bleibt das Nominal vor einer erfolgten Abschreibung lieferbar.

Zusammenfassend kann gesagt werden, dass die 2014er Regelungen dazu beigetragen haben, einige der in den letzten Jahren auftretenden Probleme im CDS-Markt zu beheben. Letztlich wurde der Versicherungscharakter von CDS weiter gestärkt und das Instrument den neuen regulatorischen Entwicklungen angepasst. Der Regulator kennt nun eine Absicherung nur an, wenn diese möglichst alle potenziellen Schadensfälle abdeckt. Angesichts der vielen Änderungen der letzten Jahre (Basel III und Solvency II) war dieser Anspruch mit den 2003er-Definitionen nicht mehr in allen Fällen gewährleistet. Im damaligen Niedrig-Spread-Umfeld blieben die Auswirkungen der Einführung der 2014er-Definitionen auf die CDS Spreads eines Großteils des CDS-Universums stark begrenzt. Das gilt vor allem in den Segmenten, in denen »nur« ein neues Protokoll übergestülpt wurde. Die Ausnahme bilden hier offensichtlich CDS-Kontrakte, die auf Finanzinstitute referenzieren. Hier hatten die ISDA-Änderungen die stärksten Effekte auf die Ökonomie der Versicherungsverträge und deshalb konnten hier natürlich auch die stärksten Spread-Divergenzen (zwischen 2003er- und 2014er-CDS) beobachtet werden (worauf wir im Folgenden noch näher eingehen werden). Einer Schätzung von J.P. Morgan zufolge[28] belief sich die erwartete Spread-Änderung im europäischen Senior-Financial-CDS-Segment durchschnittlich auf weniger als 10 %. Völlig anders gestaltete sich das Ergebnis bei Subordinated Financial CDS. Dieselbe Studie kommt hier zu dem Ergebnis, dass mit einer durchschnittlichen Spread-Ausweitung (2014 vs. 2003) von knapp 50 % gerechnet werden konnte. Ein Versicherungskäufer auf europäische Nachrang-CDS musste also durchschnittlich mit einer um 50 % höheren Versicherungsprämie rechnen beim Abschluss eines 2014er-Kontraktes im Gegensatz zu den 2003er-Kontrakten. Hierbei gab es natürlich große Unterschiede zwischen einzelnen Emittenten – abhängig beispielsweise von dem Risiko von Staatseingriffen oder Restrukturierungs-Events,

28 JPM Research (2014).

deren Behandlung im 2014er-CDS-Format dem Versicherungskäufer eine effizientere Absicherungsposition garantiert. Die spezifische Spread-Differenz zwischen 2003er- und 2014er-Kontrakten bei einzelnen Emittenten ist maßgeblich von der Kapitalstruktur der jeweiligen Referenzentität abhängig und wird nachfolgend näher erläutert.

1.9 Jüngere Entwicklungen im CDS-Markt

1.9.1 Definitionen-Spreads und Index-Skew

Direkt nach der Einführung der 2014er-Definitionen hat sich ein reger Handel im sogenannten Definitionen-Spread, also der Spread-Differenz zwischen 2003er- und 2014er-CDS-Kontrakten auf dieselbe Referenzentität (und allen anderen Preisparametern wie Laufzeit etc.), entwickelt. Besonders im Fokus standen hier natürlich die Entitäten, die den größten Definitionen-Spread aufgewiesen haben, also Financial-Nachrang-CDS und vor allem Staaten-CDS. Allerdings ist der Definitionen-Spread keineswegs fixiert. Er wird aktiv am Markt gehandelt und unterliegt deshalb Schwankungen. Somit ist durch die Einführung der 2014er-Definitionen auch ein neues Marktsegment entstanden, der Handel von identischen CDS-Kontrakten, die allerdings auf unterschiedliche Definitionen referenzieren.

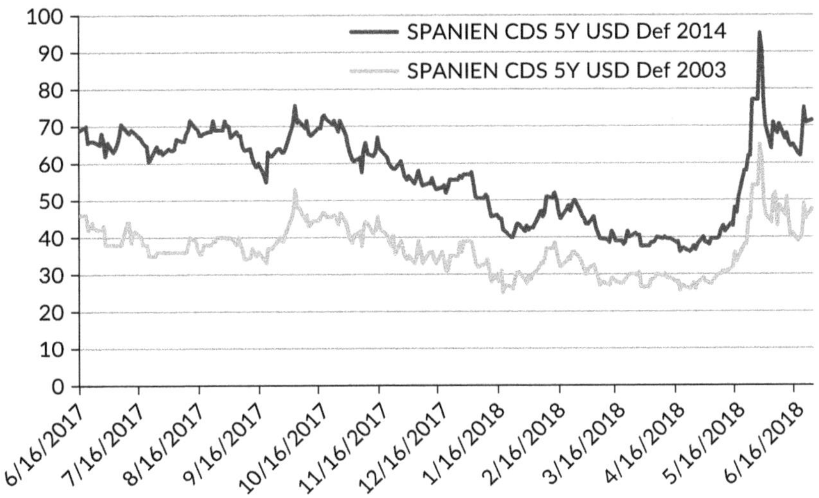

Abb. 1.10: Definitionen-Spread bei ausgewählten Staaten-CDS, Quelle: Bloomberg

Da die 2014er-Kontrakte aus Sicht des Sicherungskäufers einen besseren Versicherungsschutz bieten, handeln diese in der Regel mit einem höheren Spread als 2003er-Kontrakte. Ausnahmen bestehen hierzu nur in Distressed-Situationen im Financial-CDS-Markt, wie beispielsweise bei der italienischen Bank Monte di Paschi

2017 (vgl. Abschnitt 4.2.3.2). Abhängig davon, welches Kreditereignis man absichern möchte, kann es aber durchaus ökonomisch effizient sein, 2003er-Kontrakte zur Absicherung zu wählen, da diese kostengünstiger sind. Auf der anderen Seite verkaufen einige Marktteilnehmer bewusst Kreditausfallversicherung über 2003er-Kontrakte, da sie vom Eintritt bestimmter Kreditereignisse, die keine Versicherungszahlung in 2003er-Definitionen auslösen, ausgehen. Vor allem in solchen Situationen, in denen der Eintritt eines Kreditereignisses kurzfristig sehr wahrscheinlich ist, nimmt der Handel mit Definitionen-Spreads regelmäßig stark zu.

1.9.2 Index-Skew: Marktverwerfungen zwischen CDS-Indices und deren Einzelnamen-CDS

Ein sehr interessantes Phänomen lässt sich an den CDS-Märkten immer dann in ausgeprägter Form beobachten, wenn die Volatilität an den Märkten sprunghaft ansteigt: die CDS-Index-Skew (vgl. auch Abschnitt 5.5.1). Die Skew beschreibt die Differenz zwischen dem Index-Spread und dem durchschnittlichen Spread aller gleichgewichteten Index-Mitglieder. Als beispielsweise Anfang 2016 der anhaltende Verfall der globalen Rohstoffmärkte negative Übertragungseffekte auf das amerikanische Basic-Resources-Segment entwickelte, hatte dies aufgrund der starken Gewichtung dieses Segments relativ starke Auswirkungen auf den gesamten CDS-Markt. Ökonomisch betrachtet ist eine Index-Position gleichwertig zu einer gleichgewichteten Position in den zugrunde liegenden Referenzentitäten. In einem idealtypischen Markt handelt die Skew folglich bei null. Anfang 2016 handelten fast alle Sub-Indices des iTraxx- und des CDX-Universums bei einer negativen Skew, d. h. der Index-Spread war im Vergleich zu den Einzelnamen-CDS zu niedrig. Das ließ sich dadurch erklären, dass vor allem von großen Multi-Asset-Fonds überschüssige Liquidität gehalten wurde, weil diese angesichts der gestiegenen Risikoaversion mit Abflüssen rechneten. Diese kurzfristig hohen Liquiditätspositionen wirken sich negativ auf die Performance aus und werden deshalb in liquiden Instrumenten, also vor allem CDS-Indices, investiert. Es gibt also natürliche Käufer von Kreditrisiko in CDS-Indices (Verkäufer von Index-Protection). Gleichzeitig steigt der Druck bei auf Einzelnamen spezialisierten Credit-Portfolio-Managern, einzelne Positionen abzusichern. Hieraus entsteht eine Nachfrage nach CDS-Versicherung auf bestimmte Namen. Es gibt also gleichzeitig viele Käufer von CDS-Versicherung auf Einzelnamen. Diese Angebot/Nachfrage-Situation schlägt sich in der Skew nieder, die damals in der Spitze im iTraxx Crossover knapp -20 Basispunkte betragen hat. Im CDX HY wurde sogar eine Skew von mehr als -30 Basispunkte erreicht.

In dieser Situation können nun Positionen aufgebaut werden, die keinerlei Ausfallrisiko aufweisen und trotzdem einen laufenden Ertrag generieren – und zwar in Höhe der Spread-Differenz, also der Skew. Hierzu kauft man Versicherung auf den Index und gleichzeitig verkauft man Versicherung auf die Einzelnamen. Skew-Trading ist seit der Etablierung von CDS-Indices im Jahre 2004 eine beliebte Strategie – allerdings sind die Skew-Niveaus in der Regel sehr moderat, so dass sich Arbitragestrategien oftmals nicht lohnen. In bestimmten Stresssituationen (beispielsweise während der Post-Lehman-Ära) kann die Skew jedoch Werte annehmen, bei denen Arbitrage sehr lohnend ist.

1.9.3 Succession Events und Orphanic-Risiko: der Wegfall des Versicherungsgegenstands

Das vor allem in Europa persistente Niedrigzinsumfeld im Nachgang zur Subprime-Krise und der europäischen Schuldenkrise in Kombination mit sehr niedrigen Kreditrisikoprämien hat u. a. dazu geführt, dass eine Vielzahl von europäischen Unternehmen angesichts stetig sinkender Refinanzierungskosten ihre Primärmarktaktivitäten stark erhöht haben. Vor allem High-Yield-Unternehmen waren außerdem sehr aktiv in der Refinanzierung bestehender Anleihen, wobei hier auch sehr »innovative« Maßnahmen diskutiert und teilweise auch umgesetzt wurden. Hieraus können allerdings Probleme für den Sicherungskäufer eines CDS-Kontraktes entstehen.

Das Problem besteht darin, dass Unternehmen, die eine Refinanzierung bestehender Anleihen anstreben, dies auch aus einer anderen Entität heraus vornehmen können. In diesem Fall kann es zu einem sogenannten »orphan« CDS kommen (»orphan« ist englisch und bedeutet »verwaist«). Das heißt, der CDS referenziert auf eine leere Hülle, in dem Sinne, dass keine ausstehenden (und lieferbaren) Schuldtitel mehr auf diese Entität referenzieren. Da in diesem Fall kein Nutzen mehr in einer Kreditausfallversicherung besteht, verliert ein CDS als Absicherungsinstrument also seinen Sinn und somit tendieren die Versicherungsprämien gegen null. Allerdings muss dies bewusst vom Unternehmen gewollt sein und zusätzlich müssen hier ganz gezielt gewisse Sicherungsmechanismen, die Teil der CDS-Dokumentation sind (vor allem Garantiebeziehungen zwischen den Entitäten), umgangen werden. Somit sind diese Situationen ein äußerst seltenes Ereignis.

Allerdings waren diese wenigen Ereignisse der Auslöser dafür, dass man die Problematik des »orphan« CDS im Kreditmarkt auch auf juristischer Seite intensiver diskutierte. Prinzipiell kann es sein, dass ein Finanzinstitut oder ein Unternehmen aus verschiedenen Gründen (oftmals angesichts einer ausgeprägten Strategie, Fremdverschuldung zu reduzieren) eine Rückzahlung seiner ausstehenden Anleihen anstrebt und sich andere Wege der Finanzierung erschließt. Eine ähnliche Situation kann auch in M&A-Situationen entstehen. Fusionieren beispielsweise zwei Unternehmen, entstehen auch auf der Refinanzierungsseite Synergieeffekte. Das materialisiert sich oftmals dadurch, dass das fusionierte Unternehmen nur noch aus einer Finanzierungsentität heraus agiert und zumindest eine Refinanzierungsentität nicht mehr gebraucht wird. Nach Fälligkeit der daraus emittierten Anleihen entsteht auch hier ein verwaister Zustand, da nach Rückzahlung der letzten Anleihe eine leere Box entsteht.

Dieses Risiko wird in der Credit Derivatives Definition über die Klausel des »succession events« berücksichtigt, also der Nachfolgeregel im Falle einer Übertragung von Anleihen der Entität, auf die der CDS referenziert: immer dann, wenn mindestens 25 % aller qualifizierenden Obligationen[29] auf eine andere Entität übertragen werden, kommt es zu einer Aufteilung des CDS-Kontraktes in zwei Kontrakte, die dann zu jeweils 50 % des ursprünglichen CDS-Nominals auf die alte bzw. die neue Entität referenzieren. Ab einem Übertrag von 75 % der qualifizierenden Obligationen referenziert der bestehende CDS zu 100 % auf der neuen Entität. So soll sichergestellt werden, dass ein CDS-Kontrakt beispielsweise auch dann seine Werthaltigkeit behält, wenn es zu einer M&A-Aktivität kommt, die einen Übertrag des dem CDS zugrunde liegenden Kreditrisikos zur Folge hat. In den 2014-Definitionen wurde zudem inkludiert, dass dies auch dann der Fall ist, wenn der Obligationenübertrag stufenweise (in Stufen jeweils kleiner als 25 %) erfolgt, da der akkumulierte Übertrag berücksichtigt wird. Allerdings kam es Ende 2015 zu einem sehr speziellen Fall, bei dem dieser Mechanismus nicht gegriffen hat. Damals hatte die portugiesische Novo Banco ausstehende Anleihen auf ihre Bad Bank (Banco Espirito Santo, BES) übertragen, wobei das Volumen der übertragenden Obligationen knapp unterhalb von 25 % lag. Für die Investoren, die ihre Anleihenposition mit Hilfe von CDS abgesichert hatten, entstand damit eine problematische Situation. Einerseits wurden die Anleihen auf eine sehr viel schlechtere Entität übertragen, wodurch deren Ausfallwahrscheinlichkeit signifikant angestiegen ist. Andererseits hat die Ausfallversicherung über CDS ihren Versicherungscharakter nicht erfüllen können, da diese weiterhin auf die ursprüngliche Entität Novo Banco referenziert haben (auf dieses Beispiel gehen wir detailliert in Abschnitt 4.2.3.1 ein).

Vor allem dieser Fall hat eine nach wie vor anhaltende Diskussion ausgelöst, wie CDS-Kontrakte adjustiert werden können, um in Zukunft solche Risiken, bei denen dem Anleihehalter ein signifikanter Verlust entstehen kann, adäquat berücksichtigen zu können. Hierbei ist noch keine endgültige Lösung gefunden. Die Vorschläge zielen tendenziell darauf ab, die Asset Package Delivery (APD, s. o.) im CDS auszuweiten, wobei die APD in ihrer aktuellen Ausgestaltung in der Novo-Banco-Situation keine Auswirkung gehabt hätte. Die Ausweitung bezieht sich auf die spezifischen Kontrakte, da APD bisher nur in Financial und Sovereign CDS inkludiert sind.

Eine Inkludierung des APD in Corporate CDS ist ein konkrovers diskutierter Schritt, der bei einigen der in der jüngeren Vergangenheit aufgetretenen Fälle Anwendung gefunden hätte und teilweise zu einer signifikanten Verbesserung des Absicherungscharakters dieser CDS beigetragen hätte. Allerdings erfordert dieser Schritt eine extreme Ausweitung der Definition des APD und könnte auch dazu führen, dass Verkäufer von Versicherung dazu nur noch bereit sind, wenn die Prämien dafür stark ansteigen. Es gibt Stimmen innerhalb der ISDA, die hierin eine Bedrohung für die Effizienz des CDS-Marktes sehen. Desweitern könnte eine Ausweitung auch hinsichtlich der lieferbaren Finanzinstrumente propagiert werden, um eben beispielsweise auch Anleihen, die ursprünglich auf die CDS-Entität referenziert haben, nach einer Kapitalmaßnahme allerdings auf eine andere Entität referenzieren, als lieferbar zu definieren.

29 Als qualifizierende Obligationen werden alle Zahlungsverpflichtungen bezeichnet, die im Sinne der Credit Derivatives Definitions das Volumen der CDS-relevanten Verpflichtungen determinieren.

Diese Maßnahmen würden das »orphan« Risiko des CDS stark verringern. Da sich die ISDA in den letzten Jahren als sehr flexibel bei der Anpassung der CDS-Dokumentation gezeigt hat, ist davon auszugehen, dass diese Vorschläge in einem nächsten Schritt implementiert werden, um den Versicherungscharakter des CDS weiter zu stärken.

1.9.4 Regulierungszyklus

Im Anschluss an die Finanzmarktkrisen der letzten Jahre hat der Regulierungszyklus vor allem in Europa neue Dimensionen angenommen. Hierbei setzt die Regulierung auf internationaler Ebene nicht nur direkt bei den Marktteilnehmern (Basel III bei Banken und Solvency II bei Versicherungen) an, sondern auch auf der Ebene der Handelsplattformen und auf der Ebene der Instrumente.

Gerade für Kreditderivate spielen die Regulierungsmaßnahmen der letzten Jahre eine zentrale Rolle, da diese den Handelsplatz selbst, aber auch die Ausgestaltung eines CDS-Kontraktes direkt beeinflussen. Wir haben oben bereits den zentralen Punkt des Leerverkaufsverbots dargestellt, das auf eine bestimmte Gruppe von Referenzentitäten (europäische Staaten) beschränkt ist. Im Folgenden gehen wir kurz auf die Regulierungsmaßnahmen ein, die einen Effekt auf den gesamten Markt für Kreditderivate haben. Eine detaillierte Besprechung aller für das Kreditderivateuniversum relevanten Regulierungsmaßnahmen findet sich in Kapitel 6.

1.9.4.1 Bank Recovery and Resolution Directive (BRRD)

Angesichts der Probleme innerhalb des europäischen Bankensystems während der Subprime-Krise und der europäischen Schuldenkrise und der damit verbundenen Belastungen für die Steuerzahler vieler europäischen Staaten wurden die Rufe nach einem einheitlichen Abwicklungsprozess und europaweit gültigen Normen lauter. Auf europäischer Ebene wurde federführend durch die European Banking Authority (EBA) ein Gesetz zur Sanierung und Abwicklung von Kreditinstituten basierend auf einer Richtlinie des Europäischen Parlaments und des Rates entwickelt – die sogenannte Bank Recovery and Resolution Directive (BRRD).[30]

Neben der Problematik der steuerfinanzierten Rettungsmaßnahmen für systemrelevante Finanzinstitute gibt es zahlreiche weitere Gründe für ein einheitliches Sanierungs- und Abwicklungsverfahren, wobei die zentralen Forderungen lauteten:

- Die gesamtwirtschaftlichen Auswirkungen einer Krise der Finanzinstitute soll minimiert werden. Hier stand vor allem die Problematik der krisenverstärkenden Wirkung eines liquiditätsbedingten Kreditvergaberückgangs im Zentrum der Überlegungen.

30 Richtlinie 2014/59/EU des Europäischen Parlaments und des Rates vom 15. Mai 2014 zur Festlegung eines Rahmens für die Sanierung und Abwicklung von Kreditinstituten und Wertpapierfirmen und zur Änderung der Richtlinie 82/891/EWG des Rates, der Richtlinien 2001/24/EG, 2002/47/EG, 2004/25/EG, 2005/56/EG, 2007/36/EG, 2011/35/EU, 2012/30/EU und 2013/36/EU sowie der Verordnungen (EU) Nr. 1093/2010 und (EU) Nr. 648/2012 des Europäischen Parlaments und des Rates, Amtsblatt EU Nr. 173 vom 12.6.2014, Seite 190. Der folgende Absatz referenziert auf diese Richtlinie.

- Die starke Integration der europäischen Finanzmärkte führt zu destabilisierenden Effekten auf den Finanzmärkten, wenn ein grenzüberschreitend tätiges Finanzinstitut ausfällt. Die Kontrolle dieses Instituts muss auf internationaler Ebene erfolgen, um das Vertrauen anderer Marktteilnehmer zu stärken und somit negative Übertragungseffekte zu vermeiden.
- Da die Harmonisierung der Insolvenzverordnungen innerhalb Europas noch nicht weit fortgeschritten ist, findet eben auch die Abwicklung von Finanzinstituten nicht ausreichend schnell statt, um die Stabilität des europäischen Finanzmarktes nicht zu gefährden. Somit wird ein europaweit gültiger Mechanismus benötigt, der in der erforderlichen Zeit den Fortbestand kritischer Funktionen eines Finanzinstituts sicherstellt.

Daraus leitet die EU den Bedarf nach einem einheitlichen Regelwerk ab, das die negativen Effekte auf den Finanzmarkt im Falle, dass ein Institut ausfällt, »so gering wie möglich« hält. Außerdem soll die Haftungskaskade eingehalten werden, also Anteilseigner den Verlust tragen und erst dann, wenn deren Tragfähigkeit aufgebraucht ist, sollen die Gläubiger herangezogen werden. Hier kommt ein zentrales Element des BRRD ins Spiel, das sogenannte »no creditor worse off principle«. Das heißt, kein Gläubiger soll größere Verluste tragen als die, die er im Falle einer Liquidation des Instituts zu tragen gehabt hätte. Zusätzlich sollen die Behörden während des Abwicklungsprozesses durchgehend die Möglichkeit besitzen, den Zahlungsverkehr des Instituts zu gewährleisten und ggf. den Verkauf von Teilen des Instituts vorzunehmen, um eine dem BRRD konforme Verteilung der werthaltigen Teile zu garantieren.

Da dem Regulierungsrahmen hier eine besondere Bedeutung bei der Verhinderung zukünftiger Krisen zugesprochen wird, sollen die Mitgliedsländer über Instrumente zur Sanierung und Abwicklung von Instituten verfügen, damit im Ernstfall die Ideen des BRRD auch umgesetzt werden können. Nur dann, wenn trotz Einhaltung der Haftungskaskade die Abwicklung/Sanierung nicht gelingt, können als letzte Instanz staatliche Mittel eingesetzt werden. In letzter Konsequenz ist dann auch eine Verstaatlichung möglich. Die Behörden sollten frühzeitig Maßnahmen zur Sanierung/Abwicklung einsetzen können, um die Stabilität des europäischen Finanzmarktes »präventiv« – also bevor es zu Übertragungseffekten –kommt – aufrechtzuerhalten. Hierzu werden detaillierte Handlungsvorschläge der EU vorgegeben, die dann in nationalem Recht umgesetzt werden. Die Ziele dieses Mechanismus sind von vorherein von der EU festgelegt worden und umfassen folgende Punkte, wobei den Behörden alle Kompetenzen und Befugnisse übertragen werden, um den Zielen des BRRD Rechnung zu tragen:

- Sicherstellung der Kontinuität kritischer Funktionen eines Finanzinstituts.
- Vermeidung negativer Effekte auf die Finanzstabilität beispielsweise negativer Übertragungseffekte.
- Der Schutz öffentlicher Mittel.
- Schutz der Vermögenswerte der Kunden des Finanzinstituts, also die Gewährleistung einer effizienten Abwicklung, die einen möglichst hohen Werterhalt für die Kunden garantiert.

Die zentralen allgemein gültigen und anzuwendenden Grundsätze bei der Anwendung von Abwicklungsinstrumenten sind hierbei folgende:

- Haftungskaskade: Die Verluste tragen zuerst die Anteilseigner des Instituts. Danach die Gläubiger in der Rangfolge ihrer Forderungen.
- Gläubiger derselben Seniorität werden gleichbehandelt.
- Prinzip des »No creditor worse off« (s. o.).
- Gedeckte Einlagen sind vollständig abgesichert.

Die Einführung des BRRD hat indirekt vielfältige Auswirkungen auf den Kreditderivatemarkt. In erster Linie ist die neben den Anforderungen aus Basel III (s. u.) auch die hiermit verbundene Adjustierung der Kapitalstruktur von europäischen Finanzinstituten zu nennen.

- Um der Haftungskaskade Rechnung zu tragen, emittieren Banken in der Folge Anleihen mit unterschiedlicher Rangfolge, inklusive Contingent Convertibles (CoCos), die eigenkapitalähnlichen Charakter aufweisen, wobei deren Halter den Aktionären in der Kapitalstruktur gleichgestellt werden, wenn es im Krisenfall zu einem erzwungenen Umtausch der Wandelanleihen in Aktien kommt. Nachfolgend werden Nachranganleihen emittiert, wobei diese entgegen der Zeit vor der BRRD nicht mehr in unterschiedliche »Klassen« (Tier 1, Tier 2, Tier 3) unterteilt sind. Darüber stehen in der Kapitalstruktur Senior-, also vorrangige Anleihen, die allerdings unbesichert sind. Darüber hinaus werden besicherte Anleihen, beispielsweise Covered Bonds, emittiert. Financial CDS referenzieren nun abhängig von der länderspezifischen Umsetzung des BRRD (vgl. Abschnitt 6.4) auf spezifische vorrangige Anleihen (Senior CDS) und auf Nachranganleihen (Subordinated CDS).
- Auch um dem BRRD effizient zu entgegnen,[31] emittieren Banken in einigen Ländern zunehmend vorrangige Anleihen aus der Entität der Beteiligungsgesellschaft (Holding Company, HoldCo) und nicht wie früher üblich aus der Betreibergesellschaft (Operating Company, OpCo). Das heißt auch, dass einige Senior CDS seit dem Roll im September 2017 auf die HoldCo referenzieren und eben nicht mehr auf die Bank.

Obwohl das BRRD Anfang 2016 in allen europäischen Mitgliedsländern vollumfänglich in Kraft getreten ist, haben die ersten Abwicklungsfälle u. a. in Italien (Monte die Paschi), Spanien (Banco Popular) und Portugal (Novo Banco) gezeigt, dass den nationalen Behörden gewisse Spielräume bei der Interpretation des BRRD geblieben sind. Da die spezifische Sanierung/Abwicklung von Finanzinstituten einen sehr starken Einfluss auf die Werthaltigkeit von CDS-Kontrakten hat, muss diese sehr genau beobachtet werden, solange es noch nicht zu einer kompletten Konformität des Mechanismus in allen Mitgliedsländern der EU gekommen ist.

31 Bezüglich der Einhaltung der Haftungskaskade und basierend auf dem Prinzip, dass Institute im Abwicklungsfall komplett haften müssen und nicht auf der Basis einzelner Entitäten.

1.9.4.2 European Market Infrastructure Regulation (EMIR)

Der Startpunkt für die weltweite Regulierung von Finanzderivaten war der Beschluss der G20-Staaten auf dem Gipfel in Pittsburgh im Jahr 2009 und somit eine direkte Reaktion auf die Erfahrungen der Subprime-Krise, als vor allem über Kontrahentenrisiken negative Übertragungseffekte entstanden sind. Ziel war es, den außerbörslichen Handel mit Finanzderivaten wie beispielsweise Credit Default Swaps oder Zinsswaps transparenter und sicherer zu machen. Neben dem Dodd-Frank Act (DFA) in den USA kam vor allem der European Market Infrastructure Regulation (EMIR) zentrale Bedeutung zu – mit dem Ziel, eine Clearing-Pflicht für standardisierte Over-the-Counter (OTC)-Derivate einzuführen. Einerseits verspricht man sich hiervon eine Reduktion des Kontrahentenrisikos, da eine Besicherung der OTC-Kontrakte in einer Clearing-Haus-Lösung verpflichtend ist. Andererseits steigt dadurch die Transparenz innerhalb der geclearten Marktsegmente, da der Regulator eine vollständige Information über das ausstehende Volumen von Kontrakten sowie die Positionierung der Marktteilnehmer hat.

Ab Februar 2018 sind europäische nicht tranchierte Index-CDS (5y iTraxx Main und iTraxx Crossover ab Serie 17) voll clearingpflichtig, während Einzelnamen-CDS nach wie vor OTC gehandelt werden können. Die vollumfängliche Implementierung von EMIR ist auf den 21.6.2019 terminiert. Ab diesem Zeitpunkt werden *alle* Marktteilnehmer zwingend EMIR-konform handeln, wobei EMIR die in Abbildung 1.11 dargestellten Punkte umfasst.

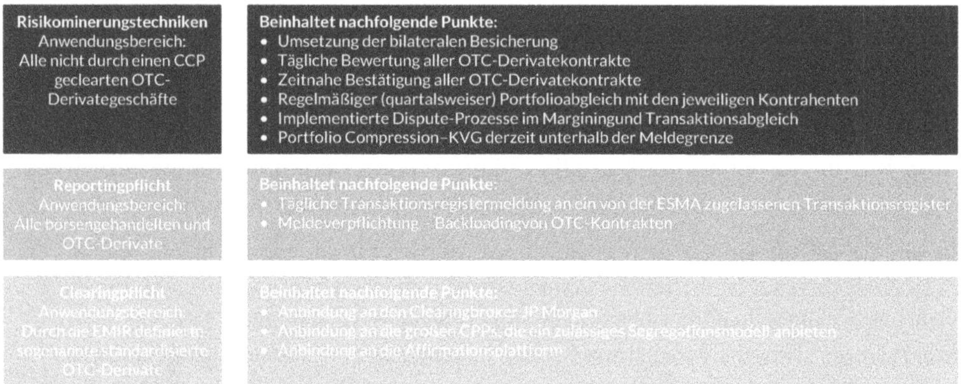

Abb. 1.11: Die wesentlichen Inhalte der EMIR-Regulierung, Quelle: Universal Investment, XAIA Investment

Die mit EMIR verbundenen rechtlichen Anpassungen verursachen hierbei zusätzliche Aufgaben und Funktionen. Neben dem Collateral Manager, der für den Austausch von Sicherheiten mit den Kontrahenten verantwortlich ist, werden Clearing Broker für zentral geclearte Geschäfte etabliert. Der Clearing Broker ist hierbei das »Bindeglied« zwischen den Marktteilnehmern und dem zentralen Kontrahenten (CCP). Der CCP tritt in die standardisierten OTC-Geschäfte als Kontrahent ein und nimmt die Berechnung der Sicherheitenleistungen (Initial Margin und Variable Margin) für die Geschäfte vor. Ein über den Clearing Broker abgewickeltes standardisiertes OTC-Geschäft leitet dieser an den CCP durch und erhält vom CCP etwaige Margin Calls.

Die Zwischenschaltung eines CCP und eines Clearing Brokers führt zu einer zunehmenden Komplexität von ehemals sehr »einfachen« OTC-Transaktionen. Abbildung 1.12 verdeutlicht die einzelnen Schritte (1 bis 13) einer geclearten CDS-Transaktion.

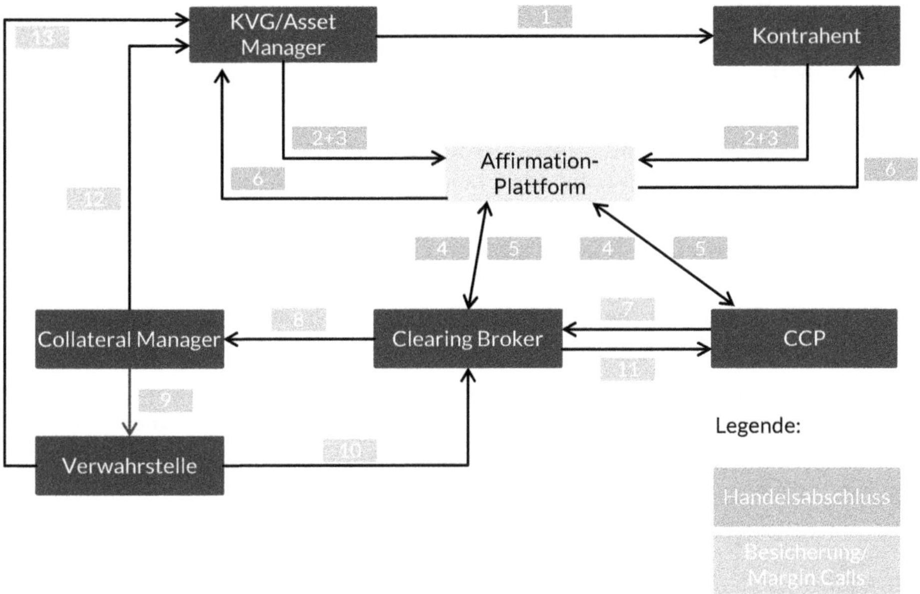

(1) Abschluss des Geschäfts zwischen Asset Manager und Kontrahent.
(2+3) Die Transaktion wird von beiden Seiten angezeigt (z. B. über Bloomberg, Markit oder DTCC) und »gematcht«.
(4+5) Die »Affirmation Plattform« übermittelt die Transaktionsdaten an Clearing Broker und CCP.
(6) Die Affirmation Plattform bestätigt KVG (Kapitalverwaltungsgesellschaft) und Kontrahenten die Übermittlung der Transaktion an die CCP.
(7) Der CCP übermittelt die Marginanforderung an den Clearing Broker.
(8) Der Clearing Broker fordert Collateral vom Collateral Manager.
(9) Der Collateral Manager reicht die Marginanforderung an die Verwahrstelle weiter.
(10) Die Verwahrstelle transferiert die geforderte Margin an den Clearing Broker.
(11) Der Clearing Broker bedient die Marginanforderung des CCP.
(12) Der Collateral Manager erstellt das Marginreporting für KVG/Asset Manager.
(13) Die Verwahrstelle zeigt KVG/Asset Manager die an den Clearing Broker geleistete Margintransaktion an.

Abb. 1.12: Prozessablauf einer geclearten CDS-Transaktion, Quelle: Universal Investment, XAIA Investment

Die Auswirkungen auf den CDS-Markt sind vielfältiger Natur. Einerseits führt die Einführung von EMIR zu einer weiteren Standardisierung der Kontrakte und einer größeren Handelstransparenz vor allem für »Gelegenheitsinvestoren«. Es nimmt dem

CDS-Markt aber auch einen Teil seiner Gestaltungsmöglichkeiten, da vom Standard abweichende »tailor-made« CDS[32] nicht gecleared werden können. Das ist allerdings aus Sicht des Regulators kein Nachteil, sondern ein durchaus gewünschter Nebeneffekt von EMIR. Es entstehen außerdem zusätzliche Transaktionskosten durch einerseits die Marginstellung (im Vergleich zu nicht besicherten CDS) und andererseits die zusätzlichen involvierten Parteien (CCP und Clearing Broker), die natürlich auch vergütet werden müssen. Vergleicht man allerdings die mit EMIR verbundenen Kosten mit denen besicherter CDS-Transaktionen, kommt es durchaus auch zu Kosteneinsparungen. Bilaterales Collateral-Management bindet Ressourcen, die durch die Etablierung eines CCP eingespart werden können.

Die Einführung von EMIR bedeutet für den Handel von CDS zunächst eine Umstellung der Prozesse und führt somit auch zu initialen Kosten. Langfristig wird diese Entwicklung jedoch sehr positiv für den CDS-Markt sein. Erstens haben bereits einige Kontrahenten (Banken) angekündigt, wieder aktiver am CDS-Markt teilzunehmen, nachdem die zunehmenden regulatorischen Anforderungen im Zuge der Implementierung von Basel III zu höheren Eigenkapitalkosten bei den im CDS-Markt aktiven Banken geführt hatten und sich daraufhin einige zurückgezogen haben. Zweitens führt die zunehmende Transparenz, Standardisierung und Automatisierung des CDS-Handels dazu, dass der CDS-Markt attraktiver für viele Investoren wird, die bisher die organisatorischen Hürden (zum Beispiel die Etablierung von bilateralem Collateral-Management) gescheut haben. EMIR wird langfristig dazu führen, dass dem CDS-Markt der Charakter des Nischenmarktes genommen wird, und es ist davon auszugehen, dass der CDS-Markt in Zukunft die zentrale Rolle im Allokationsprozess von Kreditrisiken einnehmen wird.

1.9.4.3 MiFID II

2009 wurden beim G20-Treffen in Pittsburgh mehrere Maßnahmen zur Stärkung der Finanzmarktstabilität beschlossen, die in der EU durch mehrere Verordnungen und Richtlinien bzw. Änderungen bestehender Direktiven umgesetzt werden. Neben EMIR spielt hier die Änderung von MiFID zu MiFID II eine zentrale Rolle. Im Mittelpunkt von MiFID II stehen eine erhöhte Transparenz an den Finanzmärkten, die Steigerung der Integrität der Finanzdienstleister und ein verbesserter Anlegerschutz.[33] Die zentralen Punkte von MiFID II, das am dem 3. Januar 2018 vollumfänglich in Kraft getreten ist, sind:

- Die Festlegung der Bedingungen, die zugelassene Finanzdienstleistungsunternehmen zu erfüllen haben, um u. a. die Verhaltensregeln europaweit zu harmonisieren.

32 Hierunter versteht man CDS-Kontrakte, die vom Standard abweichen, beispielsweise eine spezifische Fälligkeit oder die Einführung eines zusätzlichen Kreditereignisses.

33 Die Markets in Financial Instruments Directive (MiFID) basiert auf der Richtlinie 2014/65/EU des Europäischen Parlaments und des Rates vom 15. Mai 2014 über Märkte für Finanzinstrumente sowie zur Änderung der Richtlinien 2002/92/EG und 2011/61/EU, Amtsblatt EU Nr. 173 vom 12.6.2014, Seite 349.

- Angesichts des wachsenden Spektrums an Finanzinstrumenten und Dienstleistungen soll das Schutzniveau für die Anleger ausgeweitet und erhöht werden, wobei den die Bedingungen erfüllenden Finanzdienstleistungsunternehmen die Erbringung ihrer Dienstleistung in der gesamten EU ermöglicht werden soll.
- Die Transparenzs soll vor allem auch im OTC-Markt erhöht werden (siehe Abschnitt 1.9.4.2), wobei die Aufsicht auch auf relevante Märkte (z. B. Waren- oder Energie-Kontrakte) erweitert wird.
- Ein weiterer Schwerpunkt liegt auf der Überwachung der Ausführung von Geschäften (»best execution policy«) unabhängig von der Handelsmethode (z. B. auch algorithmische Handelstechniken).
- Es werden Reportingpflichten bezüglich getätigter Transaktionen auf Seiten der Finanzdienstleister eingeführt, um die Aufsichtsbehörden in die Lage zu versetzen, aus Risikosicht alle relevanten Geschäfte erfassen zu können. Hierunter fällt beispielsweise das »Post Trade- und TransactionReporting«, auf das wir später noch eingehen werden.
- Die Möglichkeit zur Vorteilnahme einzelner Institute/Personen soll weiter eingeschränkt werden, indem erbrachte Dienstleistungen bezahlt werden müssen. Hierunter fällt beispielsweise auch die Bereitstellung von Research-Materialien, die dann kostenpflichtig sein soll, wenn sie einen Mehrwert für den Empfänger liefert.

MiFID II stellt somit das regulatorische Rahmenwerk für Finanzdienstleistungen in Europa dar und hat vielfältige Effekte auch auf den Kreditderivatemarkt und die Marktteilnehmer selbst. Besonders die Reportinganforderungen haben bei der Einführung von MiFID II für einigen Aufwand vor allem bei Asset Managern und Banken geführt, während solche Akteure, die im Rahmen des Investmentgesetzes ihren Transparenz-Verpflichtungen nachkommen müssen (beispielsweise Kapitalverwaltungsgesellschaften), befreit sind. Hierbei sind zwei Meldungen als zentral anzusehen:

- Nachhandelstransparenz:[34] Seit dem 3. Januar 2018 gelten nach der europäischen Finanzmarktverordnung (Markets in Financial Instruments Regulation – MiFIR) neue Regelungen zur Nachhandelstransparenz bei Geschäften mit Finanzinstrumenten. Grundsätzlich sind demnach Einzelheiten zu Geschäften mit Finanzinstrumenten an einem Handelsplatz sowie zu Over-the-Counter-Geschäften (OTC-Geschäfte) mit Finanzinstrumenten, die an einem Handelsplatz gehandelt werden, in Echtzeit bzw. so schnell wie technisch möglich zu veröffentlichen.
- Transaktionsmeldung:[35] Artikel 26 MiFIR verpflichtet Wertpapierdienstleistungsunternehmen, seit dem 3. Januar 2018 den Abschluss von Geschäften in Finanzinstrumenten an die zuständigen Aufsichtsbehörden zu melden. Nach Artikel 25 MiFIR müssen Handelsplätze die Daten über Ordererteilungen aufbewahren und

34 https://www.bafin.de/SharedDocs/Veroeffentlichungen/DE/Meldung/2017/meldung_171017_nachhandelstransparenz.html.

35 https://www.bafin.de/SharedDocs/Veroeffentlichungen/DE/Meldung/2017/meldung_171117_mifir_mifid_transaktionsmeldungen.html.

den Aufsichtsbehörden auf Rückfrage zur Verfügung stellen. Gemäß Artikel 50 Absatz 2 der MiFID II verpflichten die Mitgliedstaaten darüber hinaus sämtliche Handelsplätze und ihre Teilnehmer dazu, die Uhren zu synchronisieren, die sie im Geschäftsverkehr verwenden.

Diese Reportinganforderungen bringen hohe Anforderungen an die Systemlandschaft der Marktteilnehmer mit sich. Es müssen zeitnah eine Vielzahl von Handelsparametern an die Aufsichtsbehörden übermittelt werden, die deckungsgleich zu den vom Kontrahenten übermittelten Daten sein müssen. Diese hohen Anforderungen führen dazu, dass der Instrumenteneinsatz vor allem bei einigen kleineren Marktteilnehmern beschränkt wurde, um den Aufwand zu begrenzen. Letztlich stellen die MiFID-II-Regeln eine Art Markteintrittsbarriere dar. Die Zahl der zugelassenen Finanzdienstleister nimmt also tendenziell ab, wobei sich dieses Spektrum dann auf solche Marktteilnehmer begrenzt, die über die nötigen Ressourcen verfügen, um die Reportinganforderungen erfüllen zu können.

1.9.4.4 Basel III / Solvabilität II

Wir vermeiden an dieser Stelle eine detaillierte Darstellung der versicherungs- und bankenspezifischen Regulierungsmaßnahmen, obwohl diese natürlich eine Rolle für den CDS-Markt spielen, da sie die ehemals zentralen Marktteilnehmer und deren Handelsstrategien beeinflussen. Die direkten relevanten Änderungen für Kreditderivate sind allerdings überschaubar.

Die EU-Direktive 2009/138/EC, gemeinhin als Solvabilität II bekannt, ist eine Richtlinie der Europäischen Union, die neben Publikationsvorschriften und Anforderungen an das Risikomanagement vor allem die Eigenmittelausstattung von Versicherungsunternehmen regelt.[36] In der Januar 2016 in Kraft getretenen Verordnung spielt die sogenannte Solvabilitätskapitalanforderung (SCR) eine zentrale Rolle. Hiermit wird die Sollgröße des Eigenkapitals mit Hilfe des Standardansatzes oder eines internen Modells berechnet, wobei hierüber eben auch jedem Investment auf der Anlageseite eine spezifische SCR und somit eine Eigenkapital-Anforderung zugeordnet wird. Die Verordnung geht spezifisch auf die Wirkung von Kreditderivaten ein, wobei deren Risikoreduktionseffekt eine große Rolle spielt. Solvabilität II ist ein Schritt in Richtung einer mehr ökonomischen Betrachtung von Risiken. Das hat dazu geführt, dass klassische Versicherungsportfolien (die traditionell aus Asset-Liability-Management-Sicht aufgesetzt werden) an Effizienz verlieren, während Derivaten generell eine zunehmende Bedeutung zukommt. Investments in kreditrisikobehaftete Instrumente (inklusive CDS) werden wie Anleihen entsprechend ihrer Ratingkategorie einem Stresstest unterzogen und unterscheiden sich somit auch nicht von Anleihen im Hinblick auf ihre Eigenkapitalanrechnung.

36 Richtlinie 2009/138/EG des Europäischen Parlaments und des Rates vom 25. November 2009 betreffend die Aufnahme und Ausübung der Versicherungs- und der Rückversicherungstätigkeit (Solvabilität II), Amtsblatt EU Nr. 335 v. 17.12.2009, Seite 1.

Die mit Basel III bezeichnete Regulierung der Banken ist seit 2013 in Kraft und löst schrittweise die Vorgängerregulierung Basel II ab.[37] Analog zu Solvabilität II spielt die Verbesserung der Eigenkapitaldecke eine zentrale Rolle, wobei dies über verschiedene Kennzahlen (z. B. Leverage Ratio) transparent gemacht und regelmäßig berichtet werden muss. Die angestrebte Verbesserung der Risikodeckung und die damit einhergehende abnehmende Prozyklizität von Banken hat weitreichende Auswirkungen auf Finanzinstitute, wie die bereits oben angesprochenen Effekte auf die Kapitalstruktur der Banken. Ganz allgemein lässt sich folgender Effekt durch die Regulierungsmaßnahmen der letzten Jahre feststellen:[38] Durch die Möglichkeit, Kreditderivate als Absicherungsinstrumente einzusetzen, sind Banken in der Lage, ihre Assetbasis nominal zu erhöhen, während sie gleichzeitig ihre risikogewichteten Assets reduzieren, um zunehmend strengeren Eigenkapitalanforderungen gerecht zu werden. Somit kann durch den Einsatz von CDS die Eigenkapitalrendite optimiert werden.

1.9.4.5 Die Kontroverse über die Einführung einer Finanztransaktionssteuer

Spätestens die Verwicklungen der Banken in den Libor-Skandal haben den politischen Weg hin zu einer Besteuerung von Finanzmarkttransaktionen geebnet – nicht auf globaler Ebene, aber zumindest in Europa. Ursprünglich sollte die FTT (Financial Transation Tax) schon zum 1.1.2014 eingeführt werden. Die aktuelle Lage innerhalb der EU zeigt eine steigende Zustimmung der einzelnen Mitgliedsländer bezüglich der Einführung einer Finanztransaktionssteuer.

Die Steuerexperten der EU bedienen sich einer Regel, die eine große Bemessungsgrundlage sicherstellen soll, auch wenn einige Länder die Steuer nicht einführen werden: das sogenannte Ausgabeprinzip. Das bedeutet, dass die FTT auch außerhalb der teilnehmenden Länder Anwendung findet, wenn das zu besteuernde Instrument von einer juristischen Person in der EU (bzw. den teilnehmenden Ländern) ausgegeben wurde. Sollte also eine Anleihe eines deutschen Unternehmens von einem Fonds in Luxemburg an eine Bank in London verkauft werden, wären beide Parteien steuerpflichtig. Damit soll ein ganz zentrales Problem der FTT umgangen werden, nämlich die Möglichkeit, Transaktionen in nicht teilnehmende Länder zu verlagern.

Der Steuersatz soll mindestens zehn Basispunkte für alle Transaktionen (einschließlich gewisser Devisenkassageschäfte) betragen, die nicht mit Derivaten in Zusammenhang stehen, und einen Basispunkt auf das zugrunde liegende Nominal bei Derivaten. Der Vorschlag sieht vor, dass die Bemessungsgrundlage hierbei auf den größeren Wert aus Nominal oder Marktwert referenziert. Betroffen sind alle Käufe und Verkäufe von Finanzinstrumenten (inklusive Repo und Wertpapierleihe), wobei Primärmarkttransaktionen und Transaktionen mit dem öffentlichen Sektor (u. a. ESM, EFSF, EZB, EIB,

37 Basel III: International framework for liquidity risk measurement, standards and monitoring, https://www.bis.org/publ/bcbs188.htm.
38 Vgl. hierzu beispielsweise Shan et al. (2017).

aber auch Central Counterparties wie die Eurex) ausgenommen sind. Es soll weitere Ausnahmen geben, beispielsweise wenn es sich um Altersvorsorge (betrieblich oder Pensionsfonds) handelt.

Angesichts der Entwicklungen der letzten Jahre liegt der Hauptzweck einer FTT darin, Steueraufkommen zu generieren, das wiederum eingesetzt werden kann, um etwaige Krisenkosten (inklusive Bailouts) finanzieren zu können. Die Aufgabe der Steuer ist folglich nicht die Verhinderung von Finanzkrisen, sondern vielmehr die teilweise Deckung der mit einer Krise verbundenen Kosten. Eine FTT soll die Transaktionshäufigkeit an den Märkten reduzieren, ohne diese in ihrer Funktionsweise zu beeinträchtigen. Um allerdings Allokations- und Lenkungseffekte zu minimieren, ist die Steuergestaltung von entscheidender Bedeutung.

Eine sehr geringe Steuer von beispielsweise einem Basispunkt auf alle Transaktionen würde zwar theoretisch zu Arbitragemöglichkeiten und somit Ausweichhandlungen führen – nur sind diese Arbitragemöglichkeiten angesichts der mit der Steuer verbundenen geringen Kosten vernachlässigbar, womit die Gefahr von Ausweichhandlungen gering ist. Eine unterschiedliche Besteuerung von Kassainstrumenten (zehn Basispunkte) und Derivaten (ein Basispunkt) wird jedoch unweigerlich zu Ausweichhandlungen führen.

Folgendes Beispiel verdeutlicht die Problematik. Ein mit Hilfe eines Zins- und eines Währungs-Swaps Zinsrisiko-immunisierter Kauf einer Fremdwährungsanleihe kann durch einen TRS (Total Return Swap) repliziert werden. Während bei den Einzelgeschäften für den Käufer eine Steuer in Höhe von zehn Basispunkten auf die Anleihe und je ein Basispunkt auf die Swaps anfiele, würde die Nachbildung der Position mit Hilfe eines TRS insgesamt nur einer Steuer in Höhe von einem Basispunkt unterliegen. Hierbei entsteht ein interessanter Nebeneffekt, namentlich die Verschiebung von Transaktionen von regulierten Märkten hin zu OTC-Bankgeschäften, wodurch sich wiederum die Frage des erhöhten Kontrahentenrisikos stellen kann. Es könnte also zu einer Re-Allokation von Kapitalströmen kommen, die zusätzliche Risiken innerhalb des Finanzsystems entstehen lassen. Auch in der Besteuerung von Swap-Kontrakten liegt ein potenzieller Schwachpunkt der Steuer – die fehlende Flexibilität auf die ökonomischen (also tatsächlichen) Risiken und nicht auf Quasi-Indikatoren (wie Nominal) zu referenzieren. Die Bemessungsgrundlage der Steuer ist von der Wahl der Swap-Parameter abhängig, was im Extremfall dazu führt, dass Swap-Kontrakte faktisch nicht besteuert werden, da die Parameter so gewählt werden können, dass die Bemessungsgrundlage minimiert wird.

Die geplante Umsetzung der Steuer birgt allerdings auch ein verteilungstheoretisches Problem, nämlich die Frage, ob durch die Steuerstruktur eine gleichmäßige wirtschaftliche Betroffenheit sichergestellt werden kann. Das Problem besteht darin, dass Kapitalmarktteilnehmer in spezifischen Transaktionen nicht direkt bilateral kontrahieren, sondern die Abwicklung über Clearing-Häuser umgesetzt wird. Möchte eine Nicht-Bank einer anderen Nicht-Bank ein Finanzinstrument verkaufen, so muss dies über eine Bank abgewickelt werden. Handelt es sich hierbei um ein Instrument, das über eine zentrale Gegenpartei abgewickelt wird, kann ein Kaskadeneffekt entstehen, da diese Transaktion eine multiple Steuerzahlung bei allen involvierten Parteien auslösen kann. Unter der Annahme, dass beispielsweise Banken ihre Steuerzahlungen an Kunden weiterreichen können, kann hier möglicherwiese sogar von einer Form der Doppelbesteuerung gesprochen werden.

Die Bemessungsgrundlage der Besteuerung muss nachvollziehbar und angesichts der relativ geringen Steuersätze sehr breit sein – ansonsten wäre das Steueraufkommen unbedeutend im Vergleich zu den mit Finanzkrisen verbundenen Kosten. Außerdem müssen die hohen operativen Kosten (bei den Steuerbehörden, aber auch bei den Besteuerten) überkompensiert werden. Kontraproduktiv indes wäre die Beschränkung gewollter Geschäfte, die zur Risikominimierung betrieben werden. Der aktuelle Entwurf kann durchaus so interpretiert werden, dass neben Repo- und Leihegeschäften auch Collateral-Zahlungen (als für Derivategeschäfte hinterlegte Sicherheiten) besteuert werden. Das wiederum hätte einen direkten Effekt auf die Bewertung von Kreditderivaten.

Es gibt offensichtlich Handelsstrategien, die stärker von der Einführung einer FTT betroffen wären. Alle Arten von Investmentprodukten, die auf einer hohen Umschlagshäufigkeit basieren (Algo-Trading etc.) werden eine spürbare Steuerlast tragen müssen. Klassische Strategien des Buy & Hold wären angesichts geringerer Transaktionshäufigkeit weniger stark in Mitleidenschaft gezogen.

Die aktuelle Einschätzung kann nur als Zwischenschritt dienen, da die exakte Ausgestaltung der FTT und vor allem die Umsetzung in der Praxis noch abzuwarten sind. Allerdings lassen sich bereits jetzt einige Probleme identifizieren, die der Steuereffizienz im Wege stehen. Somit muss letztlich damit gerechnet werden, dass einige der oben genannten negativen Externalitäten auch auftreten werden.

1.10 Die Zukunft des CDS-Marktes

Kreditderivate haben im Anschluss an die Finanzkrisen der letzten Jahre an Bedeutung verloren, vor allem durch das abrupte Ende des CDO-Booms, der für den Großteil des starken Wachstums des Segments bis Anfang 2008 verantwortlich gewesen ist. Zusätzlich hat die zunehmende Regulierung des Derivatemarktes – und insbesondere des Kreditderivatemarktes – zu einem Rückzug einiger Marktteilnehmer (vor allem Banken) und damit auch zu einem rückläufigen Handelsvolumen geführt. Folgt man den aktuellen Daten der ISDA bezüglich des Brutto-Volumens/Nominals der weltweiten CDS-Kontrakte, liegt dieses aktuell bei etwa 10 Billionen US-Dollar, während das Allzeithoch in Höhe von über 60 Billionen US-Dollar Ende 2007 erreicht wurde. Der Rückgang lässt sich hierbei auch durch die im Zuge des Big und Small Bang einhergehende Saldierung ausstehender Kontrakte erklären, so dass das »ökonomisch relevante« Volumen weniger stark zurückgegangen ist, als es die ISDA-Daten widerspiegeln. In einer Netto-Betrachtung[39] (d. h. offene CDS-Positionen, die letztlich das ökonomische Risiko adäquat reflektieren) liegt das ausstehende Volumen Ende 2017 hingegen nur bei ca. 1,4 Billionen US-Dollar.

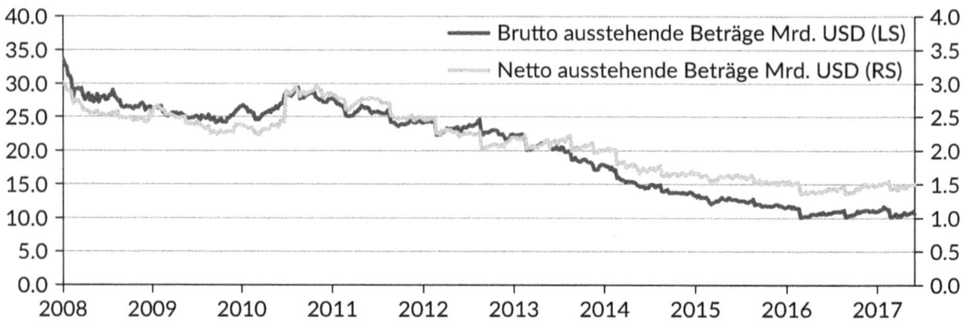

Abb. 1.13: Entwicklung des CDS-Volumens,[40] Quelle: ISDA

Das ausstehende Volumen an CDS teilt sich etwa gleich auf Einzeltitel-CDS und Index-Swaps auf. Ebenfalls etwa die Hälfte der getätigten Transaktionen wurde bereits über zentrale Clearing-Häuser abgerechnet, weshalb die Zuordnung auf einzelne Marktteilnehmer erschwert ist. Nach wie vor sind jedoch im CDS-Markt vor allem Banken, Versicherungen, Hedgefonds und Asset Manager aktiv, während die sogenannte »Non Financials« vor allem aus Unternehmen bestehen, die CDS überwiegend einsetzen, um aus der Geschäftstätigkeit entstehende Kontrahentenrisiken abzusichern.

Die rückläufige Volumenentwicklung im Kreditderivatemarkt lässt sich auch durch die Rückbesinnung auf die ursprüngliche Intention des CDS-Marktes erklären. Banken werden auch weiterhin Interesse haben, ihre im Kreditgeschäft entstehenden Kreditrisiken abzusichern. Dies gilt umso mehr, als die regulatorischen Beschränkungen (Eigenkapitalrichtlinien etc.) in den letzten Jahren stark zugenommen haben und von einer Lockerung derselben mittelfristig nicht ausgegangen werden kann. Versicherungen werden CDS auch weiterhin einsetzen, um einen Zugang zum Markt für Kreditrisiken zu haben, der zusätzliche Diversifikationseffekte zu den Kerngeschäftsfeldern der Versicherungswirtschaft bietet. Hedgefonds hingegen setzen

39 Kauft eine Bank von einem Kunden 10 Millionen Euro Versicherung auf eine Referenzentität und verkauft einem anderen Kunden auf dieselbe Referenzentität denselben Betrag über einen identischen CDS-Kontrakt, dann entstünden 20 Millionen Euro Brutto-Nominal im CDS, während sich die beiden Positionen saldieren und somit netto null CDS-Nominal ausstehend ist.

40 Sehr detaillierte Informationen über ausstehende Kontrakte, Transaktionen und Handelsaktivitäten finden sich unter http://www.swapsinfo.org.

41 Die Daten der BIZ-Statistik basieren auf den berichteten Transaktionen eines großen Samples an Banken innerhalb der alle drei Jahre durchgeführten *Triennial Central Bank Survey*. Hierbei finden also nicht alle Transaktionen Berücksichtigung, was die Abweichungen von den Daten der ISDA (SwapInfo, s. o.) erklärt. Die BIZ-Statistik findet sich hier: https://www.bis.org/statistics/derstats.htm.

H1 2017 in Mrd. US-Dollar	Total	Reporting dealers	Other financial institutions							Non-financial institutions
			Total	CCPs	Banks and securities firms	Insurance and financial guaranty firms	SPVs, SPCs and SPEs	Hedge funds	Other	
Anzahl Kontrakte insgesamt										
Nominal	9644	2949	6540	4907	393	129	90	434	586	155
Bruttomarktwert	298	89	203	142	12	5	4	21	20	5
Nettomarktwert	78	22	52	21	5	4	3	9	11	4
Einzeltitelinstrumente										
Nominal	5042	2035	2951	2137	236	51	56	222	248	56
Bruttomarktwert	150	56	92	62	7	3	3	9	9	2
Multititelinstrumente										
Nominal	4602	914	3589	2769	157	78	34	212	338	99
Bruttomarktwert	148	33	111	80	5	2	1	12	12	4
von denen Index Produkte										
Nominal	4229	776	3367	2697	126	66	28	157	294	86

H1 2017 in Mrd. USD	Nominal			
	H2 2015	H1 2016	H2 2016	H1 2017
Reporting dealers	5451	5094	3740	2949
Other financial institutions	6652	6515	5968	6540
Central counterparties	4185	4387	4334	4907
Banks and security firms	854	635	422	393
Insurance firms	163	158	153	129
SPVs, SPCs, or SPEs	170	153	96	90
Hedge funds	616	548	440	434
Other financial customers	665	633	522	586
Non-financial customers	190	153	149	155
Reporting dealers	5451	5094	3740	2949

Tab. 1.3: Volumen und Marktwerte von CDS,[41] Quelle: BIZ, XAIA Investment

Kreditderivate nach wie vor in vielen Strategien ein. Hierbei handelt es sich um traditionelle Long/Short-Strategien, Kapitalstrukturarbitrage und vor allem Strategien im Distressed-Segment. In letzterem nehmen Hedgefonds nach wie vor die dominante Marktposition ein. Zwei weitere Investoren-Gruppen haben in den letzten Jahren massiv an Bedeutung gewonnen. Zum einen handelt es sich um große Multi Asset Fonds, die ihre Bestände in Unternehmensanleihen schrittweise abgebaut und durch

Investments in Index-Swaps substituiert haben. Hintergrund für diese Reallokation ist hauptsächlich die höhere Liquidität im CDS-Markt, die ein aktiveres Management der Kreditpositionen dieser Fonds zulässt. Vor allem in den europäischen Kreditmärkten kommt ein weiteres Argument hinzu: Durch die Kaufprogramme der Europäischen Zentralbank liegt der Spread von Unternehmensanleihen tendenziell unter dem der korrespondierenden CDS. Somit generiert ein CDS-Portfolio in diesem Umfeld einen höheren laufenden Ertrag als ein Investment in ein breit diversifiziertes Unternehmensanleihenportfolio. Die andere »neue« Investorengruppe kommt aus dem Segment der ETFs (Exchange Traded Fonds). Die Anzahl von indexreplizierenden ETFs, die auf den CDS-Markt referenzieren, hat stetig zugenommen. Vor allem ETFs bedingen eine hohe Korrelation von Preisbewegungen innerhalb eines Index-Swaps, da hier eben nicht in einzelne Namen investiert wird, sondern immer über die entsprechenden Indices.

In den letzten Jahren haben also Asset Manager im weitesten Sinne an Bedeutung gewonnen und es kam dadurch auch zu einer gewissen Konzentration an Kreditrisiken in diesem Segment.

Es ist zu erwarten, dass das Volumen des Kreditderivatemarktes in den nächsten Jahren kontinuierlich wachsen wird. Einerseits wird der Markt angesichts der hohen regulatorischen Schranken auf institutionelle Investoren begrenzt bleiben, andererseits führt die kontinuierliche Standardisierung der Instrumente in Kombination mit einem kontinuierlichen Übergang des OTC-Marktes auf Clearing-Häuser dazu, dass eine zunehmende Zahl institutioneller Investoren die offensichtlichen Vorteile von Kreditderivaten ausschöpfen können.

Auch weiterhin wird die ISDA auf neue Anforderungen, die meist aus regulatorischen Änderungen erwachsen, eingehen und es werden auch in Zukunft Modifikationen des rechtlichen Rahmenwerks von Kreditderivaten erforderlich sein. In diesem Zusammenhang ist davon auszugehen, dass es auch zu neuen Entwicklungen auf Instrumentenebene und einer Ausweitung des zugrunde liegenden Universums kommen wird. Beispielsweise wurde die Einführung von auf liquide Index-Swaps referenzierenden Futures in 2007 bereits erfolglos versucht – dies lag damals vor allem an der mangelnden Bereitschaft der Marktteilnehmer, kontinuierlich einen tiefen und breiten Markt zu gewährleisten. In einem Markt, der vollständig über Clearing-Häuser abgewickelt wird, entfällt dieses Argument weitestgehend, womit man damit rechnen kann, dass hier ein nächster Versuch gestartet wird. Bezüglich der Ausweitung des zugrunde liegenden Marktes besteht sicherlich von vielen Kreditmarktteilnehmern zumindest temporär das Bedürfnis, gewisse Absicherungsstrategien umzusetzen. Hiervon könnte der CDS-Markt profitieren, indem beispielsweise auf europäische mittelständische Unternehmen referenzierende CDS, und möglicherweise sogar darauf aufbauende Indices eingeführt werden.

Indes warten aber noch einige Herausforderungen bei der Weiterentwicklung des Kreditderivatemarktes. Am Dringlichsten erscheint uns, die weitere Standardisierung nicht zu Lasten der Absicherungseffizienz umzusetzen. Gerade in Europa tritt dieses Phänomen immer wieder auf und beschäftigt die Marktteilnehmer wie auch die ISDA in gleichem Maße. Das Problem liegt darin, dass europäische CDS auf Staaten oder auch Unternehmen referenzierend vollständig vereinheitlicht sind, während die zugrunde liegenden gesetzlichen Rahmenbedingungen (z. B. Insolvenzverordnungen) trotz der großen Konvergenzschritte der letzten Jahre nach wie vor nationale Tendenzen aufweisen. Um den CDS so zu gestalten, dass alle Kreditereignisse unter allen unterschiedlichen gesetzlichen Rahmenbedingungen effizient als solche erkannt und abgewickelt werden können, muss das europäische CDS-Format relativ breit gefasst sein, wodurch in spezifischen Fällen die Effizienz der Abwicklung leidet. Europäische Staaten-CDS werden bei weit mehr als 20 Ländern angewendet – und müssen damit auch mehr als 20 nationalstaatliche Rechtsordnungen abdecken können. Sollte die weitere Standardisierung beispielsweise der europäischen nationalen Insolvenzverordnungen sowie die komplette und einheitliche Umsetzung des BRRD nicht zeitnah umgesetzt werden, muss darüber nachgedacht werden, das Rahmenwerk von Kreditderivaten so zu erweitern, dass aufgrund länderspezifischer Regelungen keinerlei Einbußen im Versicherungscharakter eines CDS-Kontraktes hingenommen werden muss.

Die kontinuierliche Anpassung der CDS-Dokumentation an regulatorische Änderungen zeigt sich auch im Ende 2017 veröffentlichten »Senior Non-Preferred CDS Supplement«.[42] Wie bereits oben angesprochen, hat die Implementierung von Basel III Effekte auf die Kapitalstruktur bzw. die Haftungskaskade europäischer Finanzinstitute. Der zentrale Punkt besteht darin, dass nun auch vorrangige Anleihenhalter bei der Abwicklung/Sanierung von Banken herangezogen werden – dergestalt, dass auch seniore Anleihen Ausfälle (über haircuts etc.) erleiden können. Diese Maßgaben der Regulierung können nun national auf unterschiedlichen Wegen erreicht werden. Es kann eine Holding/Operating-Struktur geschaffen werden, wobei die CDS referenzierend auf die Holding der Bank in Zukunft die relevanten Senior CDS bei Finanzinstituten sein werden. Hier waren Schweizer Banken Vorreiter, während auch die britischen Institute diese Struktur aufweisen. Beispielsweise in Frankreich ist dies allerdings nicht der Fall. Hier werden die Haftungsstrukturen aus Basel III innerhalb der ursprünglichen Entität umgesetzt. Genau für diesen Fall wurde die oben genannte Ergänzung zu den 2014er-ISDA-Definitionen veröffentlicht.

Seit der Serie 28 im iTraxx-Universum wurde bei französischen Banken (BNP Paribas, Credit Agricole und Societe Generale) die bis dahin beinhalteten »Senior Preferred« CDS durch »Senior Non-Preferred« CDS ersetzt, um den Verlust-absorbierenden Charakter der vorrangigen Anleihen zu reflektieren. Die Ergänzung umfasst die Kreditereignisse, den Loss-given-default und die Behandlung von »succession events« der Anleihen, die quasi zwischen traditionellen vorrangigen und nachrangigen Anleihen rangieren. Während die Standard-Dokumentation für Senior CDS in weiten

42 https://www.isda.org/a/H6aEE/Additional_Provisions_for_Senior_Non-Preferred.pdf.

Teilen übernommen wurde (beispielsweise bezüglich Asset Package Delivery und Mod Mod Restructuring),[43] bleiben auch die bekannten Kreditereignisse bestehen. In die Auktion lieferbare Anleihen sind neben Senior-Non-Preferred- auch traditionelle Senior-Anleihen, während bei der Berechnung »transferierter Anleihen« in einem »succession event« noch Loans berücksichtigt werden. Das Beispiel zeigt deutlich, dass jegliche Änderung des regulatorischen Umfeldes eine relativ umfangreiche Adjustierung der CDS-Dokumentation nach sich zieht, um den Versicherungscharakter des CDS kontinuierlich zu überprüfen und sicherzustellen.

Um die Glaubwürdigkeit von CDS-Kontrakten in Zukunft weiter zu stärken, wird es immens wichtig sein, eine potenzielle Beeinflussung der dem CDS zugrunde liegenden Referenzentitäten durch CDS-Investoren zu verhindern. Ein negatives Beispiel hierfür war die konzertierte Aktion eines US-Hedgefonds und dem spanischen Wettanbieter Codere 2013.[44] Damals wurde Codere durch den Hedgefonds die dringend benötigte Refinanzierung ermöglicht, während Codere im Gegenzug eine Zinszahlung verzögerte und somit ein Kreditereignis auslöste. Dadurch konnte der US-Hedgefonds seine Kreditausfallversicherungskontrakte in der CDS-Auktion zu Lasten der Kreditausfallversicherungsverkäufer profitabel verwerten. Anfang 2018 kam es zu einer ähnlichen Situation, als derselbe Hedgefonds eine ähnliche Transaktion mit dem amerikanischen Immobilienentwickler Hovnanian umsetzen wollte.[45] Hier war die Situation ähnlich frappierend wie beim Codere-Fall. Obwohl die Anleihen von Hovnanian nahe Par handelten, wurden neue Anleihen emittiert, weshalb sich die Kompensation für den Sicherungskäufer in einer CDS-Auktion auf dem Niveau der Codere-Abwicklung bewegte (damals lag die festgestellte Verwertungsquote bei 54,5 %). Auch gab es eine Anleihe, die aufgrund ihres extrem niedrigen Kupons weit unter den liquiden Anleihen handelte und somit den Status »cheapest to delivery« (ctd)[46] innehatte. Die Problematik, die daraufhin im Markt diskutiert wurde, war eben ein Szenario, in dem ein Unternehmen eine Anleihe extra zum Zweck der günstigsten Lieferbarkeit emittiert und dadurch die Situation wie bei Codere entsteht, obwohl ein Unternehmen sich in keiner Weise in einer *distressed*-Situation befindet. Genau diese Frage wurde bereits an die ISDA gestellt,[47] da ein anderer US-Hedgefonds gegen diese Transaktion bei einem Gericht in New York Klage eingereicht hat. Allerdings wurde die Anfrage abgewiesen.

Die Lösung dieser Probleme ist eine zentrale Herausforderung an den CDS-Markt, da nur so der Verlust des Versicherungscharakters eines CDS-Kontraktes sichergestellt werden kann.

Trotz dieser Herausforderungen darf man davon ausgehen, dass die Schrumpfung, die der Kreditderivatemarkt im Anschluss an die Lehman-Krise erfahren hat, allmählich

43 Vgl. hierzu Kapitel 2.
44 Vgl. hierzu https://www.bloomberg.com/view/articles/2017-11-17/blackstone-may-do-its-cleverest-cds-trade-again und Abschnitt 4.3.4.
45 Vgl. https://www.bloomberg.com/news/articles/2018-03-09/gso-s-goodman-backs-closing-cds-loophole-that-his-firm-mastered.
46 Die lieferbare Obligation, die den niedrigsten Preis aufweist und somit bei der Feststellung der Verwertungsquote relevant ist.
47 https://dc.isda.org/cds/na/.

ein Ende findet und dessen Bedeutung in den nächsten Jahren sukzessive zulegt. Die Notwendigkeit eines funktionierenden Kreditderivatemarktes wird sich hierbei vor allem in krisenähnlichen Situationen zeigen, da Anleiheninvestoren keine andere Möglichkeit haben, auf Krisensymptome im Anleihenmarkt effizient zu reagieren. Allerdings setzt die zunehmende Komplexität der Kontrakte – als Antwort auf einen sich verändernden regulatorischen Rahmen – voraus, dass Investoren neben der Bewertung und den Marktmechanismen im CDS-Markt vor allem auch die regulatorisch relevanten und den CDS-Markt betreffenden Maßnahmen sowie die aktuellen Entwicklungen und Problemfälle kennen. Darauf gehen wir im Folgenden ein.

2 Funktionsweise von CDS

In diesem Kapitel werden die Funktionsweisen von CDS dargestellt. Dazu werden zunächst die grundlegenden Parameter eingeführt, die einen CDS definieren. Gleichzeitig wird auf die vorherrschenden Marktstandards und -konventionen eingegangen. Im zweiten Abschnitt werden zunächst die verschiedenen Arten von Credit Events behandelt. Anschließend werden das Determinations Committee und seine Aufgaben vom Credit Event bis zur CDS-Auktion vorgestellt und erläutert. Der klassische CDS-Auktionsprozess wird im dritten Abschnitt anhand eines Beispiels illustriert; des Weiteren werden in diesem Zuge die zwei möglichen Settlement-Methoden nach Credit Events vorgestellt. Im letzten Abschnitt dieses Kapitel gehen wir auf die Abwicklung von weiteren Kreditderivaten (neben dem CDS) nach Credit Events ein.

Die Ausführungen dieses Kapitels basieren auf ISDA (2014), ISDA (2016), DC Rules (2016), CS (2010), CS (2011), JPM (2013), JPM (2017), Barclays (2014) und Linklaters (2014).

2.1 Marktkonventionen und Marktstandards

Wenn zwei Parteien (Kontrahenten, Counterparties) einen Credit Default Swap (CDS) eingehen, dann bedeutet das, dass die eine Partei (Versicherungsgeber, CDS-Verkäufer, *protection seller*) der anderen Partei (Versicherungskäufer, CDS-Käufer, *protection buyer*) eine Art Versicherung zur Kompensation eines Zahlungsausfalls eines bestimmten Emittenten innerhalb eines vorab festgelegten Zeitraums (Laufzeit des CDS) zusichert. Dabei vereinbaren die beiden Parteien gewisse Eckpunkte, die restlichen Standards sind automatisch durch die ISDA-Regeln festgelegt, die den vertraglichen Rahmen bilden.

Man sagt, der Versicherungsgeber »ist den CDS short«/»er verkauft Versicherung«/»er kauft Risiko«. Genau umgekehrt sagt man über den Versicherungskäufer, dass er »den CDS long ist«/»Versicherung kauft«/»Risiko verkauft«. In der Regel ist eine der Parteien eine Investmentbank, die andere ist beispielsweise ein Asset Manager (bzw. einer dessen Fonds), eine Versicherung oder eine andere Investmentbank.

Folgende Eckpunkte müssen von den beiden Parteien vereinbart werden, damit der CDS definiert ist, wobei für die drei zuletzt genannten oftmals auf den jeweiligen Standard zurückgegriffen wird:

- Nominal
- Währung
- Referenzobligation (und damit einhergehend Referenzentität)
- Laufzeit
- Coupon
- Spread/Upfront

- Recovery Rate (falls in Spread gehandelt wird)
- ISDA Credit Derivatives Definitions
- Transaction Type

Prinzipiell können diese Parameter zwischen den beiden Parteien beliebig abgestimmt werden, solange dies für die beteiligten Parteien in Ordnung ist, da es sich bei einem CDS schließlich um ein OTC-Instrument und somit um einen bilateralen Vertrag handelt (auch wenn CDS zukünftig einmal gecleart werden sollen, würde dies nichts an der Bilateralität ändern). Dennoch ist es üblich, gewisse Marktstandards insbesondere bei Referenzobligation, Laufzeit und Coupon einzuhalten, da diese Kontrakte dann deutlich liquider gehandelt werden können. Wenn ein Standard-CDS-Kontrakt gehandelt wird, werden in der Regel nur die Referenzentität, die Laufzeit und das Nominal vereinbart; die übrigen Parameter nehmen die Standardwerte entsprechend der jeweiligen Referenzentität an. Im Folgenden werden diese Eckdaten sowie deren Standard und deren Spielraum erläutert.

2.1.1 Referenzobligation/Referenzentität

Zunächst einmal muss vereinbart werden, welchen Ausfall der CDS genau absichern soll. Dabei kann sich der Versicherungsschutz zum einen auf eine einzelne Entität (Single Name CDS) beziehen, die als Referenzentität (Reference Entity) bezeichnet wird. Zum anderen existieren auch Index-CDS, die den Ausfall der einzelnen Mitglieder anteilig am Index absichern. Die geläufigsten Indices, auf die ein Index-CDS referenziert, sind der iTraxx (High Yield, Investment Grade) und der XOver (High Yield, Investment Grade); siehe dazu auch Abschnitt 5.5.1.

Die Referenzentitäten von Single Name CDS lassen sich in drei Arten kategorisieren:

- Corporate CDS: referenziert auf ein Unternehmen
- Financial CDS: referenziert auf eine Finanzinstitution, in der Regel eine Bank
- Sovereign CDS: referenziert auf einen Staat oder Bundesland/Region

Die Zuordnung in eine dieser Kategorien muss nicht explizit vorgenommen werden, sondern ergibt sich aus der Referenzentität. Sie spielt speziell im Fall eines Credit Events eine große Rolle, da je nach Kategorie unterschiedliche Regeln gelten können (siehe Abschnitt 2.2). Ein weiterer Aspekt, bei dem die Zuordnung eine Rolle spielt, ist die Nettoleerverkaufsverordnung für europäische Sovereign CDS, die besagt, dass Long CDS, die auf europäische Staaten referenzieren, nur in Verbindung mit einem ausreichenden Nominal einer Anleihe desselben Staates gehalten werden dürfen (siehe Abschnitt 6.3).

Zur Definition eines Single Name CDS gehört neben der Reference Entity auch die sogenannte Referenzobligation (Reference Obligation) in Form einer ISIN (internationale Wertpapierkennnummer) einer bestimmten Anleihe, die eindeutig festlegt, auf welchen Emittenten (also die Reference Entity) bzw. auf welche Seniorität der CDS referenziert. Diese ISIN dient dabei als Platzhalter für alle Anleihen desselben

Emittenten, die pari passu zu dieser Anleihe handeln. Solche Anleihen sind dann auch im Falle eines Credit Events in die CDS-Auktion lieferbar und werden als Deliverable Obligations bezeichnet. Es kann also vorkommen, dass ein Credit Event z. B. aufgrund eines nicht gezahlten Coupons auf eine Anleihe eintritt, deren ISIN zwar nicht als Reference Obligation im CDS vermerkt ist, die Kompensation aber dennoch ausgezahlt wird. Dies ist natürlich sinnvoll, denn wenn der Emittent erst einmal beispielsweise eine Coupon-Zahlung nicht bedienen konnte, so wird er sehr wahrscheinlich auch anderen zukünftigen Zahlungen nicht nachkommen können und befindet sich im Default. Es gibt allerdings auch Fälle (z. B. wenn eine bestimmte Art von Credit Event für ein Financial vorliegt), bei denen es eine große Rolle spielt, ob das Credit Event für die Reference Obligation festgestellt wurde oder eben nicht, was im Abschnitt 2.2 veranschaulicht wird.

Mit den 2014 ISDA Credit Derivatives Definitions (ISDA 2014) wurde auch die sogenannte Standard Reference Obligation (SRO) eingeführt, die eine Art Platzhalter für die Reference Obligation darstellt, die dem aktuellen Marktstandard entspricht. Die Idee dabei war, dass die eigentliche Reference Obligation separat in einer Liste von einer externen Agentur (aktuell Markit) gepflegt wird, in der man dann jederzeit die aktuelle Reference Obligation für die entsprechende Reference Entity ablesen kann. Dabei wird auch nach Seniorität (Senior und Subordinated) unterschieden. Laut einer Handlungsempfehlung der ISDA[1] sollte bei Anwendung der SRO anstelle der Reference Obligation für Senior CDS »XSSNRREFOBL0« stehen, bei Subordinated CDS »XSSUBREFOBL0« (sofern für die entsprechende Reference Entity schon SROs existieren). Es war zwar von vornherein vorgesehen, dass die SRO nur für die am meisten gehandelten Namen Anwendung finden soll, allerdings wurde diese Praxis bisher letztendlich nur für Fincancial CDS umgesetzt, da die SRO für diese aufgrund der tiefgreifenden Neuerungen ab den 2014er Definitionen die größte Relevanz hat, speziell wenn es im Falle eines Credit Events zur Anwendung von Asset Package Delivery (siehe Abschnitt 2.2.2) kommt. Hinzu kommt, dass die Pflege der entsprechenden Listen mit relativ hohen Kosten verbunden ist.

Zwar gibt es keine spezielle Vorgehensweise bei der Bestimmung der SRO, aber es wird darauf geachtet, dass sie von möglichst vielen unterschiedlichen Investorengruppen gehalten wird. Dies ist ein wichtiger Beitrag zur Vereinheitlichung und Standardisierung des CDS-Markts – auch im Hinblick auf das Clearing von CDS (siehe Abschnitt 6.5).

Bei Index-CDS gibt es keine Reference Obligation in Form einer ISIN. Hier dient der vereinbarte Index als Referenz.

2.1.2 Wichtige Zeitpunkte/Quotierung am Markt

Beim Handel eines CDS gibt es zunächst einmal vier wichtige Zeitpunkte: Trade Date (Handelstag), Effective Date, Settlement Date (Schlusstag) und das Scheduled

1 https://www.isda.org/a/lXEDE/20141118-final-sro-confirmation-best-practice-table.pdf.

Termination Date (Laufzeitende, Fälligkeit). Das Trade Date, also der Handelstag, ist selbsterklärend und beschreibt genau wie bei allen anderen Geschäften den Tag, an dem der Handel tatsächlich abgeschlossen wurde. Das Effective Date ist stets der Folgetag des Handelstags (T+1) – unabhängig von jeglichen Business Day Conventions – und wird zur Berechnung der aufgelaufenen Zinsen benötigt (siehe dazu Abschnitt 2.1.6). Die Upfront-Zahlung (siehe Abschnitt 2.1.5) wird am Settlement Date geleistet[2], im Fall von CDS sind das standardmäßig drei Geschäftstage nach Handelstag (T+3). Die üblichen Zeitpunkte für das Scheduled Termination Date bei CDS sind die sogenannten IMM Dates,[3] das heißt 20. März, 20. Juni, 20. September und 20. Dezember eines Jahres. Beispielsweise wird vom »März 21 CDS« gesprochen, wenn ein CDS mit dem Laufzeitende 20. März 2021 gemeint ist. Beim Scheduled Termination Date werden keine Adjustierungen im Hinblick auf Business Day Conventions vorgenommen. Das bedeutet, dass der Versicherungsschutz bei einem März 21 CDS tatsächlich am 20. März 2021 endet, auch wenn dies ein Samstag ist.

Einen typischen (Broker) Run zeigt Abbildung 2.1. In der Regel werden die Ein- bis Fünf-Jahrespunkte im Jahresabstand quotiert, oftmals sind aber auch Preise für den Sieben- und Zehn-Jahrespunkt zu sehen. Etwas seltener sieht man auch Broker Runs, die die Drei-, Sechs und Neun-Monats-Fälligkeiten auflisten, z. B. bei Namen mit niedrigerer Kreditwürdigkeit, deren Ausfallwahrscheinlichkeit für die nahe bis mittlere Zukunft relativ hoch ist. Im Run in Abbildung 2.1 ist zu erkennen, dass bei diesem Broker beispielsweise ein Fünf-Jahres-CDS (5yr, oft auch 5y) auf DF (Dean Foods Co) bei einem Spread von 340 bp gekauft bzw. 310 bp verkauft werden kann. Der angegebene Spread ist dabei der sogenannte Par CDS Spread, siehe Abschnitt 2.1.5. Anschaulich gibt dieser die annualisierte Kompensationsprämie für den Kauf des Versicherungsschutzes an, auch wenn sich die tatsächlichen Zahlungsströme aufgrund der Coupon-Standardisierung davon unterscheiden. Wenn CDS relativ weit, also bei einem hohen Spread, handeln, gehen Broker zu einer Quotierung in Upfront über.

	DF
1yr	10/40
2yr	60/90
3yr	140/170
4yr	220/250
5yr	310/340

Abb. 2.1: Typischer Broker Run

In dem Run bedeutet »5yr« allerdings nicht (wie man fälschlicherweise zunächst vermuten könnte), dass der CDS eine Laufzeit von genau fünf Jahren hat. Vielmehr ist diese Art der Quotierung an die sogenannten Index-Rolls angelehnt, die jährlich zum 20. März und 20. September stattfinden. CDS mit Handelstag 20. September bis einschließlich 19. März haben den dazwischenliegenden 20. Dezember als Referenztag; ausgehend davon erhält man durch eine Addition der Anzahl der Jahre die Fälligkeit für einen bestimmten CDS. Liegt der Handelstag eines CDS zwischen

2 Man sagt umgangssprachlich, dass ein Trade settled, sobald die Zahlung (gegen Lieferung) geflossen ist.

3 IMM = International Monetary Market. Der Begriff IMM Dates wird auch im Zusammenhang mit Futures und Optionen verwendet, wobei die Definition dort leicht von der im Zusammenhang mit CDS abweicht.

dem 20. März und 19. September (jeweils beide Tage eingeschlossen), so dient der dazwischenliegende 20. Juni als Referenztag. Hier ein kleines Beispiel, um diese Art der Quotierung zu veranschaulichen: Wird am 12. Dezember 2016 ein 5y CDS gehandelt, so ist dessen Fälligkeit der 20. Dezember 2021. Dasselbe gilt für einen 5y CDS, der am 19. März 2017 gehandelt wird. Fragt man allerdings am 20. März 2017 einen 5y CDS beim Händler an, so wird dieser einen Preis quotieren, der sich auf einen CDS mit Fälligkeit 20. Juni 2022 bezieht. Analog wird mit den anderen Jahrespunkten verfahren.

CDS mit den jeweils aktuellen ganzjährigen Fälligkeitszeitpunkten handeln meist liquide (insbesondere der 5y CDS), aber auch für CDS mit den übrigen IMM Dates als Fälligkeit findet man in der Regel einen Kontrahenten zum Abschluss eines Trades. Es gibt auch die Möglichkeit, CDS mit einer beliebigen, also nicht an IMM Dates gebundenen Fälligkeit abzuschließen, sofern man eine Gegenpartei dafür findet. Kontrakte dieser Art können allerdings als durchaus illiquide bezeichnet werden.

2.1.3 Währung

Die Kombination aus Nominal und Währung gibt die Höhe des Versicherungsschutzes eines CDS an, wobei der CDS den Käufer in Höhe von $Nominal \times (1 - Recovery)$ kompensiert. Dies bedeutet auch, dass die Position eines Investors einem Währungsschwankungsrisiko unterliegt, falls der CDS in einer Fremdwährung (aus Sicht des Investors) gehandelt wurde.

CDS auf US-amerikanische bzw. viele europäische Unternehmen werden in der Regel in US-Dollar bzw. Euro gehandelt, allerdings sind z. B. CDS auf britische und schweizerische Unternehmen oftmals ebenfalls in Euro denominiert. Der Grund dafür, dass beispielsweise der CDS auf Matalan Finance plc (Matalan)[4] in Euro denominiert ist, obwohl die ausstehenden Anleihen allesamt in GBP lauten, ist schlicht die Liquidität. Als CDS in Euro kann dieser im entsprechenden CDS-Index (in diesem Fall iTraxx XOver) als Eintrag aufgenommen werden, was wiederum dazu beiträgt bzw. beitragen kann, dass dieser liquide im Markt gehandelt wird.

Sovereign CDS sind in der Regel in einer anderen Währung als die offizielle Währung des Landes selbst denominiert: Ein CDS auf die Vereinigten Staaten von Amerika ist standardmäßig in Euro quotiert, ein Spanien-CDS wiederum in US-Dollar. Bei Sovereign CDS ist der Grund für eine abweichende Währung im Vergleich mit Corporate CDS weniger die Liquiditäts-, sondern eher die potenzielle Währungsabwertungssituation. Wenn ein CDS nicht dieselbe Währung hat wie das Land, auf das er referenziert, dann ist der Hintergedanke eine Minimierung von Risiken, die durch den Verfall der Währung entstehen können. Am besten lässt sich dies an einem kleinen Beispiel erklären. Spanien hat seine Anleihen zum Großteil in Euro begeben. Angenommen, ein US-Dollar-Investor hat fünf Millionen Euro Nominal einer Spanien-Anleihe gekauft und diese mit fünf Millionen *Euro* CDS abgesichert. Kommt es nun zu einem Credit

4 Finanzierungsvehikel der Matalan Ltd (Retail-Unternehmen mit Sitz in Großbritannien), das die Anleihen in GBP emittiert hat.

Event bei Spanien, dann ist es aus Sicht eines US-Dollar-Investors zwar erfreulich, dass der CDS ihn in Summe mit der Anleihe zu Par in Euro kompensiert – auf der anderen Seite wäre aufgrund des schwachen Euros dieser Betrag in US-Dollar sehr viel weniger wert. Hätte der US-Dollar-Investor allerdings CDS in US-Dollar gekauft, dann wäre auch die Kompensationszahlung direkt in US-Dollar, was für den Investor deutlich attraktiver ist. Der Auktionsmechanismus wird in Abschnitt 2.3 genauer beschrieben.

Da es sich bei einem CDS um ein OTC-Instrument handelt, steht es beiden Parteien frei, zu bestimmen, auf welche Währung der CDS letztendlich lauten soll. Aber es ist neben den oben erwähnten Währungsschwankungsrisiken vor allem auch aus Liquiditätsgründen sinnvoll, die jeweilige »Standardwährung« zu verwenden. Ein CDS, der nicht in der »Standardwährung« handelt, wird als Quanto CDS bezeichnet. Eine genauere Behandlung von Quanto CDS findet in Abschnitt 4.1 statt.

2.1.4 Coupon

Während der Laufzeit fallen für die Versicherungsleistung im CDS, ähnlich wie beispielsweise bei einer Todesfallversicherung, für den Versicherungsnehmer regelmäßige Prämien in Form von Coupons an, die er an den Versicherungsgeber leisten muss, damit dieser im Schadensfall bzw. Credit Event die entsprechende Leistung erbringt. Der Käufer des CDS zahlt vierteljährlich nachschüssig an den Verkäufer zu den IMM Dates einen Coupon, der als Versicherungsprämie interpretiert werden kann. Die Coupon-Zahlungen fließen nur solange, bis ein Credit Event eintritt oder die Laufzeit des CDS erreicht wurde. Die Höhe des Coupons wird bei Abschluss des CDS vereinbart (bzw. es wird der Marktstandard angenommen), die Quotierung bezieht sich dabei stets auf den jährlichen Betrag und die Day Count Fraction ist standardmäßig ACT/360[5].

Wie bei Laufzeit und Währung gibt es auch beim Coupon jeweils einen Standard-Coupon, der für HY-Namen in der Regel bei 500 bp liegt, bei CDS auf IG-Unternehmen meist bei 100 bp und bei als sehr kreditwürdig geltenden Staaten wie Frankreich oder Deutschland bei 25 bp. Man kann allgemein sagen, dass sich der Coupon am Spread des CDS orientiert, dennoch ist es auch hier den beiden Parteien überlassen, vom Standard abzuweichen.

2.1.5 Spread/Upfront

Im Broker Run, den Abbildung 2.1 zeigt, sind die verschiedenen Geld- und Brief-Preise (Bid und Offer, in Spread quotiert) für die entsprechenden Laufzeiten zu sehen. Spreads (genauer: Par CDS Spreads) werden immer in Basispunkten (bp) quotiert, Upfronts in Prozent. Spreads geben an, wie hoch die faire, jährliche Versicherungsprämie bei einem bestimmten Namen aktuell theoretisch sein müsste, damit die beiden Legs des CDS (Default Leg und Survival Leg) denselben Wert hätten.

5 Bei ACT/360 handelt es sich um ein standardisiertes Format, das festlegt, wie die Tage gezählt werden, worauf die letztendliche Bemessung der Zahlungshöhe basiert.

Die Vorgehensweise zur Berechnung der Werte der beiden Legs wird in Abschnitt 3.3 dezidiert dargestellt. Da die jährliche Versicherungsprämie (Coupon) standardisiert ist, wird die Abweichung davon in Form einer Zahlung bei Abschluss des CDS, der sogenannten Upfront-Zahlung, ausgeglichen. Dementsprechend gilt für jeden CDS, dass diese Upfront-Zahlung bei null (plus Accrued, siehe Abschnitt 2.1.6) liegt, wenn der gehandelte Spread gleich dem Coupon ist.

Allgemein gilt: Je höher der Spread für einen bestimmten Zeitpunkt, desto höher ist auch die Ausfallwahrscheinlichkeit bis zu diesem Zeitpunkt. Aus Abschnitt 2.1.4 wissen wir aber auch, dass der jährliche Coupon bei Abschluss des CDS als fixe vierteljährliche Zahlung vereinbart wird. Diskontiert man nun den Unterschied zwischen Coupon und gehandeltem Spread (unter Berücksichtigung der Ausfallwahrscheinlichkeiten und Recovery Rate), so erhält man das Upfront, das letztendlich den Wert eines CDS ausdrückt. Jeder Spread lässt sich also in Upfront umrechnen und umgekehrt. Damit alle Marktteilnehmer bei dieser Umrechnung gleich vorgehen, wurde diese im sogenannten ISDA CDS Standard Model festgelegt. Der Bloomberg Screen CDSW rechnet genau nach diesem Modell. Die mathematisch exakte Vorgehensweise zur Ermittlung und Umrechnung von Upfront wird in Abschnitt 3.5 genau erläutert.

2.1.6 Auszahlungsprofil/Zahlungsströme

Mit dem Abschluss eines CDS ergeben sich ähnlich wie bei einem Zinsswap gewisse zukünftige Zahlungsströme. Die erste Zahlung fließt bei Abschluss des CDS bzw. am Settlement Date, wobei es sich dabei um die Upfront-Zahlung handelt. Diese setzt sich ähnlich wie bei einer Anleihe aus zwei Komponenten zusammen: Principal *(= Nominal × Upfront)* und die aufgelaufenen Zinsen bzw. Coupon (auch Accrued genannt). Die aufgelaufenen Zinsen fallen an, da der Coupon standardisiert vierteljährlich nachschüssig vom CDS-Käufer für die komplette Zeit seit dem letzten regulären Coupon-Zahlungszeitpunkt geleistet wird. Dementsprechend werden die aufgelaufenen Zinsen dem CDS-Käufer »gutgeschrieben« und bei der Upfront-Zahlung berücksichtigt.

Während der Laufzeit des CDS erfolgen die vierteljährlichen Coupon-Zahlungen vom CDS-Käufer an den CDS-Verkäufer, es sei denn, es wird währenddessen ein Credit Event festgestellt; dann enden die Coupon-Zahlungen mit dem sogenannten Event Determination Date. Im Anschluss an das Credit Event wird in der CDS-Auktion eine Recovery (bzw. ein Final Price) nach einem fest vorgegebenen Prozess durch die ISDA festgestellt. Diese ist letztendlich die Größe, die die Kompensationshöhe für einen CDS vorgibt: Der CDS-Käufer erhält vom CDS-Verkäufer *(1 − Recovery) × Nominal.* Vereinfacht können die Zahlungsströme wie in Abbildung 1.1 dargestellt werden.

2.1.7 Recovery Rate

Der Begriff Recovery Rate wird im Zusammenhang mit CDS zwar häufig verwendet, allerdings nicht einheitlich. Dabei ist es im Umgang mit CDS wichtig, die verschiedenen Bedeutungen zu kennen und zu verstehen.

Zum einen bezeichnet die Recovery Rate (oft kurz: Recovery; deutsch: Verwertungsquote) den Restwert bzw. die Verwertungsquote eines Bonds im Falle eines Credit Events. Für die beiden CDS-Kontrahenten ist dies somit eine wichtige Größe, da diese die Kompensation durch den CDS im Falle eines Credit Events bestimmt, nämlich (1-Recovery Rate) × Nominal. Dies bedeutet, dass der CDS-Käufer im Falle eines Credit Events zu Par entschädigt wird. Sollte es zu einem Credit Event kommen, dann wird die final realisierte Recovery Rate (auch als Final Price bezeichnet) in der CDS-Auktion nach einem fest vorgegebenen Protokoll bestimmt und der CDS-Verkäufer muss dem CDS-Käufer die entsprechende Kompensation zukommen lassen.

Aber auch bereits bei Abschluss eines CDS wird eine Recovery Rate benötigt, die im Speziellen zur Berechnung des Upfront dient, falls der CDS in Spread quotiert wird. Diese darf nicht mit der realisierten Recovery Rate in einem Credit Event verwechselt werden, denn bei Abschluss eines Trades dient die verwendete Recovery Rate zunächst nur als Platzhalter für den Restwert, den die zugehörigen Anleihen im Falle eines Credit Events haben könnten. Abhängig vom Transaction Type (siehe Abschnitt 2.1.9) und der Seniorität gibt es im Rahmen des ISDA CDS Standard Model fest vorgegebene Recovery Rates, die hierfür herangezogen werden.[6] So sind beispielsweise für einen Standard North American Corporate (SNAC) CDS oder einen Standard European Corporate (STEC) CDS die Recovery Rates bei 40 % (Senior) und 20 % (Subordinated) festgelegt, wohingegen für CDS referenzierend auf Emerging Markets keine Unterscheidung zwischen Senior und Subordinated CDS vorgenommen wird (jeweils 25 %).

Dass der Final Price, also die letztendlich erzielte Recovery Rate in der CDS-Auktion, signifikant von der anfangs verwendeten Recovery Rate (die zur Umrechnung von Spread in Upfront benötigt wird) abweicht, kann durchaus vorkommen. Ein Beispiel dafür ist das Credit Event von Peabody Energy Corp 2016, wo für Senior CDS ein Final Price von 11 % erreicht wurde, wobei die Standard Recovery Rate 40 % war.[7]

2.1.8 ISDA Credit Derivatives Definitions

Ein weiterer Punkt, den beide Parteien bei Abschluss eines CDS vereinbaren müssen, ist das vertragliche (standardisierte) Rahmenwerk, das in Form der sogenannten ISDA Credit Derivatives Definitions zur Verfügung steht und in dem vor allem detaillierte Kontraktspezifikationen für sämtliche CDS-Formate geregelt sind. Seit dem 22. September 2014 stellen die 2014 ISDA Credit Derivatives Definitions[8] den neuen Standard für das CDS-Rahmenwerk dar (bis zu diesem Zeitpunkt gab es ausschließlich die 2003 ISDA Credit Derivatives Definitions inklusive Supplements; siehe dazu auch Kapitel 1). Zu diesem Zeitpunkt bestehende Corporate- und Sovereign-CDS-Kontrakte fielen bis auf wenige Ausnahmen ab diesem Zeitpunkt

6 http://www.cdsmodel.com/cdsmodel/fee-computations.html.
7 www.creditfixings.com.
8 Man bezeichnet die 2014 ISDA Credit Derivatives Definitions oft kurz als 2014er-Definitionen und spricht von 2014er-Kontrakten/-CDS, wenn CDS gemeint sind, die dieses Rahmenwerk als Grundlage haben.

automatisch unter das neue 2014er-Rahmenwerk. Financial CDS hingegen blieben weiterhin 2003er-Kontrakte, da hier die Änderungen im Rahmenwerk deutlich weitreichender waren, da sie insgesamt einen höheren Versicherungsschutz für den CDS-Käufer bieten. Dementsprechend werden für Financial CDS seit der Einführung der 2014er-Kontrakte Spreads für beide Rahmenwerke quotiert.

Ein großer Vorteil dieser Standardisierung (egal ob 2003 oder 2014 ISDA Credit Derivatives Definitions) ist, dass so aus einem speziellen OTC-Produkt ein Produkt wird, das liquide gehandelt werden kann, da im Grunde alle Markteilnehmer unter diesem Rahmenwerk agieren.

2.1.9 ISDA Transaction Type

Der Transaction Type dient als Standard, der gewisse Parameter, wie beispielsweise Business Days, mögliche Arten von Credit Events oder Besonderheiten die Reference Obligation betreffend, zusammenfasst und hängt sowohl von der Art (Sovereign, Financial oder Corporate CDS) als auch der geographischen Zuordnung der Referenzentität ab. Damit trägt der Transaction Type ebenfalls zu einer höheren Standardisierung bei und geht dabei gleichzeitig auf die regionalen Besonderheiten ein. In der sogenannten Physical Settlement Matrix[9] werden für jeden Transaction Type diese und viele andere Informationen als Übersicht festgehalten, u. a. auch, ob und welche Form des Restructuring Credit Events in einem CDS-Kontrakt möglich ist. Auf das Restructuring Credit Event und die Ausprägungen/Anwendungen kommen wir in Abschnitt 2.2.1 zurück.

Aktuell existieren die folgenden Transaction Types (jeweils mit einer beispielhaften Referenzentität, die den entsprechenden Transaction Type als Standard hat):

- Standard North American Corporate (SNAC): Macy's Inc
- Standard European Corporate (STEC): Volkswagen AG
- Standard European Financial Corporate (SEFC): Banco Santander SA
- Standard European Coco Financial Corporate (SECF): Credit Suisse Group AG
- Standard Subordinated European Insurance Corporate (SSEI): Allianz SE (Sub CDS)
- Standard Emerging European Corporate LPN (SEEL): Rosneft Oil Co PJSC
- Standard Emerging European Corporate (STEM): Gazprom PJSC
- Standard Latin America Corporate B (SLAB): keine Angabe
- Standard Latin America Corporate BL (SLBL): Cemex SAB de CV
- Standard Autralia Corporate (SAUC): Rio Tinto Ltd
- Standard Autralia Financial Corporate (SAUF): National Australia Bank Ltd
- Standard New Zealand Corporate (SNZC): Chorus Ltd
- Standard New Zealand Financial Corporate (SNZF): keine Angabe

9 https://dc.isda.org/about-dc-committees/cd-physical-settlement-matrix/.

- Standard Japan Corporate (SJAC): Mitsubishi Chemical Corp
- Standard Japan Financial Corporate (SJFC): keine Angabe
- Standard Singapore Corporate (STSC): Singapore Telecommunications Ltd
- Standard Singapore Financial Corporate (SSFC): DBS Bank Ltd
- Standard Asia Corporate (STAC): POSCO
- Standard Asia Financial Corporate (SAFC): Bank of China Ltd
- Standard Sukuk Corporate (SUKC): keine Angabe
- Standard Western European Sovereign (SWES): Kingdom of Spain
- Standard Latin America Sovereign (SLAS): Bolivarian Republic of Venezuela
- Standard Emerging European & Middle Eastern Sovereign (SEME): Ukraine
- Standard Australia Sovereign (SAUS): Commonwealth of Australia
- Standard New Zealand Sovereign (SNZS): New Zealand
- Standard Japan Sovereign (SJAS): Japan
- Standard Singapore Sovereign (STSS): Republic of Singapore
- Standard Asia Sovereign (STAS): Hong Kong Special Administrative Region
- Standard Sukuk Sovereign (SUKS): keine Angabe

In Tabelle 2.1 ist ein Ausschnitt aus der ISDA Physical Settlement Matrix dargestellt, wobei lediglich die gängigsten Transaction Types miteinbezogen und die in der Regel wichtigsten Attribute gezeigt werden. Bei der Beschreibung der Matrix beziehen wir uns nur auf die hier abgebildeten Kontraktarten.

In der zweiten Zeile wird angegeben, welches Credit Event bei welchem CDS Transaction Type überhaupt abgedeckt ist, d. h. welche Art von Ereignis ein Credit Event auslösen kann. Für eine genauere Beschreibung der einzelnen Credit Events verweisen wir auf Abschnitt 2.2.1. *Bankruptcy* ist für alle (auch die in der Matrix nicht genannten) Transaction Types ein Credit Event. Ähnliches gilt für das Credit Event *Failure to Pay*, allerdings sieht man in Tabelle 2.1 auch, dass die Emerging-Markets- und Latin-America-Kontrakte den Zusatz »Grace Period Extension: Applicable« haben. Für CDS-Kontrakte ohne diesen Zusatz gilt, dass der CDS-Käufer beim Kauf des Versicherungsschutzes Informationen über eine mögliche Grace Period[10] in Bezug auf die abzusichernden Anleihen in Erfahrung bringen muss, um den für ihn gewünschten Absicherungseffekt auch tatsächlich erzielen zu können. Angenommen, ein Investor hält eine Negative-Basis-Position (siehe Abschnitt 5.1) bestehend aus einem CDS (Transaction Type STEC) mit Laufzeit 20. Juni 2018 und einem Bond mit Fälligkeit am 18. Juni 2018, wobei sich sowohl Bond als auch CDS auf dieselbe Referenzentität beziehen. Beinhaltet der Bond beispielsweise eine Grace Period von 30 Tagen und der Emittent kommt seinen Zahlungsverpflichtungen nicht in vollem Umfang bis spätestens 20. Juni 2018 nach, dann verfällt der Versicherungsschutz für den CDS-Käufer nach diesem Tag. Kommt der Emittent auch bis zum Ende der Grace Period seinen Zahlungsverpflichtungen nicht nach, so tritt zwar ein Failure to Pay Credit Event (nach

10 Oftmals ist im Prospekt zu einer Anleihe eine sogenannte Grace Period vereinbart, die dem Emittenten einen Zahlungsaufschub für einen im Prospekt festgelegten Zeitraum zugesteht.

Transaction Type	SNAC	STEC SEFC SECF	SSEI	STEM	SLBL	SWES	SLAS	SEME
Credit Events:	Bankruptcy Failure to Pay Restructuring, if specified as applicable in the relevant Confirmation Mod R Applicable[3]	Bankruptcy Failure to Pay Restructuring Mod Mod R Applicable[3] If the Transaction Type is a Financial Transaction Type: Governmental Intervention[5]	Bankruptcy Failure to Pay Restructuring	Bankruptcy Failure to Pay Grace Period Extension: Applicable Obligation Acceleration Repudiati-on/Moratorium Restructuring Multiple Holder Obligation: a) Not Applicable with respect to Obligation Category »Bonds« b) Applicable with respect to Obligation Category »Loans«	Bankruptcy Failure to Pay Grace Period Extension: Applicable Obligation Acceleration Repudiation/Moratorium Restructuring	Failure to Pay Repudiation/Moratorium Restructuring	Failure to Pay Grace Period Extension: Applicable Obligation Acceleration Repudiation/Moratorium Restructuring Multiple Holder Obligation: Not Applicable	Failure to Pay Grace Period Extension: Applicable Obligation Acceleration Repudiati-on/Moratorium Restructuring Multiple Holder Obligation: Not Applicable
All Guarantees	Not Applicable	Applicable	Applicable	Applicable	Applicable	Applicable	Applicable	Applicable
Obligation Category:	Borrowed Money	Borrowed Money	Borrowed Money	Bond or Loan	Bond or Loan	Borrowed Money	Bond	Bond

Tab. 2.1: ISDA Physical Settlement Matrix

Transaction Type	SNAC	STEC SEFC SECF	SSEI	STEM	SLBL	SWES	SLAS	SEME
Obligation Characteristics:	None	None	None	Not Subordinated Not Domestic Law Not Domestic Currency Not Domestic Issuance	Not Subordinated Not Sovereign Lender Not Domestic Currency Not Domestic Law Not Domestic Issuance	None	Not Subordinated Not Domestic Currency Not Domestic Law Not Domestic Issuance	Not Subordinated Not Domestic Currency Not Domestic Law Not Domestic Issuance
Deliverable Obligation Category:	Bond or Loan	Bond or Loan	Bond or Loan	Bond or Loan	Bond or Loan	Bond or Loan	Bond	Bond
Deliverable Obligation Characteristics:	Not Subordinated Specified Currency Not Contingent Assignable Loan Consent Required Loan Transferable Maximum Maturity: 30 years Not Bearer	Not Subordinated Specified Currency Not Contingent Assignable Loan Consent Required Loan Transferable Maximum Maturity: 30 years Not Bearer	Not Subordinated Specified Currency Not Contingent Assignable Loan Consent Required Loan Transferable Maximum Maturity: 30 years Not Bearer	Not Subordinated Specified Currency Not Domestic Issuance Not Contingent Transferable Not Bearer Assignable Loan Consent Required Loan Not Domestic Law	Not Subordinated Specified Currency Not Sovereign Lender Not Domestic Law Not Contingent Not Domestic Issuance Assignable Loan Consent Required Loan Transferable Not Bearer	Specified Currency Not Contingent Assignable Loan Consent Required Loan Transferable Maximum Maturity: 30 years Not Bearer	Not Subordinated Specified Currency Not Domestic Law Not Contingent Not Domestic Issuance Transferable Not Bearer	Not Subordinated Specified Currency Not Domestic Law Not Contingent Not Domestic Issuance Transferable Not Bearer

Tab. 2.1: ISDA Physical Settlement Matrix (*fortgesetzt*)

dem 20. Juni 2018) ein, der Juni-18-CDS deckt diesen Fall jedoch nicht ab. Wäre für dieses Beispiel im Prospekt des Bonds allerdings keine Grace Period vermerkt, dann käme es zu einem Credit Event und der Versicherungsschutz des CDS würde zum Tragen kommen.

Ist hingegen der Zusatz »Grace Period extension: Applicable« vermerkt, dann bedeutet das, dass die CDS-Laufzeit lediglich den Coupon-Zahlungstag oder die Fälligkeit einer Anleihe und nicht die komplette Grace Period abdecken muss, um für ein potenzielles Failure to Pay Credit Event wirksam zu sein.

Mit Ausnahme von SNAC-Kontrakten ist *Restructuring* ein mögliches Credit Event. Für SNAC-Kontrakte wird daher an dieser Stelle das Kürzel »XR« verwendet, das für »No Restructuring« steht. Grund hierfür ist, dass SNAC-Kontrakte US-amerikanische Referenzentitäten haben und so gut wie alle Restrukturierungen in den USA unter Chapter 11 des US Bankruptcy Code ablaufen – was wiederum automatisch ein Bankruptcy Credit Event triggert und damit Restructuring als Credit Event quasi überflüssig macht. Dennoch gibt es theoretisch die Möglichkeit, Mod-R Restructuring (MR) als Credit Event im CDS-Kontrakt festhalten zu lassen, sofern das von beiden Parteien so gewünscht ist. Für Kontrakte auf europäische Referenzentitäten (STEC, SEFC und SECF) gilt die Modifikation Mod Mod R Restructuring (MMR), für die Kontrakt-Arten SSEI, SLBL und SWES gilt Full Restructuring (CR). Die einzelnen Ausprägungen des Restructuring Credit Events (XR, MR, MMR, CR) werden in Abschnitt 2.2.1 erläutert. Bei Restructuring Credit Events auf SLAS- und SEME-Kontrakten findet die Multiple Holder Obligation (siehe Abschnitt 2.2.1) keine Anwendung, bei STEM-Kontrakten hängt es davon ab, ob es sich um Bonds (nicht anwendbar) oder Loans (anwendbar) handelt.

Obligation Acceleration stellt im Fall von STEM, SLBL, SLAS und SEME ein mögliches Credit Event dar, was bisher allerdings noch nicht aufgetreten ist.

Repudiation/Moratorium stellt für alle Sovereign CDS (auch die hier nicht abgebildeten) und zusätzlich für STEM und SLBL ein mögliches Credit Event dar.

Mit Einführung der 2014er-Definitionen wurde *Governmental Intervention* als Credit Event in Bezug auf europäische Financial CDS aufgenommen.

Des Weiteren weist die Matrix zum einen die Obligation Category bzw. Obligation Characteristics und zum anderen die Deliverable Obligation Category bzw. Deliverable Obligation Characteristics aus. Dabei ist es für einen CDS-Investor wichtig, den Unterschied zwischen Obligation und Deliverable Obligation zu kennen. Grob umrissen sind die Obligations einer Referenzentität entscheidend dafür, ob ein Credit Event eingetreten ist oder nicht, während die Deliverable Obligations letztendlich für die Ermittlung der Recovery Rate ausschlaggebend sind, da es sich dabei um die Schuldverschreibungen handelt, die in die CDS-Auktion geliefert werden können.

Ein Credit Event kann nur in Bezug auf die Obligations eintreten. Daher sollte der CDS-Investor diese kennen, um einschätzen zu können, in welchen Situationen ein

CDS-Kontrakt auf eine bestimmte Referenzentität getriggert wird. Zu den Obligations gehören laut den ISDA-Definitionen alle Schuldverschreibungen einer Referenzentität (direkte oder auch in Form einer gewährten Garantie (Relevant Guarantee bzw. Qualifying Guarantee)) und die Reference Obligation selbst.[11] Die zugehörige Obligation Category liefert dazu mehr Details, ist abhängig vom Transaction Type und in der ISDA-Matrix abzulesen. Die ISDA unterscheidet sechs verschiedene Arten von Obligation Category (Borrowed Money, Bond or Loan, Bond, Loan, Reference Obligation, Payment).[12]

- Borrowed Money: Umfasst jegliche Schuldverschreibung (also auch Bonds und Loans) und damit jegliche Verpflichtung, geliehenes Geld an einem zukünftigen Zeitpunkt zurückzuzahlen. Dementsprechend zählen hierzu keine mit Aktien verbundenen Zahlungen.
- Bond: alle Schuldverschreibungen aus der Kategorie Borrowed Money in Form einer Anleihe oder Anleihe-ähnlichen Schuldverschreibung.
- Loan: alle Schuldverschreibungen aus der Kategorie Borrowed Money in Form eines Loans oder Loan-ähnlichen Schuldverschreibung.

Allerdings existieren durchaus auch Instrumente, für die die Einordnung in die Borrowed-Money-Kategorie nicht trivial ist. Dazu zählen beispielsweise ewige Anleihen (Perpetuals), die ähnlich wie gewöhnliche Anleihen einen Nominalbetrag haben und einen regelmäßigen Coupon zahlen, allerdings keine feste Laufzeit haben. Prinzipiell soll das Geld an den Gläubiger in der Zukunft zurückgezahlt werden, allerdings steht nicht fest, wann genau das sein wird. In solchen Fällen kommt es auf die exakte Formulierung solcher Instrumente an und muss bei gegebenem Anlass vom Determinations Committee (möglicherweise mit juristischer Unterstützung) untersucht und entschieden werden.

Eine der oben genannten Verpflichtungen (Obligation) kann sich dabei direkt auf die Referenzentität beziehen oder indirekt über eine Garantie (Qualifying Guarantee[13]), wobei dies mit Ausnahme von CDS-Kontrakten auf amerikanische Corporates (SNAC) für alle Transaction Types gilt (ISDA Matrix: All Guarantees Applicable). Eine *Qualifying Guarantee* liegt vor, wenn die Referenzentität schriftlich festhält, dass sie unwiderruflich für alle Zahlungen aus bestimmten Schuldverschreibungen einer anderen Entität aufkommt, wobei diese Schuldverschreibungen transferierbar und nicht ablösbar (d. h. die vorgesehenen Zahlungen dürfen weder reduziert, missachtet oder in irgendeiner anderen Form geändert werden) sein müssen. Existiert beispielsweise eine Qualifying Guarantee zwischen Entität A und der von ihr garantierten Entität B, dann können folgende Szenarien in Bezug auf Credit Events auftreten:

- Wird für Entität A ein Credit Event festgestellt, sind die Schuldverschreibungen von Entität B, die von Entität A garantiert werden, lieferbare Obligationen (vorausgesetzt, sie widersprechen keinem der anderen Lieferbarkeitskriterien).

11 ISDA (2014), Section 3.1.
12 ISDA (2014), Section 3.13.
13 ISDA (2014), Section 3.21.

- Wird für Entität B ein Credit Event festgestellt und Entität A kommt seinen Verpflichtungen, die aus der Garantie bestehen, nicht nach, führt dies auch zu einem Credit Event für Entität A und die von Entität A garantierten Schuldverschreibungen von Entität B sind lieferbare Obligationen (vorausgesetzt, sie widersprechen keinem der anderen Lieferbarkeitskriterien).

Die Frage, ob eine bestehende Garantie zwischen zwei Entitäten auch eine Qualifying Guarantee im Sinne der ISDA-Definitionen ist, ist in vielen Fällen nicht einfach festzulegen. Dennoch ist diese Information bzw. eine Einschätzung darüber für einen CDS-Investor von großer Bedeutung. Eine Schwierigkeit hierbei könnte die Tatsache darstellen, dass nicht notwendigerweise alle benötigten Dokumente öffentlich zugänglich sind und es so unter Umständen nicht möglich ist, alle Obligations als solche zu bestimmen.

In der ISDA-Matrix werden zusätzlich zu Obligation Category ergänzend die Eigenschaften derselben in Form von *Obligation Characteristics*[14] festgehalten, die eine Obligation neben den Bedingungen der Obligation Category erfüllen muss, um als eben solche eingestuft werden zu können. Es existieren insgesamt sieben verschiedene Ausprägungen:

- Not Subordinated: Die Schuldverschreibung darf nicht subordiniert zur Reference Obligation sein. Diese Eigenschaft gilt nur für einige Transaction Types im Hinblick auf die Obligation, aber durchgehend für alle Transaction Types im Hinblick auf die Reference Obligation. Wird nun beispielsweise ein Failure to Pay Credit Event durch eine Schuldverschreibung eines amerikanischen Unternehmens (SNAC) mit nachrangiger Seniorität (Subordinated) ausgelöst, dann triggern sowohl Subordinated- als auch Senior-CDS-Kontrakte. Im Gegensatz dazu weisen in diesem Beispiel die Deliverable Obligation Characteristics »Not Subordinated« aus, was bedeutet, dass keine Anleihen nachrangiger Seniorität in die CDS-Auktion von Senior-Kontrakten geliefert werden können (anders herum ist dies aber möglich). Damit soll verhindert werden, dass die Recovery Rate für Senior CDS durch Einbeziehung von Subordinated-Anleihen, die aufgrund ihrer Nachrangigkeit für gewöhnlich eine deutlich niedrigere Verwertungsquote haben, künstlich nach unten getrieben wird. Da dies erhebliche Auswirkungen auf die Recovery Rate haben würde, wird diese Eigenschaft im Hinblick auf Deliverable Obligations durchweg für alle CDS-Kontrakte gefordert.

  Für europäische Financial CDS gibt es seit der Einführung der 2014er-Definitionen an dieser Stelle allerdings eine kleine Besonderheit in Bezug auf den CDS-Trigger zu beachten, die aus der ISDA-Matrix nicht hervorgeht, sondern über Section 3.6 (b) und (c) der ISDA-Definitionen gelöst wurde. Wird ein Governmental Intervention oder Restructuring Credit Event auf Subordinated Debt festgestellt, dann triggert lediglich der Subordinated CDS.[15] Um den Senior CDS zu triggern,

14 ISDA (2014), Section 3.13.
15 Anmerkung: Der Subordinated CDS kann nicht durch noch nachrangigere Schuldverschreibungen als Subordinated Debt getriggert werden.

muss ein Governmental Intervention oder Restructuring Credit Event auf Senior Debt vorliegen.
- Specified Currency: Die Schuldverschreibung muss in einer der amtlichen Währungen Kanadas, Japans, der Schweiz, Frankreichs, Deutschlands, Großbritanniens, der USA oder in Euro (bzw. einer legitimen Nachfolgewährung) zahlbar sein.
- Not Sovereign Lender: Damit ist jede Schuldverschreibung gemeint, die weder gegenüber einem Staat noch einer übergeordneten Organisation wie IWF, EZB oder IBRD eine Verbindlichkeit darstellt.
- Not Domestic Currency: Damit ist jede Schuldverschreibung gemeint, die nicht in der amtlichen Währung des jeweiligen Landes zahlbar ist, vorausgesetzt, diese amtliche Währung ist nicht gleichzeitig eine der Standardwährungen (Standard Specified Currency).
- Not Domestic Law: Damit ist jede Schuldverschreibung gemeint, die nicht unter die amtliche lokale Rechtsprechung fällt, es sei denn, es handelt sich dabei um die Gesetze von England oder die des Staates New York.
- Listed: Damit ist jede Schuldverschreibung gemeint, die an einer Börse quotiert, gelistet oder ge- bzw. verkauft wird.
- Not Domestic Issuance: Damit ist jede Schuldverschreibung gemeint, die explizit für den Verkauf außerhalb des Heimatmarktes des Emittenten ausgegeben wurde.

Ähnlich wie bei den Obligations gibt es auch für die Deliverable Obligations gewisse zusätzliche Eigenschaften (*Deliverable Obligations Characteristics*[16]), die zur Qualifikation als Deliverable Obligation erfüllt sein müssen und die ebenfalls in der ISDA-Matrix ablesbar sind. Diese Eigenschaften können neben denen von Obligations (siehe oben) folgende sein:

- Assignable Loan: Ein Loan, der ohne Zustimmung der Referenzentität oder eines entsprechenden Garantiegebers transferiert werden kann.
- Consent Required Loan: Ein Loan, der mit Zustimmung der Referenzentität oder eines entsprechenden Garantiegebers transferiert werden kann.
- Transferable: Die Schuldverschreibung muss an institutionelle Investoren ohne Einschränkungen vertraglicher, gesetzlicher und regulatorischer Art transferierbar sein.
- Maximum Maturity: Die Schuldverschreibung darf höchstens die angegebene Restlaufzeit haben.
- Not Bearer: Bei der Schuldverschreibung darf es sich nicht um Inhaberpapiere handeln, es sei denn, die darauf anfallenden Zinserträge werden über Euroclear, Clearstream International oder ein anderes international anerkanntes Clearing-System abgerechnet.

Da die Anforderungen an Deliverable Obligations – wie auch aus der ISDA-Matrix hervorgeht – höher als an Obligations sind, sind durchaus Situationen denkbar, in

16 ISDA (2014), Section 3.14.

denen ein Credit Event auf eine Schuldverschreibung festgestellt wird (es handelt sich also um eine Obligation), diese aber dann nicht in die CDS-Auktion lieferbar ist, d. h. nicht als Deliverable Obligation eingeordnet werden kann. So kann z. B. ein Failure to Pay Credit Event auf eine Anleihe, die in SEK (Schwedische Krone) begeben wurde, festgestellt werden. Dies triggert den CDS, die Anleihe selbst wird aber aufgrund der Währung nicht in die Auktion lieferbar sein (SEK ist keine Deliverable Currency).

Denkbar wäre aber auch ein Fall, in dem es nach einem Credit Event zum Zeitpunkt der Lieferung keine Deliverable Obligations mehr gibt. Das wäre möglich, wenn ein Unternehmen im Zuge einer Restrukturierung seine kompletten Schuldverschreibungen in Aktien tauscht. Dies würde zwar ein Restructuring Credit Event auslösen, allerdings kann es je nach Zeitplan passieren, dass der Umtausch der Schuldverschreibungen in Aktien vor der CDS-Auktion bzw. der Lieferung im Zuge der CDS-Auktion stattfindet. Dann würden nämlich keine Deliverable Obligations (da Aktien) zum Zeitpunkt der Lieferung vorliegen – und dies ist das ausschlaggebende Datum für Deliverable Obligations. Um solch eine Situation zu verhindern, versucht das zuständige Determinations Committee den Auktionsprozess so zu beschleunigen, dass die CDS-Auktion inklusive Settlement vor einem kritischen Datum abgeschlossen ist.

Sonstige Anmerkungen

Grundsätzlich gibt es in Bezug auf die Seniorität keine Einschränkungen darüber, ob eine Schuldverschreibung ein Credit Event auslösen kann – ob diese dann als Deliverable Obligation eingeordnet werden kann, spielt dabei keine Rolle. Das bedeutet, dass beispielsweise ein CoCo (Contingent Convertible Bond) ein Credit Event auslösen könnte[17], dieser aber allein aufgrund seiner Nachrangigkeit keine Deliverable Obligation für Senior oder Subordinated CDS sein kann.

Weiter oben wurde bereits erwähnt, dass Subordinated Bonds nicht in Auktionen für Senior CDS geliefert werden können. Andersrum ist dies allerdings möglich, auch wenn dies ökonomisch in der Regel keinen Sinn macht, da die Verwertungsquote in der Subordinated-CDS-Auktion geringer ausfällt als in der Senior-CDS-Auktion.

2.1.10 Handelbarkeit

Zu Beginn des Kapitels wurde bereits erwähnt, dass ein CDS beispielsweise zwischen einer Investmentbank und einem Asset Manager abgeschlossen werden kann. Daneben wurde bisher auch immer wieder die Liquidität des Instruments unterstrichen. Dazu gehört natürlich auch, dass eine Partei zu jedem beliebigen Zeitpunkt (sofern kein Credit Event vorliegt) den Kontrakt beenden oder zumindest verlassen kann.

17 Dies gilt höchstens für Tier2 CoCos.

Möchte also eine der beiden Parteien vor Erreichen der Fälligkeit den CDS-Kontrakt beenden, dann gibt es zwei Möglichkeiten: Unwind (auch Closing genannt) oder Novation.

Bei einem *Unwind* einigen sich die beiden CDS-Kontrahenten auf einen Marktpreis und der Kontrakt wird beendet. Können (oder wollen) sich die beiden Parteien allerdings nicht auf einen Preis einigen, dann könnte beispielsweise die Partei, die den CDS-Kontrakt ursprünglich beenden wollte, auch einfach die Gegenposition mit einem anderen Kontrahenten einnehmen (man spricht dann von einer Offsetting Position). Ökonomisch betrachtet heben sich beide Positionen dann auf, allerdings kann eine gleichzeitige Short- und Long-Position desselben CDS beispielsweise im Falle eines Restructuring Credit Events zu unerwünschten Ergebnissen in Form unterschiedlicher Recovery Rates führen (Recovery Risiko). Dies wird in Abschnitt 2.2.4.3 nochmals genauer erläutert. Ein weiterer Nachteil von solchen Offsetting Positions ist, dass auch weiterhin Collateral-Management mit beiden Parteien, mit denen der Short und Long CDS besteht, betrieben werden muss, womit gleichzeitig eine tagesaktuelle Bewertung des CDS einhergeht. Außerdem könnten Offsetting Positions unerwünschte Effekte in Bezug auf Leverage-Restriktionen haben. Bei UCITS Fonds gehen z. B. CDS mit ihrem absoluten Nominalbetrag in die Berechnung des Leverage ein, es findet also kein Netting von Offsetting Positions statt. Dies würde bedeuten, dass eine Offsetting Position von zwei CDS mit zehn Millionen Euro Nominal (Long CDS) und minus zehn Millionen Euro Nominal (Short CDS) mit zwanzig Millionen Euro in die Leverage-Berechnung eingeht.

Das zeigt, dass das alleinige Öffnen der Gegenposition nicht die optimale Lösung darstellt. Eine Möglichkeit, dies zu umgehen, ist eine *Novation*. Eine Novation bedeutet letztendlich nichts anderes, als dass eine Partei des CDS eine dritte Partei findet, die für diese den Platz im CDS-Kontrakt einnimmt. Dies lässt sich am einfachsten am folgenden Beispiel erläutern.

Zunächst besteht ein CDS-Kontrakt zwischen XAIA und Barclays, wobei XAIA die Long-Position einnimmt, Barclays ist den CDS short. XAIA entscheidet sich, die Position abzubauen, und findet Goldman Sachs als neuen Kontrahenten, der die Long-Position in diesem CDS-Kontrakt mit Barclays einnehmen würde (siehe Punkt 1 in Abbildung 2.2). Technisch gesehen wird dann kurzzeitig ein neuer CDS-Kontrakt mit denselben Spezifikationen zwischen XAIA und Goldman aufgebaut, wobei diesmal XAIA die Short-Position einnimmt (siehe Punkt 2 in Abbildung 2.2). Würde diese Situation so bestehen bleiben, würden die oben angesprochenen Nachteile einer Offsetting Position vorliegen. Bei einer Novation werden nun allerdings diese Trades »kollabiert« und sich nettende Short- und Long-Positionen fallen dabei weg. Das Ergebnis ist in Punkt 3 in Abbildung 2.2 dargestellt: XAIA ist nicht mehr Teil dieses CDS-Kontrakts, Barclays hat weiterhin die Short-Position inne, Goldman Sachs hat die Long-Position von XAIA übernommen. Hier ist allerdings hinzuzufügen, dass Barclays als sogenannte Remaining Party die Novation im letzten Schritt auch ablehnen kann. Ein möglicher Grund, warum die Remaining Party eine Novation ablehnen könnte, könnten beispielsweise unterschiedliche Collateral-Vereinbarungen mit der alten und der neuen Gegenpartei sein. Dabei kann nämlich aufgrund der aktuellen Zinssituation eine Währung, in der Collateral ausgetauscht wird (in der Regel Euro oder US-Dollar), mehr oder weniger attraktiv für die Remaining Party sein.

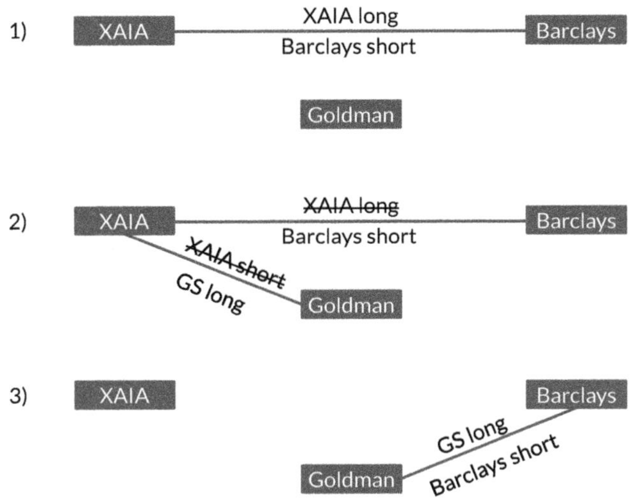

Abb. 2.2: CDS Novation

Insgesamt tragen also die Möglichkeiten des Unwinds und der Novation zur liquiden Handelbarkeit von CDS bei.

2.2 Credit und Succession Events

In diesem Abschnitt werden wir Ihnen die verschiedenen Arten von Credit und Succession Events im Detail vorstellen. In diesem Zusammenhang werden auch die Aufgaben des Determinations Committee genauer beleuchtet.

2.2.1 Arten von Credit Events

Um ein bestimmtes Ereignis, das die Referenzentität betrifft, als Credit Event (Kreditereignis) bezeichnen zu können, muss es in eine der von der ISDA vorgegebenen Kategorien passen. Die Kategorien wurden entsprechend der Marktentwicklungen seit Beginn des CDS-Handels sukzessive angepasst und erweitert, der Grundgedanke ist aber immer derselbe: Wird ein Credit Event aufgrund einer für den Kreditgeber schädlichen Entwicklung festgestellt, so werden die darauf referenzierenden CDS-Kontrakte abgewickelt, der Versicherungs-Käufer erhält die Entschädigung und die CDS-Kontrakte werden dabei vorzeitig beendet. Wie so ein Ereignis aussehen muss, um sich als Credit Event zu qualifizieren, werden wir in diesem Abschnitt erläutern.

An dieser Stelle möchten wir darauf hinweisen, dass die genaue Einordnung und Feststellung verschiedener Szenarien als Kreditereignis oftmals sehr komplex ist, und verweisen für den gesetzlichen Rahmen auf die 2014 ISDA Credit Derivatives Definitions.

In den 2003er-Definitionen sind insgesamt sechs verschiedene Arten von Credit Events beschrieben: Bankruptcy, Failure to Pay, Restructuring (nicht für US Corporate CDS), Obligation Acceleration, Obligation Default und Repudiation/Moratorium, wobei die drei letzteren nur sehr selten auftreten. Seit den 2014er-Definitionen ist zusätzlich auch Governmental Intervention als Credit Event definiert. Die Credit Events werden im Folgenden genauer beschrieben.

Es wird zwischen »Hard Credit Events« und »Soft Credit Events« unterschieden, wobei in die zweite Kategorie lediglich das Restructuring fällt, die übrigen sind Hard Credit Events. Sobald ein *Hard Credit Event* festgestellt wurde, werden automatisch alle ausstehenden CDS, die auf die betreffende Referenzentität referenzieren, getriggert, und es kommt nach der Auktion zur Ausgleichszahlung vom CDS-Verkäufer an den Käufer. Beim Restructuring als *Soft Credit Event* gibt es solch einen automatischen Mechanismus nicht. Hier muss, nachdem ein Restructuring als Credit Event festgestellt wurde, mindestens eine der beiden Parteien den CDS triggern. Wird keine der beiden Parteien aktiv, so bleibt der CDS bis zur Endfälligkeit oder bis zum nächsten Credit Event bestehen. Für die CDS-Auktion ergeben sich signifikante Unterschiede, falls nur der CDS-Käufer oder nur der CDS-Verkäufer triggert, worauf wir in Abschnitt 2.2.4.3 genauer eingehen werden.

Obligation Acceleration (ISDA (2014), Section 4.3.)

Dieses Credit Event tritt auf, wenn mindestens eine Schuldverschreibung (mindestens in Höhe des Default Requirement[18]) aufgrund der Nichterfüllung einer Leistung oder eines ähnlichen Ereignisses vorzeitig fällig wird, wobei der Grund dafür kein Failure to Pay Credit Event darstellen darf (denn sonst würde eben dieses vorliegen).

Ein Beispiel hierfür wäre der Vermerk im Prospekt einer Anleihe, dass diese mit Erreichen eines bestimmten Ratings sofort fällig gestellt wird. Die Veränderung eines Ratings ist in der Regel kein Trigger für ein Credit Event – im Zusammenhang mit einer solchen Prospektklausel und der daraus resultierenden vorzeitigen Fälligstellung (sofern sie über dem Default Requirement liegt) allerdings schon.

Obligation Default (ISDA (2014), Section 4.4.)

Das Credit Event Obligation Default unterscheidet sich in der Definition von Obligation Acceleration lediglich darin, dass mindestens eine Schuldverschreibung aufgrund der Nichterfüllung einer Leistung oder eines ähnlichen Ereignisses vorzeitig

18 Das Default Requirement liegt bei zehn Millionen US-Dollar (bzw. dem Äquivalent in der Währung der betreffenden Schuldverschreibung), sofern diesbezüglich nichts anderes in der CDS Confirmation festgehalten wurde; siehe ISDA (2014), Section 4.9.(a).

fällig gestellt werden kann (also dieser Mechanismus nicht automatisch ausgelöst wird). Aus der aktuellen ISDA-Matrix geht hervor, dass dieses Credit Event derzeit keine Anwendung in den Standard Transaction Types findet.

Repudiation/Moratorium (ISDA (2014), Section 4.6.)

Diese Art von Credit Event bezieht sich speziell auf Sovereign CDS und zusätzlich auch Emerging Markets CDS (siehe auch ISDA-Matrix). Für das Vorliegen von Repudiation/Moratorium müssen die beiden folgenden Ereignisse eintreten:

1. Ein offizieller Vertreter der Referenzentität bzw. eine Regierungsbehörde bestreitet, leugnet oder erkennt die Gültigkeit einer Schuldverschreibung (komplett oder nur in Teilen, jedenfalls in mindestens der Höhe des Default Requirement) in irgendeiner Form nicht an oder ordnet einen Zahlungsaufschub oder Zahlungsstopp in Bezug auf eine Schuldverschreibung (in mindestens der Höhe des Default Requirement) an.

2. Ein Failure to Pay Credit Event (ungeachtet des Payment Requirement[19]) oder ein Restructuring Credit Event (ungeachtet des Default Requirement) wird am oder vor dem Repudiation/Moratorium Evaluation Date festgestellt.

Die erste Bedingung wird als Potential Repudiation/Moratorium bezeichnet. Liegt dieses vor dem Laufzeitende eines CDS und tritt die zweite Bedingung erst danach ein, so gilt der Versicherungsschutz trotzdem. Insbesondere bedeutet dies, dass beispielsweise die offizielle Ankündigung eines Staates, eine zukünftige Coupon-Zahlung nicht zu leisten, ausreicht, um als CDS-Käufer auch dann Versicherungsschutz zu haben, wenn das dazugehörige Ereignis (Failure to Pay Credit Event) erst nach der Endfälligkeit des CDS eintritt.

Ein Beispiel für diese Art von Credit Event ist im Oktober 2015 zu finden, als die Ukraine sich nach Gesprächen mit Gläubigern auf eine Restrukturierung der ausstehenden Anleihen geeinigt hat.

Bankruptcy Credit Event (ISDA (2014), Section 4.2.)

Ein Bankruptcy Credit Event liegt sowohl dann vor, wenn die Referenzentität tatsächlich Insolvenz anmeldet, als auch bei der Einleitung entsprechender regulatorischer, juristischer oder administrativer Schritte, die auf eine Insolvenz hinführen.

Failure to Pay Credit Event (ISDA (2014), Section 4.5.)

Diese Art von Credit Event liegt vor, wenn die Referenzentität nicht in der Lage ist, eine Zahlung in Höhe von mindestens dem Payment Requirement in Bezug auf eine oder

19 Das Payment Requirement liegt bei einer Million US-Dollar (bzw. dem Äquivalent in der Währung der betreffenden Schuldverschreibung), sofern diesbezüglich nichts anderes in der CDS Confirmation festgehalten wurde; siehe ISDA (2014), Section 4.9. (d).

mehrere Referenzobligationen zu leisten. Solche Zahlungen schließen beispielsweise Coupon-Zahlungen oder die Rückzahlung des Nominals bei Fälligkeit ein, wobei eine eventuelle Grace Period berücksichtigt wird.

Restructuring Credit Event (ISDA (2014), Section 4.7.)

Um als Restructuring Credit Event eingestuft zu werden, muss – in Bezug auf mindestens eine Schuldverschreibung und in einer Höhe größer oder gleich dem Default Requirement – eines der folgenden Ereignisse eintreten und dabei bindend für alle Kreditgeber sein:

- Reduktion der vertraglich vereinbarten Coupon-Rate oder des zu zahlenden Coupon-Betrags.
- Reduktion des Nominalbetrags oder der Prämie, die zum Laufzeitende der Schuldverschreibung fällig sind.
- Verzögerung oder sonstige Verschiebung von Zahlungszeitpunkten für Coupons, Nominal (bei Endfälligkeit) oder Prämien.
- Änderung des Prioritäten-Rankings in Bezug auf Zahlungen, die sich auf eine Schuldverschreibung beziehen, so dass diese Schuldverschreibung nachrangig zu jeder anderen Schuldverschreibung wird.
- Änderung der Währung, die sich auf eine Coupon-Zahlung oder die Rückzahlung des Nominals bezieht, in eine Währung, die weder CAD, JPY, CHF, GBP, USD, EUR oder einer der Nachfolgewährungen entspricht.

Außerdem darf das einzustufende Ereignis nicht ausdrücklich als erlaubte Handlung im Prospekt der Schuldverschreibung vorgesehen sein.[20]

Ein entscheidender Punkt für die Einordnung als Restructuring ist, dass – wie oben erwähnt – eines der oben genannten Kriterien bindend für alle Kreditgeber ist. Dies kann beispielsweise daraus resultieren, dass die Referenzentität (oder eine Regierungsautorität) sich mit einer ausreichend großen Mehrheit der Halter einigt und diese dann automatisch für alle Halter gilt.

Voraussetzung darfür, dass die oben genannten Kriterien ein Restructuring Credit Event auslösen können, ist die Multiple Holder Obligation (ISDA (2014), Section 4.10.). Diese besagt zum einen, dass die betreffende Schuldverschreibung zum Zeitpunkt des potenziellen Restructuring in Besitz von mindestens drei verschiedenen Haltern gewesen sein muss. Zum anderen müssen mindestens zwei Drittel der Halter dieser Schuldverschreibung dem potenziellen Restructuring zugestimmt haben. Handelt es sich bei der Schuldverschreibung um eine Anleihe, muss lediglich die erste Bedingung erfüllt sein.

20 An dieser Stelle geht die ISDA sehr detailliert auf die sogenannte Look-Back-Provision ein, also ein gewisser Zeitraum, in dem ein CDS rückwirkend getriggert werden kann. Für die genaue Definition verweisen wir auf ISDA (2014), Section 1.39. und Section 4.7.

Bei Erstellung der 2003er-Definitionen wurde der Austritt eines Landes aus der Eurozone verbunden mit einem Währungswechsel und einer damit verbundenen Redenominierung nicht in Betracht gezogen, da die Wahrscheinlichkeit kurz nach der Einführung der Gemeinschaftswährung als äußerst gering angesehen wurde. Spätestens mit der europäischen Schuldenkrise 2011/2012 hat die objektive Wahrscheinlichkeit für ein solches Ereignis jedoch deutlich zugenommen (auch wenn sie noch nicht als groß zu bezeichnen ist) und damit gleichzeitig den Bedarf nach Regelungen, u. a. für den CDS-Markt, deutlich gemacht. Bei der Erstellung der 2014er-Definitionen (im Gegensatz zu denen aus 2003) wurde diese Thematik aufgegriffen und genau geregelt, wie sich eine Redenominierung des Euro in eine Nachfolgewährung auf die CDS-Kontrakte auswirkt. So stellt eine solche Redenominierung, sofern sie das Ergebnis einer nationalen Entscheidung ist, prinzipiell ein Restructuring dar. Eine Redenominierung löst jedoch kein Restructuring aus, wenn es zum Zeitpunkt des Umtauschs einen frei verfügbaren Wechselkurs zwischen dem Euro und der »neuen« Währung gibt und es keine weiteren Abschreibungen von Nominal, Coupons oder sonstigen Prämien gab. Der Gedanke hierbei ist, dass der CDS schließlich kein Hedge zur Absicherung von Währungsrisiken ist. Dementsprechend ist nach einer Redenominierung beispielsweise eine Anleihe, die vormals in Euro zu bedienen war, in den bestehenden CDS einlieferbar (sofern die übrigen Kriterien für eine Deliverable Obligation erfüllt sind). Eine Anleihe, die nach der Redenominierung in der Nachfolgewährung emittiert wurde, könnte nicht in den bestehenden CDS geliefert werden.

Mit der Einführung der 2014er-Definitionen wurde außerdem festgehalten, dass bei einem (verpflichtenden) Umtausch einer Anleihe in eine neu begebene Anleihe die oben genannten Bedingungen für ein Restructuring Credit Event in der Form angewendet werden, dass die Anleihebedingungen kurz vor dem Umtausch mit den Anleihebedingungen kurz nach dem Umtausch miteinander verglichen werden.

Eine Besonderheit bei Restructuring Credit Events ist, dass es mehrere CDS-Auktionen für verschiedene sogenannte Maturity Buckets gleichzeitig gibt bzw. geben kann. Dabei werden sowohl CDS als auch Deliverable Obligations je nach Restlaufzeit einem bestimmten Maturity Bucket zugeordnet, was in Abschnitt 2.2.4.3 nochmals anhand eines praktischen Beispiels erklärt wird. Für diese Einordnung gibt es unterschiedliche Vorschriften und Regeln, die je nach Transaction Type angewendet werden. Damit soll ein Ausnutzen der »Cheapest to Deliver«-Option (siehe Abschnitt 2.3.4) möglichst gering gehalten werden. CDS-Kontrakte können mit den vier folgenden Restructuring-Konventionen handeln, die zum einen angeben, ob Restructuring ein Credit Event darstellt und wenn ja, wie die Auktion bzw. die Auktionen abgehalten werden (inklusive Beschränkungen bei Deliverable Obligations hinsichtlich ihrer Laufzeit):

- XR14: »No Restructuring«
  Restructuring stellt kein Credit Event dar. XR14 ist der Standard für CDS auf amerikanische Corporate CDS.

- CR14: »Old/Full Restructuring«
  Restructuring stellt ein Credit Event dar, das Settelment wird wie bei Failure to Pay und Bankruptcy gehandhabt.
- MR14: »Modified Restructuring«(Mod R); siehe ISDA (2014), Section 3.31.
  Restructuring stellt ein Credit Event dar. Für das Settlement ist zum einen zu beachten, dass es sich bei der Deliverable Obligation um eine Fully Transferable Obligation[21] handeln muss. Zum anderen gilt für CDS, die durch den Käufer getriggert wurden, das Restructuring Maturity Limitation Date.[22] Für CDS-Kontrakte, die durch den Verkäufer getriggert werden, gilt das Restructuring Maturity Limitation Date nicht.
- MM14: »Modified Modified Restructuring« (Mod Mod R); siehe ISDA (2014), Section 3.32.
  Restructuring stellt ein Credit Event dar. Für das Settlement ist zum einen zu beachten, dass es sich bei der Deliverable Obligation um eine Conditionally Transferable Obligation[23] handeln muss. Zum anderen gilt für CDS, die durch den Käufer getriggert wurden, das Modified Restructuring Maturity Limitation Date.[24] Für CDS-Kontrakte, die durch den Verkäufer getriggert werden, gilt das Restructuring Limitation Date nicht. Des Weiteren wird für Bonds und Loans, die zu einem früheren Zeitpunkt schon einmal restrukturiert wurden und deren neue Restlaufzeit zum Zeitpunkt des (neuen) Restructuring Credit Event geringer als zehn Jahre ist, deren ursprüngliches Fälligkeitsdatum als Referenz zur Einordnung in ein Maturity Bucket herangezogen. MM14 ist der Standard für europäische Corporate CDS.

Governmental Intervention

Die Tatsache, dass Staatseingriffe im Zuge der Bankenrestrukturierungsgesetze (BRRD, Bank Recovery and Resolution Directive) auf europäischer Ebene dazu führen können, dass diese bzw. deren Auswirkungen nicht unbedingt in die Kategorie Restructuring fallen,[25] zeigt die Notwendigkeit eines dafür geeigneten Credit Events.

21 Unter einer Fully Transferable Obligation versteht man eine Deliverable Obligation, die handelbar ist (im Falle einer Anleihe) bzw. ohne Zustimmung eines Dritten noviert (im Falle eines Loans) werden kann; siehe ISDA (2014), Section 3.31.(b).

22 Das Laufzeitende der Deliverable Obligation, die der CDS-Käufer in die Auktion liefern möchte, darf das Restructuring Maturity Limitation Date nicht überschreiten; siehe ISDA (2014), Section 3.31.(c).

23 Unter einer Conditionally Transferable Obligation versteht man eine Deliverable Obligation, die handelbar ist (im Falle einer Anleihe) bzw. ohne Zustimmung eines Dritten noviert (im Falle eines Loans) werden kann bzw. falls die Zustimmung eines Dritten notwendig ist, dann ist die Voraussetzung, dass diese ohne große Umstände und ohne Verzögerung eingeholt werden kann; siehe ISDA (2014), Section 3.32.(b).

24 Das Laufzeitende der Deliverable Obligation, die der CDS-Käufer in die Auktion liefern möchte, darf das Restructuring Maturity Limitation Date nicht überschreiten; siehe ISDA (2014), Section 3.32.(d).

25 Wenn das Ereignis keiner von der ISDA vorgegebenen Kategorien zugeordnet werden kann, kann auch kein Credit Event festgestellt werden. Dies bedeutet, dass der CDS nicht getriggert wird und möglicherweise der Versicherungscharakter des CDS dadurch deutlich gemindert wird. Bei Staatseingriffen kommt am ehesten Restructuring in Frage, es sind aber durchaus Fälle denkbar, bei denen Restructuring als Credit Event nicht greift. Hier ist anzumerken, dass die ISDA bisher in den meisten Fällen die Definition von Restructuring recht weit ausgelegt hat.

Für alle Eingriffe des Staates, die die Gläubiger in negativer Weise beeinflussen, wurde in den 2014er-Definitionen zusätzlich das Credit Event Governmental Intervention für Financial CDS eingeführt, das genau solche Situationen regeln soll. Governmental Intervention wird also getriggert, wenn Anleiheinvestoren aufgrund von Staatseingriffen (z. B. durch einen Bail-In) Verluste hinnehmen müssen, was beispielsweise durch den Aufschub oder die Reduktion von Zinszahlungen oder einen geringeren Rückzahlungsbetrag des Nominals geschehen kann. Dies gilt selbst für Anleihen, die eine »Bail-In-Provision« in ihrem Prospekt verankert haben, ein Bail-In nach den 2003er-Definitionen auf sie somit kein Restructuring Credit Event auslösen könnte und die Lieferbarkeit in den CDS nicht möglich wäre. Unter den 2014er-Definitionen können Anleihen mit einer »Bail-In-Provision« nicht nur ein Governmental Intervention Credit Event auslösen, sondern sie sind auch in die Auktion lieferbar.

Eine andere Möglichkeit, dass Governmental Intervention als Credit Event auftreten kann, wäre ein verpflichtender Umtausch von Anleihen in Aktien oder andere Finanzinstrumente. Jede Anleihe, die von Governmental Intervention betroffen ist, fällt automatisch unter die Regelung des »Asset Package Delivery«, worauf wir in Abschnitt 2.2.2 nochmal zurückkommen.

In diesem Zusammenhang möchten wir auf *Contingent Convertibles* (CoCos) eingehen, die in der Regel von Banken ausgegeben werden und daher für Financial CDS von Bedeutung sein können. CoCos sind (Wandel-)Anleihen mit in der Regel sehr niedriger Seniorität, in deren Anlagebedingungen nicht nur festgehalten ist, in wie viele Aktien die Anleihe gewandelt wird, sondern auch bereits der oder die Wandlungsauslöser spezifiziert werden. Solche Wandlungsauslöser können sich u. a. an bestimmten Größen der Rechnungslegung, wie z. B. der Eigenkapitalquote, orientieren. Durch diese Eigenschaft eignen sich CoCos aus Sicht des Emittenten besonders dazu, die Eigenkapitalausstattung im Falle einer Schieflage der betreffenden Bank zu verbessern und ggf. sogar dazu, gewisse regulatorische Anforderungen weiterhin bzw. wieder erfüllen zu können. Tier 1 CoCos sind als Eigenkapital eingestuft und daher ohnehin zu nachrangig, um ein Credit Event auslösen zu können oder als Deliverable Obligation zu dienen. Eine genauere Betrachtung erfordern Tier 2 CoCos, die in Bezug auf Seniorität direkt über Tier-1-Kapital einzuordnen sind. Diese können prinzipiell ein Credit Event auslösen, sofern es sich dabei nicht um einen der bereits im Prospekt festgelegten automatischen Wandlungsauslöser handelt. Eine Lieferung des Tier 2 CoCos in den CDS ist dennoch nicht möglich, es sei denn, der CDS hat ein entsprechendes »CoCo Supplement« integriert, das dies ausdrücklich gestattet. Das CoCo Supplement ist für Subordinated CDS auf Schweizer Banken Standard, andere Subordinated Financial CDS haben diesen Zusatz aktuell nicht bzw. würden, wenn überhaupt, sehr illiquide handeln. Trotzdem wird im Falle eines Bail-In, der ein Governmental Intervention auslöst, ein Tier 2 CoCo denselben Restwert haben wie eine gleichrangige Anleihe, die in die Auktion geliefert werden kann. Da dann beide Instrumente aufgrund desselben Rangs auf null abgeschrieben werden bzw. dasselbe Asset

Package (pari passu) erhalten, würde ein gewöhnlicher Subordinated CDS nicht nur die Anleihe zu 100 kompensieren, sondern eben auch den Tier 2 CoCo.

Verglichen mit dem Restructuring Credit Event deckt Governmental Intervention also eine größere Bandbreite an möglichen CDS-Triggern ab; beispielsweise ist die Multiple Holder Obligation keine Voraussetzung, um ein Ereignis als Governmental Intervention einstufen zu können.

2.2.2 Asset Package Delivery

Die ISDA hat mit den 2014er-Definitionen u. a. auch das Konzept des Asset Package Delivery eingeführt, um eine Regelung für den Fall zu etablieren, dass durch ein Governmental Intervention oder Restructuring Credit Event von Financials oder Staaten keine Deliverable Obligations im Sinne der Definitionen mehr vorhanden sind. Die Grundidee dabei ist, dass der Investor in solch einem Fall das Asset Package, das er aufgrund des Credit Events erhalten hat, an Stelle einer Anleihe in die CDS-Auktion einliefern kann, um auch damit eine Kompensation zu Par mittels CDS zu garantieren, wie es bei einem gewöhnlichen (nicht-GI) Credit Event der Fall wäre. Es gibt insgesamt drei Szenarien, in denen Asset Package Delivery zur Anwendung kommen kann:

- Governmental Intervention für eine Financial-Referenzentität
- Restructuring für die Reference Obligation einer Financial-Referenzentität
- Restructuring auf einem Package Observable Bond (POB) für eine Sovereign-Referenzentität

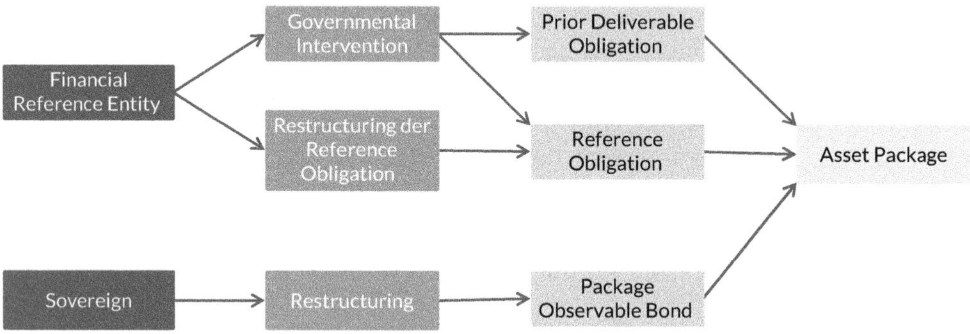

Abb. 2.3: Asset Package Delivery, Quelle: Linklaters, Barclays Research

2.2.2.1 Governmental Intervention für eine Financial Reference Entity

Wird ein Governmental Intervention Credit Event auf eine Financial Reference Entity festgestellt, gilt es herauszufinden, ob es sogenannte Prior Deliverable Obligations gibt, also Schuldverschreibungen, die unmittelbar vor dem entsprechenden Bail-In als Deliverable Obligations charakterisiert werden konnten. Existieren solche Prior

Deliverable Obligations, dann ist das Asset Package, das man für diese aufgrund des GI Credit Event daraus erhält, in die CDS-Auktion lieferbar – selbst wenn die Prior Deliverable Obligation auf null abgeschrieben oder komplett enteignet wurde (in diesem Fall hätte das Asset Package den Wert null). Das bedeutet auch, dass das resultierende Asset Package letztendlich den finalen Auktionspreis bestimmt.

2.2.2.2 Restructuring für die Reference Obligation einer Financial Reference Entity

Für den Fall, dass es sich um ein Restructuring Credit Event der Reference Obligation (bezogen auf Financial CDS) handelt, das nicht gleichzeitig auch ein GI Credit Event darstellt,[26] ist die einzige Prior Deliverable Obligation die Referenzobligation. Die Beschränkung auf lediglich die Referenzobligation hängt mit der unterschiedlichen Halterstruktur und den damit verbundenen verschiedenen Anreizen für die Akzeptanz einer niedrigeren Verwertungsquote zusammen. Ein Anleihehalter, der gleichzeitig den Ausfall der Anleihe (in diesem Fall der Reference Obligation) über einen CDS abgesichert hat, würde wahrscheinlich auch einem Restructuring-Deal zustimmen, der einen geringeren Restwert der Anleihe zufolge hätte, da er schließlich über die Kreditausfallversicherung kompensiert wird. Da die Halterstruktur der Referenzobligation mit großer Wahrscheinlichkeit breit gestreut ist, wird lediglich diese bzw. das daraus resultierende Asset Package für die CDS-Auktion zugelassen. Diese Tatsache macht auch deutlich, weshalb bzw. in welchen Situationen der Standard Reference Obligation, die in Abschnitt 2.1.1 eingeführt wurde, eine wichtige Rolle zukommt.

Angenommen, ein Finanzinstitut hat lediglich zwei nachrangige (subordinated) Anleihen X und Y ausstehen, wobei Anleihe X gleichzeitig die SRO für alle ausstehenden Sub CDS auf diese Referenzentität ist. Führt die Bank nun beispielsweise ein LME durch, das ein Restructuring Credit Event auslöst, dann kann das Asset Package, das aus Anleihe X resultiert, in die CDS-Auktion geliefert werden. Dabei sind zwei Szenarien denkbar:

1. Anleihe X und Anleihe Y erhalten dasselbe Asset Package, das in diesem Beispiel aus 40 % des Nominalwertes in Aktien der Referenzentität bestehen soll. Damit können sowohl Investoren der Anleihe X als auch Investoren der Anleihe Y ihr Asset Package in der CDS-Auktion zum finalen Auktionspreis setteln.[27]

2. Anleihe X erhält 40 % des Nominalwertes in Aktien der Referenzentität, Anleihe Y erhält dagegen ein Asset Package, das zu jeweils 20 % des Nominalwertes aus Aktien

26 Dies könnte zum Beispiel ein LME (liability management exercise) sein, um einen evtl. bevorstehenden Bail-In abzuwenden, was aber im Grunde denselben Effekt hat. Ende 2015 hat Novo Banco ein ähnliches Vorgehen praktiziert, siehe Abschnitt 4.2.3.1.

27 Die Einlieferbarkeit beschränkt sich lediglich auf das Asset Package an sich, nicht jedoch auf den ehemals ausstehenden Nominalbetrag der Prior Deliverable Obligation oder Ähnliches.

der Referenzentität und länger laufenden Anleihen Z besteht. Das Package, das aus Anleihe Y resultiert, ist in diesem Fall nicht in die CDS-Auktion einlieferbar und ein Investor, der den CDS gegen das Asset Package setteln möchte, müsste die Anleihen Z am Markt verkaufen und sich in der entsprechenden Menge an Aktien der Referenzentität eindecken. Das würde allerdings schon allein aufgrund der Bid-Offer-Spreads nicht zum selben Preis führen wie das Asset Package aus Anleihe X. Alternativ könnte er aber das Asset Package am Markt veräußern und den CDS Cash settlen, wobei natürlich auch hier das Risiko besteht, dass die Summe von CDS und Asset Package nicht bei par liegt.

2.2.2.3 Restructuring auf einem Package Observable Bond (POB) für eine Sovereign Reference Entity

Der dritte mögliche Fall, in denen Asset Package Delivery zur Anwendung kommt, ist ein Restructuring Credit Event auf eine Sovereign Referenzentität. In diesem Fall wird nicht auf das Konzept der Prior Deliverable Obligations zurückgegriffen, sondern es werden die sogenannten Package Observable Bonds (POB) durch die ISDA bestimmt und publiziert. Der exakte Prozessablauf zur Festlegung der POB ist in DC Rules (2016), Schedule 5 ausführlich beschrieben.

Voraussetzung für die Klassifizierung einer Anleihe als POB ist, dass diese unmittelbar vor dem Umtausch in das Asset Package eine Deliverable Obligation war. Der Hintergrund dafür, dass die ISDA sich bei den POB auf Anleihen beschränkt, die eine breite Halterschaft haben, ist auch hier, dass Anleiheinvestoren, die gleichzeitig CDS Protection gekauft haben, eine andere Intention bei der Zustimmung eines Restructuring Deals haben als solche, die die Anleihe ohne Absicherung halten.

2.2.3 Succession Event

Aus den verschiedensten Gründen und von Zeit zu Zeit kommt es bei Unternehmen zu Fusionen, Spin-Offs oder anderen Umstrukturierungen, die oftmals auch dazu führen, dass eine Entität die Verpflichtungen einer anderen übernimmt. Zählen zu diesen Verpflichtungen auch Schuldverschreibungen, auf die möglicherweise CDS-Kontrakte ausstehend sind, so ist es insbesondere für den CDS-Käufer von großer Bedeutung, dass der Versicherungsschutz bei solchen Unternehmensreorganisationen nicht verloren geht bzw. adäquat angepasst wird. Eine Regelung für sogenannte Succession Events hat die ISDA in den Sections 2.1. und 2.2. (ISDA (2014)) festgehalten, deren Grundidee wir hier kurz aufzeigen wollen. Sie bezieht sich übrigens sowohl auf Corporate- als auch Sovereign-CDS-Kontrakte, wobei die Anwendung bei Sovereign CDS beispielsweise nach einer Annexion oder Vereinigung zweier Staaten zum Einsatz kommen würde.

Bei einem Succession Event stellt sich für CDS-Investoren zunächst eine Frage: Auf welche Entität(en) wird der CDS zukünftig referenzieren, d. h. welche Entität ist der

Successor? Damit einher geht die Frage nach den sogenannten Relevant Obligations, die für die Bestimmung des Successor ausschlaggebend sind.

Successor im Falle einer staatlichen Referenzentität (Sovereign CDS) ist die Referenzentität, die direkter oder indirekter Nachfolger der vormaligen Referenzentität wird – unabhängig davon, ob der Nachfolger überhaupt Schuldverschreibungen übernimmt. Die Bestimmung eines Successor für nichtstaatliche Referenzentitäten ist in Tabelle 2.2 zusammengefasst.

Vorliegender Fall	Successor(s)
Eine Entität erbt (succeeds)[28] mindestens 75 % der Relevant Obligations der Referenzentität.	Diese Entität ist der alleinige Successor.
Eine einzige Entität erbt[29] mehr als 25 % und weniger als 75 % der Relevant Obligations der Referenzentität; gleichzeitig verbleiben höchstens 25 % der Relevant Obligations bei der Referenzentität.	Diese Entität ist der alleinige Successor.
Mindestens zwei Entitäten erben[30] jeweils mehr als 25 % der Relevant Obligations der Referenzentität; gleichzeitig verbleiben höchstens 25 % der Relevant Obligations bei der Referenzentität.	Alle Entitäten mit mehr als 25 % der Relevant Obligations sind Successor.[31]
Mindestens eine Entität erbt[32] jeweils mehr als 25 % der Relevant Obligations der Referenzentität; gleichzeitig verbleiben mehr als 25 % der Relevant Obligations bei der Referenzentität.	Alle Entitäten mit mehr als 25 % der Relevant Obligations sind Successor (einschließlich der ursprünglichen Referenzentität).[33]
Mindestens eine Entität erbt[34] Relevant Obligations, wobei keiner dieser Entitäten ein Anteil von mehr als 25 % zukommt. Gleichzeitig existiert die ursprüngliche Referenzentität weiterhin.	Es gibt keinen Successor und der CDS-Kontrakt bleibt so bestehen, wie er ist.
Mindestens eine Entität erbt[35] Relevant Obligations, wobei keiner dieser Entitäten ein Anteil von mehr als 25 % zukommt. Gleichzeitig existiert die ursprüngliche Referenzentität aber nicht mehr.	Die Entität, die den größten Anteil an Relevant Obligations beerbt, ist Successor. Sollten mehrere Entitäten den gleichen Anteil beerben, dann wird es entsprechend der Anzahl neue CDS-Kontrakte geben.
Eine Entität erbt alle Schuldverschreibungen (darunter mindestens eine Relevant Obligation) und ab diesem Zeitpunkt existiert die ursprüngliche Referenzentität nicht mehr bzw. ist im Liquidierungsprozess.	Diese Entität ist der alleinige Successor (Universal Successor).

Tab. 2.2: Bestimmung eines Successor für nichtstaatliche Referenzentitäten

28 Direkt oder über eine Relevant Guarantee; siehe ISDA (2014), Section 3.22.
29 Direkt oder über eine Relevant Guarantee; siehe ISDA (2014), Section 3.22.
30 Direkt oder über eine Relevant Guarantee; siehe ISDA (2014), Section 3.22.
31 Nach ISDA (2014), Section 2.2. (n) wird es so viele neue CDS-Kontrakte wie die Anzahl an Successor geben, wobei der exakte Anteil der geerbten Relevant Obligations keine Anwendung findet. Diese neuen CDS-Kontrakte sollen gleichzeitig auch Besonderheiten des Vorgänger-CDS berücksichtigen.
32 Direkt oder über eine Relevant Guarantee; siehe ISDA (2014), Section 3.22.
33 Nach ISDA (2014), Section 2.2. (n) wird es so viele neue CDS-Kontrakte wie die Anzahl an Successor geben, wobei der exakte Anteil der beerbten Relevant Obligations keine Anwendung findet. Diese neuen CDS-Kontrakte sollen gleichzeitig auch Besonderheiten des Vorgänger-CDS berücksichtigen.
34 Direkt oder über eine Relevant Guarantee; siehe ISDA (2014), Section 3.22.
35 Direkt oder über eine Relevant Guarantee; siehe ISDA (2014), Section 3.22.

Damit eine Entität als Successor klassifiziert werden kann, muss die ursprüngliche Referenzentität unmittelbar vor dem Succession Date[36] mindestens eine Relevant Obligation ausstehend gehabt haben und der potenzielle Successor muss mindestens eine dieser Relevant Obligations (komplett oder nur einen Teil davon) übernommen haben. Ein weiteres Kriterium ist, dass das Ereignis, das das Succession Event auslöst, nicht länger als die 90-tägige Rückwirkungsfrist (Successor Backstop Date) zurückliegen darf (siehe dazu Section 2.2. (c), ISDA (2014)). Eine Ausnahme besteht, wenn es sich um einen Universal Successor handelt. Werden alle Schuldverschreibungen von Entität A an eine andere Entität B übertragen, wobei gleichzeitig damit Entität A nicht mehr existiert oder sich bereits in einer Art Auflösungsprozess befindet (und gleichzeitig keine weiteren Schuldverschreibungen seit dem letzten Übertrag begeben hat), dann ist Entität B Universal Successor, was bedeutet, dass CDS, die auf Entität A referenziert haben, ab dem Succession Event auf Entität B referenzieren (siehe Section 2.2. (a), ISDA (2014)). Im Falle eines Universal Successor gilt formal der 1. Januar 2014 als Successor Backstop Date, was nichts anderes bedeutet, als dass es mit der Einführung der 2014er-CDS-Kontrakte für den Fall eines Universal Successor keine Einschränkungen durch eine Rückwirkungsfrist gibt. Das Konzept des Universal Successor wurde in die ISDA-Definitionen aufgenommen, um Situationen wie das CDS-Orphaning nach der Fusion von Unitymedia GmbH (Unitymedia) und UPC Germany GmbH (UPC) zukünftig zu verhindern. Im September 2010 hatten Unitymedia und UPC fusioniert, und zwar in der Form, dass lediglich UPC bestehen blieb und alle Schuldverschreibungen von Unitymedia übernommen hat. Außerdem hat UPC noch am Tag der Fusion seinen Namen in Unitymedia GmbH geändert – was letztendlich auch dazu führte, dass der Markt erst nach mehr als 90 Tagen davon Kenntnis genommen hat. Die Folge war ein sogenanntes CDS-Orphaning, also eine Verwaisung des CDS, da dieser auf eine Entität referenzierte, die es zu diesem Zeitpunkt nicht mehr gab, und der CDS damit komplett wertlos wurde (siehe zum Thema Orphaning Abschnitt 4.4). Wäre zu diesem Zeitpunkt das Konzept des Universal Successor bereits Teil der ISDA-Definitionen gewesen, wäre auch weit im Nachhinein die Bestimmung der ehemaligen UPC als Universal Successor möglich gewesen und die CDS-Kontrakte wären mit der neuen Referenzentität bestehen geblieben.

Prinzipiell wäre es denkbar, dass mehrere »kleinere« Umstrukturierungen von Unternehmen jeweils für sich genommen kein Succession Event auslösen – wohingegen diese zusammengenommen als eine einzige große Transaktion sehr wohl ein solches auslösen würden. Der sogenannte Steps Plan[37] soll daher dafür Sorge tragen, dass auch eine Serie von solchen »Successions Events« in aggregierter Form Berücksichtigung finden kann. Voraussetzung dafür ist allerdings, dass entsprechende Informationen öffentlich verfügbar sind.

Die in diesem Abschnitt erwähnten Relevant Obligations werden von der ISDA in ISDA (2014), Section 2.2. (f) genauer spezifiziert. Dazu zählen alle Anleihen und

36 ISDA (2014), Section 2.2. (j)
37 ISDA (2014), Section 2.2. (i)

Loans der Referenzentität, die unmittelbar vor dem Zeitpunkt des Succession Event ausstehend waren – wobei Anleihen und Loans, die ausschließlich zwischen der Referenzentität und einer möglichen Tochtergesellschaft bestehen, ausdrücklich davon ausgenommen sind. Handelt es sich um einen CDS auf europäische Financials (Financial Reference Entity Terms applicable), dann kommen je nach Seniorität des CDS (Senior/Subordinated) nur die Anleihen und Loans mit der jeweiligen Seniorität als Relevant Obligations in Frage. Dies bedeutet letztendlich, dass bei einem Succession Event auf einer europäischen Financial Referenzentität der CDS mit den jeweiligen Senior- bzw. Subordinated-Schuldtiteln »mitwandert«. Unter Umständen könnten also nach einem Succession Event der Senior CDS und der Subordinated CDS, die zuvor auf dieselbe Referenzentität referenziert haben, auf zwei unterschiedliche Referenzentitäten ausgestellt sein.

2.2.4 Determinations Committee

Bis zum Big Bang Protocol 2009 haben sich die beiden jeweiligen CDS-Parteien darüber verständigt, ob ein Credit Event vorliegt. Das hat naturgemäß bei unterschiedlicher Auslegung der Situation schnell dazu geführt, dass die Klärung durch ein Gericht nötig war. Seitdem übernimmt das sogenannte Determinations Committee (DC) diese Aufgabe, wobei es für unterschiedliche geographische Regionen jeweils verschiedene DCs gibt. Die Aufgabe des Determinations Committee ist die Überwachung und korrekte Anwendung der Credit Derivatives Definitions speziell für jedes einzelne potenzielle Credit Event. In diesem Zuge verantwortet das DC auch jede ihm geographisch zugeordnete CDS-Auktion. Aktuell gibt es für jede der folgenden Regionen ein eigenständiges DC: Americas, Asia excluding Japan, Australia-New Zealand, EMEA (Europe) und Japan. Die Zuständigkeit des jeweiligen DC hängt von der Referenzobligation bzw. vom Transaction Type ab. Die Credit Derivatives Determinations Committees Rules[38] – kurz: DC Rules – regeln u. a. die Zusammensetzung des DC, Verfahrensweisen in Bezug auf Credit Events und die Einbeziehung externer Expertise.

2.2.4.1 Zusammensetzung der Determinations Committees

Jedes der einzelnen DCs setzt sich aus zehn Dealern (Sell-Side) und fünf Non-Dealern (Buy-Side) zusammen, wobei alle zusammen als DC Member bezeichnet werden. Des Weiteren wurde im Zuge der Unternehmungen, CDS ähnlich wie gelistete Optionen über zentrale Clearing-Häuser, sogenannte Central Clearing Counterparty (CCP), zu clearen (siehe Abschnitt 6.5), auch Plätze im DC für CCPs geschaffen. Die Anzahl der Plätze für CCPs ist aktuell nicht festgelegt – allerdings gibt es derzeit im Prinzip nur vier Clearing-Häuser, die Clearing von CDS anbieten: ICE Clear Credit, ICE Clear Europe, LCH und EurexOTC Clear.

38 DC Rules (2016), http://dc.isda.org/wp-content/files_mf/1453298092DC_Rules__Jan_2016_Update.pdf.

Voraussetzung, um als (Non-)Dealer überhaupt Mitglied in einem DC werden zu können, ist eine Mitgliedschaft bei der ISDA (eine solche Entität ist dann ein sogenanntes ISDA Member[39]), wobei ein Dealer niemals Non-Dealer sein kann oder anders herum.

Als Dealer können sich ISDA Member der Sell-Side bewerben, also im Grunde die Investmentbanken. Für diese Kandidaten werden einmal jährlich (zum 29. April des jeweiligen Jahres) ein globales Ranking und fünf regionale Rankings über das gehandelte Volumen an Kreditderivaten mit Hilfe der Daten aus DTCC (siehe auch: Trading Volume Data Guidlines) erstellt, wobei für die regionalen Rankings die Zuordnung der Referenzentität zum jeweiligen DC ausschlaggebend ist. Die acht Dealer mit den größten Volumina des globalen Rankings werden DC Member in jedem der fünf regionalen DCs. Die zwei verbleibenden Dealer-Plätze werden mit den Dealern mit den größten Handels-Volumina des jeweiligen regionalen Rankings aufgefüllt, sofern diese nicht bereits über das globale Ranking einen Platz eingenommen haben.

Auch für die Besetzung der fünf Non-Dealer-Sitze gibt es ein bestimmtes Vorgehen, bei dem speziell darauf geachtet wird, dass eine gewisse Rotation stattfindet. Dabei wird ebenfalls mit einem Listensystem vorgegangen, bei dem zum einen die Klassifikation (»private investment company manager«, »registered investment company manager« oder »others«) jedes Non-Dealer vermerkt wird. Zum anderen wird festgehalten, ob der Non-Dealer bereits Teil des DC war. Sobald alle potenziellen Non-Dealer dieser Liste einmal einen Sitz im DC hatten, wird diese Kategorie zurückgesetzt. Eine Bedingung bei der Neuzusammenstellung der Non-Dealer ist beispielsweise, dass jeweils mindestens ein Non-Dealer der beiden Klassifikationen »private investment company manager« und »registered investment company manager« vertreten sind.

Ähnlich wie für die Voting-Members gibt es auch für die CCP Members eine Prozedur zur Besetzung der Sitze im DC. Aufgrund der Tatsache, dass es zum aktuellen Zeitpunkt aber nur sehr wenige potenzielle Clearing-Häuser in diesem Bereich gibt, verzichten wir an dieser Stelle auf eine ausführlichere Beschreibung.

Das genaue Protokoll zur Zusammenstellung findet sich in Kapitel 1 der DC Rules (2016).

Jedes DC-Mitglied muss Vertreter für die entsprechende Entität ernennen, die dann dieselbe bei den aufgetragenen Aufgaben vertritt. Wegen des vorgeschriebenen Vorgehens zur Besetzung der Sitze im DC sind dort die aktivsten bzw. größten CDS-Parteien vertreten. Dies bedeutet aber auch, dass die Wahrscheinlichkeit hoch ist, dass mindestens eine der aktuellen DC Member in irgendeiner Form (möglicherweise über eine Tochtergesellschaft oder ähnliches) in die vorliegende Aufgabe bzw. Anfrage involviert ist und ein starkes Interesse an einem bestimmten Verlauf einer DC-Entscheidung haben könnte. Um solche Interessenskonflikte auszuschließen und eine Art Unabhängigkeit der DC Member zu gewährleisten, muss jedes DC Member dies unter Berücksichtigung der entsprechenden Vorschriften, worauf in Schedule 6 der DC Rules (2016) genau eingegangen wird, sicherstellen.

39 https://www.isda.org/membership/isda-members/.

Die Zusammensetzung der Dealer für den Zeitraum vom 28. April 2018 bis 29. April 2019 zeigt Tabelle 2.3:[40]

Americas	Asia ex. Japan	Australia/NZ	EMEA	Japan
		Voting Dealers		
Bank of America N.A.	Bank of America N.A.	Bank of America N.A.	Bank of America N.A.	Bank of America N.A.
Barclays Bank plc	Barclays Bank plc	Barclays Bank plc	Barclays Bank plc	Barclays Bank plc
BNP Paribas	BNP Paribas	BNP Paribas	BNP Paribas	BNP Paribas
Citibank, N.A.	Citibank, N.A.	Citibank, N.A.	Citibank, N.A.	Citibank, N.A.
Credit Suisse International	Credit Suisse International	Credit Suisse International	Credit Suisse International	Credit Suisse International
Deutsche Bank AG	Deutsche Bank AG	Deutsche Bank AG	Deutsche Bank AG	Deutsche Bank AG
Goldman Sachs International	Goldman Sachs International	Goldman Sachs International	Goldman Sachs International	Goldman Sachs International
JPMorgan Chase Bank, N.A.	JPMorgan Chase Bank, N.A.	JPMorgan Chase Bank, N.A.	JPMorgan Chase Bank, N.A.	JPMorgan Chase Bank, N.A.
Mizuho Securities Co., Ltd.	Mizuho Securities Co., Ltd.	Mizuho Securities Co., Ltd.	Mizuho Securities Co., Ltd.	Mizuho Securities Co., Ltd.
Societe Generale	Societe Generale	Societe Generale	Societe Generale	Societe Generale
		CCP Members (non-voting members)		
ICE Clear Credit LLC	ICE Clear Credit LLC	ICE Clear Credit LLC	ICE Clear Europe Limited	
LCH S.A.			LCH S.A.	

Tab. 2.3: Dealer und CCP-Mitglieder nach DC

2.2.4.2 Vorgehensweisen der Determinations Committees

Ein DC wird immer dann aktiv, sobald ein sogenannter Eligible Market Participant[41] sich mit einer Anfrage an das DC Secretary wendet, von der er vermutet, dass eines der DCs sich darüber beratschlagen müsste. Solch eine Anfrage könnte beispielsweise die Frage sein, ob für eine bestimmte Entität ein Credit Event vorliegt. Allerdings reicht die Frage allein nicht für eine formell vollständige Anfrage aus, es muss vom Eligible Market Participant auch noch eine detaillierte Beschreibung des Sachverhalts, über den das relevante DC debattieren soll, eingereicht werden. Des Weiteren ist eine Spezifikation notwendig, welche CDS-Transaktionen davon betroffen sind, d.h. 2014er- und/oder 2003er-Kontrakte. Falls dem Eligible Market Participant, der die Anfrage an das DC Secretary gestellt hat, zudem öffentlich verfügbare Informationen vorliegen, die den Sachverhalt unterstützend erläutern, sollte er diese auch mit der Anfrage einreichen. Mit einer Anfrage muss der Eligible Market Participant auch immer seine Identität preisgeben – es sei denn, die Anfrage wurde gleichzeitig als »General Interest Question« deklariert, die auch anonym gestellt werden kann.

40 http://dc.isda.org/about-dc-committees/.

41 Ein Eligible Market Participant ist eine der beiden Parteien des betreffenden CDS oder eine CCP, bei der einer der relevanten CDS gecleared wurde (DC Rules (2016), Abschnitt 6).

Ist eine Anfrage vollständig beim DC Secretary eingereicht worden, wird diese an das zuständige DC weitergegeben. Wird nicht bis spätestens am zweiten Bankarbeitstag (17 Uhr) nach Weitergabe der Anfrage durch das DC Secretary von mindestens zwei der zuständigen DC Voting Member[42] einer Diskussion der Anfrage zugestimmt, gilt diese Anfrage als zurückgewiesen. Dies würde dann auf der ISDA Website publiziert werden.

Wenn die Anfrage nicht zurückgewiesen wurde, wird das zuständige DC als »Convened DC« bezeichnet und das DC Secretary bereitet eine Art Agenda für das erste Treffen[43] des Convened DC vor, indem es für die Anfrage spezifische Fragen formuliert, die als »DC Questions« bezeichnet werden. Die DC Questions sollen dabei so nah wie möglich an den Fragen in DC Rules (2016), Schedule 1 orientiert sein. Diese Art des Vorgehens soll sicherstellen, dass das zuständige DC für jeden der vielen möglichen Fälle auch alle vorgesehenen Feststellungen treffen kann. Des Weiteren sind die vorformulierten Fragen so gestaltet, dass es sich dabei möglichst nicht um Suggestivfragen handelt und diese nur mit »ja« oder »nein« zu beantworten sind. Zwar stellt das DC Secretary die DC Questions zur Verfügung, dennoch ist es über einen mehrheitlichen Beschluss[44] des Convened DCs möglich, eine (oder mehrere) DC Question abzuändern.

Es ist allerdings auch möglich, dass ein Convened DC eine DC Question – egal aus welchem Grund – ablehnt, wobei dafür eine Zustimmung von 80 % der teilnehmenden DC Voting Member nötig ist (sogenannte Supermajority).

Bei der Abstimmung über die DC Questions hat jedes Voting Member eine Stimme. Voraussetzung dafür, dass ein Voting Member abstimmen darf, ist die Teilnahme am entsprechenden DC Meeting, die in Person, über Telefon, Videokonferenz oder einen Webcast stattfinden kann. Alle Stimmen sind gleich gewichtet. Eine Enthaltung bei der Abstimmung kann nur dann erfolgen, wenn die von der Anfrage betroffene Referenzentität gleichzeitig ein Mitglied des Convened DCs ist. Sobald eine DC Question einmal beantwortet wurde, ist keine Revision derselben mehr möglich.

Das DC Secretary ist außerdem dazu verpflichtet, gewisse Informationen auf der ISDA-Website zu veröffentlichen. Dazu gehören u. a. Benachrichtigungen, wann das nächste Treffen eines Convened DCs zu welcher Anfrage stattfindet – oder auch Informationen über die laufenden Diskussionen eines Convened DC. Außerdem werden dort die sogenannten DC Meeting Statements veröffentlicht, die eine Art Protokoll der Sitzung eines Convened DC darstellen und Informationen darüber enthalten, welche Aspekte bzw. Probleme während des Treffens diskutiert wurden, wie diese unter Umständen gelöst wurden und wie sich die nächsten Schritte für das Convened DC gestalten.

42 Für den Fall, dass es sich bei der Anfrage nicht um eine »General Interest Question« handelt, genügt die Zustimmung zur Diskussion der Anfrage von nur einem DC Voting Member.

43 Für das erste Treffen wird ein relativ strenger Zeitplan vorgegeben, der unter DC Rules (2016), 2.4 (b) nachzulesen ist.

44 Mehr als 50 % der Voting Members des zuständigen DCs.

Weitere Informationen zum protokollarischen Vorgehen eines DC oder Sonderfälle, etwa für den Fall, dass ein Treffen des DC nicht die ausreichende Anzahl an Teilnehmern erreicht, werden ausführlich in DC Rules (2016), Abschnitt 2 dargelegt.

2.2.4.3 Vom Credit Event zur CDS-Auktion

Diesen Abschnitt wollen wir dazu nutzen, den Ablauf von der Feststellung eines Credit Events bis zur CDS-Auktion darzustellen. Dabei werden wir uns zum größten Teil auf den Standardfall beschränken. Die ausführlichen Informationen dazu sind in DC Rules (2016), Abschnitt 3 festgehalten.

Die Feststellung eines Credit Events für eine bestimmte Referenzentität beginnt immer mit der Frage an das DC Secretary, ob für diese Referenzentität ein Credit Event vorliegt oder nicht. Diese Frage kann jeder Käufer oder Verkäufer eines CDS[45] auf diese Referenzentität (auch anonym) stellen, wobei zusätzlich zur Fragestellung eine plausible Beschreibung des Sachverhalts mit ausreichend Details inklusive der zugehörigen öffentlich verfügbaren Informationen nötig ist. Dieser Tag wird als Credit Event Resolution Request Date[46] bezeichnet. Dabei darf der Tag, an dem das mutmaßliche Credit Event eingetreten ist, maximal 60 Kalendertage vor dem Credit Event Resolution Request Date liegen; dieser Tag wird als Credit Event Backstop Date bezeichnet.[47] Ab dem Tag, an dem eine Frage nach einem Credit Event an das DC Secretary übermittelt wurde, sind diese Informationen und auch die zugehörigen Updates auf der Homepage der ISDA verfügbar (siehe Veröffentlichungspflichten, DC Rules (2016), 2.5 (d)).

Wenn das zuständige DC eine Frage angenommen hat, muss es diese bei Bedarf auch unter Einbeziehung externer Berater entscheiden. Stellt das DC ein Credit Event fest, so muss im Anschluss das Event Determination Date[48] bestimmt werden, das für die Berechnung der aufgelaufenen Coupon-Zahlungen vom CDS-Käufer an den CDS-Verkäufer herangezogen wird, da mit diesem Tag gleichzeitig der Versicherungsschutz endet (Coupon-Zahlungen werden immer nachträglich gezahlt; der Tag des Event Determination Dates wird in die Coupon-Berechnung miteingeschlossen). Für Standard-CDS-Kontrakte ist das *Event Determination Date* wie folgt festgelegt (die genaue Definition ist den ISDA (2014), Section 1.16. zu entnehmen):

- Notice Delivery Date[49], also der Tag, an dem die eine Partei des CDS die andere über das Credit Event inklusive der öffentlich verfügbaren und relevanten Informationen in Kenntnis setzt, vorausgesetzt, das Convened DC hat keine Entscheidung darüber getroffen, ob ein Credit Event eingetreten ist oder nicht.
- Credit Event Resolution Request Date, falls das Convened DC ein Credit Event festgestellt hat.

45 In diesem Fall wird der Käufer bzw. Verkäufer, der die Frage stellt, als Notifying Party bezeichnet; siehe ISDA (2014), Section 1.21.
46 ISDA (2014), Section 1.30.
47 ISDA (2014), Section 1.39.
48 ISDA (2014), Section 1.16.
49 ISDA (2014), Section 1.22.

Wenn das Convened DC ein Credit Event festgestellt hat und das Event Determination Date ermittelt wurde, folgt das Prozedere einem fest vorgegebenen Zeitplan, der mit der CDS-Auktion endet, wobei dieser für Restructuring Credit Events etwas abweicht, da in diesem Fall zusätzlich zu den Deliverable Obligations die Maturity Buckets bestimmt werden müssen. Prinzipiell gibt es für das DC aber immer auch die Möglichkeit, den vorgegebenen Zeitplan bei Bedarf abzuändern bzw. Fristen zu verlängern. Dazu ist die Zustimmung der Supermajority notwendig.

Die Bestimmung der Deliverable Obligations folgt dem folgenden *Zeitplan*[50], wobei sich die Uhrzeiten stets auf die Zeitzone der Stadt beziehen, in der das zuständige DC ansässig ist:

- Das DC gibt die Entscheidung bekannt, dass ein Credit Event eingetreten ist und dass eine oder mehrere CDS-Auktionen gehalten werden
  + 3 Kalendertage (bzw. der erste darauffolgende Bankarbeitstag, falls es sich bei diesem Tag um einen Feiertag handelt)
- 17 Uhr: Veröffentlichung der Initial List der Deliverable Obligations
  Die Initial List ist eine erste Sammlung von möglichen Deliverable Obligations, die zum einen von den DC Voting Members und zum anderen von Marktteilnehmern mitgestaltet werden kann. Damit eine Schuldverschreibung auf die Initial List aufgenommen werden kann, müssen alle relevanten Informationen, wie z. B. die ISIN, der Emissionsprospekt oder Informationen über eventuelle Garantien dem Convened DC zur Verfügung gestellt werden.
  + 2 Kalendertage (bzw. der erste darauffolgende Bankarbeitstag, falls es sich bei diesem Tag um einen Feiertag handelt)
- 17 Uhr: Deadline für den Vorschlag weiterer Deliverable Obligations
  Werden nach der Veröffentlichung der Initial List bis zu dieser Deadline weitere Deliverable Obligations vorgeschlagen, so gelten auch für diese die Anforderungen wie bereits für die Initial List. Möchte ein CDS-Investor seinen CDS physisch in der CDS-Auktion setteln, so muss das entsprechende Wertpapier Teil der Liste sein. Dies ist für den Investor die letzte Gelegenheit in diesem Prozess, dies sicherzustellen.
- 19 Uhr: Veröffentlichung der vervollständigten Liste
  + 3 Kalendertage (bzw. der erste darauffolgende Bankarbeitstag, falls es sich bei diesem Tag um einen Feiertag handelt)
- 17 Uhr: Deadline zur Anfechtung der Deliverable Obligations
  Bis zu dieser Deadline hat jeder Marktteilnehmer nochmals die Chance, die einzelnen Einträge auf der Liste der Deliverable Obligations anzufechten, wobei dies einer Begründung bedarf, warum es sich bei dem angefochtenen Instrument nicht um eine Deliverable Obligation im Sinne der ISDA-Definitionen handelt.
  + 2 Kalendertage (bzw. der erste darauffolgende Bankarbeitstag, falls es sich bei diesem Tag um einen Feiertag handelt)
- 17 Uhr: Veröffentlichung der Final List, Spezifizierung der Maturity Buckets (für Restructuring Credit Events)

50 DC Rules (2016), 3.3.

Mit Veröffentlichung der Final List der Deliverable Obligations kann die Auktion für Nicht-Restructuring Credit Events beginnen. Der Auktionstag ist für den dritten Bankarbeitstag nach dem 30. Kalendertag nach dem Credit Event Resolution Request Date vorgesehen.

Beim Restructuring Credit Event werden, wie bereits erwähnt, zusätzlich verschiedene Maturity Buckets festgelegt, in die sowohl CDS als auch Deliverable Obligations eingeordnet werden, um anschließend für jedes dieser Buckets eine separate CDS-Auktion halten zu können. Hintergrund für das sogenannte Bucketing ist, dass das betreffende Unternehmen und dessen ausstehende Anleihen bei einem Restructuring weiterhin existieren und es nicht wie beispielsweise bei einem Failure to Pay Credit Event nicht in der Lage war, eine bestimmte Zahlung zu leisten, was zur Folge hätte, dass ausstehende Anleihen egal welcher Restlaufzeit etwa bei der Recovery Rate handeln würden. Dementsprechend spielt der Effekt der Diskontierung erwarteter zukünftiger Zahlungen aus Anleihen eines im Restructuring befindlichen Unternehmens speziell dann eine Rolle, wenn dieses Unternehmen neben Anleihen mit kürzerer Restlaufzeit auch Anleihen mit sehr langer Restlaufzeit ausstehend hat. Gäbe es in solch einem Fall nur eine Auktion, dann wäre es für einen CDS-Käufer sehr vorteilhaft, wenn solch eine lang laufende, »günstige« Anleihe in die CDS-Auktion geliefert wird, da dies den Final Price der Auktion reduziert und somit die Kompensation auf dem CDS erhöht. Aus diesem Grund werden bei Restructuring Credit Events verschiedene Maturity Buckets festgelegt, für die jeweils eine separate Auktion abgehalten wird.

Es gibt insgesamt sieben Maturity Buckets (ISDA (2014), Section 3.33 (a)), die bei 2,5 Jahren, 5 Jahren, 7,5 Jahren, 10 Jahren, 12,5 Jahren, 15 Jahren und 20 Jahren gesplittet werden. Das Ende des jeweiligen Maturity Buckets, die sogenannte Limitation Dates, erhält man wie folgt: Zum Restructuring Date (der Tag, an dem das Restructuring rechtskräftig wurde, ISDA (2014), Section 3.33 (c)) addiert man die Anzahl der Jahre des jeweiligen Buckets und ermittelt den nächsten IMM-Tag (also der unmittelbar darauffolgende 20. März, Juni, September oder Dezember) – damit hat man den Endpunkt eines Maturity Buckets gefunden. An dieser Stelle ist erwähnenswert, dass die 12,5-, 15- und 20-Jahres Buckets eher theoretischer Natur sind, da für Corporate CDS in der Regel keine CDS-Kontrakte mit einer Laufzeit von mehr als zehn Jahren gehandelt werden,[51] d. h. mit einer großen Wahrscheinlichkeit sind keine Kontrakte ausstehend, die in eines dieser Buckets fallen würden. Außerdem gilt die sogenannte 300/5-Regel (DC Rules (2016), 3.2 (a) (i), 3.4 (a)), die besagt, dass für ein Bucket mindestens 300 CDS-Kontrakte ausstehendend sein müssen, die wiederum mindestens fünf verschiedene der Global Dealer (genau: Global Dealer Voting Members und/oder Global Dealer Consultative Members) als CDS-Partei haben müssen, damit eine CDS-Auktion für dieses Bucket abgehalten wird. Ist die 300/5-Regel nicht erfüllt, liegt es im Ermessen des zuständigen DC, unter Einbeziehung der Meinungen der Global Dealer darüber zu entscheiden, ob abweichend von der Regel doch eine CDS-Auktion abgehalten wird.

51 Für Sovereign CDS werden allerdings sehr wohl Kontrakte mit längerer Laufzeit gehandelt.

Denn Auktionen sind nicht umsonst, die Dealer müssen für die Kosten aufkommen, die hinter einer CDS-Auktion stecken. Das führt dazu, dass CDS-Auktionen ab dem 12,5-Jahres-Bucket äußerst unwahrscheinlich sind.

Das folgende (fiktive) Beispiel illustriert die Vorgehensweise bei der Erstellung der Buckets.

Angenommen, das Restructuring Date fällt auf den 28. Mai 2018 und für das vorliegende Restructuring Credit Event sind lediglich die 2,5-, 5- und 7,5-Jahres-Buckets von Relevanz. Dann sind deren Start und End Dates wie folgt:

Bucket	Start Date	End Date
2,5-Jahres Bucket	28. Mai 2018	20. Dezember 2020
5-Jahres Bucket	21. Dezember 2020	20. Juni 2023
7,5-Jahres Bucket	21. Juni 2023	20. Dezember 2025

Nachdem mit den Limitation Dates sozusagen das »Grundgerüst« für die Restructuring-CDS-Auktion aufgestellt wurde, gilt es, die CDS entsprechend ihrer ursprünglichen Fälligkeit (Scheduled Termination Date) in das jeweilige Bucket einzuordnen. Da es sich beim Restructuring um ein Soft Credit Event handelt, muss gleichzeitig in Betracht gezogen werden, ob der CDS-Käufer, der CDS-Verkäufer oder beide das Restructuring getriggert (genau: eine Credit Event Notice geliefert) haben. Hat keine der beiden Parteien den CDS getriggert, dann bleibt er bis zur Endfälligkeit (oder eben dem nächsten Credit Event) bestehen. Triggert nur der CDS-Käufer den Kontrakt,[52] fällt dieser CDS in das Bucket, das auch seiner ursprünglichen Endfälligkeit entspricht. Triggert jedoch nur der Verkäufer des CDS,[53] dann wird dieser CDS dem längsten Maturity Bucket zugeordnet. Die Idee hierbei ist, dass dem CDS-Käufer so die Chance gelassen wird, jede der Deliverable Obligations in die Auktion liefern zu können, da es immer möglich ist, kürzer laufende Deliverable Obligations in ein längeres Maturity Bucket einzuliefern (andersrum ist dies nicht der Fall). Tritt der Fall ein, dass beide Parteien den CDS triggern, so geht dies zugunsten des CDS-Verkäufers und der CDS wird ebenfalls dem längsten verfügbaren Maturity Bucket dieser CDS-Auktion zugeordnet. Diese Unterscheidung von Käufer- und Verkäufer-Trigger kann allerdings auch dazu führen, dass eine CDS-Position bestehend aus einem Long und einem Short CDS mit gleicher Laufzeit, gleichem Nominal und gleicher Seniorität auf dieselbe Referenzentität, die sich eigentlich ökonomisch gegenseitig aufheben, bei einem Restructuring Credit Event durchaus Recovery-Risiko aufweist. Dies ist nämlich genau dann der Fall, wenn solch ein Investor sowohl den Long CDS (hier ist er Käufer) als auch den Short CDS (hier ist er Verkäufer) triggert, aber mindestens die Gegenpartei des Long CDS nicht aktiv wird. Dann würden die beiden CDS

52 Der CDS-Käufer hat fünf Bankarbeitstage ab der Veröffentlichung der finalen Liste der Deliverable Obligations, mit denen beim Restructuring gleichzeitig die Maturity Buckets bekannt gegeben werden, Zeit, den CDS zu triggern (ISDA (2014), Section 1.41).

53 Der CDS-Verkäufer hat zwei Bankarbeitstage ab der Veröffentlichung der finalen Liste der Deliverable Obligations Zeit, den CDS zu triggern (ISDA (2014), Section 1.41).

nämlich in unterschiedliche Maturity Buckets fallen und unterschiedliche Auktionen abgehalten werden, deren Ergebnis sehr wahrscheinlich nicht dieselbe Recovery sein wird. Solch ein Recovery-Risiko lässt sich aber weitestgehend vermeiden, wenn man diese Thematik beachtet und bei der Entscheidung über das Triggern miteinbezieht.

Nun bleibt zu klären, was mit den Maturity Buckets passiert, für die beispielsweise aufgrund der Nichterfüllung der 300/5-Regel keine CDS-Auktion abgehalten wird. In solch einem Fall findet die sogenannte Movement Option[54] Anwendung. Möchte der CDS-Käufer, dass sein CDS trotzdem in einer Auktion abgewickelt wird, dann hat er immer die Möglichkeit (auch unabhängig davon, ob er oder der CDS-Verkäufer den CDS getriggert hat), die Movement Option auszuüben. Das hat zur Folge, dass der CDS in die Auktion für das nächst kürzere Maturity Bucket verschoben wird. Auch der CDS-Verkäufer hat die Möglichkeit, von der Movement Option Gebrauch zu machen, allerdings nur unter der Voraussetzung, dass der CDS-Käufer den CDS getriggert hat. In diesem Fall wird der CDS dann in das längste verfügbare Maturity Bucket verschoben, in dem eine CDS-Auktion abgehalten wird. Entscheiden sich beide Parteien dazu, die Movement Option auszuüben, dann geschieht dies im Sinne des CDS-Käufers, d. h. der CDS wird in das nächstkürzer laufende Maturity Bucket verschoben. Entscheidet sich keine der beiden Parteien, die Movement Option auszuüben, so wird die Fallback Settlement Method angewendet, die in der Regel Physical Settlement (außerhalb der Auktion) ist. Allerdings muss die Movement Option spätestens einen Bankarbeitstag nach der Deadline für den Trigger durch den CDS-Käufer ausgeübt werden, falls dies erwünscht ist.

Nach Ablauf dieser Deadline kommt es zur CDS-Auktion.

2.3 Der klassische Auktionsprozess

Diesen Abschnitt wollen wir dazu nutzen, den klassischen Auktionsprozess anhand eines praktischen Beispiels vorzustellen und auch die dahinterliegenden Mechanismen genauer zu erläutern.

2.3.1 Warum überhaupt eine CDS-Auktion?

Anfangs wurden CDS fast ausschließlich dazu genutzt, entsprechende Anleihepositionen gegen einen Zahlungsausfall des Emittenten derselben abzusichern. Vor diesem Hintergrund war das damals praktizierte »physical settelement«, also die physische Lieferung der Anleihe in den CDS, im Falle eines Kreditereignisses eine passable Lösung, denn der CDS-Käufer liefert die sich im Default befindliche Anleihe an den CDS-Verkäufer und wird zu Par kompensiert. Der Markt hat aber ziemlich schnell erkannt, dass der CDS deutlich vielfältiger eingesetzt werden kann als in

54 ISDA (2014), Section 6.15.

seiner ursprünglich angedachten Form zur Absicherung einer Anleihe. Neben den in Kapitel 5 aufgezeigten Möglichkeiten, in welchen Strategien CDS zum Einsatz kommen können, spielt vor allem die im Grunde unbegrenzte Verfügbarkeit eine große Rolle, solange man einen Kontrahenten findet, der die Gegenseite einnimmt. Zudem stellen CDS eine einfache Möglichkeit dar, eine Short- oder Long-Position auf einen bestimmten Emittenten einzunehmen. Aufgrund dieser Eigenschaften stieg das gehandelte CDS-Volumen schnell an, weshalb sich der CDS-Spread zu einem immer verlässlicheren Indikator für die Ausfallwahrscheinlichkeit und damit auch die Kreditwürdigkeit des zugrunde liegenden Emittenten etablierte.

Die praktisch unbegrenzte Verfügbarkeit und das gestiegene Volumen an ausstehenden CDS führten zu Situationen, in denen mehr CDS-Nominal ausstehend war als zugehörige Anleihen – eine Situation, die im Falle eines Kreditereignisses besonders für Marktteilnehmer, die den CDS outright (ohne zugehörige Anleihe) halten oder über einen CDS-Index eine Position in dem betroffenen Namen eingenommen haben, nicht gerade wünschenswert ist. Bei physischem Settlement müssten sich nämlich beispielsweise alle Halter einer Outright-Long-CDS-Position am Markt mit den entsprechenden Anleihen eindecken, was wiederum den Preis der Anleihe und die Volatilität derselben künstlich in die Höhe treiben würde. Des Weiteren kann es beispielsweise auch vorkommen, dass ein Investor, der mehrere Long-CDS-Kontrakte outright hält, diese zu verschiedenen Verwertungsquoten (Recovery Rates) schließen muss, da er die entsprechenden Bonds dazu zu unterschiedlichen Preisen einkaufen musste. Physical Settlement ist beispielsweise auch für CDS-Investoren, die die beim Credit Event gelieferte Anleihe gar nicht halten wollen oder gar können, ein unerwünschter Effekt.

Diese Gründe haben den Bedarf für Cash Settlement (im Gegensatz zu physischem Settlement) nach Kreditereignissen verdeutlicht, wobei dazu auch ein Mechanismus notwendig ist, der eine transparente, marktweite Preisfindung für die Verwertungsquote (Recovery Rate) garantiert. Dieser Mechanismus wird als Kreditauktion (oder kurz: (CDS-)Auktion bzw. *credit auction*) bezeichnet. Die erste CDS-Auktion wurde im Jahr 2005 abgehalten.

2.3.2 Ablauf der CDS-Auktion

Alle für die CDS-Auktion relevanten Daten wie z. B. das Datum der Auktion, die Final List der Deliverable Obligations und die Maturity Buckets (falls es sich um ein Restructuring handelt) werden auf der Homepage der ISDA veröffentlicht, sobald diese final sind bzw. sie werden zwischenzeitlich aktualisiert.

Jede CDS-Auktion ist in zwei Teile gegliedert. Im ersten Teil wird neben dem Initial Market Midpoint (IMM[55]), der eine Indikation für den Final Price (Recovery) darstellt,

55 Hinweis: Wir halten uns an dieser Stelle an die ISDA und verwenden ebenfalls IMM als Abkürzung für Initial Market Midpoint. Dies ist nicht zu verwechseln mit den IMM Dates, die die marktübliche Bezeichnung für den 20. März, Juni, September und Dezember eines Jahres sind.

das sogenannte Net Open Interest ermittelt, also der Nominal-Betrag, den die Dealer (sie selbst oder im Auftrag ihrer Kunden) physisch abwickeln möchten. Als Dealer können diejenigen agieren, die auch als Dealer im zuständigen DC einen Platz haben. Der zweite Teil stellt eine Dutch Auction dar, bei der die Limit Orders den Final Price bestimmen. Im Folgenden werden wir beide Teile des Auktionsprozesses am Beispiel der Norske Skogindustrier ASA (NSINO)-Auktion vom 22. Juni 2016 (CDS Bucket 2, in diesem Fall das 5y Bucket)[56] in Einzelschritten beschreiben.

Teil 1 der CDS-Auktion:

Dealer, die an der CDS-Auktion teilnehmen, müssen zunächst sowohl Kauf- als auch Verkaufslevels (Two Way Market) für die entsprechenden Deliverable Obligations stellen, wobei diese Levels für ein vorgegebenes Nominal (Initial Market Quotation Amount) unter Berücksichtigung einer ebenfalls vorgegebenen maximalen Geld-Brief-Spanne (Maximum Initial Market Bid-Offer Spread) gelten sollen. Die beiden zu beachtenden Größen orientieren sich an der Liquidität des Markts, in dem die Deliverable Obligations handeln bzw. gehandelt haben, und sind in den Final Auction Terms auf der Homepage der ISDA zu finden.

Im Falle der NSINO-Auktion lag der Initial Market Quotation Amount bei 500 000 Euro und die Geld-Brief-Spanne bei 4 %. Es wurden von insgesamt zehn Dealern die folgenden Levels übermittelt:

Dealer Initial Markets			
Dealer	**Bid**	**Offer**	**Dealer**
Bank of America, N.A.	29,75	33,75	Bank of America, N.A.
Barclays Bank PLC	27	31	Barclays Bank PLC
BNP Paribas	29,25	33,25	BNP Paribas
Citigroup Global Markets Limited	26	30	Citigroup Global Markets Limited
Credit Suisse International	28,5	32,5	Credit Suisse International
Deutsche Bank AG, London	27,5	31,5	Deutsche Bank AG, London
Goldman Sachs International	27	31	Goldman Sachs International
JPMorgan Securities PLC	29	33	JPMorgan Securities PLC
Morgan Stanley & Co. International PLC	25	29	Morgan Stanley & Co. International PLC
Societe Generale	27,5	30,5	Societe Generale

Anschließend werden zur Ermittlung des IMM die Bids in absteigender und die Offers in aufsteigender Reihenfolge sortiert. Paare, bei denen nach dieser Sortierung der Bid größer ist als die Offer (Crossing Market) oder Bid und Offer gleich sind (Touching Market), werden aussortiert. Aus der verbleibenden »besseren« Hälfte[57] wird

56 http://www.creditfixings.com.

57 Bei einer ungeraden Anzahl verbleibender Paare (in diesem Fall neun) wird aufgerundet (also fünf). »Besser« bedeutet in diesem Fall eine geringere Geld-Brief-Spanne.

der Durchschnitt (29,575) gebildet und zum nächsten Achtel auf- oder abgerundet, was im Beispiel einen IMM von 29,625 ergibt.

Dealer	Bid	Offer	Dealer
~~Bank of America, N.A.~~	~~29,75~~	~~29~~	~~Morgan Stanley & Co. International PLC~~
BNP Paribas	29,25	30	Citigroup Global Markets Limited
JPMorgan Securities PLC	29	30,5	Societe Generale
Credit Suisse International	28,5	31	Barclays Bank PLC
Deutsche Bank AG, London	27,5	31	Goldman Sachs International
Societe Generale	27,5	31,5	Deutsche Bank AG, London
Barclays Bank PLC	27	32,5	Credit Suisse International
Goldman Sachs International	27	33	JPMorgan Securities PLC
Citigroup Global Markets Limited	26	33,25	BNP Paribas
Morgan Stanley & Co. International PLC	25	33,75	Bank of America, N.A.

Im nächsten Schritt übermitteln die Dealer das Nominal (Physical Settlement Request), das sie kaufen bzw. verkaufen würden, wobei zu beachten ist, dass CDS-Käufer (netto) in der Auktion Deliverable Obligations nur verkaufen, d. h. eine Offer stellen dürfen. Für CDS-Verkäufer (netto) gilt dies genau andersrum. Unabhängig von der Positionierung darf das Nominal des Physical Settlement Request das Nominal der Netto-CDS-Position eines Dealers nicht übersteigen. Zusätzlich können Dealer hier im Auftrag ihrer Kunden (z. B. im Auftrag eines Asset Managers) deren Anfragen in die Auktion einbringen. Da die Angaben, die beim Physical Settlement Request zum Nominal gemacht werden, für den zweiten Teil der Auktion bindend übernommen werden, können die Dealer auch einen Betrag von null angeben. Die Physical Settlement Requests für das NSINO-Beispiel waren wie folgt:

Physical Settlement Requests		
Dealer	**Bid/Offer**	**Size (in Mio. €)**
Barclays Bank PLC	Offer	0
BNP Paribas	Offer	0
Citigroup Global Markets Limited	Offer	2,6
Credit Suisse International	Offer	0
Deutsche Bank AG, London	Offer	0
Goldman Sachs International	Offer	11
JPMorgan Securities PLC	Offer	27,5
Morgan Stanley & Co. International PLC	Offer	0
Societe Generale	Offer	0
Bank of America, N.A.	Bid	7

Insgesamt ergibt sich ein Net Open Interest to Sell von 34,1 Mio. Euro (2,6 Mio. Euro + 11 Mio. Euro + 27,5 Mio. Euro – 7 Mio. Euro).

Im letzten Schritt des ersten Auktions-Teils werden die Adjustment Amounts ermittelt, die eine Art Strafgebühr für Bids oder Offers darstellen sollen, die auf der falschen

Seite des Net Open Interests liegen. Davon sind also bei einem Net Open Interest to Sell die Bids betroffen, die über dem IMM liegen, und bei einem Net Open Interest to Buy entsprechend die Offers, die unter dem IMM liegen. Damit soll sichergestellt werden, dass bereits von vornherein Bids und Offers von den Dealern geliefert werden (aus denen sich wiederum das IMM ergibt), die den Markt für die Deliverable Obligations weitestgehend korrekt reflektieren. Der Adjustment Amount bei einem Net Open Interest to Sell wird folgendermaßen berechnet:

$$\text{Adjustment Amount} = \text{Initial Market Quotation Amount} \times (\text{Bid IMM})$$

Im Falle eines Net Open Interest to Buy gilt:

$$\text{Adjustment Amount} = \text{Ininital Market Quotation Amount} \times (\text{IMM Offer})$$

Im NSINO-Beispiel wird lediglich von Bank of America, N.A. ein Adjustment Amount in Höhe von 625 Euro (= 500 000 € × (29,75–29,625) %) gefordert.

Das IMM, Net Open Interest und die Adjustment Amounts werden innerhalb von 30 Minuten nach Auktionsbeginn veröffentlicht.

Teil 2 der CDS-Auktion:

Im zweiten Teil der Auktion wird der Final Price mittels einer sogenannten Dutch Auction ermittelt. Dazu können die Dealer Limit Orders[58] übermitteln. Das Level, bei dem das Net Open Interest gefüllt wird, ist der Final Price, zu dem alle Transaktionen, die die Auktion betreffen, abgewickelt werden. Liegt ein Net Open Interest to Sell vor, so können die Dealer Kauf-Limit-Orders aufgeben; bei einem Net Open Interest to Buy entsprechend nur Verkauf-Limit-Orders. Zusätzlich ist das Limit für die Dutch Auction durch den sogenannten Cap Amount bei einem Net Open Interest to Sell bzw. einem Net Open Interest to Buy eingeschränkt auf maximal (IMM + Cap Amount) bzw. mindestens (IMM – Cap Amount). Mit dieser weiteren Vorgabe wird sichergestellt, dass der Final Price nicht zu weit vom IMM abweicht. Im beispielhaften Fall der NSINO-Auktion lag der Cap Amount bei 1 %, was den Auction Settlement Terms (zu finden unter https://dc.isda.org/) zu entnehmen ist. Demzufolge konnten also Kauf-Limit-Orders von maximal 30,625 (=29,625 + 1) übermittelt werden. Jeder Dealer kann beliebig viele Limit Orders zu unterschiedlichen Nominalen aufgeben.

Zusätzlich gehen die entsprechenden Seiten aus dem ersten Teil (Initial Market Submission) als Limit Orders in die Dutch Auction ein. Das Nominal ist gleich dem Initial Market Quotation Amount, die Limits werden folgendermaßen ermittelt:

- Open Interest to Sell: min(IMM, Initial Market Submission)
- Open Interest to Buy: max(IMM, Initial Market Submission)

58 Eine Limit Order ist der Auftrag für den Kauf oder Verkauf einer vorgegebenen Anzahl von beispielsweise Wertpapieren bei einem bestimmten Preis oder besser.

Nachdem alle Limit Orders übermittelt wurden, werden diese den Limits nach geordnet und gefüllt, bis der Net Open Interest bedient ist. Genauer gesagt werden bei einem Open Interest to Sell die Limits (Bids) absteigend geordnet und beginnend mit dem größten Bid gefüllt. Bei einem Open Interest to Sell werden die Limits (Offers) aufsteigend geordnet und beginnend mit der kleinsten Offer gefüllt. Das Level, bei dem der Net Open Interest zuletzt bedient wurde, ist der Final Price der Auktion, bei dem schließlich das Net Open Interest gecleared wird. Dieser Preis ist außerdem die Recovery Rate für alle Cash-Settled CDS und auch der Preis, bei dem alle Deliverable Obligations physisch in der Auktion gesettled werden.

In der folgenden Tabelle ist ein Ausschnitt der Limit Orders der NSINO-Auktion zu sehen, wobei bereits nach Bids absteigend sortiert wurde. Der letzte Preis, bei dem eine Limit Order gefüllt wurde, um das Net Open Interest abzudecken, liegt bei 29,625 – der Final Price der Auktion (und zufälligerweise auch der IMM). Bei diesem Level gab es allerdings Bids von insgesamt drei Dealern über ein Nominal von insgesamt 10,5 Mio. Euro, wovon allerdings nur 5,9 Mio. Euro benötigt werden, um den Net Open Interest zu bedienen. Diese 5,9 Mio. Euro werden dann pro rata den drei Dealern zugeordnet.

Auszug der Limit Orders für das NSINO-Beispiel:

Physical Settlement Requests		
Dealer	**Bid**	**Size (in Mio. €)**
Credit Suisse International	30,625*	10,0
Goldman Sachs International	30,625*	8,4
Credit Suisse International	30,625*	3,1
JPMorgan Securities PLC	30,625*	3,0
JPMorgan Securities PLC	29,875*	1,0
JPMorgan Securities PLC	29,625^	5,0
Barclays Bank PLC	29,625^	5,0
Bank of America, N.A.	29,625^	0,5
Bank of America, N.A.	29,5	1,0
BNP Paribas	29,25	0,5
JPMorgan Securities PLC	29,125	1,0

Neben diesem klassischen Fall sind auch Spezialfälle denkbar wie z. B. ein Net Open Interest von null – in diesem Fall ist der Final Price gleich dem IMM. Liegt ein Net Open Interest to Sell vor und es gibt nicht ausreichend viele Limit Orders (Bids), dann liegt der Final Price bei null. Ähnliches gilt für den Fall eines Net Open Interest to Buy: Liegen nicht genügend Limit Orders (Offers) vor, so liegt der Final Price bei Par.

Ist eine Deliverable Obligation in einer anderen Währung als der CDS begeben worden, dann bedarf es eines einheitlich festgelegten Wechselkurses. Dieser wird am Tag vor der Auktion veröffentlicht und entspricht dem WM/Reuters-Kurs (Mid) um 16 Uhr (London Time) einen Bankarbeitstag vor der Auktion für CDS auf US-Referenzentitäten bzw. zwei Bankarbeitstage vor der Auktion für alle übrigen CDS.

2.3.3 Cash und Physical Settlement in der Auktion

Marktteilnehmer können ihre CDS-Position in der Auktion Cash oder Physical setteln, wobei Cash Settlement Standard ist und auch so abgewickelt wird, falls ein Investor nicht explizit nach Physical Settlement verlangt.

Beim Cash Settlement gibt es folgende Cashflows:

- CDS-Käufer erhält: Nominal × (1 – Final Price) – aufgelaufener Coupon
- CDS-Verkäufer zahlt: Nominal × (1 – Final Price) – aufgelaufener Coupon

Der aufgelaufene Coupon, also die letzte Versicherungszahlung (diese werden nachträglich gezahlt) vom CDS-Käufer an den CDS-Verkäufer, deckt den Zeitraum vom letzten Coupon-Zahlungstag bis zum Event Determination Date (einschließlich) ab. Fällt ein IMM-Tag zwischen Event Determination Date und Auktionstag, so muss dieser Coupon vom CDS-Käufer zunächst trotzdem noch bezahlt werden. Er wird allerdings beim finalen Settlement nach der Auktion entsprechend rückvergütet.

Möchte ein Investor seine CDS-Position physisch abwickeln, dann kann er dies nur über einen Dealer tun, der an der Auktion teilnimmt. Diesem muss er einen Customer Physical Settlement Request Letter bis spätestens 17 Uhr am Bankarbeitstag vor der Auktion liefern, damit der Dealer dies entsprechend beim Auktionsprozess berücksichtigen kann. Dabei handelt es sich um eine feste Vereinbarung, eine der Deliverable Obligations beim Final Price zu kaufen bzw. zu verkaufen. Direkt nach der Auktion müssen CDS-Käufer, die sich dazu entschieden haben, ihren CDS physisch abzuwickeln, eine Notice of Physical Settlement (NOPS) bis spätestens 16 Uhr am Bankarbeitstag nach der Auktion an die entsprechende Gegenpartei senden. Beim Physical Settlement gibt es folgende Transaktionen:

- CDS-Käufer verkauft die Deliverable Obligation zum Final Price und erhält Par-Final Price.
- CDS-Verkäufer kauft die Deliverable Obligation zum Final Price und zahlt Par-Final Price.

De facto wird also auch beim Physical Settlement der CDS Cash gesettled. Allerdings wird durch die verbindliche Zusage zum Kauf bzw. Verkauf einer entsprechenden Größe an Deliverable Obligations über die NOPS eine physische Abwicklung nachgebildet.

Beim Physical Settlement ist außerdem zu beachten, dass ein CDS-Investor nicht mehr Nominal an Deliverable Obligations in die Auktion geben darf, als er (netto) Long CDS besitzt, bzw. nicht mehr Nominal an Deliverable Obligations in der Auktion nachfragen darf, als er (netto) Short CDS besitzt. So kann beispielsweise ein CDS-Investor, der 10 Mio. US-Dollar CDS gekauft hat, im Customer Physical Settlement Request Letter einen Betrag von 0 bis 10 Mio. US-Dollar angeben.

2.3.4 Cheapest to Deliver

Im Abschnitt 2.3.3 haben wir gezeigt, wie die Recovery (der Final Price) ermittelt wird, jedoch nicht, wer oder was diese in eine bestimmte Richtung treiben könnte. Dazu zählen im Grunde genommen zwei Faktoren: der Wert des sogenannten Cheapest to Deliver und die Größe/Richtung des Net Open Interest im Vergleich zu den Positionen der Auktionsteilnehmer.

Ein CDS-Käufer hat im Fall eines Credit Event immer die Möglichkeit, eine der Deliverable Obligations – und damit auch die günstigste bzw. am niedrigsten bewertete – in die Auktion zu liefern. Diese Anleihe wird als Cheapest to Deliver bezeichnet, die Möglichkeit dazu nennt man Cheapest-to-Deliver-Option. Je niedriger der Final Price ausfällt, umso höher ist die Entschädigungszahlung (=1 – Final Price). Da ein CDS-Käufer von einem niedrigen Final Price profitiert, besitzt dieser implizit immer die Cheapest-to-Deliver-Option, wohingegen der CDS-Verkäufer auch diese Optionalität implizit verkauft hat (also »short« ist). Auf der anderen Seite haben sowohl die Dealer beim Stellen der Bid-Offer-Preise im ersten Teil der Auktion als auch CDS-Verkäufer beim Settlement ein Risiko, die Cheapest-to-Deliver-Anleihe zu erhalten. Dementsprechend trägt die Cheapest-to-Deliver-Anleihe indirekt zur Bestimmung des Final Price bei – je nach ausstehendem Nominal dieser Anleihe ist der Effekt mehr oder weniger ausgeprägt.

Den geringsten Effekt hat die Cheapest-to-Deliver-Option in der Regel bei Hard Credit Events wie z. B. Bankruptcy oder Failure to Pay, wo alle Deliverable Obligations in etwa auf der erwarteten Recovery handeln (unter der Annahme, dass die Kapitalstruktur des betreffenden Unternehmens einen nicht allzu hohen Grad an Komplexität besitzt). Bei einem Restructuring Credit Event, nach dem ein Unternehmen in der Regel weiter besteht, kann es zu durchaus unterschiedlichen Bewertungen zwischen restrukturierten und nicht-restrukturierten Anleihen kommen – sowohl vor als auch nach der Auktion.

2.4 Settlement nach Credit Events bei anderen Kreditderivaten

Die bisherigen Erläuterungen zu Credit Events und deren Abwicklung haben sich ausschließlich auf Single Name CDS bezogen. Allerdings sind auch andere Kreditderivate wie beispielsweise CDS-Indices oder Recovery-Instrumente wie Fixed Recovery CDS, Recovery Locks oder Fixed Recovery Swaps von Credit Events auf Einzelnamen betroffen. Auch für diese gibt es Vorgaben, wie sie in solch einem Fall abgewickelt bzw. abgeändert werden.

2.4.1 CDS-Indices

Tritt ein Hard Credit Event auf eine Entität ein und ein Single Name CDS, der auf diese Entität referenziert, befindet sich in einem CDS-Index, dann ist auch dieser vom Credit Event betroffen. Zum einen wird er entsprechend dem Ergebnis der Auktion abgewickelt, zum anderen muss der CDS-Index angepasst werden, da dieser Name nun kein Index-Mitglied mehr ist. Dies lässt sich anschaulich anhand des Credit Events bei

Toys »R« Us, Inc. (September/Oktober 2017)[59] erklären, das u. a. eines von insgesamt 100 Index-Mitgliedern im CDX HY S28 5Y war. Das Ergebnis der Auktion war ein Final Price von 26. Ähnlich wie beim Cash Settlement für Single Name CDS erhält der CDX-Käufer von seiner Gegenpartei *Nominal* × *(1 − Recovery)*, wobei das Nominal in diesem Fall anteilig zum Index (alle Mitglieder in den gängigen CDS-Indices sind gleichgewichtet) zu sehen ist, und bei n Index-Mitgliedern gilt: *Nominal = 1 / n × Indexnominal*. In diesem Beispiel hätte ein Käufer von 10 Mio. US-Dollar CDX HY S28 5Y im Anschluss der Auktion eine Zahlung in Höhe von (ohne Berücksichtigung der aufgelaufenen Zinsen)

$$1/100 \times 10 \text{ Mio. US-Dollar} \times (1 - 0{,}26) = 74\,000 \text{ US-Dollar}$$

erhalten.

Da der Index nach einem Credit Event ein Mitglied weniger hat, wird dieser angepasst, indem eine neue Version desselben Index erstellt wird. Bestehende CDX-Kontrakte werden dann automatisch in die neue Index-Version (nicht zu verwechseln mit einer neuen Index-Serie) umgewandelt, wobei auch das Index-Nominal dasselbe bleibt – allerdings bekommt diese Version einen Faktor. Wenn die ursprüngliche Version des Index n Mitglieder hatte, so beträgt dieser Faktor $(n - 1) / n$. Möchte der CDX-Käufer aus dem obigen Beispiel den CDX zu einem Zeitpunkt nach der Auktion (unter der Voraussetzung, dass kein weiteres Credit Event eingetreten ist) verkaufen, dann ergibt sich bei einem Upfront von angenommen −6,5 % und ohne Berücksichtigung der aufgelaufenen Zinsen ein Settlement Amount von:

$$\begin{aligned}\text{Upfront} \times \text{Faktor} \times \text{Indexnominal} &= -6{,}5\,\% \times 99/100 \times 10 \text{ Mio. US-Dollar}\\ &= -643\,500 \text{ US-Dollar.}\end{aligned}$$

Liegt ein Restructuring Credit Event für eines der n Indexmitglieder vor, ist das Vorgehen etwas anders. In diesem Fall wird der betroffene CDS mit $1 / n$ Indexnominal vom Index abgespalten. Der verbleibende Index wird zu einer neuen Version mit einem Faktor von $(n-1) / n$ wie im Fall von Hard Credit Events. Für den abgespaltenen, nun Single Name CDS kann für das Restructuring wie mit einem gewöhnlichen Single Name CDS umgegangen werden, was somit auch insbesondere das Triggern sowohl von Käufer- als auch Verkäuferseite beinhaltet.

2.4.2 Fixed Recovery CDS

Ein Fixed Recovery CDS (auch Digital Default CDS genannt) ist ein Standard-CDS, bei dem die Recovery R_{fix} bei Abschluss des Geschäfts vereinbart und festgehalten wird. Der Käufer eines Fixed Recovery CDS (auch hier die Partei, die Versicherung kauft) zahlt also vierteljährlich die Coupons bis zum Ende der Laufzeit bzw. bis zum Credit Event, falls eines eintreten sollte. In diesem Fall erhält der Käufer eine Zahlung in Höhe von *Nominal* × $(1 - R_{fix})$, wobei aufgelaufene Coupons nicht berücksichtigt werden. Aus

59 http://www.creditfixings.com und https://dc.isda.org/cds/toys-r-us-inc/.

diesem Grund kommt bei Eintritt eines Credit Events nur Cash Settlement infrage. Die Art des Credit Events und auch das Ergebnis sind für die beiden Parteien völlig irrelevant.

2.4.3 Recovery Lock

Bei einem Recovery Lock vereinbaren zwei Parteien für den Fall eines Credit Events der Referenzentität vor Laufzeitende eine vorab vereinbarte Recovery R_{fix} gegen die tatsächliche Recovery aus der Auktion R_{actual} auszutauschen. Die beiden Parteien werden Recovery Lock Receiver und Recovery Lock Payer genannt, wobei sich die Begriffe »Receiver« und »Payer« auf die in der Auktion realisierte Recovery R_{actual} beziehen.[60] Für diese Art von Geschäft gibt es weder einen Austausch von Coupons (diese würden sich gegenseitig aufheben) noch eine Upfront-Zahlung. Das wiederum bedeutet, dass die bei Abschluss des Geschäfts festgehaltene Recovery R_{fix} der vom Markt implizierten aktuellen Recovery entspricht. Solange kein Credit Event eintritt, bleibt dieses Geschäft frei von Zahlungen. Abbildung 2.4 zeigt die Zahlungsströme im Falle eines Credit Events.

Abb. 2.4: Recovery Lock, Quelle: XAIA Investment

Ein Recovery Lock kann nach einem Credit Event je nach Vereinbarung physisch oder in Cash abgewickelt werden. Beim Cash Settlement wird letztendlich nur die Differenz zwischen R_{fix} und R_{actual} ausgetauscht – die Richtung hängt natürlich davon ab, welcher der beiden Werte größer ist. Physical Settlement wäre auch denkbar, wenn der Recovery Lock Payer eine Deliverable Obligation an den Recovery Lock Receiver liefert und im Gegenzug die fixe Recovery R_{fix} erhält.

2.4.4 Recovery Swap

Ein Recovery Swap ist eine Kombination aus einem Short (Long) Standard CDS und einem Long (Short) Fixed Recovery CDS mit gleichem Nominal und gleicher Laufzeit auf dieselbe Referenzentität. Der Recovery Swap Payer ist Verkäufer des Fixed Recovery CDS und erhält dafür Coupons. Im Falle eines Credit Event muss er an dem Recovery Swap Receiver eine Zahlung in Höhe von $Nominal \times (1 - R_{fix})$ leisten. Gleichzeitig ist er auch Käufer des Standard-CDS, bei dem er wiederum den Coupon zahlt und im Fall eines Credit Event $Nominal \times (1 - R_{actual})$ vom Recovery Swap Receiver erhält. Nimmt man an, dass bei Abschluss des Recovery Swaps $R_{fix} = R_{actual}$ gilt, dann heben sich die Coupon-Zahlungen auf und der Payoff ist derselbe wie bei einem Recovery Lock.

60 Für diese Art von Instrument ist die Terminologie leider nicht einheitlich und abhängig davon, ob man sich auf die fixe oder eben die final realisierte Recovery bezieht.

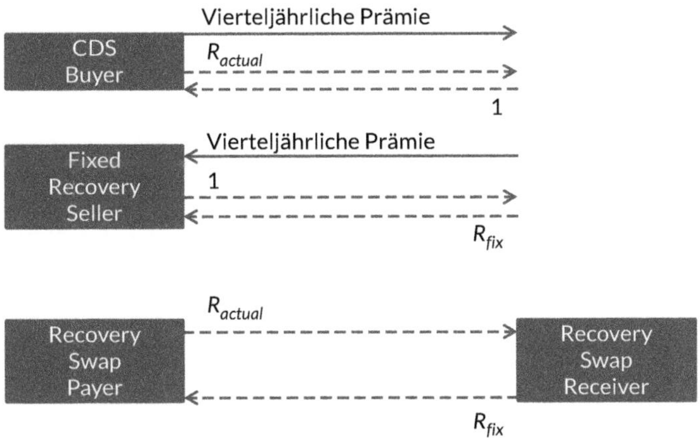

Abb. 2.5: Recovery Swap, Quelle: XAIA Investment

Betrachtet man allein die Cashflows, entsteht der Eindruck, dass ein Recovery Lock und ein Recovery Swap dieselben Instrumente sind. Ein gravierender Unterschied ist aber z. B., dass ein Recovery Swap faktisch aus zwei Instrumenten besteht, die auch separat gehandelt werden könnten. Das spielt auch dann eine Rolle, wenn es sich bei einem evtl. eintretenden Credit Event um ein Restructuring handelt. Je nachdem, ob der Käufer, der Verkäufer oder beide Parteien des Standard-CDS triggern, wird der CDS möglicherweise einem anderen Bucket für die Auktion zugeordnet und kann daher auch eine andere finale Recovery R_{actual} liefern, als es beim Recovery Lock der Fall ist.

3 Bewertung von CDS

3.1 Grundsätzliches Bewertungsprinzip

Abgesehen von einem möglichen Collateral-Austausch, worauf wir erst in Abschnitt 3.6 gesondert eingehen, gibt es in einem CDS-Vertrag potenziell Zahlungsströme in zwei Richtungen (vgl. Abbildung 1.1): einen Zahlungsstrom vom Versicherungsnehmer an den Versicherungsgeber (das sogenannte *Premium Leg*) und einen Zahlungsstrom vom Versicherungsgeber an den Versicherungsnehmer (das sogenannte *Default Leg*, manchmal auch *Protection Leg*). Premium und Default Leg sind zum Bewertungstag noch unbekannt, denn sie bestehen aus zukünftigen Zahlungen, deren Höhe von zufälligen Entwicklungen einiger entscheidender Faktoren abhängig ist. Um einen CDS zu bewerten, ist es notwendig, für all diese zufälligen Entwicklungen realistische Modellannahmen zu treffen. Zum Beispiel muss man Annahmen darüber treffen, mit welchen Wahrscheinlichkeiten ein Kreditereignis zu welchem Zeitpunkt eintritt. Weil der zufällige Eintrittszeitpunkt eines Kreditereignisses der wichtigste Faktor für die Bestimmung eines fairen CDS-Marktwertes darstellt, werden wir uns in der Folge mit dessen Modellierung besonders intensiv auseinandersetzen und insbesondere die dafür benötigten mathematischen Grundlagen etwas genauer beleuchten, siehe Abschnitt 3.4. Aber es gibt eben noch eine ganze Reihe weiterer Faktoren, die ebenfalls Einfluss auf die Bewertung eines CDS haben – wenn auch eher sekundärer Natur. Zu nennen sind hier insbesondere die Höhe der Verwertungsquote im Falle eines Kreditereignisses (siehe Abschnitt 3.2.1), Erwartungen über die zukünftige Zinsentwicklung (siehe Abschnitt 3.2.3), die Frage, ob ein CDS kollateralisiert ist oder nicht (siehe Abschnitt 3.6), sowie die eventuelle Berücksichtigung von Counterparty-Ausfallrisiko (siehe Abschnitt 3.7).

Der faire Wert eines CDS für den Versicherungsnehmer wird im Markt mit dem englischen Begriff *CDS Upfront* bezeichnet. Das Upfront entspricht genau dem Geldbetrag, zu dem der CDS am Markt wieder veräußert werden kann. Der faire Wert des CDS für den Versicherungsgeber ist exakt derselbe Wert, nur mit anderem Vorzeichen, also das negative Upfront, weil exakt dieselben Zahlungsströme zu exakt denselben Zeitpunkten nur in die jeweils andere Richtung fließen. Die Tatsache, dass das Upfront den Wert des CDS aus Sicht des Versicherungsnehmers bezeichnet, ist dabei reine Konvention, denn für eine Seite muss man sich nun mal entscheiden. Die englische Bezeichnung »Upfront (Payment)« bedeutet soviel wie »Einmalzahlung« und bezieht sich darauf, dass der Versicherungsnehmer diesen Geldbetrag bei Vertragsabschluss initial an den Versicherungsgeber bezahlen muss – zusätzlich zu den während der Vertragslaufzeit anfallenden Prämienzahlungen.

Ähnlich wie der Preis einer Anleihe, wird üblicherweise auch der Wert eines CDS, also dessen Upfront, in Prozent des zugrunde liegenden Nominals kommuniziert. Wenn wir also ein Upfront berechnen wollen, können wir ohne Verlust von Allgemeinheit in allen Berechnungen annehmen, dass das vertraglich vereinbarte Nominal gleich eins beträgt, d. h. eine Einheit der dem CDS zugrunde liegenden Währung, z. B. ein

US-Dollar. Folglich taucht in allen folgenden Bewertungsformeln das Nominal gar nicht mehr auf. Um einen tatsächlichen Geldwert zu berechnen, muss man das CDS Upfront mit dem Nominal des CDS multiplizieren.

Völlig natürlich ergibt sich das Upfront aus dem fairen Wert des Default Legs, das der Versicherungsnehmer bekommt, abzüglich des fairen Wertes des Premium Legs, das der Versicherungsnehmer bezahlt. Folglich kann man die Bewertung eines CDS in zwei Teilbewertungen untergliedern: die Bewertung des Premium Legs (siehe Abschnitt 3.3.1) und die Bewertung des Default Legs (siehe Abschnitt 3.3.2). Generell wird der faire Wert eines der beiden Legs berechnet als der Barwert dessen erwarteter Zahlungen.

Was bedeutet »Barwert« und was bedeutet »erwartet«? Da die Höhe der entsprechenden Zahlungen aus Sicht des Bewertungstages zukünftig und damit ungewiss sind, werden zum Zwecke der Evaluation Erwartungswerte gebildet. Der Erwartungswert einer einzelnen Zahlung ist dabei die Summe über wahrscheinlichkeitsgewichtete, mögliche Zahlungshöhen und soll die zum Bewertungstag bestmögliche Einschätzung über die besagte Zahlungshöhe widerspiegeln – quasi mit dem Ziel, einen fairen Preis für die eigentlich zufällige Zahlungshöhe festzulegen. Der »Barwert« einer Reihe von sicheren, zukünftigen Zahlungen bezeichnet gerade den Geldbetrag, den man heute bereit ist, auszuzahlen, um die besagten sicheren, zukünftigen Zahlungen zu erhalten. Die Höhe jeder einzelnen sicheren, zukünftigen Zahlung wird auch bezeichnet als deren »Nominalwert«. Die Umrechnung eines Nominalwertes in den Barwert einer Zahlung, die an einem zukünftigen Zeitpunkt stattfindet, geschieht durch Multiplikation mit einem Zinsdiskontfaktor, der vom Zahlungszeitpunkt abhängig ist.

Zusammengefasst besteht die Bewertung eines der beiden CDS Legs also aus zwei Teilschritten: (i) Modellierung der Unsicherheit über die Höhe jeder einzelnen möglichen Zahlung sowie die Bildung von Erwartungswerten hiervon und (ii) die Berechnung des Barwertes dieser Reihe von zuvor gebildeten Erwartungswerten unter Verwendung einer geeigneten Zinsstrukturkurve. Details dieser Vorgehensweise werden in Abschnitt 3.3 ausgeführt.

3.2 Generelle Annahmen und Bezeichnungen

Bevor wir in Abschnitt 3.2.3 mathematische Notationen und Grundlagen einführen, die für die Beschreibung der Bewertungsmethoden unvermeidbar sind, gehen wir in den Abschnitten 3.2.1 und 3.2.2 auf vereinfachende Annahmen bezüglich der Verwertungsquote in einem Kreditereignis und bezüglich der Behandlung von Collateral- und Counterparty-Ausfallrisiko ein.

3.2.1 Verwertungsquote

Nachdem das ISDA Determinations Committee ein Kreditereignis festgestellt hat, gibt es einen festgelegten Auktionsmechanismus, der letztlich die Höhe der vom

Versicherungsgeber zu leistenden Einmalzahlung an den Versicherungsnehmer festlegt (siehe Kapitel 2). Diese Höhe beträgt gerade den Anteil $1 - R$ des vertraglich festgelegten CDS-Nominals, wobei R die in der CDS-Auktion ermittelte Verwertungsquote bezeichnet: eine Zahl zwischen null und eins. Unglücklicherweise ist die Verwertungsquote zum Bewertungstag meist noch nicht bekannt, denn es ist ja in der Regel noch nicht einmal bekannt, ob überhaupt ein Kreditereignis eintreten wird. Es handelt sich also im Allgemeinen um eine zufällige Zahl, deren letztlich realisierter Wert maßgeblich über die Höhe des Default Legs mitentscheidet. Folglich ist ein die komplexe Realität vereinfachendes, mathematisches Modell für R erforderlich, um zu einer Bewertungsformel für den CDS zu gelangen.

Auch wenn man in der finanzmathematischen Fachliteratur einige interessante Arbeiten zur realitätsnahen Modellierung der Verwertungsquote findet, bevorzugen die meisten Anwendungen und Anwender lieber ein denkbar einfaches mathematisches Modell: Sie nehmen schlichtweg an, dass die Zahl R von vorneherein bekannt ist. Die verwendete Zahl R muss man dann als Erwartungswert der Verwertungsquote im Falle eines möglicherweise eintretenden Kreditereignisses auffassen. Die modellierte Höhe der Verwertungsquote hängt im Allgemeinen vom Einzelfall ab, z. B. indem man die Bilanzdaten der Referenzentität analysiert und daraus eine Schätzung über den Restwert der aktuellen Cheapest-To-Deliver-Anleihe im Falle einer plötzlichen Insolvenz ableitet. Allerdings sei hier erwähnt, dass neben solch fundamentalen Bilanzdaten auch technische Effekte des CDS-Auktions-Mechanismus einen Einfluss auf die Verwertungsquote haben können.[1]

Will man sich die Mühe sparen, die Bilanzdaten der Referenzentität zu analysieren, so ist eine häufig angewandte Vereinfachung der Verwertungsquoten-Modellierung, sich auf Standardwerte zu berufen, die an die Seniorität und den CDS-Standard gekoppelt sind. Zum Beispiel definiert die ISDA für ihr Standard-CDS-Bewertungsmodell (siehe Abschnitt 3.5.1) die zu verwendende Verwertungsquote in Abhängigkeit des CDS-Standards und der Seniorität unter dem Link http://www.cdsmodel.com/cdsmodel/fee-computations.html?. Für die meisten CDS-Kontrakte beträgt dieser Wert entweder 40 % (für Senior CDS) oder 20 % (für Subordinated CDS). Andere gängige Werte wie 25 % sind typisch für CDS referenzierend auf Emerging-Market-Länder.

In allen in der Folge behandelten Bewertungsformeln bezeichnet R stets eine bereits zum Bewertungstag bekannte (nicht zufällige) Zahl zwischen null und eins, die als gegebenes Modell für die zu erwartende Verwertungsquote des betreffenden CDS verwendet wird. Die Annahme einer bekannten, fixen Verwertungsquote ist nicht nur aus Vereinfachungsgründen zu rechtfertigen. Auch an der Formel in Abschnitt 3.3.2 zeigt sich, dass der Wert des Default Legs, und damit das CDS Upfront, eine lineare Funktion in R ist. Lässt man also potenzielle Wechselwirkungen der Verwertungsquote mit anderen Faktoren außen vor – was wir nun tatsächlich aus Gründen der Einfachheit

1 Gupta/Sundaram (2015).

tun –, so würde aufgrund dieser Linearität ein aufwendigeres Modell mit wahrscheinlichkeitsgewichteten Szenarien für die Höhe der Verwertungsquote letztlich genau dasselbe Upfront liefern wie ein einfaches Modell mit konstanter Verwertungsquote, deren Höhe dem wahrscheinlichkeitsgewichteten Erwartungswert von R entspricht. Mit anderen Worten: Eine aufwendige Modellierung von R ist unnötig.

3.2.2 Collateral- und Counterparty-Ausfallrisiko

Ein CDS ist ein Derivat, d. h. ein Vertrag zwischen zwei Parteien, dessen Zahlungsströme von der Marktentwicklung einer dritten Partei abhängen – nämlich von der Kreditwürdigkeit der Referenzentität. Wie bei jedem Derivat tragen die beiden Vertragspartner eines CDS das Risiko, dass die Gegenpartei in Zahlungsnöte kommt. Dieses Risiko bezeichnet man als Counterparty-Ausfallrisiko. Besonders augenscheinlich wird dies aus Sichtweise des Versicherungsnehmers im Falle eines Kreditereignisses, wenn eine typischerweise recht hohe Entschädigungszahlung des Versicherungsgebers fällig wird. Ist dieser dann nicht in der Lage, seinen vertraglichen Verpflichtungen nachzukommen, verliert der CDS in diesem Moment für den Versicherungsnehmer seine Daseinsberechtigung, da die eigentliche Entschädigungsfunktion ausgesetzt wird.

Eine übliche und einfache Methodik, dieses Counterparty-Ausfallrisiko in die Bewertung einzubeziehen, basiert auf der Modellannahme, dass die beiden Vertragsparteien niemals in Zahlungsnöte kommen können. Mit anderen Worten: Man ignoriert das Counterparty-Ausfallrisiko vollständig. Häufig kann diese Annahme dadurch gerechtfertigt werden, dass eine Zahlungsunfähigkeit der beiden Vertragsparteien (Banken, Hedgefonds etc.) im Kreditereignis sehr unwahrscheinlich ist. Allerdings ist der Markt seit der Insolvenz der Investmentbank Lehman Brothers 2008, damals eine der weltweit größten CDS-Gegenparteien, sehr stark sensibilisiert für das Thema Counterparty-Ausfallrisiko, was auch eine ganze Reihe regulatorischer Maßnahmen nach sich gezogen hat, siehe Kapitel 6. In Abschnitt 3.7 geben wir einen kurzen Abriss über die Bewertung von CDS unter Berücksichtigung von Counterparty-Ausfallrisiko, was allerdings mit einem erheblichen Maß an gesteigerter, mathematischer Komplexität einhergeht. In den übrigen Abschnitten ignorieren wir das Counterparty-Ausfallrisiko. Nicht zuletzt auch deswegen, weil es bei sogenannten Collateralized CDS eine sekundäre Rolle spielt und heutzutage in der Praxis quasi ausschließlich Collateralized CDS gehandelt werden.

Was genau ist ein *Collateralized CDS*?

Eine heutzutage häufig in Anspruch genommene Möglichkeit zur Reduzierung von Counterparty-Ausfallrisiko besteht im regelmäßigen Austausch von Collateral zwischen den beiden Vertragsparteien, um die zwischenzeitlichen Marked-to-Market-Gewinne und -Verluste aus Marktpreisveränderungen nicht erst im Falle eines Kreditereignisses, sondern bereits zuvor abzusichern. Bei solch einem Collateralized CDS gibt es also zusätzlich zu den Zahlungsströmen in Abbildung 1.1, die Premium und Default Leg beinhalten, noch einen Collateral-Zahlungsstrom. In Abschnitt 3.6

wird erläutert, wie dieser zusätzliche Zahlungsstrom die Bewertung eines CDS beeinflusst. Interessanterweise kann man unter vernünftigen Annahmen zeigen (siehe Abschnitt 3.6), dass die Bewertungsformel eines Collateralized CDS exakt dieselbe ist wie die Bewertungsformel eines herkömmlichen, Uncollateralized CDS – nur unter Verwendung einer anderen Zinsstrukturkurve, die aber in normalen Fällen nur einen untergeordneten Einfluss auf die Bewertung hat. Daher ist es nicht nur aufgrund der leichter zugänglichen Mathematik sinnvoller, in den kommenden Abschnitten zunächst die einfachere Bewertung eines Uncollateralized CDS zu erläutern, die sich in die Teilbewertungen des Premium Legs und des Default Legs gliedert.

3.2.3 Bezeichnungen und mathematische Grundlagen

Die Größe, die neben der bereits erwähnten Verwertungsquote R auf die Bewertung den bei weitem größten Einfluss hat, ist der Eintrittszeitpunkt eines Kreditereignisses bezüglich der Referenzentität, in der Folge mit τ bezeichnet. Präziser formuliert ist die Größe τ eine positive Zahl, die den Zeitraum zwischen Bewertungstag und Eintrittszeitpunkt in Jahren angibt. Diese Zahl hat offenkundig einen ausschlaggebenden Effekt auf den Wert des CDS. Unglücklicherweise ist die Zahl am Bewertungstag noch nicht bekannt und muss daher mittels eines mathematischen Modells behandelt werden. Man könnte es sich nun wieder einfach machen und wie bei der Verwertungsquote annehmen, dass τ bereits bekannt wäre, und diese Größe dann als Erwartungswert berechnen. Ein entscheidender Unterschied besteht allerdings darin, dass das CDS Upfront keine lineare Funktion in τ ist (wie es in R der Fall war). Mathematisch formuliert, folgt daraus unglücklicherweise, dass im Allgemeinen gilt:

$$\textit{Erwartungswert}\,(\textit{Zahlungsströme}\,(\tau)) \neq \textit{Zahlungsströme}\,(\textit{Erwartungswert}\,(\tau))$$

Es reicht also nicht aus, sich isoliert mit einer vernünftigen Schätzung für den Erwartungswert von τ zu befassen und diese Schätzung dann in die Barwertformeln für die Zahlungsströme von Default und Premium Leg einzusetzen. Stattdessen muss die Ausfallzeit τ als eine Funktion modelliert werden, die jeder als realistisch erachteten Möglichkeit für den Eintrittszeitpunkt eines Kreditereignisses eine Wahrscheinlichkeit zuordnet. In der mathematischen Stochastik nennt man solch ein Objekt eine Zufallsvariable. Heuristisch erläutert bedeutet die Tatsache, dass τ eine Zufallsvariable ist, einfach, dass τ eine zufällige, noch unbekannte Zahl ist, von deren Größenordnung wir allerdings mittels gewisser modellierter Wahrscheinlichkeiten eine Ahnung haben. Die mathematische Beschreibung einer Zufallsvariable funktioniert in der Praxis häufig über deren sogenannte Verteilungs- bzw. Überlebensfunktion, was in der Folge kurz erläutert wird. Die Verteilungsfunktion von τ ordnet jedem möglichen Zeitpunkt t die Wahrscheinlichkeit zu, dass τ spätestens bis zum Zeitpunkt t eingetreten ist. Wir bezeichnen diese Funktion mit $F_\tau(t)$, genannt »Verteilungsfunktion« von τ, und stellen fest, dass es sich um eine nicht-fallende Funktion handelt. Die Funktion $\overline{F}_\tau(t) = 1 - F_\tau(t)$ ist hingegen nicht-wachsend und heißt Überlebensfunktion von τ, denn $\overline{F}_\tau(t)$ ist gerade die Wahrscheinlichkeit, dass τ nicht vor dem Zeitpunkt t eintritt (also dass der CDS quasi mindestens bis t »überlebt«).

Wir bezeichnen zudem mit $B(T)$ den Gegenwert einer Währungseinheit des CDS zum zukünftigen Zeitpunkt T am (heutigen) Bewertungstag. Man nennt $B(T)$ auch den heutigen Barwert der zukünftigen Zahlung einer Währungseinheit am Zeitpunkt T. In anderen Worten ist $B(T)$ der Geldbetrag, den man am Bewertungstag bezahlen würde, um zum zukünftigen Zeitpunkt T eine Einheit der CDS-Währung mit Sicherheit zu erhalten. Ökonomisch gesehen ist $B(T)$ der faire Wert einer risikofreien Nullcoupon-Anleihe mit Laufzeit T in der CDS-Währung. Typischerweise wird die Bewertung solcher Nullcoupon-Anleihen mittels risikofreier Zinsstrukturkurven vorgenommen. Eine gerne gewählte mathematische Formulierung von Zinsstrukturkurven funktioniert mittels sogenannter instantaner Zinsraten. Eine solche ist eine Funktion $r(t)$ derart, dass für beliebige Zeitpunkte T gilt: $B(T) = e^{-\int_0^T r(t)dt}$. Umgekehrt berechnet sich die instantane Zinsrate aus einer Beobachtung von risikofreien Nullcoupon-Anleihen mit verschiedenen Laufzeiten t als logarithmische Ableitung: $r(t) = -\frac{d}{dt}\log(B(t))$. Intuitiv bezeichnet $r(t)$ die risikofreie Zinsrate, die man zum Zeitpunkt t für eine Geldanlage mit instantan kurzer Dauer im Markt erhalten kann. Die Zinsrate für einen Zeitraum $[0, T]$ ergibt sich dann als Durchschnitt aller $r(t)$ mit t zwischen 0 und T, mathematisch berechnet als Integral $\mathrm{r}(0, \mathrm{T}) = \frac{1}{T}\int_0^T r(t)dt$. Die Erwartungswerte dieser sogenannten Zero-Raten $\mathrm{r}(0, \mathrm{T})$ kann man aus marktüblichen Zinsprodukten extrahieren und daraus wiederum über die gerade angesprochene Integraldarstellung mittels geeigneter Interpolationsmethoden (=Modellannahmen) die Funktion r(t) gewinnen. Deren letztliche Funktion ist nur theoretischer Natur, weil es manchmal die mathematische Notation und damit die Klarheit der Erläuterung vereinfacht, wenn man Formeln mittels kontinuierlicher Zinsraten darstellt. Auch wir werden uns in der Folge ein ums andere Mal darauf zurückziehen.

3.3 Herleitung der Bewertungsformel

Bevor wir die Formel für Premium und Default Leg herleiten, wollen wir einführend nochmals das generelle Bewertungsprinzip in Erinnerung rufen. Dieses beruht darauf, dass man den fairen Wert eines CDS Legs als dessen erwarteten Barwert definiert, eine Methodik, welche sich für beide Legs, Premium Leg und Default Leg, in vier Teilschritte aufgliedern lässt:

1. Zunächst stellt man eine Liste der Nominalwerte aller potenziellen Zahlungen mit zugehörigen potenziellen Zahlungszeitpunkten zusammen.

2. Dann berechnet man für jede dieser potenziellen Zahlungen deren Barwert durch Multiplikation eines geeigneten Zinsdiskontfaktors, der vom jeweiligen Zahlungszeitpunkt abhängig ist.

3. Schließlich ersetzt man jeden Barwert einer potenziellen Zahlung durch eine fixe Zahl, indem man die Unsicherheit bezüglich der Höhe und/oder des Zahlungszeitpunktes der besagten Zahlung in einen wahrscheinlichkeitsgewichteten Erwartungswert umwandelt.

4. Der faire Wert eines CDS Legs ergibt sich als die Summe aller erwarteten Barwerte in Nr. 3. Diese Summe ist gerade der erwartete Barwert des gesamten Legs.

Wie schon zuvor erwähnt, nehmen wir in der Folge der Einfachheit wegen an, dass das dem CDS zugrunde liegende Nominal auf eins normiert ist, das heißt auf eine Einheit der zugrunde liegenden Währung. Dies hat zur Folge, dass man sich eine Bezeichnung für das Nominal sparen kann, und das berechnete CDS Upfront ist unmittelbar als Prozentsatz eines beliebigen CDS-Nominales aufzufassen.

3.3.1 Formel für Premium Leg

Es bezeichnen in der Folge $t_0, t_1, \ldots, t_n$ die vertraglich vereinbarten Prämienzahlungszeitpunkte des CDS, wobei der Bewertungstag zwischen t_0 und t_1 liegt, d. h. t_0 bezeichnet den letzten Prämienzahlungstag, t_1 den nächsten. Da der Bewertungstag dem Zeitpunkt $t = 0$ entspricht, ist t_0 eine negative Zahl, während alle anderen Prämienzahlungszeitpunkte durch positive Zahlen identifiziert sind. Der letzte Prämienzahlungstag ist gleichzeitig das Vertragsende und mit t_n bezeichnet. Die vertraglich vereinbarte, annualisierte CDS-Prämie bezeichnen wir mit c, üblicherweise gilt entweder $c = 1\,\%$ oder $c = 5\,\%$, je nach CDS-Standard.

Zu jedem Zeitpunkt t_k muss der Versicherungsnehmer dem Versicherungsgeber den Betrag $c(t_k - t_{k-1})$ bezahlen, wenn bis t_k noch kein Kreditereignis eingetreten ist, also wenn $\tau > t_k$ gilt. Der Barwert der Prämienzahlung am Zeitpunkt t_k ist gegeben durch die diskontierte Zahlung $c(t_k - t_{k-1})\mathrm{B}(\mathrm{t_k})$. Diese Zahlung fällt allerdings nur an, wenn $\tau > t_k$, ansonsten entfällt sie. Durch Multiplikation mit der Eintrittswahrscheinlichkeit $\overline{F}_\tau(t_k)$ für die Fälligkeit dieser Prämienzahlung erhält man deren erwarteten Barwert. Tritt ein Kreditereignis zwischen zwei Prämienzahlungszeitpunkten t_{k-1} und t_k ein, muss der Versicherungsnehmer dem Versicherungsgeber bei der Abwicklung des CDS noch die anteilige Prämie von t_{k-1} bis τ erstatten (welche er ja bei t_k nicht mehr bezahlen muss, weil der Vertrag bei τ endet). Der Barwert dieser Zahlung ist gegeben durch $c(\tau - t_{k-1})B(\tau)$. Da diese Zahlung empfindlich davon abhängt, wann genau zwischen t_{k-1} und t_k das Kreditereignis eintritt, ist die Berechnung des erwarteten Barwertes dieser Zahlung komplizierter. Mathematisch exakt ist dieser Erwartungswert gegeben durch die Integraldarstellung $\int_{t_{k-1}}^{t_k} c(t - t_{k-1})B(t)dF_\tau(t)$. In der Praxis macht man aber keinen großen Fehler, wenn man das letzte Integral durch einen einfacher zu berechnenden Ausdruck ersetzt, nämlich durch $c\,\frac{t_k - t_{k-1}}{2}\,B\left(\frac{t_k + t_{k-1}}{2}\right)(F_\tau(t_k) - F_\tau(t_{k-1}))$. Anschaulich basiert diese Approximation auf der Annahme, dass das Kreditereignis nicht zu jedem denkbar möglichen Zeitpunkt zwischen zwei Prämienzahlungen eintreten kann, sondern genau in der Mitte der Periode von t_{k-1} bis t_k stattfindet, nämlich am Zeitpunkt $\frac{t_k + t_{k-1}}{2}$. Diese Approximationsmethodik wird manchmal auch »Midpoint-Rule« (auf deutsch »Mittelpunkt-Regel«) genannt. Da sich die allererste mögliche Eintrittsperiode für ein Kreditereignis von $t = 0$ bis t_1 erstreckt (und nicht bei t_0 beginnt, weil man ja schon weiß, dass bis $t = 0$ kein Kreditereignis eingetreten ist), wählt man als Mittelpunkt dieser Periode den Wert $t_1/2$. Für beliebiges $k = 1, \ldots, n$

kann man den betrachteten Mittelpunkt daher einheitlich aufschreiben mittels der etwas kompliziert anmutenden Formel $\frac{t_k - \max\{t_{k-1}, 0\}}{2}$, die das Maximum nur enthält, um den Fall $k = 1$ mit einzubinden. Zusammengefasst ergibt sich also der erwartete Barwert aller Zahlungen des Versicherungsnehmers an den Versicherungsgeber, also der faire Wert des Premium Legs, als

$$PL(c) = c \sum_{k=1}^{n} (t_k - t_{k-1}) \mathrm{B}(\mathrm{t_k}) \overline{F}_\tau(t_k) \\ + \frac{t_k - \max\{t_{k-1}, 0\}}{2} B\left(\frac{t_k + \max\{t_{k-1}, 0\}}{2}\right) (F_\tau(t_k) - F_\tau(\max\{t_{k-1}, 0\})).$$

Wir weisen darauf hin, dass dieser faire Preis des Premium Legs linear in der Prämie c ist, denn es gilt $c\,PL(1) = PL(c)$. Abschließend sei auch noch erwähnt, dass diese Formel für das Premium Leg »dirty« und nicht »clean« ist. Den »clean price« für das Premium Leg erhält man, indem man das Accrued $-c\,t_0$ noch abzieht. Dabei muss beachtet werden, dass t_0 in unserer Bezeichnung negativ ist und daher das Accrued eine positive Zahl ist, die der zu leistenden Prämienzahlung zwischen den Zeitpunkten t_0 und $t = 0$ entspricht.

Die Formel für das Premium Leg mutet ein wenig kompliziert an, weil die Prämienteilzahlung im Falle eines Kreditereignisses sowie deren Approximation mittels der Midpoint-Rule ein wenig sperrig daherkommt. Wenn man sich als mathematikbegeisterter Leser von Integralschreibweisen nicht allzu sehr abschrecken lässt, dann kann es daher tatsächlich die Formeln verständlicher machen, wenn man von der idealisierten Annahme kontinuierlicher Prämienzahlungen ausgeht. Das heißt man nimmt an, dass der Versicherungsgeber nicht nur an den endlich vielen Zeitpunkten t_k die Zahlungen in der Höhe $c(t_k - t_{k-1})$ leistet, sondern tatsächlich an jedem Zeitpunkt t die Zahlung $c\,dt$, wobei dt das Differenzial der Zeit im Zeitpunkt t bezeichnet. Anschaulich muss man sich vorstellen, dass der Versicherungsnehmer jede Sekunde eine Zahlung leistet und dass dt gerade den Anteil einer Sekunde an einem Jahr darstellt. Ein Jahr hat in etwa 31 536 000 Sekunden, also $dt \approx 1/31\,536\,000 \approx 0{,}0000000317$. Die Annahme kontinuierlicher Prämienzahlungen hat zur Folge, dass es keiner zusätzlichen Prämienteilzahlung im Falle eines Kreditereignisses bedarf, weil der Versicherungsgeber seine Prämie jederzeit bereits vollständig erhalten hat. Die Formel für das Premium Leg vereinfacht sich unter dieser Annahme zu der Integraldarstellung

$$PL_{int}(c) = c \int_0^{t_n} B(t) \overline{F}_\tau(t) dt.$$

Man sieht schön, dass diese Formel deutlich kompakter daherkommt als die obige Formel, die die exakten Prämienzahlungszeitpunkte berücksichtigt. Die Bezeichnung *int* im Index von $PL_{int}(c)$ steht für »Integral« und ist eingeführt, um in der Folge die Formel von der diskreten Summen-Formel $PL(c)$ zu unterscheiden. Es wird in späteren Abschnitten manchmal vorteilhaft sein, die idealisierte Formel $PL_{int}(c)$ der exakten Formel $PL(c)$ vorzuziehen, weil für einen grundsätzlichen Verständniszugang oftmals die akkurate Berücksichtigung von Prämienteilzahlungen im Falle eines Kreditereignisses nicht entscheidend, sogar eher verwirrend, ist.

3.3.2 Formel für Default Leg

Im Default Leg gibt es nur eine einzige potenzielle Zahlung, nämlich dann, wenn ein Kreditereignis vor dem Ende der Vertragslaufzeit eintritt. Mathematisch formuliert ist diese Zahlung nur fällig, falls $\tau \leq t_n$ gilt, wobei t_n wie im vorangegangenen Abschnitt den letzten Prämienzahlungszeitpunkt des CDS bezeichnet, der gleichzeitig dessen Vertragslaufzeit ist. In diesem Falle ist die Höhe der zu zahlenden Leistung vom Versicherungsgeber an den Versicherungsnehmer gegeben durch $1 - R$, wobei R die Verwertungsquote bezeichnet, die in der an das Kreditereignis anschließenden CDS-Auktion ermittelt wird. Wie bereits in Abschnitt 3.2.1 angedeutet, nehmen wir hier an, dass R eine fixe, zum Bewertungszeitpunkt bereits bekannte Zahl ist. Durch diese vereinfachende Annahme ist die Zahlungshöhe also nicht zufällig, sondern bekannt. Die Zahlung wird unmittelbar nach der CDS-Auktion, also unmittelbar nach dem Eintreten des Kreditereignisses zum Zeitpunkt τ, fällig. Folglich beträgt der Barwert dieser Zahlung gerade $(1 - R)B(\tau)$, bzw. null im Fall $\tau > t_n$, dass kein Kreditereignis innerhalb der CDS-Vertragslaufzeit festgestellt wird. Offensichtlich hängt dieser zufällige Barwert stark von der Größe τ ab, insbesondere von der Wahrscheinlichkeit, dass τ überhaupt kleiner als t_n ist. Die exakte mathematische Berechnung eines wahrscheinlichkeitsgewichteten Erwartungswertes des Barwertes dieser Zahlung erfordert folglich wieder eine Integraldarstellung, weil alle Zeitpunkte vor t_n als mögliche Szenarien für den Wert von τ mit einer gewissen Wahrscheinlichkeit gewichtet und in die Rechnung einbezogen werden müssen. Die mathematisch exakte Formel für den fairen Wert des Default Legs lautet

$$DL_{int} = \int_0^{t_n} (1 - R)B(t)\,dF_\tau(t).$$

Die Bezeichnung *int* im Index von DL_{int} steht wieder für »Integral« und ist eingeführt, um diese Integral-Formel von der Summen-Formel für das Default Leg abzugrenzen, die in der Folge als in der Praxis gängige Approximation von DL_{int} vorgestellt wird. Für den mathematisch weniger gut geübten Leser sei in Erinnerung gerufen, dass DL_{int} als Grenzwert der endlichen Summe

$$DL_{int} \approx \sum_{i=1}^{N} (1 - R)B\left(\left(i - \frac{1}{2}\right)\frac{t_n}{N}\right)\left(F_\tau\left(i\frac{t_n}{N}\right) - F_\tau\left((i-1)\frac{t_n}{N}\right)\right)$$

gegeben ist, wenn man die Anzahl der Summanden N gegen Unendlich streben lässt. In der Praxis muss man das Integral approximativ berechnen, indem man in der letzten Summenformel für N eine fixe, idealerweise recht hohe, Zahl einsetzt. Zur anschaulichen Interpretation der Formel sei erwähnt, dass der Ausdruck $F_\tau\left(i\frac{t_n}{N}\right) - F_\tau\left((i-1)\frac{t_n}{N}\right)$ gerade die Wahrscheinlichkeit dafür ist, dass τ zwischen den beiden Zeitpunkten $(i-1)\frac{t_n}{N}$ und $i\frac{t_n}{N}$ eintritt. In der Regel wird unterstellt, dass τ genau in der Mitte zwischen diesen beiden Zeitpunkten stattfindet, also bei $\left(i-\frac{1}{2}\right)\frac{t_n}{N}$, was den Zinsdiskontfaktor $B\left(\left(i-\frac{1}{2}\right)\frac{t_n}{N}\right)$ erklärt. Die Approximationsformel unterteilt also die Vertragslaufzeit in N Teilintervalle und summiert dann wahrscheinlichkeitsgewichtete Barwerte auf, jeweils auf den Mittelpunkt dieser Intervalle berechnet. Eine spezielle Wahl dieser Teilintervalle in der Approximation von DL_{int}, die im Markt nicht unüblich ist, besteht darin, dass man die Vertragslaufzeit unterteilt in diejenigen Intervalle, die durch die Prämienzahlungen des Premium Legs $t_0, t_1, \ldots, t_n$ gegeben sind. In diesem Fall ergibt sich die folgende Summenformel für den fairen Wert des Default Legs:

$$DL = (1-R)\sum_{k=1}^{n} B\left(\frac{t_k + \max\{t_{k-1}, 0\}}{2}\right)\left(F_\tau(t_k) - F_\tau(\max\{t_{k-1}, 0\})\right)$$

Ähnlich wie im Falle der Prämienausgleichszahlung im Falle eines Kreditereignisses im Premium Leg, basiert auch diese häufig verwendete Formel DL auf der Midpoint Rule, also der Annahme, dass ein Kreditereignis nur exakt in der Mitte zwischen zwei Zahlungszeitpunkten auftreten kann. Das dabei auftretende Maximum ist dabei wieder nur von Belang für den ersten Summanden $k = 1$, weil t_0 negativ ist.

3.3.3 Bewertung eines CDS

Unter Verwendung der Bezeichnungen aus den beiden vorherigen Abschnitten ist der faire Wert eines CDS aus Sicht des Versicherungsnehmers gegeben durch $DL - PL(c)$. Diese Formel ist intuitiv, da der Versicherungsnehmer das Default Leg erhält und das Premium Leg bezahlen muss. Mit umgekehrter Logik ist der Wert desselben CDS aus Sicht des Versicherungsgebers gerade gegeben durch $PL(c) - DL$. Der faire Wert $DL - PL(c)$ des CDS aus Sicht des Versicherungsnehmers ist »dirty« in dem Sinne, dass die nächste, nachschüssige Coupon-Zahlung in voller Höhe in die Berechnung des Premium Legs eingeht, auch wenn der Versicherungsschutz bei heutigem Abschluss des Vertrages nicht rückwirkend gilt. Im Markt ist es daher üblich, dass der Versicherungsgeber dem Versicherungsnehmer den Anteil der nächsten Coupon-Zahlung, der auf die bereits vergangene Zeitperiode $[t_0, 0]$ entfällt, bei Abschluss des Vertrages erstattet: das sogenannte Accrued, gegeben durch

$$Accrued(\mathrm{c}) = \text{-}c\,t_0.$$

Es ist zu beachten, dass dieser Wert positiv ist, weil t_0 nicht-positiv ist. Der bei Vertragsabschluss tatsächlich fließende Betrag ist also $DL - PL(c) + Accrued(c)$ und kann als »clean« betrachtet werden. Er wird, wie schon erwähnt, als CDS-Upfront bezeichnet.

3.3.4 Bewertung eines Index-CDS

Die Bewertung eines Index-CDS ist nicht wesentlich schwieriger als die Bewertung eines Einzelnamen-CDS. Der Wert eines Index-CDS ist schlicht die gewichtete Summe der Werte aller Einzelnamen-CDS. Es ist nicht unüblich, diese Summe auch auf das

Premium Leg und das Default Leg aufzuteilen, um die Mechanik eines Index-CDS zu verdeutlichen. Außerdem werden wir darauf in Abschnitt 3.9 nochmal zurückkommen, wenn es um die Bewertung von CDOs geht. Nehmen wir an, der Index bestünde aus d Einzelnamen-CDS. Deren entsprechende Nominale seien bezeichnet mit $N_1, \ldots, N_d$, wobei die Summe dieser Nominale üblicherweise eins ergebe – gemäß unserer Konvention, dass das Gesamtnominal des Index-CDS auf eins normiert sei. Es ist üblich, jedoch im Allgemeinen nicht zwingend, dass $N_i = {}^1\!/_d$ gilt, also der Index gleichgewichtet ist. Außerdem bezeichnen wir mit $R_1, \ldots, R_d$ die als konstant angenommenen Verwertungsquoten der Einzelnamen-CDS. Mit diesen Bezeichnungen sind das verbleibende Gesamtnominal des Index-CDS zum Zeitpunkt t, bzw. der bis zum Zeitpunkt t erlittene Nominalverlust durch Ausfälle, gegeben durch

$$N_t = \frac{\sum_{i=1}^d N_i 1\{\tau_i > t\}}{\sum_{i=1}^d N_i}, \quad L_t = \frac{\sum_{i=1}^d (1-R_i) N_i 1\{\tau_i \le t\}}{\sum_{i=1}^d N_i},$$

wobei τ_i gerade den Eintrittszeitpunkt eines Kreditereignisses bezüglich des i-ten Mitglieds der Indexfamilie bezeichnet, und der Indikator $1\{\tau_i > t\}$ ist entweder Eins, falls $\tau_i > t$, oder Null, falls $\tau_i \le t$. Mit diesen Bezeichnungen ist das Premium Leg des Index-CDS gegeben durch

$$\begin{aligned} PL_{index}(c) = c \sum_{k=1}^n & (t_k - t_{k-1}) \mathrm{B}(\mathrm{t_k}) E[N_{t_k}] \\ & + \frac{t_k - \max\{t_{k-1}, 0\}}{2} B\left(\frac{t_k + \max\{t_{k-1}, 0\}}{2}\right) (E[N_{\max\{t_{k-1},0\}}] - E[N_{t_k}]), \end{aligned}$$

wobei alle übrigen Bezeichnungen identisch zu denen im Fall von Einzelnamen-CDS sind. Es fällt auf, dass diese Formel identisch zur Premium-Leg-Formel für Einzelnamen-CDS ist, mit dem einzigen Unterschied, dass die Überlebenswahrscheinlichkeit $\overline{F}_\tau(t)$ jeweils durch den Erwartungswert des verbleibenden Nominales $E[N_t]$ ersetzt wurde, welcher gegeben ist als

$$E[N_t] = \frac{\sum_{i=1}^d N_i \overline{F}_{\tau_i}(t)}{\sum_{i=1}^d N_i}.$$

Analog dazu wird im Vergleich zum Default Leg beim Einzelnamen-CDS im Default Leg des Index-CDS die Ausfallwahrscheinlichkeit $F_\tau(t)$ ersetzt durch den Erwartungswert des kumulierten Nominalverlustes $E[L_t]$, also

$$DL_{index} = \sum_{k=1}^n B\left(\frac{t_k + \max\{t_{k-1}, 0\}}{2}\right) (E[L_{t_k}] - E[L_{\max\{t_{k-1},0\}}]),$$

wobei der erwartete Nominalverlust gegeben ist durch

$$E[L_t] = \frac{\sum_{i=1}^d (1-R_i) N_i F_{\tau_i}(t)}{\sum_{i=1}^d N_i}.$$

Mit diesen Bezeichnungen ist der (Dirty-)Wert des Index-CDS aus Sicht des Versicherungsnehmers wieder gegeben durch $DL_{index} - PL_{index}(c)$. Adjustiert um das Accrued ergibt sich wieder das CDS Upfront. Das Negative dieses Ausdrucks ist wiederum der Wert des CDS aus Sicht des Versicherungsgebers.

3.4 Modellierung der Ausfallzeit

In diesem Abschnitt beschäftigen wir uns mit der Frage, welche Wahrscheinlichkeitsverteilung ein angemessenes Modell für die Eintrittszeit eines Kreditereignisses τ (in der Folge manchmal auch als Ausfallzeit bezeichnet) darstellt, d. h. wie man die Funktion $F_\tau(t)$ definieren sollte. Die Angemessenheit eines Modells hängt dabei wie so oft in der angewandten Mathematik stark von der spezifischen Anwendung ab, für die die CDS-Bewertung benötigt wird. Abhängig von der Anwendung ist ein Modell idealerweise so einfach wie möglich, ohne die Realität dabei so stark zu vereinfachen, dass deren Umsetzung im Modell keinerlei praktischen Nutzen mehr besitzt. In der Folge stellen wir drei verschiedene Modelle mit unterschiedlichen Komplexitätsgraden vor und erläutern deren typische Anwendungsgebiete.

3.4.1 Exponentialverteilung

Das in vielerlei Hinsicht einfachste und deshalb auch sehr gerne und häufig verwendete Modell für die Wahrscheinlichkeitsverteilung der Ausfallzeit τ ist eine sogenannte Exponentialverteilung. Dies bedeutet, dass die Verteilungsfunktion gegeben ist durch $F_\tau(t) = 1 - e^{-\lambda t}$ mit einem Modellparameter $\lambda > 0$, den man auch als Ausfallrate oder Ausfallintensität bezeichnet. Je größer λ, desto wahrscheinlicher ist ein frühes Kreditereignis. Zum Beispiel ist der Erwartungswert von τ unter einer Exponentialverteilungsannahme gegeben als $\frac{1}{\lambda}$, d. h. je größer λ, umso kleiner der Erwartungswert von τ. Die anschauliche Bedeutung der Ausfallintensität lässt sich am besten durch die Betrachtung der jährlichen Eintrittswahrscheinlichkeit von τ wie folgt erläutern: Unter der Annahme, dass τ nicht vor dem Zeitpunkt t eintritt, ist die Wahrscheinlichkeit, dass τ innerhalb des nächsten Jahres nach t eintritt, also vor $t + 1$, nicht abhängig von t, und zwar gegeben durch die Formel $1 - e^{-\lambda}$. Verwendet man eine lineare Approximation der Exponentialfunktion, so gilt ungefähr $1 - e^{-\lambda} \approx \lambda$. Diese Approximationsformel ist für kleine λ unterhalb von 10 % ziemlich exakt, was in den meisten praktischen Fällen gegeben ist. Anschaulich bedeutet dies also, dass λ die ungefähre Größenordnung einer annualisierten Ausfallwahrscheinlichkeit widerspiegelt, und diese wird für alle Jahre als exakt identisch angenommen.

Wofür ist das Modell geeignet?

Die Exponentialverteilung ist nicht zuletzt deswegen so beliebt und einfach, weil sie nur von einem einzigen Parameter abhängt, nämlich der Ausfallintensität λ. Man kann zum Beispiel einen beobachteten CDS-Marktpreis durch obige Bewertungsformel mittels Auflösen nach der Variablen λ sehr schnell in eine annualisierte

Ausfallwahrscheinlichkeit umrechnen, um sich anhand eines Marktpreises schnell ein Bild von der Kreditwürdigkeit der Referenzentität zu machen. Diese Tatsache prädestiniert das Modell auch für die Umrechnung von Upfront-Quotierung in Par-Spread-Quotierung, die in Abschnitt 3.5 behandelt wird.

Wo liegen die Beschränkungen des Modells?

CDS-Marktpreise für eine Referenzentität werden oftmals für verschiedene Laufzeiten gehandelt. Üblich sind Laufzeiten zwischen einem und zehn Jahren. Wenn man für jede Laufzeit den entsprechenden Marktpreis in eine Ausfallintensität umrechnet, indem man die Bewertungsformel nach der Variable λ auflöst, erhält man im Allgemeinen für jede Laufzeit einen anderen Wert für die Ausfallintensität. Das bedeutet, dass man für jede Laufzeit eine andere Exponentialverteilungsannahme bräuchte, so dass diese Beobachtung also der einfachen Exponentialverteilungsannahme widerspricht. Es ist z. B. häufig zu beobachten, dass der Markt für längere Laufzeiten auch höhere Ausfallintensitäten impliziert, d. h. die Marktpreise sind nicht erklärbar mit einer einzigen annualisierten Ausfallwahrscheinlichkeit, die für das erste Jahr identisch ist wie für das zweite, dritte etc. Mit anderen Worten, unter einer Exponentialverteilungsannahme ist es im Allgemeinen nicht möglich, mehrere CDS-Verträge mit unterschiedlichen Laufzeiten, aber auf dieselbe Entität referenzierend, fair zu bewerten.

3.4.2 Stückweise konstante Ausfallintensität

Die am Ende des vorangehenden Abschnittes erwähnten Beschränkungen des Exponentialverteilungsmodells legen nahe, dass man die Ausfallwahrscheinlichkeit λ irgendwie zeitabhängig modellieren sollte, um CDS auf dieselbe Referenzentität mit unterschiedlichen Laufzeiten gemeinsam bewerten zu können. Dieser Idee folgend ist es manchmal ratsam, die Verteilungsfunktion der Ausfallzeit in Verallgemeinerung der Exponentialverteilung zu modellieren über $F_\tau(t) = 1 - e^{-\int_0^t \lambda(s)ds}$, mit einer Funktion $\lambda(t)$ in der Zeit, die wiederum als Ausfallintensität bezeichnet wird. Wird diese Funktion identisch konstant gewählt, erhält man gerade die Exponentialverteilung aus dem vorangehenden Abschnitt. Insofern ist dieses Modell eine echte Erweiterung des Exponentialverteilungsmodells. Die typischste Ausprägung dieser Modellklasse ist die Wahl einer stückweise konstanten Ausfallintensität. Dabei wird die Zeitachse in endlich viele Teilabschnitte untergliedert. In jedem dieser Teilabschnitte hat die Funktion $\lambda(t)$ einen potenziell anderen Wert, aber innerhalb eines Teilabschnittes ändert sich dieser nicht. Damit ist es z. B. möglich, im ersten Jahr eine geringere Ausfallintensität zu modellieren als im zweiten Jahr etc.

Wofür ist das Modell geeignet?

Anders als im Exponentialverteilungsmodell ist es möglich, die Marktpreise einer Reihe von CDS-Verträgen auf dieselbe Referenzentität mit unterschiedlich langen Laufzeiten mit dem Modell zu erklären. Wählt man die Laufzeiten, die zu den beobachteten CDS-Preisen korrespondieren, als Untergliederungszeitpunkte der Zeitachse, so gibt es einen einfachen Algorithmus, der die Werte der Ausfallintensität auf den einzelnen Teilabschnitten eindeutig an die beobachteten Preise kalibriert. Diesen Algorithmus nennt man auch CDS-Bootstrap.[2] Kurz erläutert besteht die Idee des CDS-Bootstraps darin, dass man die Bewertungsformeln der beobachteten CDS mit unterschiedlichen Laufzeiten als Gleichungen mit den Werten der Ausfallintensität als unbekannte Variable auffasst. Aufgrund der trickreich gewählten Untergliederungszeitpunkte der Zeitachse gibt es genauso viele unbekannte Variablen wie Gleichungen, und es ist möglich, die Gleichungen iterativ eindeutig zu lösen. Die Gleichung, die zur kürzesten Laufzeit gehört, hängt nur von einer unbekannten Variablen ab, nämlich vom Wert der Ausfallintensität auf dem ersten Zeitabschnitt. Nach dem Lösen dieser Gleichung wendet man sich der zweitkürzesten Laufzeit zu, die dann nach Lösen der ersten Gleichung nur noch von einer unbekannten Variable abhängt, nämlich dem Wert der Ausfallintensität auf dem zweiten Teilabschnitt, usw. Wenn man den CDS-Bootstrap durchgeführt, also das Modell an beobachtete Marktpreise kalibriert hat, kann man daraus eine Einschätzung über die Wahrscheinlichkeitsverteilung von τ extrahieren. Das Modell dient also z. B. der Umrechnung von CDS-Marktpreisen in Eintrittswahrscheinlichkeiten eines Kreditereignisses bezüglich der Referenzentität. Das Modell spielt auch eine maßgebliche Rolle bei der Berechnung der sogenannten negativen Basis.[3]

Wo liegen die Beschränkungen des Modells?

Wenn man das Modell verwenden möchte, um aus aktuellen CDS-Marktpreisen Einschätzungen über deren zukünftige Entwicklung abzuleiten, so stößt es an seine Grenzen. Um dies besser zu verdeutlichen, hilft es, sich vor Augen zu führen, dass das Modell unterstellt, bereits am Bewertungstag zu wissen, wie wahrscheinlich ein Kreditereignis im 51. Jahr eintritt unter der Bedingung, dass die nächsten 50 Jahre keines eintritt. Das liegt einfach daran, dass das Modell den Erwartungsstand am Bewertungstag für alle Zeiten in Stein meißelt und die Möglichkeit sich ändernder Wahrscheinlichkeiten in der Zukunft ignoriert. Konkret bedeutet dies z. B., wenn der Wert einer Anleihe mittels des Modells in die Zukunft projiziert wird, dass dieser nur zwei mögliche Werte annehmen kann – abhängig davon, ob ein Kreditereignis bis zum Projektionszeitpunkt eingetreten ist oder nicht. In der Realität wünschen wir uns aber eher ein Modell, das für den Wert einer Anleihe zu einem zukünftigen Zeitpunkt sehr viel mehr als nur zwei mögliche Szenarien in Betracht zieht. Vereinfacht zusammengefasst bietet eine stückweise konstante Ausfallzeit ein sehr präzises Modell für die aktuell aus Marktpreisen implizierten Ausfallwahrscheinlichkeiten. Es erlaubt aber nicht, dass sich dieser momentane Status quo in Zukunft ändern kann.

2 Siehe z. B. Hull/White (2000) oder O'Kane/Turnbull (2003).
3 Siehe z. B. Bernhart/Mai (2016) und Abschnitt 5.1.

3.4.3 Stochastische Ausfallintensität

Für reine Bewertungsaspekte ist es gemäß den vorgestellten Bewertungs-Formeln völlig ausreichend, die Funktion $F_\tau(t)$ irgendwie festzulegen, z. B. mittels einer sehr flexiblen Parameterisierung über eine stückweise konstante Ausfallintensität (vgl. Abschnitt 3.4.2). Erst wenn man Anwendungen ins Auge fasst, die Einschätzungen über zukünftige Wertentwicklungen beinhalten, reicht solch ein Modell im Allgemeinen nicht mehr aus. In diesem Fall muss man zulassen, dass sich die der Bewertung zugrunde liegende Funktion $F_\tau(t)$ im Zeitverlauf in verschiedene, wahrscheinlichkeitsgewichtete Szenarien entwickeln darf. Mathematisch wird solch eine Eigenschaft z. B. dadurch modelliert, dass die Ausfallintensität $\lambda(t)$ des vorangehenden Abschnittes nicht mehr durch eine deterministische Funktion, sondern durch einen sogenannten stochastischen Prozess modelliert wird. Die mathematischen Grundlagen, die für die exakte Beschreibung eines solchen Modells nötig sind, gehen über den Rahmen dieses Buches hinaus.

Wofür ist das Modell geeignet?

Solche Modelle sind vor allem für die Bewertung von Optionalitäten in Kreditderivaten konzipiert, wie z. B. in vorzeitig kündbaren Anleihen oder CDS-Optionen. Würde man solche Optionalitäten mit einer nicht-zufälligen Ausfallintensität bewerten, würde man systematisch potenzielle zukünftige Szenarien ignorieren und die Optionalitäten in aller Regel dramatisch unterschätzen. Ebenso finden stochastische Intensitätsmodelle Anwendung innerhalb der Berechnung von Risikokennziffern eines Portfolios (wie etwa dem Value-at-Risk), indem sie verwendet werden, um realistische Wahrscheinlichkeitsverteilungen zukünftiger Preise zu generieren.

3.5 Umrechnung von Par Spreads in Upfronts

Anleihen werden im Markt üblicherweise mit ihrem Preis gehandelt, obwohl zwei Preise aufgrund unterschiedlicher Laufzeiten und Kuponhöhen häufig nicht gut miteinander verglichen werden können. Um solch einen Vergleich anzustellen, kann man z. B. den Preis einer Anleihe in eine »Yield« oder eine ähnliche Kennziffer umrechnen, die einen annualisierten erwarteten Ertrag widerspiegelt. Bei CDS ist diese Methodik aus historischen Gründen sogar so populär, dass CDS im Markt von vorneherein schon gar nicht immer mit ihrem Wert (= Upfront) gehandelt werden, sondern häufig direkt mit ihrem sogenannten »Par Spread« quotiert werden. Unter Verwendung der Bezeichnungen aus Abschnitt 3.3 ist der Par Spread eines CDS definiert als $s = {}^{DL + Accrued(c)}/_{PL(1)}$, wobei für die Berechnung von Default und Premium Leg ein standardisiertes Modell verwendet wird, dessen Parameter vom CDS Upfront abhängen, siehe Abschnitt 3.5.1 unten. Um aus dieser Par-Spread-Quotierung dann den tatsächlichen Wert des CDS, d. h. das CDS Upfront, zu erhalten, muss diese standardisierte Modellrechnung invertiert werden. Formt man die Definition des Par Spreads ein wenig um und verwendet die Linearität des Premium Legs in der annualisierten Prämie, erschließt sich die anschauliche Bedeutung des Par Spreads, es gilt nämlich $DL + Accrued(c) = PL(s)$. Würde also der Versicherungsnehmer den Par Spread s als Versicherungsprämie bezahlen, wäre der faire Wert des Premium Legs exakt identisch zum Wert des Default Legs, d. h. das CDS Upfront wäre null. Folglich kann man den Par Spread interpretieren als eine faire, annualisierte Versicherungsprämie für den Erhalt des Default Legs, d. h. für den Erhalt der Versicherungsleistung des CDS.

3.5.1 Das Standard-ISDA-Modell

Die Bezeichnung »Standard-ISDA-Modell« bezieht sich auf eine von der ISDA vorgeschlagene Methodik zur Umrechnung von CDS Upfronts in Par Spreads. Gemäß der obigen Definition des Par Spreads bedient sich diese Methodik der in Abschnitt 3.3 beschriebenen Formeln für Premium und Default Leg. Das Standard-ISDA-Modell ist dokumentiert auf der Webpage http://www.cdsmodel.com/cdsmodel/. Die Notwendigkeit für ein solch öffentlich zugängliches Bewertungsmodell ergibt sich aus der Tatsache, dass zwei CDS-Vertragsparteien beim Abschließen eines CDS-Vertrages gemäß der üblichen Quotierung häufig nur dessen Par Spread verhandeln. Da letztlich aber nicht der Par Spread, sondern das Upfront, bei Vertragsabschluss gezahlt wird, müssen sich in dieser Verhandlung beide Seiten sicher sein, dass sie nicht mit unterschiedlichen Interpretationen des Begriffes »Par Spread« aneinander vorbeireden.

Das Standard-ISDA-Modell legt fest, wie genau aus einem gegebenen CDS Upfront u ein zugehöriger Par Spread $s = {}^{DL+Accrued(c)}/_{PL(1)}$ berechnet wird, d. h. wie genau aus dem gegebenen Preis u die Formeln für Default und Premium Leg abzuleiten sind. Durch die Umkehrung dieser Berechnung legt dieselbe Methodik indirekt auch fest, wie aus einem beobachteten Par Spread s ein zugehöriges CDS Upfront u zu gewinnen ist. Das Standard-ISDA-Modell legt dazu Folgendes fest:

(i) Die Zinsdiskontfaktoren B(t) in den Formeln für DL und PL(1) werden gemäß einem exakt festgelegten Algorithmus aus spezifisch festgelegten Marktpreisen für Zinsswaps in der CDS-Währung berechnet.

(ii) Die Verwertungsquote R in der Formel für PL(1) ist als Funktion aus CDS-Standard und CDS-Seniorität eindeutig festgelegt von der ISDA.[4]

(iii) Die Funktion $F_\tau(t)$ ist gegeben durch $F_\tau(t) = 1 - e^{-\lambda t}$, also basierend auf einem Exponentialverteilungsmodell, siehe Abschnitt 3.4.1. Die Ausfallintensität λ ist dabei aus dem gegebenen Upfront in der Art und Weise zu berechnen, dass gilt: $u = DL - PL(c) + Accrued(c)$, wobei c wie gewohnt die vertraglich vereinbarte Versicherungsprämie bezeichnet. Diese Gleichung legt den Parameter λ eindeutig fest, weil die rechte Seite der Gleichung eine stetige und monoton steigende Funktion in λ ist, die für exakt einen einzigen Wert von λ das gegebene Upfront u liefert.

4 Siehe http://www.cdsmodel.com/cdsmodel/fee-computations.html?.

Verwendet man $B(t)$, R, $F_\tau(t)$ gemäß dieser spezifisch festgelegten Methodik, so ist der Par Spread schließlich eindeutig gegeben als $s = {}^{DL+Accrued(c)}/_{PL(1)}$.

Zur umgekehrten Umrechnung von gegebenem Par Spread s in CDS Upfront u legt das Standard-ISDA-Modell (i) und (ii) genauso fest wie bei der Umrechnung von Upfront in Par Spread. Auch die Exponentialverteilungsannahme aus (iii) ist identisch. Nur die zu verwendende Ausfallintensität muss nun aus dem Par Spread s gewonnen werden, nicht aus einem Upfront. Dies funktioniert über die Gleichung $DL + Accrued(c) = PL(s)$, die äquivalent zu der den Par Spread definierenden Gleichung $s = {}^{DL+Accrued(c)}/_{PL(1)}$ ist und sich wiederum in einer eindeutigen Lösung für die Ausfallintensität λ niederschlägt. Verwendet man $B(t)$, R, $F_\tau(t)$ gemäß dieser spezifisch festgelegten Methodik, so ist das Upfront dann gegeben als $u = DL - PL(c) + Accrued(c)$, wobei c wie gewohnt die vertraglich definierte Versicherungsprämie bezeichnet.

3.5.2 Das sogenannte Credit Triangle

Unter dem sogenannten »Credit Triangle« versteht man eine Faustformel, die einen schnellen Verständniszugang für den Zusammenhang zwischen Ausfallwahrscheinlichkeit, Par Spread und Verwertungsquote vermittelt. Um diese Formel herzuleiten, nehmen wir genauso wie im Standard-ISDA-Modell an, dass die Ausfallzeit durch eine Exponentialverteilung modelliert ist, das heißt $F_\tau(t) = 1 - e^{-\lambda t}$ mit Ausfallintensität λ. Es wurde bereits in Abschnitt 3.4.1 erklärt, in welchem Sinne man den Parameter λ als annualisierte Ausfallwahrscheinlichkeit interpretieren kann. Darüber hinaus nehmen wir an, dass die Zinsdiskontfaktoren in den Formeln für Premium und Default Leg gegeben sind durch $B(t) = e^{-rt}$ mit einer konstanten Zinsrate r. Unterstellt man nun zusätzlich noch, dass die Versicherungsprämie im Premium Leg kontinuierlich gezahlt wird, und verwendet auch für das Default Leg die exakte Formel anstelle einer zeitdiskreten Approximation, dann gilt für den Par Spread unter all diesen Annahmen, dass

$$s = {}^{DL_{int}}/_{PL_{int}(1)} = (1 - R)\lambda.$$

Diese Formel, die die drei Größen Par Spread s, annualisierte Ausfallwahrscheinlichkeit λ und Verwertungsquote R in Beziehung setzt, nennt man »Credit Triangle«. Deren typische Anwendung ist die schnelle Berechnung einer groben Schätzung für die annualisierte Ausfallwahrscheinlichkeit aus einem beobachteten Par Spread unter Verwendung einer geschätzten Verwertungsquote mittels der Formel $\lambda = {}^{s}/_{1-R}$. Außerdem macht diese Formel auf einen Blick deutlich, dass die Ausfallwahrscheinlichkeit sowohl im Par Spread als auch in der Verwertungsquote eine wachsende Funktion ist. Das Verständnis für diese grundsätzlichen qualitativen Zusammenhänge hilft im täglichen Umgang mit CDS-Preisen und Par Spreads und das Credit Triangle bietet eine schöne Eselsbrücke dafür.

3.5.3 Spread DVO1

Da CDS in der Praxis häufig in Par Spreads quotieren, ist es oftmals wichtig, abzuschätzen, inwiefern sich die Veränderung des beobachteten Par Spreads in einen tatsächlichen Gewinn oder Verlust übersetzt, d. h. in eine Veränderung des CDS Upfronts. Dazu ist es hilfreich, das CDS Upfront u, bzw. dessen »Dirty«-Äquivalent, als Funktion des Par Spreads, darzustellen:

$$u = DL + Accrued(c) - c\,PL(1) = PL(1)(s - c)$$

Zunächst einmal sieht man an dieser Formel sofort, dass das Upfront genau dann positiv ist, wenn der Par Spread größer ist als die vertraglich vereinbarte annualisierte Prämie c. Außerdem kann man ablesen, dass sich bei einer Ausweitung des Par Spreads von s nach $s + \Delta$ der Wert des CDS ungefähr um $PL(1)\Delta$ verändert. Wir weisen allerdings darauf hin, dass $PL(1)$ im Allgemeinen auch von s abhängt, was dazu führt, dass diese Herleitung nur approximativ aufzufassen ist. Da Par Spreads üblicherweise in Basispunkten quotiert werden, ist es naheliegend, die Veränderung Δ auf einen Basispunkt zu normieren. Mit anderen Worten besagt dann obige Formel, dass bei einer Par-Spread-Ausweitung um einen Basispunkt der Wert des CDS um etwa $PL(1)$ Basispunkte ansteigt. Der Wert $\frac{PL(1)}{10000}$, also für $\Delta = \frac{1}{10000}$ einen Basispunkt eingesetzt, wird im Markt als »Spread DVO1« bezeichnet. Die Abkürzung »DVO1« steht dabei für »dollar value of one basis point«, was übersetzt in diesem Zusammenhang gerade soviel bedeutet wie »Geld -Gegenwert eines Basispunktes in Par Spread«. Die Bezeichnung »dollar« ist dabei historisch. Natürlich gibt es auch CDS, die in Euro quotieren, man bezeichnet $\frac{PL(1)}{10000}$ aber trotzdem als Spread DVO1 und nicht als Spread EVO1. Sieht man sich die Formel für $PL(1)$ an, so ist das Spread DVO1 gerade eine Summe über alle Prämienzahlungszeitpunkte, die noch mittels Überlebenswahrscheinlichkeiten und Zinsdiskontfaktoren gewichtet sind. Für einen CDS mit fünf Jahren Laufzeit ist das Spread DVO1 somit häufig eine Zahl unterhalb, jedoch in der Nähe von fünf Basispunkten. Sie rutscht spürbar unter fünf Basispunkte im Falle von sehr hohen Ausfallwahrscheinlichkeiten und rückt umgekehrt näher an die fünf Basispunkte heran im Falle von eher niedrigen Ausfallwahrscheinlichkeiten bzw. kann sogar über fünf Basispunkte betragen bei einer Laufzeit, die etwas länger als exakt fünf Jahre ist, und/oder durch den Einfluss negativer Zinsen. Das Praxis-Beispiel im folgenden Abschnitt demonstriert diesen Fall.

3.5.4 Praxis-Beispiel

In der Praxis werden CDS häufig über Bloomberg gehandelt. Auf seinem Screen CDSW stellt Bloomberg auch eine Software zur Verfügung, mit der die Händler direkt während des Handelns die Umrechnung von Par Spreads in Upfront gemäß oben beschriebener Methodik (vgl. Abschnitt 3.5) vornehmen können. Dies vereinfacht die Kommunikation zwischen den Handelspartnern ungemein. Beispielhaft zeigt Abbildung 3.1 den Bloomberg Screen CDSW für einen CDS mit fünf Jahren Laufzeit auf die Referenzentität Daimler AG am 26. Mai 2017.

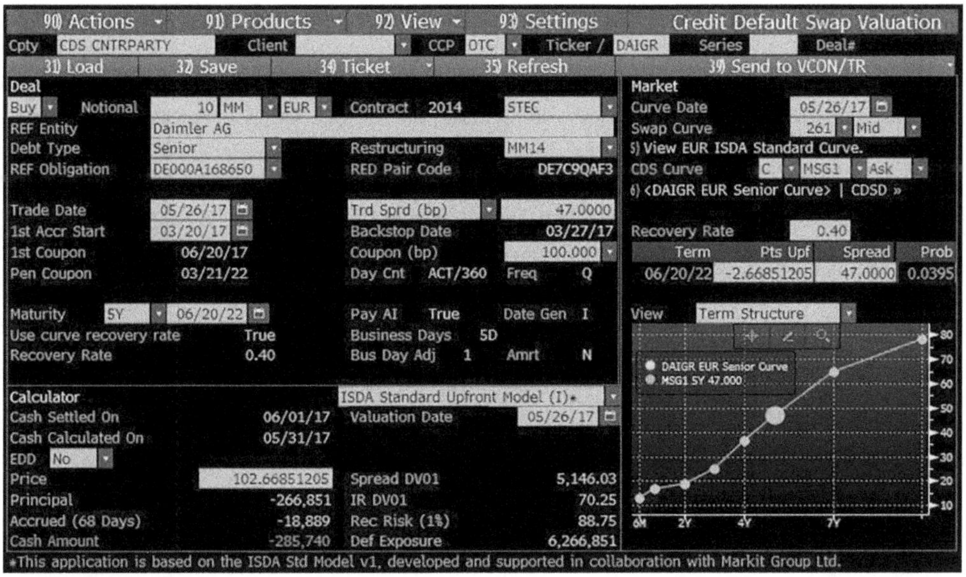

Abb. 3.1: Bloomberg Screen CDSW

Die meisten hellgrauen Bereiche sind Eingabefelder, in denen man die Spezifikationen des CDS-Vertrages sowie diverse Modellannahmen und eben das Upfront bzw. den Par Spread festlegen kann. Im Bereich links oben kann man Nominal, Währung, Laufzeit, CDS-Standard, Restructuring Type, Seniorität, Referenzentität sowie die vertraglich festgelegte Versicherungsprämie einstellen. Zudem kann man sich entscheiden, ob der CDS in Upfront oder in Par Spread quotiert, indem man im Eingabefeld rechts neben dem Eingabefeld des Handelstages (»Trade Date«) entweder »Trd Pts Upf (%)« (Upfront-Quotierung) oder »Trd Sprd (bp)« (Par-Spread-Quotierung) auswählt. Direkt rechts daneben kann man dann den entsprechenden CDS-Wert als Upfront oder als Par Spread eingeben. Im aktuellen Beispiel beträgt der Par Spread also 47 Basispunkte. Im Eingabebereich rechts oben kann man die verwendete Zinsdiskontkurve $B(t)$ sowie die Verwertungsquote R (»Recovery Rate«) festlegen. Unterhalb der Verwertungsquote findet man dann als Ausgabe den Par Spread und das Upfront des CDS. Eines dieser beiden Felder enthält exakt den Wert, den man auf der linken Seite eingegeben hat, im aktuellen Beispiel die 47 Basispunkte als Par Spread. Das zugehörige Upfront beträgt hier – 2,66851205 %. Als zusätzliche Ausgabe sieht man rechts daneben im Feld »Prob« noch die in der zugrunde liegenden Umrechnung verwendete Wahrscheinlichkeit dafür, dass ein Kreditereignis innerhalb der Vertragslaufzeit (von hier fünf Jahren) eintritt. Diese Wahrscheinlichkeit (hier 0,0395) ist gegeben durch die Formel $1 - e^{-\lambda t_n}$, wobei der Parameter λ gemäß dem Standard-ISDA-Modell aus Abschnitt 3.5.1 aus dem eingegebenen Par Spread (bzw. Upfront) berechnet wird und t_n wie gewohnt die CDS-Vertragslaufzeit in Jahren bezeichnet. Links unten sieht man im Feld »Principal« noch den Geldwert des CDS, d. h. das Upfront multipliziert mit dem Nominal des CDS, sowie darunter den Geldwert des Accrued,[5] also die

5 In unseren Bezeichnungen war das Accrued stets eine positive Zahl, hier auf dem CDSW-Screen ist es per Konvention eine negative Zahl. Absolut betrachtet sind die Zahlen identisch.

aufgelaufene Couponzahlung vom letzten Prämienzahlungstag (oben immer mit t_0 bezeichnet) bis zum Bewertungstag. Die Summe dieser beiden Geldbeträge ist im Feld »Cash Amount« aufgeführt, denn diese ist gerade der Geldbetrag, den der Versicherungsnehmer am Anfang der Vertragslaufzeit an den Versicherungsgeber bezahlen muss. Das ist gerade der Dirty-Wert des CDS. Im aktuellen Beispiel ist dieser Betrag negativ, also erhält der Versicherungsnehmer sogar Geld vom Versicherungsgeber bei Vertragsabschluss. Das Spread DVO1 ist auf dem Screen CDSW mittig unten ebenfalls zu finden. Es ist hier angegeben als das Produkt aus $\frac{PL(1)}{10000}$ mit dem Nominal des CDS (von 10 Millionen Euro), d. h. der Wert $\frac{PL(1)}{10000}$ entspräche im aktuellen Beispiel gerade 5,14603 Basispunkten. Das heißt bei Veränderung des Par Spreads von 47 auf 48 Basispunkte würde sich das Upfront von – 2,66851205 % auf – 2,61705175 % erhöhen.

3.6 Bewertung von Collateralized CDS

Bislang sind wir bei der Herleitung der Bewertungsformeln immer davon ausgegangen, dass der CDS uncollateralized ist. Das bedeutet, dass es neben Premium und Default Leg keine weiteren Zahlungsströme gibt. Wie bei anderen Derivaten auch, tauschen in der Praxis Versicherungsgeber und -nehmer in einem CDS allerdings oftmals noch weitere Zahlungen auf Collateral-Kontos aus. Man spricht in diesem Fall von einem Collateralized CDS. Die Collateral-Konten sollen dazu beitragen, das sogenannte Counterparty-Ausfall-Risiko zu minimieren. Es handelt sich dabei um das Risiko, dass die Vertragspartei während der Laufzeit des CDS zahlungsunfähig wird. Im Falle eines CDS ist dieses Risiko besonders augenscheinlich aus Sicht des Versicherungsnehmers, wenn die Referenzentität kurz vor der Insolvenz steht. In diesem Fall ist in Bälde eine sehr hohe Zahlung des Versicherungsgebers im Default Leg zu erwarten, die allerdings bei Zahlungsunfähigkeit des Versicherers ausfallgefährdet ist. Der Sinn und Zweck eines Collateral-Kontos besteht in diesem Fall darin, dass der Versicherungsgeber dort bereits vor dem Eintritt eines Kreditereignisses – und vor seiner eigenen Zahlungsunfähigkeit – einen Geldbetrag als Sicherheit hinterlegen muss, der die aktuelle Markterwartung über die zu leistende Zahlung widerspiegelt. Sollte also der Versicherungsgeber tatsächlich zahlungsunfähig werden, könnte der Versicherungsnehmer den bestehenden CDS kündigen und mit dem bereits hinterlegten Geld auf seinem Collateral-Konto ohne großen Verlust einen neuen CDS mit einem solventen Versicherungsgeber neu abschließen.

Die zusätzlichen Zahlungsströme auf den Collateral-Konten haben einen Einfluss auf die Bewertung des CDS. Im Vergleich zum Einfluss der Ausfallwahrscheinlichkeiten und der Verwertungsquote, die bereits bei Uncollateralized CDS eine Rolle spielen, ist der Einfluss der Collateral-Konto-Zahlungsströme jedoch in der Regel sekundär. Trotzdem kann es im Einzelfall zu einer relevanten Abweichung zwischen den Bewertungen von Uncollateralized und Collateralized CDS kommen. Bevor wir zur technischen Herleitung der entsprechenden Bewertungsformel kommen, sei erwähnt, dass der potenzielle Bewertungsunterschied genau dadurch entsteht, dass die Zinsrate, die laut CSA auf das Collateral bezahlt werden muss, abweichen kann von der risikolosen Zinsrate, die der jeweilige Kontrahent auf das gestellte Collateral verdienen kann und folglich zum Diskontieren verwendet. Wenn zum Beispiel der Versicherungsgeber einen positiven Geldbetrag auf dem Collateral-Konto des Versicherungsnehmers hinterlegt hat, erhält letzterer auf diesem Konto einen Zinssatz. Der CSA verpflichtet den Versicherungsnehmer aber auch, dem Versicherungsgeber einen sogenannten Collateral-Zinssatz auf das gestellte Collateral zu zahlen. Nur wenn diese beiden Zinssätze exakt identisch sind, sind die Collateral-Zahlungsströme für die Bewertung des CDS irrelevant. Andernfalls ergibt sich für den Versicherungsnehmer eine vorteilhafte (nachteilige) Position, wenn der risikolose Konto-Zinssatz größer (kleiner) ist als der im CSA festgelegte Collateral-Zinssatz, der die Bewertung des CDS erhöht (senkt).

Wie bereits in Abschnitt 3.5.2 bei der Herleitung des »Credit Triangles«, ist es auch zum Zwecke der Erläuterung einer Bewertungsformel für Collateralized CDS wieder von Vorteil, anzunehmen, dass alle Zahlungsströme im CDS – sowohl im Premium und Default Leg als auch auf dem Collateral-Konto – kontinuierlich stattfinden. Dies vereinfacht die Herleitung stark im Vergleich zur realistischeren Annahme diskreter Zahlungen, die aber den Rahmen dieses Buches sprengen würde und keinen wesentlichen Erkenntnisgewinn generiert. Wir diskutieren diesen Fall nur ganz kurz in Abschnitt 3.7 im Zusammenhang mit dem sogenannten »Gap-Risiko«.

In den Abschnitten 3.3.1 und 3.3.2 haben wir bereits die Bewertungsformeln für Premium und Default Leg unter der Annahme kontinuierlicher Zahlungsströme präsentiert, nämlich $PL_{int}(c) = c \int_0^{t_n} B(t)\overline{F}_\tau(t)dt$ bzw. $DL_{int} = \int_0^{t_n}(1 - R)B(t)dF_\tau(t)$, wobei die Bezeichnungen genauso gewählt sind wie in Abschnitt 3.3. Es fehlt also nur noch eine Bewertung des Collateral-Zahlungsstroms, die wir in der Folge erläutern.

Wenn das CDS Upfront positiv ist, muss der Versicherungsgeber einen Geldbetrag auf dem Collateral-Konto des Versicherungsnehmers hinterlegen und das Collateral-Konto des Versicherungsgebers bleibt leer. Umgekehrt verhält es sich im Falle eines negativen CDS Upfronts. Im Falle eines positiven Upfronts bezeichnen wir mit C_t den (positiven) Geldbetrag, den der Versicherungsgeber zum Zeitpunkt t auf dem Collateral-Konto des Versicherungsnehmers hinterlegt hat. Falls das Upfront negativ ist, bezeichnen wir ebenfalls mit $-C_t$ den (positiven) Geldbetrag, den der Versicherungskäufer auf dem Collateral-Konto des Versicherungsgebers hinterlegt hat, d. h. C_t ist in diesem Fall eine negative Zahl. Zur Herleitungsvereinfachung nehmen wir zunächst an, dass das Collateral in der CDS-Währung gestellt wird. Zudem sei mit $r^C(t)$ die instantane Zinsrate bezeichnet, welche die im CSA vertraglich festgelegten Zinszahlungen auf das Collateral modelliert. In der Praxis muss häufig ein marktüblicher Overnight-Zinssatz auf das Collateral bezahlt werden, in etwa EONIA. Die instantane Collateral-Zinsrate $r^C(t)$ kann in diesem Fall von beobachteten Marktpreisen für EONIA-Zinsswaps extrahiert werden. Die Collateral-Zinsrate $r^C(t)$ kann im Allgemeinen abweichen von der Zinsrate $r(t)$, die zum Diskontieren verwendet wird und die in den Formeln für Premium und Default Leg in den Diskontfaktoren $B(t) = e^{-\int_0^t r(s)ds}$ steckt. Für Zeitpunkte t mit positivem C_t verdient der Versicherungsnehmer die Rate $r(t)$ auf das gestellte Collateral C_t und zahlt gleichzeitig die Rate $r^C(t)$ auf das gestellte Collateral aus, erhält insgesamt also die Zahlung $C_t(r(t) - r^C(t))dt$. Ist C_t negativ, erhält der Versicherungsgeber die Zahlung $-C_t(r(t) - r^C(t))dt$ vom Versicherungsnehmer. Aus Sicht des Versicherungsnehmers steht also in beiden Fällen zum Zeitpunkt t der Ertrag $C_t(r(t) - r^C(t))dt$ zu Buche, der positiv oder negativ sein kann – abhängig vom Vorzeichen von C_t und vom Vorzeichen von $r(t) - r^C(t)$. Da diese Zahlung nur stattfindet, wenn noch kein Kreditereignis stattgefunden hat, muss man sie noch mit der Überlebenswahrscheinlichkeit $\overline{F}_\tau(t)$ wahrscheinlichkeitsgewichten. Um schließlich deren Barwert zu berechnen, muss man sie zudem mit dem Diskontfaktor $B(t)$ multiplizieren. Addiert bzw. integriert (wegen kontinuierlicher Zahlungsannahme) man dann alle möglichen Zahlungen, erhält man die Bewertungsformel für den Collateral-Zahlungsstrom aus Sicht des Versicherungsnehmers:

$$C_{int} = \int_0^{t_n} C_t(r(t) - r^C(t))\overline{F}_\tau(t)B(t)dt$$

Man sieht dieser Formel insbesondere an, dass der Collateral-Zahlungsstrom mit null bewertet wird, falls $r(t) = r^C(t)$ für alle t gilt. Der Gesamtwert des Collateralized CDS aus Sicht des Versicherungsnehmers, d. h. das CDS Upfront, sei in der Folge bezeichnet mit V_0. Es ergibt sich als Summe der erwarteten Barwerte aller Zahlungsströme:

$$\begin{aligned} V_0 &= DL_{int} - PL_{int}(c) + C_{int} \\ &= \int_0^{t_n} (1-R)B(t)dF_\tau(t) - c\int_0^{t_n} B(t)\overline{F}_\tau(t)dt + \int_0^{t_n} C_t(r(t) - r^C(t))\overline{F}_\tau(t)B(t)dt \end{aligned}$$

Bei der Auswertung dieser Formel fällt schnell ein Problem auf: Man kennt zum Bewertungstag den zukünftigen Wert des gestellten Collaterals C_t noch gar nicht, muss ihn aber in die Formel für C_{int} einsetzen. Um dieses Problem zu lösen, geht man dazu über, den Wert C_t durch seinen Erwartungswert zu ersetzen. Zu jedem Zeitpunkt t – unter der Annahme, dass $\tau > t$ ist – sollte der Geldbetrag C_t gerade dem dann aktuellen Wert des CDS entsprechen, den wir mit V_t bezeichnen, um konsistent mit der Bezeichnung für das CDS Upfront am Bewertungstag V_0 zu sein. Das bedeutet, die Funktion $t \mapsto V_t$ ordnet dem Zeitpunkt t den am Bewertungstag erwarteten Wert des CDS zur Zeit t zu, unter der Annahme, dass $\tau > t$. Diese Funktion, bzw. insbesondere deren Anfangswert V_0, ist aber gerade die Größe, die wir zu ermitteln gedenken. Also hilft dieser Ansatz zunächst auch wieder nicht weiter. Was tun? Nun, wiederholt man obige Herleitung für den Zeitpunkt $t = 0$ an einem beliebigen Zeitpunkt t und wählt wie erwähnt immer $C_s = V_s$, so ergibt sich letztlich eine Gleichung für die gesuchte unbekannte Funktion V_t, nämlich

$$\begin{aligned} V_t\overline{F}_\tau(t) &= \int_t^{t_n} (1-R)e^{-\int_t^s r(u)du} dF_\tau(s) - c\int_t^{t_n} e^{-\int_t^s r(u)du}\overline{F}_\tau(s)ds \\ &+ \int_t^{t_n} V_s(r(s) - r^C(s))\overline{F}_\tau(s)e^{-\int_t^s r(u)du}ds, \end{aligned}$$

die zu jedem Zeitpunkt t erfüllt sein muss. Es stellt sich glücklicherweise heraus, dass diese Gleichung die gesuchte Funktion V_t eindeutig festlegt, nämlich als

$$V_t = \frac{1}{\overline{F}_\tau(t)} \left(\int_t^{t_n} (1-R) e^{-\int_t^s r^c(u)du} dF_\tau(s) - c \int_t^{t_n} e^{-\int_t^s r^c(u)du} \overline{F}_\tau(s) ds \right),$$

wie man leicht nachrechnen kann, indem man die behauptete Funktion in obige Gleichung einsetzt und deren Gültigkeit verifiziert. Insbesondere ergibt sich also für das CDS Upfront am Bewertungstag unter Verwendung der Tatsache, dass $\overline{F}_\tau(0) = 1$ gilt, der Wert

$$V_0 = \int_0^{t_n} (1-R) e^{-\int_0^t r^c(s)ds} dF_\tau(t) - c \int_0^{t_n} e^{-\int_0^t r^c(s)ds} \overline{F}_\tau(t) dt.$$

Interessanterweise ist diese Formel exakt identisch zur Formel aus Abschnitt 3.3 für einen Uncollateralized CDS mit dem einzigen Unterschied, dass die Diskontfaktoren $B(t)$ nicht durch die Diskont-Zinsrate $r(t)$, sondern durch die Collateral-Zinsrate $r^C(t)$ festgelegt sind. Insbesondere entsteht also ein Bewertungsunterschied zwischen Collateralized und Uncollateralized CDS nur im Falle $r(t) \neq r^C(t)$, wie schon eingangs erläutert.

Wird das Collateral in einer anderen Währung als der CDS-Währung gestellt, kann man durch eine ähnliche Beweisführung wie oben zeigen, dass dieselbe Bewertungsformel herauskommt, nur dass zusätzlich auf die auftretende Collateral-Zinsrate $r^c(t)$ noch ein Zinsaufschlag addiert werden muss, der dem sogenannten Cross-Currency-Basis-Swap-Spread zwischen den beiden Währungen Rechnung trägt.[6] In allen Fällen lässt sich jedoch festhalten, dass die Einführung eines Collateral-Zahlungsstroms die Bewertungsformel für Uncollateralized CDS in erster Linie dahingehend verändert, dass die zugrunde liegende Zins-Diskontkurve adjustiert wird. Da die Zinsdiskontfaktoren beim CDS allerdings sowohl ins Premium als auch ins Default Leg eingehen und diese beiden Legs bei der Berechnung des CDS Upfronts subtrahiert werden, wirken sich moderate Änderungen der Zinsdiskontfaktoren nur in geringem Maße auf die Bewertung des CDS aus. In diesem Sinne ist der Einfluss eines kontinuierlichen Collateral-Austausches auf die Bewertung des CDS in aller Regel von sekundärer Natur. Die primäre Einflussgröße bleibt nach wie vor die Ausfallwahrscheinlichkeit der Referenzentität.

3.7 Berücksichtigung von Counterparty-Ausfallrisiko

Bisher wurde bei der Bewertung von Uncollateralized CDS implizit davon ausgegangen, dass nur die Referenzentität, nicht aber Versicherungsgeber und -nehmer insolvent werden können. Das Risiko einer möglichen Insolvenz von Versicherungsnehmer oder -geber schlägt sich aber natürlich in der Berechnung eines erwarteten

6 Für genauere Hintergründe hierzu sei der interessierte Leser bzw. die interessierte Leserin auf Fujii et al. (2010) verwiesen.

Barwertes von Premium und Default Leg nieder, also in der Bewertung eines CDS. In der Praxis wird solchen Risiken üblicherweise dadurch begegnet, dass nur Collateralized CDS gehandelt werden. Im vorangehenden Abschnitt wurde erwähnt, wie das Einführen eines Collateral-Austausches das Counterparty-Ausfallrisiko minimieren kann. Dort wurde auch erläutert, dass sich die Bewertungsformel für einen Collateralized CDS im Vergleich zu einem Uncollateralized CDS nur dahingehend ändert, dass die Zinsdiskontfaktoren angepasst werden müssen. Allerdings basierte die Herleitung dieser Feststellung ganz massiv auf der Annahme, dass alle auftretenden Zahlungsströme kontinuierlich fließen. Insbesondere also, dass quasi sekündlich der aktuelle Wert des CDS auf den Collateral-Konten ausgetauscht wird. In der Realität stellt sich dies aus Gründen der Praktikabilität selbstredend etwas anders dar. Typischerweise werden Veränderungen in den Collateral-Anforderungen nur in einem regelmäßigen Turnus aktualisiert, z. B. täglich oder wöchentlich. Dadurch kann es passieren, dass sich die Collateral-Anforderung innerhalb eines Tages oder einer Woche deutlich erhöht, aber der Vertragspartner am Ende des Tages oder der Woche zahlungsunfähig wird. In diesem Fall reicht das auf dem Collateral-Konto hinterlegte Geld nicht aus, um mit einem neuen, solventen Vertragspartner einen identischen CDS neu abzuschließen. Es entsteht ein Verlust. Dieses Risiko bezeichnet man auch manchmal als »Gap-Risiko«, weil es dadurch entsteht, dass zwischen den Collateral-Konto-Anpassungs-Terminen »Lücken« (engl. »Gaps«) sind. Um solch ein Gap-Risiko in der Bewertung zu berücksichtigen, benötigt man vielfach komplexere mathematische Methoden als diejenigen, die bislang in diesem Buch Verwendung fanden. Ähnlich aufwendig ist auch bereits die Bewertung von Uncollateralized CDS, wenn man die möglichen Zahlungsunfähigkeiten von Versicherungsnehmer und Versicherungsgeber in der Kalkulation mitberücksichtigt. In der Praxis sind diese Risiken durch Einführung eines Collateral-Managements zwar weitestgehend minimiert, aber eben aufgrund des oben beschriebenen Gap-Risikos nicht vollständig eliminiert.[7]

3.8 CDS-(Index-)Optionen

Es wurde bislang erläutert, dass der bei weitem dominanteste Risikofaktor für die Bewertung eines CDS der genaue Eintrittszeitpunkt eines Kreditereignisses ist. In den vorangehenden Abschnitten wurde dieser Zeitpunkt modelliert durch eine Zufallsvariable τ, mathematisch beschrieben durch deren Verteilungsfunktion $F_\tau(t)$. Anschaulich gesprochen legt die Funktion $F_\tau(t)$ Wahrscheinlichkeiten für alle möglichen Zeitpunkte fest, an denen ein Kreditereignis eintreten kann – und zwar aus heutiger Sicht. Sie legt also aktuelle Einschätzungen fest. In der Realität können sich diese Einschätzungen allerdings mit der Zeit verändern, z. B. wenn firmenspezifische News veröffentlicht werden, etwa Quartalszahlen. Diese Möglichkeiten für Veränderungen in der

7 Interessierte Leser seien verwiesen auf die Artikel von Crépey et al. (2010) und Brigo et al. (2014) für eine ausführliche mathematische Bewertung solcher Risiken, die den Rahmen dieses Buches sprengen würde.

Zukunft spielen für die Bewertung des CDS keine Rolle, weil diese nur auf dem Kenntnisstand der Informationen am Bewertungstag beruht. Soll man allerdings eine Einschätzung über die zukünftige Wertentwicklung des CDS abgeben, so spielt es sehr wohl eine Rolle, ob man eher glaubt, dass die aktuelle Einschätzung über die Kreditwürdigkeit stabil und verlässlich ist, oder ob sich diese aufgrund einer turbulenten Gesamtsituation der Referenzentität sehr wahrscheinlich in naher Zukunft spürbar verändert. Anders ausgedrückt: Hat der über die Zeit beobachtete CDS Par Spread eine hohe oder eine geringe Volatilität? CDS-Optionen sind Verträge, deren Auszahlungsprofil am Fälligkeitstag nicht-linear im dann beobachteten CDS-Preis ist. Dies führt dazu, ganz ähnlich wie bei Aktienoptionen, dass deren Preis massiv davon abhängt, ob man die Volatilität des zugrunde liegenden CDS Par Spreads als hoch oder niedrig einstuft. Um eine CDS-Option zu bewerten, muss man folglich im Vergleich zur einfachen Bewertung zwingend eine ganz neue Risiko-Dimension in das mathematische Modell mitaufnehmen: eine Spread-Volatilität.

Die zentrale ökonomische Größe, auf der man die mathematischen Bewertungsmodelle aus verschiedenster Sicht am angenehmsten fundiert, ist der CDS Par Spread am Fälligkeitstag. Wir bezeichnen also in der Folge mit s_T den CDS Par Spread am Fälligkeitszeitpunkt T der Option. Die marktübliche Verteilungsannahme basiert auf dem Konzept der Lognormalverteilung, was zunächst in Abschnitt 3.8.1 erläutert wird und zur sogenannten Black-Formel führt. Mag sie auch für den alltäglichen Handel vollkommen ausreichend und handhabbar sein, so basiert die Black-Formel auf einigen realitätsfernen Annahmen, die man unbedingt kennen sollte, wenn man CDS-Optionen handelt. Zum einen ist, ähnlich wie bei den Black-Scholes-Formeln für Aktienoptionen, die Lognormalverteilungsannahme aus vielerlei Hinsicht anfechtbar. Zum anderen basieren die Black-Formeln für CDS-Optionen aber implizit auch auf weiteren Vereinfachungen der Realität, die nicht analog zum Fall von Aktienoptionen sind. Kennt man sich also mit den Stärken und Schwächen des Black-Scholes-Modells für Aktienoptionen gut aus, ist das zwar eine gute Voraussetzung, um auch die Bewertung von CDS-Optionen zu verstehen, aber zusätzlich kommen noch CDS-spezifische Charakteristika zum Tragen, die in Abschnitt 3.8.2 erläutert werden. Insbesondere ist es in diesem Zusammenhang auch wichtig, zwischen CDS-Index-Optionen und Single-Name-CDS-Optionen zu unterscheiden. Zwar sind Single-Name-CDS-Optionen mathematisch deutlich einfacher zu behandeln als CDS-Index-Optionen, aber in der Praxis werden aktuell quasi ausschließlich CDS-Index-Optionen gehandelt. Letztere sind also deutlich relevanter.

3.8.1 Die Black-Formel

Zur Erinnerung, der Käufer einer Payer-CDS-Option erwirbt das Recht (aber nicht die Verpflichtung), zu einem zukünftigen Zeitpunkt T, der Laufzeit des Vertrages, CDS-Versicherung zu kaufen zu einem vertraglich fixierten Preis, der üblicherweise als CDS Par Spread angegeben wird und als Ausübungspreis (auch Strike-Preis) bezeichnet wird. Die marktübliche Bewertungsformel für CDS-Optionen ist die sogenannte Black-Formel, die für eine Payer-CDS-Option mit Laufzeit T wie folgt lautet:

$$V_{payer} = PL(1) \left\{ \mathrm{F} \cdot \Phi\left(\frac{\log\left({}^{F}\!/_{K}\right) + \frac{\sigma^2}{2} T}{\sigma\sqrt{T}} \right) - K \cdot \Phi\left(\frac{\log\left({}^{F}\!/_{K}\right) - \frac{\sigma^2}{2} T}{\sigma\sqrt{T}} \right) \right\},$$

wobei folgende Bezeichnungen verwendet wurden:

- $PL(1)$ bezeichnet das auf den (heutigen) Bewertungstag diskontierte Premium Leg des zugrunde liegenden CDS, der bei Fälligkeit abgeschlossen wird, gegeben durch die Formel in Abschnitt 3.3.1. Der einzige Unterschied zu Abschnitt 3.3.1 ist, dass die Zahl t_0 nun in der Regel nicht negativ ist, sondern typischerweise mit dem Fälligkeitszeitpunkt T der Option zusammenfällt, also $t_0 = T$.
- F bezeichnet den Forward Par Spread, der die Markterwartung über den zufälligen Wert s_T widerspiegelt. Für kurze Laufzeiten T gilt häufig $F \approx s_0$, aber genaue Gleichheit gilt in der Regel nicht. Der Unterschied zwischen F und s_0 rührt daher, dass der zu s_0 gehörige CDS Absicherung ab sofort bis zur entsprechenden Fälligkeit bietet, während der CDS, der der Payer-Option zugrunde liegt, Absicherung erst ab T bis zur entsprechenden Fälligkeit des zugrunde liegenden CDS bietet (die von der Fälligkeit des zu s_0 gehörigen CDS abweichen kann, aber nicht muss).
- K bezeichnet den Strike der Payer-Option, d. h. die Payer-Option läuft nur ins Geld, wenn der CDS Par Spread s_T bei Fälligkeit der Option über dieses Strike-Level gelangt. Andernfalls verfällt die Option wertlos.
- $\Phi(.)$ bezeichnet die Verteilungsfunktion einer standardnormalverteilten Zufallsvariablen, d. h. $\Phi(x) = \frac{1}{\sqrt{2\pi}} \int_{-\infty}^{x} e^{-t^2/2}\, dt$.
- Die positive Zahl σ ist ein Modellparameter, die sogenannte Volatilität. Sie steuert die Varianz der Zufallsvariable s_T, d. h. je größer σ, desto größer ist die Menge der Werte, die der CDS Par Spread am Fälligkeitstag T mit hoher Wahrscheinlichkeit annimmt. Im Grenzfall für $\sigma \to 0$ ergibt sich $s_T = F$ und mit größer werdendem σ wächst das Potenzial für eine Abweichung des Par Spreads s_T von dessen Erwartungswert F.

Gemäß der Black-Formel ist der Preis der Payer-Option eine monoton wachsende Funktion im Modellparameter σ. Diese Eigenschaft erlaubt es, die Black-Formel im Parameter σ zu invertieren. Das bedeutet, man findet zu einem beobachteten Marktpreis einen eindeutigen Wert für σ, so dass der beobachtete Preis durch die Black-Formel mit eben diesem Parameter σ gegeben ist. Diesen Wert für σ bezeichnet man als die implizite Volatilität der Payer-Option.

Parallel zur Analogie zwischen Call- und Put-Optionen auf Aktien, erwirbt der Käufer einer Receiver-CDS-Option das Recht, zu einem zukünftigen Zeitpunkt CDS-Versicherung zu einem vertraglich vorgegebenen Strikepreis zu verkaufen. Erwartungsgemäß gibt es für eine Receiver-CDS-Option mit denselben Bezeichnungen wie oben eine analoge Black-Formel wie für Payer-CDS-Optionen, welche gegeben ist durch

$$V_{receiver} = PL(1)\left\{K \cdot \Phi\left(\frac{\log\left(K/F\right) + \frac{\sigma^2}{2}T}{\sigma\sqrt{T}}\right) - \mathrm{F} \cdot \Phi\left(\frac{\log\left(K/F\right) - \frac{\sigma^2}{2}T}{\sigma\sqrt{T}}\right)\right\}.$$

Die vorgestellten Black-Formeln basieren auf zwei qualitativ unterschiedlichen Modellannahmen. Zum einen basieren sie auf einer starken Vereinfachung der tatsächlichen Zahlungsströme, auf die gesondert in Abschnitt 3.8.2 eingegangen wird, da dies ein CDS-spezifisches Thema darstellt, das bei Aktienoptionen nicht auftritt und daher im Rahmen dieses Buches unbedingt hervorgehoben werden muss. Zum anderen basieren die Formeln, analog zu den bekannten Black-Scholes-Formeln im Aktienbereich und Black-Formeln im Zinsbereich, auf der Modellannahme, dass die Zufallsvariable s_T einer sogenannten Lognormalverteilung genügt. Die Wahl einer Lognormalverteilung ist aus einer ganzen Reihe an Gründen sinnvoll, z. B.:

- Sie ist einfach genug, so dass man »relativ einfache« Preis-Formeln erhält.
- Es handelt sich um eine Verteilung auf den positiven Zahlen, was sinnvoll ist, weil ein CDS Par Spread nicht negativ werden kann. Die Normalverteilung hat diese Eigenschaft z. B. nicht.
- Die verwendete Lognormalverteilung hat genau einen Parameter σ. Wie bereits erwähnt, erlaubt dies, jeden beobachteten Preis in einen eindeutigen Modellparameter umzuwandeln, die sogenannte implizite Volatilität. Das Modell wird unter Händlern gerne verwendet, um über Preise in einer »universellen Metrik« zu sprechen, nämlich in impliziten Volatilitäten.

Ähnlich wie im Fall von Aktienoptionen gibt es aber natürlich auch Kritik an der Wahl einer Lognormalverteilung, zu nennen wären hier folgende Punkte:

- Optionen mit derselben Laufzeit, aber unterschiedlichen Strikes können typischerweise nicht mit dem einen Modellparameter σ erklärt werden, d. h. man erhält für jeden Strike eine andere implizite Volatilität. Man spricht wie bei Aktienoptionen von einem *Volatility Smile* oder auch *Volatility Skew*. Diese Beobachtung bedeutet anschaulich, dass die vom Markt durch die beobachteten Preise (teilweise) beobachtete Verteilung der Zufallsvariablen s_T eben nicht lognormalverteilt ist.
- Statistische Untersuchungen, die die Verteilungseigenschaften von CDS Par Spreads basierend auf historischen Zeitreihen untersuchen, kommen in der Regel zu dem Schluss, dass die Lognormalverteilung keine besonders gut passende Wahl ist.[8]

3.8.2 Vereinfachte Zahlungsströme in der Black-Formel

Wie bereits erwähnt, basieren die Black-Formeln ganz massiv auf einer Vereinfachung der tatsächlichen Zahlungsströme bei Fälligkeit, worauf wir in diesem Abschnitt besonders eingehen. Zunächst widmen wir uns im Abschnitt 3.8.2.1 einer Thematik,

8 Siehe z. B. Cont/Kan (2011).

die sowohl Index-CDS-Optionen als auch Einzelnamen-CDS-Optionen betrifft, während wir danach in Abschnitt 3.8.2.2 noch eine weitere Thematik behandeln, die speziell für Index-CDS-Optionen relevant ist.

3.8.2.1 Upfront Settlement

Als Käufer einer Payer-CDS-Option erhält man das Recht, am Fälligkeitstag der Option CDS Protection zu einem vorher fixierten Strike K, der als Par-CDS-Spread aufgefasst wird, zu kaufen. Entscheidet sich der Käufer für eine Ausübung der Option, muss er am Fälligkeitstag dem Optionsverkäufer das Upfront bezahlen, das implizit durch den Strike K festgelegt ist. Die Berechnung dieses Wertes basiert gemäß dem Standard-ISDA-Modell (vgl. Abschnitt 3.5.1) auf dem CDS Par Spread K und ist gegeben durch $u_K = PL_K(1)(K - c)$, wobei c wie oben beschrieben die standardisierte CDS-Kuponrate bezeichnet und das Premium Leg $PL_K(1)$ gemäß dem vom Standard-ISDA-Modell festgelegten Algorithmus aus (den bei T vorherrschenden Zinsraten und) dem Strike-Level K berechnet wird. Deswegen fügen wir an dieser Stelle ganz bewusst den tiefgestellten Index K an die Bezeichnung des Premium Legs ein, um diese Abhängigkeit herauszuheben. Anstatt bei Fälligkeit seine Option auszuüben, kann der Optionskäufer alternativ auch CDS Protection im Markt zu den bei T vorherrschenden Bedingungen kaufen, d. h. zum CDS Par Spread s_T. In diesem Fall muss er dem entsprechenden Versicherungsverkäufer das Upfront $u_T = PL_{s_T}(1)(s_T - c)$ bezahlen. Es ist klar, dass eine Optionsausübung die bessere Strategie ist, wenn $s_T > K$ gilt. Und der Opportunitätsgewinn in diesem Fall, d. h. der Wert der Option zum Fälligkeitszeitpunkt (Options-Payoff), ist gerade gegeben durch

$$max\{u_T - u_K, 0\} = max\{PL_{s_T}(1)(s_T - c) - PL_K(1)(K - c), 0\}.$$

Eine akkurate Bewertung gemäß der Arbitrage-Preistheorie erfordert eine Berechnung des risikoneutralen Erwartungswertes dieses Payoffs, was insbesondere eine stochastische Modellierung der zufälligen Größe s_T voraussetzt. Leider ist der Payoff aber eine überaus komplizierte Funktion von s_T, was die Ableitung geschlossener Formeln quasi unmöglich macht. Die vorgestellte Black-Formel basiert daher auf der vereinfachenden Annahme, dass gilt $u_T - u_K \approx PL_F(1)(s_T - K)$ bzw. $PL_{s_T}(1) = PL_K(1) = PL_F(1)$. Zum einen ist diese Approximation offenkundig für Ausübungslevels K, die stark im oder stark aus dem Geld sind, d. h. stark vom Forward Par Spread F abweichen, schlechter als für solche, die nah am Geld handeln. Zum anderen vernachlässigt die Approximation die komplizierte Abhängigkeit des Premium Legs $PL_{s_T}(1)$ vom CDS Par Spread s_T. Um einen Eindruck von der Größenordnung dieses Approximationsfehlers zu vermitteln, sei erwähnt, dass unter der vereinfachenden Annahme von kontinuierlichen Zahlungsströmen und unter Verwendung einer konstanten und flachen Zinsrate r der Ausdruck $PL_{s_T}(1)$ für das Premium Leg am Fälligkeitstag T gegeben ist durch

$$PL_{s_T}(1) = \frac{1 - e^{-\left(r + \frac{s_T}{1-R}\right)(t_n - T)}}{r + \frac{s_T}{1-R}}.$$

Offensichtlich ist diese Funktion in s_T auf den ersten Blick hochgradig nicht-linear. Wenn man die Exponentialfunktion im Zähler des Ausdrucks durch ihre Taylor-Approximation der zweiten Ordnung ersetzt, d. h. $e^{-x} \approx 1 - x + \frac{x^2}{2}$, sieht man, dass $PL_{s_T}(1) \approx t_n - T - \frac{1}{2}\left(r + \frac{s_T}{1-R}\right)(t_n - T)^2$ gilt. Das Premium Leg ist also eine fallende Funktion im CDS Par Spread und insbesondere im relevanten Fall $s_T > K$ gilt $PL_{s_T}(1) < PL_K(1)$, was der oben erwähnten Annahme $PL_{s_T}(1) = PL_K(1) = PL_F(1)$ widerspricht. Ohne diese vereinfachende Annahme erhält man allerdings aufgrund der komplizierten Struktur der Funktion $s_T \mapsto PL_{s_T}(1)$ keine auch nur annähernd so einfache Formel wie die vorgestellte Black-Formel, was die Verwendung dieser vereinfachenden Annahme im Wesentlichen auch schon begründet. Eine zusätzliche Rechtfertigung ist dadurch gegeben, dass der Fehler durch die Vereinfachung von sekundärer Natur ist im Vergleich zum Hauptrisiko der Spread-Ausweitung, die auch mit der vereinfachenden Annahme gut abgebildet ist. Würde man solch zusätzliche Effekte zweiter Ordnung akkurat mitberücksichtigen, was man aus Gründen der Einfachheit bei der Herleitung der Black-Formel nicht tut, dann spricht man in der Finanzmathematik manchmal auch von einem sogenannten Convexity Adjustment (eine Konvexitätsanpassung). Man kennt diesen Begriff z. B. auch aus der Anleihenwelt, wenn man statt nur der Modified Duration, d. h. der ersten Ableitung nach dem Zins, auch noch die zweite Ableitung mitberücksichtigt in einer Zins-Sensitivitäts-Analyse.

3.8.2.2 Ausfall-Kompensation bei Index-Optionen

Insbesondere bei Index-CDS-Optionen wird in der Black-Formel das No-Knockout Feature vollständig ignoriert, was in der Folge erläutert wird. Ein Index-CDS ist im Kern ein Portfolio aus Einzelnamen-CDS. Das Nominal des Index-CDS ist die Summe aller Nominale der im Index enthaltenen Einzelnamen-CDS. Es kann nun passieren, dass nach Abschluss der CDS-Option, aber vor Fälligkeit der CDS-Option, ein Mitglied aus der Indexfamilie ausfällt (oder sogar mehrere) und somit ausscheidet. Gemäß der No-Knockout-Klausel der Index-CDS-Option endet damit der Optionsvertrag aber nicht. Ganz im Gegenteil, es geschehen zwei Dinge. Zum einen bleibt das Nominal der Option unverändert, obwohl sich das Nominal des zugrunde liegenden Index-CDS verringert, d. h. würde man bei Fälligkeit T einen Index-CDS abschließen (unabhängig vom Optionsvertrag), so geschähe dies zu einem niedrigeren Nominal. Übt man aber eine Index-CDS-Payer-Option aus, muss man bei Fälligkeit dem Verkäufer das aus dem vereinbarten Strike entstehende Upfront auf das ursprüngliche Nominal bezahlen. Zum anderen erhält der Käufer der Option vom Verkäufer zum Zeitpunkt der Optionsausübung – quasi als Ausgleich für seinen Verlust aus der soeben beschriebenen Nominalveränderung im Index-CDS – eine Kompensationszahlung in Höhe von $(1 - R_i)N_i$, wobei R_i die in der Auktion des ausgefallenen CDS mit Index i erzielte Verwertungsquote und N_i den Nominalwert des ausgefallenen CDS bezeichnet. Will man diese potenziellen Zahlungsströme mathematisch beschreiben, um sie z. B. in die Bewertung mit aufzunehmen, ist es hilfreich, eine Bezeichnung für den zu einem Zeitpunkt t noch vorhandenen Anteil des Index-Gesamtnominales einzuführen, sagen wir N_t, sowie eine Größe für den bis zum Zeitpunkt t erlittenen Verlust durch Ausfälle als Anteil am ursprünglichen Gesamtnominal, sagen wir L_t. Initial ist N_t genau eins und sinkt ein wenig ab mit jedem Kreditereignis in der Index-Familie, während es sich mit L_t andersherum verhält. Initial ist diese Größe null und steigt dann mit jedem Kreditereignis potenziell etwas an (falls nicht die Verwertungsquote der entsprechenden CDS-Auktion 100 % war). Wir haben diese Bezeichnungen bereits in Abschnitt 3.3.4 verwendet und rufen von dort die Definitionen

$$N_t = \frac{\sum_{i=1}^{d} N_i 1\{\tau_i > t\}}{\sum_{i=1}^{d} N_i}, \; L_t = \frac{\sum_{i=1}^{d}(1 - R_i)N_i 1\{\tau_i \leq t\}}{\sum_{i=1}^{d} N_i}$$

in Erinnerung, wobei τ_i gerade den Eintrittszeitpunkt eines Kreditereignisses bezüglich des i-ten Mitglieds der Indexfamilie bezeichnet und d die Gesamtanzahl der Mitglieder der Indexfamilie ist. Mit diesen Bezeichnungen ergibt sich zum Fälligkeitszeitpunkt der folgende Payoff für den Payer-CDS-Optionskäufer:

$$max\{L_T + PL_{s_T}(1)(s_T - c)N_T - PL_K(1)(K - c), 0\}$$

Man sieht an diesem Ausdruck, dass zusätzlich zur Approximationsthematik des Terms $PL_{s_T}(1)$ aus dem vorangehenden Abschnitt in der Black-Formel auch noch der Verlust-Term L_T vollständig ignoriert wurde. Insbesondere kann es theoretisch passieren, dass $s_T < K$ gilt, aber eine Optionsausübung dennoch sinnvoll sein kann, weil durch Kreditereignisse vor Optionsfälligkeit der Verlust-Term L_T so hoch ist, dass die entsprechende Kompensation den Verlust durch den Kauf der eigentlich zu teuren CDS Protection zum Strike K ausgleicht. Selbstredend ist die Wahrscheinlichkeit für solch ein Ereignis vermutlich eher klein und daher der entsprechende Fehler in der Black-Formel dadurch zu rechtfertigen, dass die gewonnene Praktikabilität die Realitätsabstraktion aufwiegt. Denn eine akkurate Berücksichtigung der Größen L_T und N_T ist aus mathematischer Sicht alles andere als trivial. Darum werden wir sie in diesem Buch auch nicht näher behandeln, sondern den interessierten Leser nur auf entsprechende Literatur verweisen.[9]

Abschließend sei erwähnt, dass für die Bewertung von CDOs (siehe Abschnitt 3.9) die Größe L_T ebenfalls eine tragende Rolle spielt, aber dafür die Größe s_T nicht so sehr. Dies erlaubt es, sich genauer auf die mathematische Modellierung von L_T zu fokussieren, weil man sich nicht noch parallel um eine Spread-Verteilung kümmern muss. Die Techniken, die für die Behandlung von L_T relevant sind, sind gänzlich anderer Natur als die »Lognormalverteilungs-Technik« bei s_T und lassen sich nur schwierig gemeinsam so unter einen Hut bringen, dass man noch ein gut handhabbares Modell erhält.

9 Armstrong/Rutkowski (2009) und Brigo/Morini (2011) befassen sich mit der akkuraten Bewertung von (Index-)CDS-Optionen und gehen insbesondere auf oben erwähnte Feinheiten ein. Außerdem wird beleuchtet, inwiefern sich die Verwendung der vorgestellten Black-Formeln in die allgemeine Arbitrage-Preis-Theorie einbetten lässt oder auch nicht.

Auch diese Schwierigkeit zeigt noch einmal, warum man so viele Vereinfachungen in Kauf nimmt bzw. in Kauf nehmen muss.

3.9 Bewertung von Collateralized Debt Obligations (CDOs)

Die Bewertung von CDOs erfordert im Vergleich zu allen bisher vorgestellten Bewertungsproblemen eine völlig neue mathematische Dimension, nämlich die Modellierung der möglichen Abhängigkeiten zwischen den im zugrunde liegenden Basket enthaltenen Einzelnamen-CDS. Gemeint ist damit die empirische Beobachtung, dass Firmenpleiten zyklisch auftreten, d. h. zu gewissen Zeiten gehäuft und zu anderen Zeiten wiederum fast gar nicht. Die Tatsache, dass z. B. globale politische und wirtschaftliche Entwicklungen einen großen Einfluss auf die Kreditwürdigkeit eines Unternehmens haben und viele Unternehmen diesem Einfluss im selben Maße unterliegen, ist eine naheliegende Begründung dafür. Solche Abhängigkeiten spielen bei der Bewertung von Index-CDS überhaupt keine Rolle und bei der Bewertung von Index-CDS-Optionen nur eine sehr untergeordnete, welche daher in der vorgestellten Black-Formel auch komplett unter den Tisch gekehrt wurde. Bei der Bewertung von CDOs hingegen sind diese Abhängigkeiten essenziell und müssen mathematisch angemessen abgebildet werden. Zunächst einmal klingt dies aufgrund der hohen Dimensionalität bei CDOs (Standard-Baskets enthalten typischerweise über 100 Einzelnamen) nach einer Herkulesaufgabe. In der Tat erfordert eine akkurate Bewertung aller mit solchen Abhängigkeiten in Verbindung stehenden Risiken ein sehr hohes Maß an mathematischer Modellierung, was den Rahmen dieses Buches sprengen würde. Allerdings ist es möglich, durch eine Reihe von vereinfachenden Annahmen relativ einfach auszuwertende Bewertungsformeln herzuleiten. Diese Formeln basieren im Wesentlichen auf der Idee, die gesamte Abhängigkeitsstruktur zwischen allen Einzelnamen in einem einzigen generischen Risikofaktor zu bündeln und somit auf vereinfachte Weise in die Modellierung mit aufzunehmen.

3.9.1 Generelle Bewertungsmethodik

Die genaue Funktionsweise eines CDO-Kontraktes, die bereits in Kapitel 1 einführend erläutert wurde, geht aus den in der Folge vorgestellten Formeln nochmals eindeutig hervor und wird daher hier nicht nochmals erläutert. Die prinzipielle Bewertungsmethode für einen CDO-Tranchen-Vertrag mit unterem Tranchen-Attachmentpunkt x_u und oberem Tranchen-Attachmentpunkt x_o, wobei $0 \leq x_u < x_o \leq 1$, ist ähnlich wie die für einen Index-CDS. In der Tat werden wir sehen, dass ein Index-CDS ähnlich wie ein CDO-Tranchen-Vertrag mit unterem Attachmentpunkt $x_u = 0$ und oberem Attachmentpunkt $x_o = 1$ ist. Aus dieser Perspektive ist ein CDO-Tranchenvertrag also eine Verallgemeinerung eines Index-CDS-Vertrages. Der erwartete Barwert aller Zahlungen des Versicherungsnehmers an den Versicherungsgeber wird wieder als Premium Leg bezeichnet und der erwartete Barwert der Zahlungen von Versicherungsgeber an Versicherungsnehmer als Default Leg. Der einzige Unterschied zu den entsprechenden Formeln im Fall eines Index-CDS ist, dass der dort auftretende kumulierte Nominalverlust L_t zur Zeit t, sowie das dort auftretende Restnominal N_t zur Zeit t, ersetzt werden durch den erwarteten Tranchen-Verlust bzw. das erwartete restliche Tranchen-Nominal zur Zeit t, jeweils gegeben durch die Formeln

$$L_t^{x_u,x_o} = min\{max\{L_t - x_u, 0\}, x_o - x_u\}, \quad N_t^{x_u,x_o} = x_o - x_u - L_t^{x_u,x_o}.$$

Solange der kumulierte Verlust L_t den unteren Tranchen-Attachmentpunkt x_u nicht überschreitet, gilt $L_t^{x_u,x_o} = 0$ und $N_t^{x_u,x_o} = x_o - x_u$, d. h. die betrachtete Tranche erleidet keinen Verlust. Sobald der kumulierte Verlust L_t den oberen Tranchen-Attachmentpunkt überschritten hat, gilt $L_t^{x_u,x_o} = x_o - x_u$ und $N_t^{x_u,x_o} = 0$, d. h. die betrachtete Tranche erleidet einen Totalverlust. Falls der kumulierte Verlust L_t zwischen den beiden Tranchen-Attachmentpunkten liegt, wächst (fällt) der Tranchen-Verlust (das verbleibende Tranchen-Nominal) linear in L_t. Mit diesen Bezeichnungen ergibt sich das Premium Leg des CDO zu

$$\begin{aligned} PL_{x_u,x_o}(c) = c \sum_{k=1}^{n} (t_k - t_{k-1})\mathrm{B}(\mathrm{t_k})E\left[N_{t_k}^{x_u,x_o}\right] \\ + \frac{t_k - \max\left\{t_{k-1}, 0\right\}}{2} B\left(\frac{t_k + \max\{t_{k-1}, 0\}}{2}\right) \\ \times \left(E\left[N_{\max\{t_{k-1},0\}}^{x_u,x_o}\right] - E\left[N_{t_k}^{x_u,x_o}\right]\right) \end{aligned}$$

und das Default Leg zu

$$DL_{x_u,x_o} = \sum_{k=1}^{n} B\left(\frac{t_k + \max\{t_{k-1}, 0\}}{2}\right)\left(E[L_{t_k}^{x_u,x_o}] - E\left[L_{\max\{t_{k-1},0\}}^{x_u,x_o}\right]\right).$$

Der Wert des CDO-Kontraktes wird üblicherweise in Prozent des Tranchen-Nominales $x_o - x_u$, und nicht in Prozent des Gesamtnominales, angegeben. Das bedeutet, dass das Upfront des CDO-Kontraktes gegeben ist durch $\frac{1}{x_o - x_u}(DL_{x_u,x_o} - PL_{x_u,x_o}(c) + Accrued(c))$.

Wieso spielen nun die Abhängigkeiten zwischen den Einzelnamen-CDS eine so bedeutende Rolle? Der kumulierte Portfolioverlust $\mathrm{L_t}$ ist schlicht eine Summe von Ausfallindikatoren, was dazu führt, dass dessen Erwartungswert als Summe der Einzelausfallwahrscheinlichkeiten berechnet werden kann. Der Tranchen-Verlust $\mathrm{L_t^{x_u,x_o}}$ dagegen ist eine hochgradig nicht-lineare Funktion der einzelnen Ausfallindikatoren, was dazu führt, dass eine geschlossene Formel für die Ausdrücke $\mathrm{E[L_t^{x_u,x_o}]}$ (bzw. analog für $\mathrm{E[N_t^{x_u,x_o}] = x_o - x_u - E[L_t^{x_u,x_o}]}$) nicht ohne Weiteres zu gewinnen ist. Und dies liegt eben maßgeblich daran, dass es für eine angemessene Risikomessung notwendig ist, anzunehmen, dass die Ausfallindikatoren $1\{\tau_i \leq t\}$, für $i = 1, \ldots, d$ voneinander abhängig sind. Die quantitative Modellierung solcher Abhängigkeiten zwischen Zufallsvariablen ist im Allgemeinen alles andere als trivial. Eine Lösung, die zu handhabbaren Formeln für $\mathrm{E[L_t^{x_u,x_o}]}$ und damit für CDO-Kontrakte führt, basiert auf einer Reihe von vereinfachenden Homogenitätsannahmen an das zugrundeliegende Basket. Anschaulich erklärt schließen diese Annahmen aus, dass wenige Einzelnamen das Risiko maßgeblich dominieren, was selbstredend realitätsfern sein kann. Im folgenden Abschnitt werden diese Annahmen dezidiert erläutert und die daraus resultierenden Formeln vorgestellt. Will man auf solch vereinfachende Annahmen gänzlich verzichten, muss man typischerweise auch auf geschlossene Formeln verzichten. Eine mögliche Bewertungsmethodik in solch einem Fall basiert dann auf Monte-Carlo-Simulationen.[10] Während der Vorteil solcher Verfahren im Wesentlichen durch den Verzicht auf realitätsferne Annahmen erklärt ist, ist deren offensichtlicher Haupt-Nachteil die sehr lange Berechnungszeit. Bereits eine einfache Bewertung kann auf gewöhnlichen PCs mehrere Minuten oder gar Stunden in Anspruch nehmen, abhängig von der Komplexität des zugrunde liegenden mathematischen Modells für die Ausfallzeitpunkte. Wir gehen in diesem Buch allerdings nicht näher auf solch komplexe Modelle ein, sondern skizzieren kurz zwei (noch relativ) einfache Beispiele in Abschnitt 3.9.3, um zumindest einen ganz groben Einblick zu erlauben, welche Ideen grundlegend hinter solchen Modellen stecken.

3.9.2 Ein-Faktor-Copula-Modelle für homogene Baskets

Eine übliche Methodik, die zu handhabbaren Formeln für $E[L_t^{x_u,x_o}]$ führt, basiert auf der Modellannahme, dass der zugrunde liegende Basket unendlich groß und homogen ist. Da die Basketgröße d in aller Regel größer als hundert ist, ist die Annahme eines unendlich großen Baskets eigentlich gar nicht so gravierend, wie man auf den ersten Blick meinen könnte. Allerdings muss man sich bei einem Grenzübergang von »endlich« nach »unendlich« immer überlegen, wie sich fiktive Einzelnamen-CDS in den bestehenden endlichen Basket und dessen Abhängigkeitsstruktur einfügen. Und genau hierfür wird die recht restriktive Homogenitätsannahme benötigt. Salopp formuliert kann man zu einem homogenen Basket ohne Probleme weitere fiktive Namen in seinem Modell hinzufügen, indem man die bestehende homogene Abhängigkeitsstruktur einfach in der Dimension vergrößert. Bei heterogenen Baskets hingegen muss man sich bei einer Dimensionsvergrößerung stets fragen, in welcher Weise die Heterogenität vergrößert wird, was im Allgemeinen nicht einfach ist.

Wir verlassen nun die anschauliche Erklärungsebene und legen mathematisch präzise fest, was wir unter »groß und homogen« verstehen, nämlich folgende Modellannahmen:

- Alle Verwertungsquoten sind identisch (und konstant), d. h. $R_1 = \ldots = R_d = R$.
- Alle Einzelnamen sind gleichgewichtet, d. h. $N_1 = \ldots = N_d = N$.
- Die Zufallsvariablen $\tau_1, \ldots, \tau_d$ sind bedingt unabhängig und identisch verteilt.

Die mathematisch entscheidende Homogenitätsannahme ist dabei die letzte und sie bedarf genauerer Erläuterung. Sie bedeutet, dass es einen einzigen Risikofaktor gibt,

10 Siehe z. B. Seite 251 ff. in Mai/Scherer (2017) für allgemeinen Hintergrund zu diesem Vorgehen.

der die Abhängigkeitsstruktur zwischen den Ausfallzeiten bestimmt. Dieser Risikofaktor ist latent, d. h. man beobachtet dessen Wert nicht, und er ist ein fiktives mathematisches Hilfsobjekt, d. h. es gibt a priori keine anschauliche ökonomische Interpretation für ihn, abgesehen von der diffusen Interpretation, dass er einen massiven Einfluss auf die Stärke der Abhängigkeit zwischen den Ausfallzeitpunkten ausübt. Die mathematische Struktur, die durch die Homogenitäts-Annahmen vorgegeben wird, bewirkt, dass alle Größen von Interesse als Funktionen des latenten Risikofaktors ausgedrückt und berechnet werden können. Insbesondere folgt aus dieser Annahme, dass $F_{\tau_1}(t) = \ldots = F_{\tau_d}(t) = F(t)$ gilt, d. h. alle Einzelnamen haben die exakt identische Ausfallwahrscheinlichkeit zu jedem Zeitpunkt t. Diese Annahme ist offenkundig in der Realität so nicht zu beobachten, sondern, wenn überhaupt, nur durch eine Durchschnittsbildung zu rechtfertigen, d. h. man wählt die Verteilungsfunktion $F(t)$ als den Mittelwert der einzelnen Verteilungsfunktionen $F_{\tau_1}(t), \ldots, F_{\tau_d}(t)$.

Es gibt eine ganze Reihe verschiedener mathematischer Modelle, die unter diesen abstrakten Modellrahmen der »großen und homogenen« Baskets fallen. In der Literatur findet man dafür häufig den Begriff *Ein-Faktor-Copula-Modelle*. Während sich die Nomenklatur »Ein-Faktor« auf den oben beschriebenen latenten Risikofaktor für die Abhängigkeit bezieht, entstammt die Nomenklatur »Copula« einem Konzept aus der mathematischen Statistik. Eine *Copula* ist dort eine Funktion C in d Variablen, die aus den beobachteten Verteilungsfunktionen $F_{\tau_1}(t), \ldots, F_{\tau_d}(t)$, bzw. unter der Homogenitätsannahme wie oben beschrieben ja nur deren Mittelwert $F(t)$, eine sogenannte *gemeinsame Verteilungsfunktion* bastelt, gemäß der Formel

$$P(\tau_1 \leq t_1, \ldots, \tau_d \leq t_d) = C(F_{\tau_1}(t_1), \ldots, F_{\tau_d}(t_d)).$$

Auf der linken Seite der letzten Gleichung steht die Wahrscheinlichkeit, dass $\tau_i \leq t_i$ für alle $i = 1, \ldots, d$. Betrachtet man diese als Funktion in den d Variablen $t_1, \ldots, t_d$, so bezeichnet man sie als gemeinsame Wahrscheinlichkeitsfunktion der Zufallsvariablen $\tau_1, \ldots, \tau_d$. Solch eine gemeinsame Verteilungsfunktion legt das mathematische Modell für die Zufallsvariablen eindeutig fest. Auf der rechten Seite der Gleichung findet man eine Zerlegung des Modells in Einzelmodelle $F_{\tau_i}(t)$ einerseits sowie eine Copula C andererseits. Das Charmante an dieser Zerlegung im Kontext der CDO-Bewertung ist, dass man die Einzelmodelle F_{τ_i} aus der Bewertung der Einzelnamen-CDS gut kennt. Wie oben schon erwähnt, berechnet man in der Praxis unter obigen Homogenitätsannahmen die Verteilungsfunktion $F_{\tau_i}(t)$ für jedes $i = 1, \ldots, d$ als Durchschnitt $F(t)$ der einzelnen Verteilungsfunktionen, welche wiederum selbst aus beobachteten CDS Par Spreads generiert werden. Die Copula C kann nun einfach in einem zweiten Modellierungsschritt über die zuvor festgelegten Einzelmodelle gestülpt werden, um ein konsistentes mathematisches Modell für alle Namen zu generieren. Man muss dafür nur sicherstellen, dass die Funktion C gewisse mathematische Eigenschaften erfüllt, nämlich eine Copula ist. Wir gehen in diesem Buch nicht auf die genaue Definition einer Copula ein.[11] Allerdings werden wir in der Folge einige Beispiele für Copulas vorstellen, die im Zusammenhang mit der Bewertung von CDOs von Interesse sind.

11 Wir verweisen die interessierten Leser auf das Lehrbuch Mai/Scherer (2017) zu diesem Thema.

Wie leitet man nun unter Verwendung der Homogenitätsannahmen handhabbare Formeln für $E[L_t^{x_u,x_o}]$ ab? Nun, die Annahmen erlauben es, den kumulierten Portfolioverlust zu schreiben als

$$L_t = (1-R)\frac{1}{d}\sum_{i=1}^{d} 1\{\tau_i \leq t\}.$$

Aufgrund der bedingten Unabhängigkeit und identischen Verteilung der Ausfallzeiten gilt zudem, dass der Grenzübergang $d \to \infty$ zulässig ist, d. h. man darf d unendlich groß machen und obiger Ausdruck für den kumulierten Portfolioverlust nähert sich einem Grenzwert an, den wir in der Folge mit X_t bezeichnen. Da d in der Praxis bereits recht groß ist, macht man keinen großen Fehler, wenn man die Approximation $L_t \approx X_t$ verwendet. Dies ist nützlich, da die Wahrscheinlichkeitsverteilung der Zufallsvariablen X_t in vielen Ein-Faktor-Copula-Modellen bekannt und handhabbar ist und damit zu einer geschlossenen Approximationsformel für den benötigten Erwartungswert $E[L_t^{x_u,x_o}] = E[min\{max\{L_t - x_u, 0\}, x_o - x_u\}] \approx E[min\{max\{X_t - x_u, 0\}, x_o - x_u\}]$ führt. Wir geben in der Folge konkrete Beispiele an.

3.9.2.1 Das Gauß'sche Copula-Modell

Das erste und bei weitem populärste Bewertungsmodell für CDOs ist das Gauß'sche Copula-Modell, eingeführt in Li (2000). Dieses Modell wurde in der Finanzindustrie zur Bewertung von CDOs überwiegend verwendet und erlangte im Zuge der Finanzkrise 2008, als CDOs als Brandbeschleuniger galten, zweifelhafte Berühmtheit als »The Formula that killed Wall Street« (zu deutsch »die Formel, die die Wall Street ausradiert hat«).[12] Es basiert auf der Annahme, dass die Copula C eine sogenannte Gauß'sche Copula mit einem einzigen Korrelationsparameter ρ zwischen null und eins ist. Während die Copula C selbst keine besonders schöne analytische Gestalt hat und wir diese daher auch aussparen, ist die für die Berechnung von $E[L_t^{x_u,x_o}]$ entscheidende Grenzvariable X_t dafür umso schöner, nämlich gegeben durch

$$X_t = (1-R)\,\Phi\left(\frac{\Phi^{-1}(F(t)) - \sqrt{\rho}M}{\sqrt{1-\rho}}\right),$$

wobei Φ wie bereits in der Black-Formel für CDS-Optionen in Abschnitt 3.8.1 die Verteilungsfunktion einer standardnormalverteilten Zufallsvariable bezeichnet und Φ^{-1} deren Inverse und die Zufallsvariable M eine standardnormalverteilte Zufallsvariable ist. Für den benötigten Erwartungswert $E[L_t^{x_u,x_o}]$ ergibt sich daraus die Approximationsformel

$$E[L_t^{x_u,x_o}] \approx \int_{-\infty}^{\infty} min\left\{max\left\{(1-R)\Phi\left(\frac{\Phi^{-1}(F(t)) - \sqrt{\rho}x}{\sqrt{1-\rho}}\right) - x_u, 0\right\}, x_o - x_u\right\} \times \frac{1}{\sqrt{2\pi}}e^{-\frac{x^2}{2}}\,dx,$$

die im PC innerhalb von Sekunden-Bruchteilen ausgewertet werden kann.

12 Siehe Salmon (2009).

Der Effekt des Modellparameters ρ auf den Wert des CDO-Kontraktes hängt maßgeblich von der Tranche ab. Der Parameter ρ steuert die Stärke der Abhängigkeit zwischen den Grenzfällen $\rho = 0$ (keine Abhängigkeit) und $\rho = 1$ (stärkstmögliche Abhängigkeit). Für (Super-)Senior-Tranchen, also solche mit oberem Attachmentpunkt eins und unterem Attachmentpunkt spürbar größer als null, kann nur ein Verlust entstehen, wenn sehr viele Einzelnamen ausfallen, was wiederum nur für sehr starke Abhängigkeit wahrscheinlich ist. Folglich wächst das Upfront eines Senior-Tranchen-CDS in der Regel im Parameter ρ. Für eine Equity-Tranche verhält es sich spiegelverkehrt, denn mit zunehmender Abhängigkeit wächst nicht nur die Wahrscheinlichkeit für sehr viele Ausfälle, sondern es steigt auch gleichzeitig die Wahrscheinlichkeit dafür, dass nur sehr wenige oder sogar gar keine Ausfälle auftreten. Im Grenzfall für $\rho = 1$ sind bis zum Zeitpunkt t entweder alle Namen ausgefallen (mit Wahrscheinlichkeit $F(t)$) oder gar keiner (mit komplementärer Wahrscheinlichkeit $1 - F(t)$). Im Unabhängigkeits-Grenzfall $\rho = 0$ hingegen ist die Wahrscheinlichkeit für wenigstens einen Ausfall bis zum Zeitpunkt t mit $1 - (1 - F(t))^d$ hingegen höher als $F(t)$, im Grenzfall $d \to \infty$ in der Regel sogar identisch eins. Dies führt dazu, dass das Upfront der Equity-Tranche monoton fallend im Modellparameter ρ ist. Diese Beobachtung kann man sich auch anhand der Wahrscheinlichkeitsdichte der Grenzvariablen X_t, die den Portfolioverlust bis zum Zeitpunkt t approximiert, klarmachen. Abbildung 3.2 visualisiert diese Wahrscheinlichkeitsdichte für $F(t) = 0.2$ sowie $R = 0.4$ und für verschieden starke Korrelationsparameter ρ. Die Zufallsvariable X_t nimmt Werte zwischen null und $1 - R = 0.6$ an und die gestrichelte Linie in den Grafiken entspricht jeweils ihrem Erwartungswert $(1 - R)F(t) = 0.12$. Für kleines ρ ist die Wahrscheinlichkeitsmasse konzentriert um den Erwartungswert, d. h. es ist sehr unwahrscheinlich, dass deutlich mehr oder deutlich weniger Ausfälle als erwartet eintreten. Mit wachsendem ρ wandert immer mehr Wahrscheinlichkeitsmasse weg vom Erwartungswert und hin zu den beiden Randpunkten des Intervalles $[0,0.6]$, also sowohl hin zur Equity-Tranche als auch hin zur Senior-Tranche. Einerseits geschieht dies in der Art symmetrisch, als dass der Erwartungswert unverändert bei 0.12 bleibt. Im Extremfall für ρ ganz nahe bei eins sind mit Wahrscheinlichkeit $F(t) = 0.2$ alle Namen ausgefallen, mit Wahrscheinlichkeit $1 - F(t) = 0.8$ gibt es keinen einzigen Ausfall, sonstige Szenarien gibt es nicht. Andererseits ist der daraus resultierende Effekt wie oben erläutert asymmetrisch, als dass eine Wahrscheinlichkeitsmassenverschiebung hin zur Equity-Tranche deren Upfront senkt, während eine Wahrscheinlichkeitsmassenverschiebung hin zur Senior-Tranche deren Upfront erhöht. Für Mezzanine-Tranchen, die also weder null noch eins als Attachmentpunkt besitzen, gibt es a priori keine allgemeingültige Regel, ob das zugehörige Upfront in ρ steigt oder fällt. Diese Tatsache führt in der Praxis dazu, dass man einem beobachteten Marktpreis (= Upfront) für eine Tranche nicht immer einen eindeutigen Modellparameter ρ zuordnen kann, der in Eins-zu-eins-Relation mit dem Preis steht. Stattdessen kann es passieren, dass zwei verschiedene Parameter ρ denselben Wert liefern. Im Aktienhandel ist die eindeutige Umrechnung eines Marktpreises in einen Modellparameter, nämlich die implizite Volatilität, für Put- und Call-Optionen aus dem täglichen Handelsgeschehen nicht wegzudenken und unabdingbar. Die Übertragung dieses Konzeptes auf den Handel von CDOs mittels des Gauß'schen Copula-Modells ist aufgrund nicht vorhandener Monotonieeigenschaften der Preise nicht ohne Weiteres möglich. Genau aus diesem Grund wurde das Konzept der sogenannten *Base Correlation* eingeführt, das diese Übertragung eben doch möglich macht, siehe für nähere Informationen dazu Abschnitt 3.9.4.

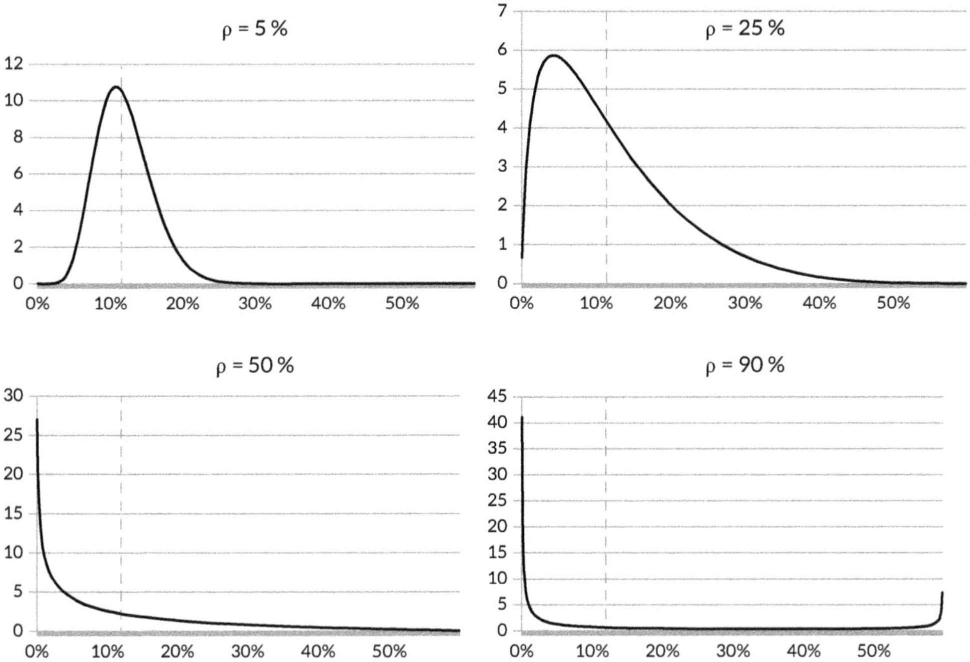

Abb. 3.2: Wahrscheinlichkeitsdichte des approximativen Portfolioverlustes im Gauß'schen Copula-Modell

3.9.2.2 Andere Ein-Faktor-Copula-Modelle

Wie im Falle des Black-Scholes-Modells für die Bewertung von Aktienoptionen oder wie im Falle der Black-Formel für CDS-Optionen in Abschnitt 3.8.1, basiert auch das Gauß'sche Copula-Modell auf einer Normalverteilungsannahme, die – genau wie in den zuvor genannten Anwendungen – Anhaltspunkte für Modellkritik liefert. Generell gilt es dazu festzustellen, dass die Normalverteilungsannahme für die Modellierung von abhängigen Zeitpunkten weder aus mathematischer noch ökonomischer Sicht besonders intuitiv ist. Die allgemeine Popularität der Normalverteilung (sowie deren indirekt daraus folgende Omnipräsenz in finanzmathematischen Modellen) fußt ganz massiv auf ihrem intrinsischen Zusammenhang zur Matrix-Algebra und der daraus entstehenden Popularität in der universitären Lehre, weshalb die multivariate Normalverteilung auch zu Recht eines der wichtigsten statistischen Modelle ist. Aber: Sie ist keine eierlegende Wollmilchsau! Zufallsvariablen, die zukünftige Zeitpunkte modellieren, so wie $\tau_1, \ldots, \tau_d$, sind per definitionem positiv. Im Gegensatz dazu ist die Normalverteilung eine Verteilung auf der gesamten reellen Achse, kann also auch negative Werte annehmen. Das Gauß'sche Copula-Modell basiert auf abhängigen normalverteilten Zufallsvariablen, die »künstlich« auf die positive Halbebene transformiert werden. Die Abhängigkeitsstruktur entstammt aber ursprünglich dem Normalverteilungsmodell für möglicherweise auch negative Zufallsvariablen. Im Gegensatz zu solch einer »algebraischen Vergewaltigung« wäre es aus mathematischer Sicht viel intuitiver, sein Modell für die Ausfallzeitpunkte von vorneherein auf einem mathematischen Konzept für positive Verteilungen zu basieren, wie man dies etwa auch bei der Modellierung von eindimensionalen Ausfallzeiten mit dem Exponentialverteilungskonzept macht (siehe Abschnitt 3.4.1). In der Tat gibt es mehrdimensionale Konzepte für positive Verteilungen, deren Verwendung nicht nur intuitiver ist, sondern auch aufgrund ihrer »Natürlichkeit« ganz automatisch eine Reihe von wünschenswerten Eigenschaften mit sich bringen, die das Gauß'sche Copula-Modell vermissen lässt. Zum Beispiel werden für die Bewertung von CDOs besonders relevante Extremszenarien im Gauß'schen Copula-Modell systematisch unterschätzt.

Nachfolgend skizzieren wir kurz einige alternative Ein-Faktor-Copula-Modelle, die ähnlich gut handhabbar sind wie das Gauß'sche Copula-Modell, aber intuitiver sind und beobachtete CDO-Preise in der Regel besser erklären können, auch weil sie flexibler parameterisierbar sind. Man kann die Copula C z. B. wählen als

$$C(u_1, \ldots, u_d) = \varphi(\varphi^{-1}(u_1) + \ldots + \varphi^{-1}(u_d)),$$

wobei die eindimensionale Funktion φ eine sogenannte *Laplace-Transformation* einer positiven Zufallsvariable ist. Copulas von dieser Gestalt nennt man *Archimedisch.*[13] Typische Beispiele für die Wahl von φ sind z. B. die Funktionen $\varphi(x) = e^{-x^\theta}$ für $0 < \theta < 1$ (*Gumbel* Copula) oder $\varphi(x) = (1 + x)^{-1/\theta}$ für $\theta > 0$ (*Clayton* Copula). In beiden Fällen ist die Annahme eines großen und homogenen Portfolios erfüllt und ähnlich wie im Gauß'schen Copula-Modell ist die Gestalt der Grenzvariablen des kumulierten Portfolioverlustes denkbar einfach, nämlich gegeben durch

$$X_t = (1 - R)(1 - e^{-M\varphi^{-1}(1-F(t))}),$$

wobei die positive Zufallsvariable M eindeutig bestimmt ist durch die Eigenschaft, dass deren Laplace-Transformation gerade φ ist. Zum Hintergrund, die Laplace-Transformation φ einer nicht-negativen Zufallsvariablen M ist eine Funktion in einer Variablen $x \geq 0$, die dem Argument x den Erwartungswert von $e^{-x\,M}$ zuordnet. Diese Funktion legt, ähnlich wie die Verteilungsfunktion der Zufallsvariablen, deren Wahrscheinlichkeitsverteilung eindeutig fest und ist daher eine alternative Methode für den analytischen Umgang mit Zufallsvariablen. Für manche Zufallsvariablen/Anwendungen ist der Zugang mittels Verteilungsfunktionen praktischer, für manch andere bietet sich ein Zugang über Laplace-Transformationen

13 Siehe z. B. Kapitel 2 in Mai/Scherer (2017) für nähere Informationen zu diesen Copulas.

eher an. Zum Beispiel hat M im Falle der Gumbel-Copula eine sogenannte *stabile Verteilung* und im Falle der Clayton-Copula eine *Gamma-Verteilung*. In beiden Fällen ist die analytische Gestalt der Laplace-Transformation einfacher als die analytische Gestalt der Verteilungsfunktion. In beiden Fällen erhält man Formeln für $E[L_t^{x_u,x_o}]$, die genauso effizient auszuwerten sind wie im Gauß'schen Copula-Modell. Im Falle der Clayton-Copula erhält man z. B. die Formel

$$E[L_t^{x_u,x_o}] \approx \int_{-\infty}^{\infty} min\{max\{(1-R)(1-e^{-x((1-F(t))^{-\theta}-1)}) - x_u, 0\}, x_o - x_u\} \times \frac{x^{\frac{1}{\theta}-1}}{\Gamma(1/\theta)} e^{-x}\, dx,$$

wobei $\Gamma(x) = \int_0^{\infty} e^{-t} t^{x-1} dt$ die sogenannte *Gamma-Funktion* bezeichnet. Die Gamma-Funktion ist in jedem Standard-Computerprogramm, das zum Rechnen verwendet wird, vorimplementiert, selbst in Microsoft Excel. Sie ist also aus praktischer Sicht nicht mehr oder weniger umständlich als die Exponential- oder Logarithmusfunktion und schon gar nicht komplizierter als die Standardnormalverteilungsfunktion Φ aus dem Gauß'schen Copula-Modell. Im etwas interessanteren Falle der Gumbel-Copula ist zwar die Wahrscheinlichkeitsdichte von M leider nicht in geschlossener Form bekannt. Trotzdem kann man Approximationen für $E[L_t^{x_u,x_o}]$ mittels sehr effizienter Laplace-Inversionsmethoden, die der Formelauswertung im Gauß'schen Copula-Modell in Sachen Effizienz in Nichts nachstehen, bewerkstelligen.[14] Der Computer-Code, der die Auswertung von $E[L_t^{x_u,x_o}]$ im Gumbel-Copula-Modell bewerkstelligt, ist in folgendem Algorithmus angegeben, um deutlich zu machen, wie einfach die Berechnung in einem PC-Programm zu bewerkstelligen ist.

Algorithmus: (Berechnung von $\mathbf{E}[\mathbf{L}_t^{x_o,x_u}]$ im Gumbel-Copula-Modell)

Schritt 0: (Input)

Der Algorithmus erhält als Input die Tranchen-Attachmentpunkte x_u und x_o sowie die Verwertungsquotenannahme R, den Abhängigkeitsparameter $\theta \in (0,1)$ und die Ausfallwahrscheinlichkeit $F(t)$.

Schritt 1:

Berechne einige numerische Konstanten, die in der Folge von Bedeutung sind:

$$K_{x_u} := 1 - \frac{x_u}{1-R}, \quad K_{x_o} := 1 - \frac{x_o}{1-R}, \quad a_{x_u} := \frac{-1}{\log(K_{x_u})}, \quad a_{x_o} := \frac{-1}{\log(K_{x_o})},$$

$$h(t) := -\log(1-F(t))$$

$$b_u := \begin{cases} 2\,a_u & , \theta \geq 0.5 \\ \tan\left(\frac{\pi}{(1-\theta)(0.5-\theta)}\right) & , \theta < 0.5 \end{cases}, \quad b_o := \begin{cases} 2\,a_o & , \theta \geq 0.5 \\ \tan\left(\frac{\pi}{(1-\theta)(0.5-\theta)}\right) & , \theta < 0.5 \end{cases}$$

14 Die entsprechende Methodik ist in Abschnitt 6.2 des Artikels von Bernhart et al. (2015) für den interessierten Leser erläutert.

Schritt 2:

Berechne die sogenannten unteren und oberen Call-Preise C_{x_u} und C_{x_o} gemäß dem folgenden Prozedere für $x \in \{x_u, x_o\}$: Falls $x = 0$, setze $C_x = 0$. Andernfalls bezeichne i die komplexe Einheit und *Imag*(z) den Imaginärteil einer komplexen Zahl z und wir berechnen das Integral

$$C_x := \frac{3\,K_x^{1-a_x}}{\pi} \int_0^1 Imag\left(\frac{(b_x i - a_x) e^{3\,\log(K_x+v)(b_x i - a_x) - h(t)(a_x - 3\,\log(v)(b_x i - a_x))^{1-\theta}}}{(a_x - 3\,\log(v)(b_x i - a_x))(a_x - 1 - 3\,\log(v)(b_x i - a_x))} \right) \frac{dv}{v}.$$

Auch wenn diese Formel zugegebenermaßen etwas furchteinflößend aussieht, so sei erwähnt, dass sowohl die benötigte Integrationsfunktion als auch der Imaginärteil-Operator *Imag*(.) in für die Bewertung von Derivaten gängigen Softwareprogrammen vorimplementiert sind, z. B. in MATLAB. Folglich kann man die Formel einfach abtippen und deren Berechnung erfolgt schnell, akkurat und stabil.

Schritt 3:

Schlussendlich wird der erforderliche Erwartungswert berechnet als

$$E[L_t^{x_u, x_o}] = \begin{cases} x_o - x_u + (1-R)(C_{x_o} - C_{x_u}) & , \quad x_o < (1-R) \\ (1-R)F(t) - x_u + (1-R)C_{x_u} & , \quad x_o \geq (1-R) \end{cases}.$$

In obigem Algorithmus ist die Formel für C_x die Modellberechnung für die Größe $C_x = E[max\{X_t - K_x, 0\}]$. Das zeigt, dass alles in dem Algorithmus – außer eben dieser Formel, die auf dem konkreten Gumbel-Modell basiert – auf einer modellfreien Zerlegung des erwarteten Tranchenverlustes in die Differenz zweier »europäischer Call-Optionen« auf das »Underlying« X_t basiert. Der Parameter θ der involvierten Gumbel-Copula spielt im Gumbel-Modell exakt dieselbe Rolle, die der Parameter ρ im Gauß'schen Copula-Modell innehat. Insbesondere liegt der Parameter θ zwischen null und eins, wobei die Stärke der Abhängigkeit mit θ zunimmt. Dies erlaubt es, das populäre Praxis-Konzept der *Base-Correlation* aus dem Gauß'schen Copula-Modell eins zu eins auf das Gumbel-Copula-Modell zu übertragen, siehe dazu Abschnitt 3.9.4. Während beide Modelle in ihrer Handhabung ähnlich aufwendig/effizient daherkommen, hat das Gumbel-Copula-Modell den entscheidenden Vorteil, dass die Wahrscheinlichkeitsverteilung des Portfolioverlustes deutlich mehr Masse auf extreme Ereignisse verteilt als im Gauß'schen Copula-Modell. Dies führt in den meisten Fällen zu der empirischen Beobachtung, dass Preisdaten im Markt entscheidend besser erklärt werden.

Ein weiteres Ein-Faktor-Copula-Modell basiert auf dem Konzept der sogenannten *Marshall-Olkin-Verteilung*, die man als das populärste mathematische Konzept für eine mehrdimensionale Exponentialverteilung auffassen kann.[15] Es unterscheidet sich von den vorhergehenden Modellen vor allem dadurch, dass die anschauliche

15 Der interessierte Leser sei verwiesen auf Mai (2010).

Interpretation des Modelles deutlich plausibler ist. Kreditereignisse können in diesem Modellrahmen z. B. als Folge von ökonomischen Schocks interpretiert werden. Die numerische Handhabbarkeit des Modells ist vergleichbar mit der des Gauß'schen Copula-Modells bzw. mit der des Modells basierend auf Archimedischen Copulas. Ähnlich wie bei Archimedischen Copulas hat man auch im Marshall-Olkin-Modell deutlich mehr Flexibilität, was die Modellparameter angeht, und kann dadurch am Markt beobachtete Preise für CDOs besser erklären als mit dem Gauß'schen Copula-Modell.[16]

3.9.3 Modellkritik und komplexere Modelle

Eine maßgebliche Schwäche der Ein-Faktor-Copula-Modelle ist deren Abhängigkeit von der vorgestellten, sehr starken, weil realitätsfernen, Homogenitäts-Annahme, die nötig war, um effiziente (Approximations-)Formeln zu generieren. Will man allerdings eine gewisse Heterogenität im zugrunde liegenden Basket in seiner Bewertung zulassen, so gibt es sehr wohl realistische mathematische Modelle, die dies bewerkstelligen. Man findet lediglich in der Regel keine geschlossenen Formeln mehr für die Erwartungswerte $E[L_t^{x_u,x_o}]$. Eine Möglichkeit, diese Erwartungswerte dennoch auszuwerten, ist eine Bewertung mittels sogenannter Monte-Carlo-Simulation.[17] Die Grundidee basiert darauf, dass man sehr viele (z. B. eine Million) unabhängige Realisierungen der Zufallsvariablen $L_t^{x_u,x_o}$ anhand des mathematischen Modells am PC simuliert und dann den Erwartungswert durch das arithmetische Mittel der einzelnen Simulationen approximiert. Dieses Vorgehen wird durch das sogenannte »Gesetz der großen Zahlen« mathematisch gerechtfertigt, das besagt, dass das arithmetische Mittel unabhängiger und identisch verteilter Zufallsvariablen gegen deren Erwartungswert konvergiert (unter gewissen hier immer erfüllten Annahmen).

Ein populäres Modell basierend auf dem Konzept einer Mehr-Faktor-Copula von Archimedischem Typ wurde von Marius Hofert und Matthias Scherer entwickelt.[18] Die Grundidee des Modelles ist, das Basket in mehrere Gruppen einzuteilen, z. B. nach Industriesektoren, und dann für jeden Sektor ein homogenes Archimedisches Copula-Modell zu verwenden. Eine besondere Eigenschaft des verwendeten mathematischen Modells ist es, dass nicht nur innerhalb der Gruppen, sondern auch zwischen den Gruppen eine Abhängigkeit modelliert wird, die mathematisch von einer ganz ähnlichen Struktur wie innerhalb der Gruppen ist. Eine ausführlichere Beschreibung des zugrunde liegenden Konzeptes sogenannter *hierarchischer Archimedischer Copulas* wäre im Rahmen dieses Buches unangemessen.[19] Während der wesentliche Vorteil solch allgemeinerer Modelle deren Realismus ist, insbesondere

16 Eine Übersicht sowie einen Modellvergleich gängiger Ein-Faktor-Copula-Modelle, inklusive der oben vorgestellten, findet man darüber hinaus in Mai et al. (2013).
17 Siehe z. B. Seite 251 ff. in Mai/Scherer (2017) für allgemeinen Hintergrund zu diesem Vorgehen.
18 Siehe Hofert/Scherer (2011).
19 Der interessierte Leser sei dazu auf den Artikel von Hering et al. (2010) verwiesen, der das Bauprinzip und die Simulation von Zufallsvariablen von dieser speziellen Familie von Copulas mathematisch beschreibt.

hinsichtlich der Zulässigkeit von heterogenen Baskets, ist ein entscheidender Nachteil, dass Preisberechnungen am PC sehr lange dauern. Für einige Anwendungen im Risikomanagement, wie etwa einer Value-at-Risk-Berechnung, mag dieser Nachteil weniger ins Gewicht fallen, aber für viele Anwendungen im Front-Office-Bereich schon. Insbesondere ein effizientes Screening und Monitoring von vielen unterschiedlichen Preisen erfordert die Möglichkeit effizienter Preisberechnungen innerhalb von Sekunden.

Eine alternative Möglichkeit, ein CDO-Bewertungsmodell realistischer zu gestalten, ohne dabei unbedingt die Homogenitätsannahme (und damit die Berechnungs-Effizienz) aufzugeben, ist, anzunehmen, dass die Verwertungsquoten $R_1, \ldots, R_d$ nicht konstant, sondern zufällig sind. Insbesondere gibt es empirische Beobachtungen, die darauf hindeuten, dass Verwertungsquoten insbesondere dann niedrig sind, wenn viele Ausfälle passieren, und umgekehrt. Das bedeutet, dass es eine Abhängigkeit zwischen den Verwertungsquoten und den Ausfallzeitpunkten gibt.[20]

3.9.4 Praktische Anwendung von Ein-Faktor-Copula-Modellen

Ein Bewertungsmodell muss eine ganze Reihe an Eigenschaften erfüllen, damit es für die Praxis nützlich ist. Außerdem erfordern unterschiedliche Fragestellungen mitunter unterschiedliche Modelle. Zum Beispiel kann die Annahme eines heterogenen Baskets für eine Preissensitivitätsanalyse einer CDO-Tranche bezüglich einiger ausgewählter Einzelnamen unerlässlich sein, während sie aufgrund des hohen Rechen- und Modellierungsaufwands für ein tägliches Preis-Monitoring unangemessen erscheint. Wer schießt schon gern mit Kanonen auf Spatzen? Die vorwiegenden Anwendungen des populärsten Gauß'schen Ein-Faktor-Copula-Modelles im täglichen Handelsgeschehen sind:

- Umrechnung beobachteter Preise in Modellparameter zur Vereinfachung und Vereinheitlichung der Kommunikation zwischen Händlern.
- Preis-Monitoring im Front-Office-System.
- Berechnung von Hedge-Ratios bestehender Positionen.
- Schneller Zugang zu relativen Preisbeziehungen, wie z. B. die arbitrage-konsistente Bewertung einer Nicht-Standard-Tranche basierend auf Preisen für Standard-Tranchen.

Auch wenn in diesen Anwendungsfällen aufwendigere Modelle, die nur mittels Monte-Carlo-Simulation umgesetzt werden können, aufgrund ihrer Ineffizienz in der Regel unerwünscht sind, so sei erwähnt, dass andere Ein-Faktor-Copula-Modelle, z. B. das vorgestellte Gumbel-Copula-Modell, alle Anwendungen mit der exakt

20 Eine direkte Erweiterung des Ein-Faktor-Copula-Modells in diese Richtung, die noch immer effiziente Approximationsformeln liefert, findet der interessierte Leser in Krekel (2008). Ein etwas aufwendigeres Modell, dessen Bewertung auf dem Konzept von Mehr-Faktor-Archimedischen Copulas beruht und das wiederum mittels Monte-Carlo-Simulationen umgesetzt werden muss, findet man in Kapitel 7 von Höcht (2009).

identischen Effizienz erledigen können und häufig sogar noch bessere Ergebnisse liefern. Trotzdem beschreiben wir die wesentlichen Mechanismen der Einfachheit halber anhand des Gauß'schen Copula-Modells, etwaiger Transfer auf z. B. das Gumbel-Copula-Modell ist dann selbsterklärend (beispielsweise mittels des o.g. Algorithmus).

Wir nehmen dazu an, dass wir die Verteilungsfunktion $F(t)$ sowie den Parameter R bereits gegeben haben und dass wir Marktpreise (bzw. Upfronts) für verschiedene Tranchen beobachten. Dazu sei $x_0 = 0 < x_1 < \ldots < x_n = 1$ eine Zerlegung des Intervalles $[0,1]$ in verschiedene Tranchen $[x_0, x_1], \ldots, [x_{n-1}, x_n]$. Üblich ist eine Zerlegung in fünf Tranchen. Wir bezeichnen das beobachtete Upfront einer Tranche $[x_u, x_o]$ in der Folge mit $u^m_{x_u,x_o}$, wobei der obenstehende Index m für »Markt« steht. Im Gegensatz dazu bezeichnen wir mit $u_{x_u,x_o}(\rho)$ den Modellpreis der Tranche, berechnet mittels der vorgestellten Approximationsformeln des Gauß'schen Ein-Faktor-Copula-Modells. Wie bereits in Abschnitt 3.9.2.1 erwähnt, kann es für Mezzanine-Tranchen vorkommen, dass es zwei verschiedene Parameter $\rho_1 \neq \rho_2$ gibt, so dass $u^m_{x_u,x_o} = u_{x_u,x_o}(\rho_1) = u_{x_u,x_o}(\rho_2)$ gilt. Folglich kann man einer Tranche leider im Allgemeinen keinen eindeutigen Korrelationsparameter zuordnen. Um diesen widrigen Umstand in der Praxis zu beseitigen, nutzt man aus, dass dieser Effekt für die Equity-Tranche nicht auftreten kann, da deren Upfront im Korrelationsparameter monoton fallend ist. Man baut sich nämlich aus den gegebenen Tranchen iterativ eine Reihe von »Nicht-Standard-Equity-Tranchen«, sogenannte *Base-Tranchen*, mit wachsendem oberen Attachmentpunkt, betrachtet also die Folge von (nicht mehr disjunkten) Tranchen $[0, x_1], [0, x_2], \ldots, [0, x_n]$. Ökonomisch gesehen ist das arbitrage-freie Upfront für die Tranche $[0, x_k]$, $k = 1, \ldots, n-1$, gegeben durch die Tranchen-Nominal-gewichtete Summe der Upfronts der gehandelten Tranchen, die dieses Intervall abdecken, also durch $\frac{u^m_{x_0,x_1}(x_1-x_0)+u^m_{x_1,x_2}(x_2-x_1)+\ldots+u^m_{x_{k-1},x_k}(x_k-x_{k-1})}{x_k-x_0}$. Für diesen Marktpreis kann es nun maximal einen Modellparameter $\rho = \rho_{x_k}$ geben, welcher die Gleichung

$$\frac{u^m_{x_0,x_1}(x_1 - x_0) + u^m_{x_1,x_2}(x_2 - x_1) + \ldots + u^m_{x_{k-1},x_k}(x_k - x_{k-1})}{x_k - x_0} = u_{0,x_k}(\rho_{x_k})$$

erfüllt. In der Regel gibt es auch genau einen solchen Parameter ρ_{x_k} und dieser wird als *Base Correlation* der Tranche $[0, x_k]$ bezeichnet.[21]

Wir wollen zwei konkrete Anwendungen des Base-Correlation-Konzeptes herausstellen. Zum einen kann die Folge $\rho_{x_1}, \rho_{x_2}, \ldots, \rho_{x_{n-1}}$ durch lineare Inter- und Extrapolation zu einer Funktion $x \mapsto \rho_x$ mit oberem Attachment-Punkt als einzigem Argument erweitert werden. Mit dieser eindimensionalen Funktion kann man ein sinnvolles Modell-Upfront für eine beliebige, möglicherweise Nicht-Standard-Tranche $[x_u, x_o]$ berechnen als $\frac{u_{0,x_o}(\rho_{x_o})x_o - u_{0,x_u}(\rho_{x_u})x_u}{x_o - x_u}$. Man hat also ein Bewertungsproblem in den

21 Eine hervorragende Beschreibung des Base-Correlation-Konzeptes findet sich in O'Kane/Livesey (2004).

zwei Dimensionen »unterer Attachment-Punkt« und »oberer Attachment-Punkt« mit Hilfe einer einfacheren, eindimensionalen Hilfsfunktion gelöst. Diese Berechnungsmethode für beliebige Tranchen ist denkbar einfach zu bewerkstelligen und ist aufgrund ihrer anschaulich einleuchtenden Konstruktion »angemessen sinnvoll«, wenn auch nicht notwendigerweise arbitrage-konsistent im strengen Sinne. Zum anderen kann man anhand der Werte der Folge $\rho_{x_1}, \rho_{x_2}, \ldots, \rho_{x_{n-1}}$ ein gutes Gefühl dafür entwickeln, ob das Gauß'sche Copula-Modell die vorliegenden Marktdaten ausreichend gut erklärt. Je unterschiedlicher diese Werte sind, umso schlechter passt das Gauß'sche Copula-Modell zu den Marktdaten. Das Modell erklärt die Marktdaten perfekt, wenn gilt $\rho_{x_1} = \rho_{x_2} = \ldots = \rho_{x_{n-1}}$. Insbesondere kann man anhand der Base Correlations verschiedene Modelle auf ihre Plausibilität hin vergleichen. Wenn man z. B. im oben vorgestellten Gumbel-Copula-Modell (mit Parameter θ) exakt dasselbe Base-Correlation-Konzept einführt, erhält man Werte $\theta_{x_1}, \theta_{x_2}, \ldots, \theta_{x_{n-1}}$. Wenn die Werte dieser Folge weniger stark auseinanderliegen als die Werte der Folge $\rho_{x_1}, \rho_{x_2}, \ldots, \rho_{x_{n-1}}$, was gemäß empirischer Beobachtungen in der Regel der Fall ist, so legt dies nahe, dass das Gumbel-Copula-Modell die Marktpreise besser widerspiegelt als das Gauß'sche Copula-Modell. Dies bedeutet, dass daraus berechnete Preise für Nicht-Standard-Tranchen ebenso wie berechnete Hedge-Ratios verlässlicher sind als im Gauß'schen Copula-Modell.

4 Sonderfälle und Sondersituationen

In diesem Kapitel sollen einige wichtige Ausgestaltungen von CDS-Kontrakten anhand von Spezialfällen und Sondersituationen, die in Kapitel 1 schon angerissen wurden, genauer erläutert werden. Das soll ein besseres Verständnis der Wirkungsweise von CDS-Kontrakten in gewissen Sondersituationen und damit auch im Allgemeinen ermöglichen. Während in Kapitel 1 die allgemeineren Umstände im Vordergrund standen, soll hier genauer auf die technischen Aspekte eingegangen werden.

4.1 Quanto-CDS-Spread

4.1.1 Hintergrund

Wir wollen hier noch einmal genauer auf die Bewertungsfaktoren des in Kapitel 1 erwähnten Quanto-Spreads eingehen. Wie in Kapitel 2 beschrieben, kann die Währung eines CDS-Kontraktes bilateral vereinbart werden, d. h. theoretisch können CDS-Kontrakte auf eine Referenzentität in verschiedenen Währungen gehandelt werden. In der Praxis werden jedoch üblicherweise für jede Referenzentität als Marktstandard nur Kontrakte in einer Währung liquide gehandelt. Eine Ausnahme stellen hier europäische Sovereign CDS dar, also CDS auf europäische Staaten. Grundsätzlich ist es eher unüblich, dass diese Sovereign CDS in der lokalen Landeswährung gehandelt werden, da eine starke Abwertung dieser Währung im Falle eines Ausfalls zu befürchten ist. Dementsprechend werden europäische Sovereign CDS vor allem in US-Dollar denominiert. Die Struktur der Währungsunion führt allerdings dazu, dass es auch Nachfrage nach in Euro denominiertem CDS gibt. So ist es für Investoren aus anderen europäischen Ländern durchaus sinnvoll, Versicherung in Euro zu erwerben, da der Ausfall einzelner Länder nicht zwangsläufig mit dem Ende des Euro verknüpft ist – wie ja auch der Fall Griechenland gezeigt hat. Den Hedge in der gleichen Währung wie das Investment abzuschließen, geht außerdem mit einer geringeren Portfoliovolatilität einher. Der Hedge passt eigentlich besser zum Underlying und kann aus dieser Sicht sogar präferiert sein. Demenstprechend existiert im europäischen Sovereign-CDS-Markt auch signifikante Nachfrage nach in Euro denominierten CDS-Kontrakten und es existiert folglich ein Markt für beide Formen von Kontrakten.[1]

Bei der Bewertung dieser beiden verschiedenen Kontrakte kommt es jedoch zu signifikanten Unterschieden und die Differenz der beiden CDS-Spreads

$$s^{\$} - s$$

1 Grundsätzlich können natürlich auf jede Referenzentität Kontrakte in verschiedenen Währungen gehandelt werden. Wir wollen uns hier jedoch der Klarheit der Darstellung zuliebe auf europäische Sovereigns konzentrieren.

wird Quanto-Spread genannt, wobei wir mit s den Par Spread des in Euro quotierten Kontrakts bezeichnen und mit $s^{\$}$ den Par Spread des in US-Dollar quotierten Kontrakts. In Abbildung 4.1 sehen wir beispielsweise den Quanto-Spread und die beiden zugehörigen Spreads für fünfjährige CDS auf Spanien (2003er-Kontrakte, da nur für diese Historie).

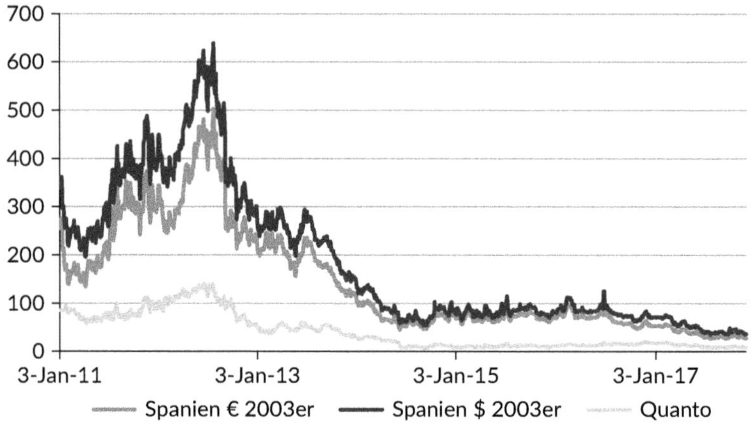

Abb. 4.1: Par Spreads für fünfjährige CDS in Euro und US-Dollar auf Spanien für 2003er-Definitionen, Quelle: JP Morgan

Im Endeffekt kann die Bewertung auf erwartete Währungsschwankungen im Zusammenhang mit einem Ausfall zurückgeführt werden. Deshalb war der Quanto-CDS gerade in den Zeiten der Euro-Krise in aller Munde. Ein Großteil der Publikationen zu diesem Thema fällt auch in diese Zeit.[2] Ziel dieses Abschnitts ist es, diesen Spread, seine Interpretationen und die für seine Bewertung relevanten Faktoren zu erläutern.

4.1.2 Bewertungsfaktoren und Interpretationen

4.1.2.1 Ausfallzahlung

Im Folgenden bezeichne f_t den Wechselkurs zwischen Euro und US-Dollar zum Zeitpunkt $t \geq 0$, d. h. den Wert von einem US-Dollar in Euro. Wenn man beide Kontrakte vergleicht, spielt die Entwicklung dieses Kurses eine entscheidende Rolle. Wie in Kapitel 2 erläutert, ist sowohl der Ausfallzeitpunkt τ als auch die Recovery R für beide Kontrakte nämlich unabhängig von der Währung identisch. Das heißt, im Falle eines Kreditereignisses erhält man in beiden Fällen als Versicherungskäufer $(1 - R)$, allerdings in den verschiedenen Währungen ausgezahlt. Zur Illustration wollen wir ein kleines Beispielportfolio betrachten: Angenommen,

2 Siehe z. B. die beiden exzellenten Publikationen von Elizalde et al. (2010) und Ghosh/Winnicki (2011).

wir hätten US-Dollar-Versicherung mit $1/f_0$ US-Dollar-Nominal gekauft, was zum Zeitpunkt $t = 0$ einem Euro entspricht, und dagegen Euro-Versicherung mit einem Euro Nominal verkauft. Dies wäre genau die Position, die nötig ist, um den Quanto-Effekt zu isolieren. Bei einem Ausfall zum Zeitpunkt τ vor Kontraktende wäre der Gesamtwert der beiden Ausfallzahlungen, in Euro betrachtet,

$$(1 - R)\left(\frac{f_\tau}{f_0} - 1\right),$$

d. h. die Zahlungen heben sich auf, falls der Währungskurs zum Ausfallzeitpunkt unverändert ist. Die Position profitiert, falls der Euro gegenüber dem US-Dollar an Wert verliert und umgekehrt. Das bedeutet, dass der finale Payoff auf eine solche Position besonders hoch ist, wenn ein Ausfall höchstwahrscheinlich auch mit einer Abwertung des Euro gegenüber dem US-Dollar einhergeht. Pauschal gesprochen sollte dies für nahezu alle europäischen Staaten der Fall sein. Folglich sollte das Eingehen der obigen Position im Falle des CDS-Trigger eine positive Ausfallzahlung liefern. Dementsprechend sollte also der Wert des US-Dollar-Kontrakts über dem des Euro-Kontrakts liegen, es dürfte also $s^\$ \geq s$ gelten. Mathematisch kann man dies sogar noch etwas genauer beschreiben:

Angenommen der erwartete Wert des Ausdrucks $\frac{f_\tau}{f_0}$ ist im Falle eines Ausfalls vor Kontraktende unabhängig vom Ausfallzeitpunkt (und gleichzeitig angenommen, das Premium Leg ist gleich bewertet unabhängig von der Währung des Kontraktes), dann kann man folgende Approximation herleiten:

$$\frac{s}{s^\$} \approx \mathit{Erwartungswert}\left(\frac{f_0}{f_\tau}\right)$$

Der Quotient aus beiden Spreads kann also als Indikator für die erwartete Abwertung des Euro gegenüber dem US-Dollar im Falle eines Ausfalls interpretiert werden bzw. als der erwartete Faktor, um den der Währungskurs sich ändert. Für diese Formel gibt es auch eine intuitive Herleitung. Angenommen, beide Kontrakte würden tatsächlich mit ihren Par Spreads als Kupon handeln, dann könnte man US-Dollar-Versicherung kaufen und das $\frac{s^\$}{s}$ -fache an Euro-Nominal verkaufen und die Prämienzahlungen würden sich (unter Vernachlässigung von Währungsschwankungen und unterschiedlichen Zinsstrukturen) aufheben. Falls es zu einem Ausfall kommt, müsste, um fair bewertet zu sein, folglich der Wert der US-Dollar-Ausfallzahlung um genau diesen Faktor höher ausfallen.

4.1.2.2 Hedging-Kosten beziehungsweise positives Gamma

Der Quanto-Spread und damit der Bewertungsunterschied in den zugehörigen CDS-Kontrakten lässt sich jedoch nicht nur auf den erwarteten Währungskurs im Falle des Ausfalls zurückführen. Eine weitere Interpretation erklärt den Unterschied als die erwarteten Hedging-Kosten, die auftreten, wenn man beispielsweise Versicherung in einem US-Dollar-Kontrakt verkauft und sich mit stetig angepassten

Positionen in Euro-Kontrakten absichert. Wann immer der Euro gegenüber dem US-Dollar an Wert verliert, kauft man also weitere Euro-Absicherung nach, sodass die Nominalwerte der beiden Positionen übereinstimmen, und umgekehrt. Die entscheidende Rolle spielt in diesem Fall die Modellierung des Zusammenhangs zwischen dem Währungskurs und der eingepreisten Ausfallwahrscheinlichkeit bzw. der Kreditwürdigkeit der Referenzentität. Grundsätzlich wird man hier davon ausgehen, dass ein positiver Zusammenhang zwischen f_t und der Ausfallwahrscheinlichkeit besteht, eine höhere Ausfallwahrscheinlichkeit also mit einer Abwertung des Euro gegenüber dem US-Dollar einhergeht. Wir wollen hier nur intuitiv erläutern, welchen Effekt dies auf die genannte Hedging-Strategie hat. Für genauere Aussagen wird eine echte mathematische Modellierung benötigt.

Nehmen wir also an, wir hätten zum Zeitpunkt $t = 0$ die genannte Position mit gleichem Nominal aufgesetzt. Nun weite sich der Spread bis $t = 1$ auf beide CDS um Δs aus,[3] und gleichzeitig steige der Währungskurs von f_0 auf f_1, also mit einer relativen Änderung von $\Delta f = \frac{f_1}{f_0} - 1$. Angenommen, $PL(1)$ ist in beiden Währungen gleich, also gleiches Spread DV01, und angenommen die Existenz eines Währungs-Hedges für den reinen Währungseffekt auf dem bestehenden Upfront des US-Dollar, dann ergibt sich aus Euro-Perspektive mit Hilfe der Approximation aus Abschnitt 3.5.3 als Profit

$$-\Delta s\,\Delta f\,PL(1),$$

pro einem Euro Nominal für die Gesamtposition. Solange also beide Änderungen das gleiche Vorzeichen haben, ist die Wertveränderung der Gesamtposition immer negativ. Gegeben den obigen Zusammenhang, kann man auf die Position bei jeder Änderung also nur verlieren und mit Adjustierung des Nominals der Euro-Position (und des Währungs-Hedges) ergibt sich auch für den nächsten Zeitabschnitt das gleiche Phänomen. Einen US-Dollar-Kontrakt mit dieser Handelsstrategie in Euro-Kontrakten abzusichern, verursacht also Kosten, und diese Kosten müssen in dem Wert des US-Dollar-Kontrakts abgebildet werden. Das beschriebene Verhalten sollte den geneigten Leser an Aktienoptionen erinnern, im Endeffekt ist die Position Short Gamma, und je größer die angenommenen Schwankungen, umso höher sollte der Wertunterschied und somit der Quanto-Spread sein. Er bildet nichts anderes ab als die erwarteten Kosten, die im Laufe der Absicherungsstrategie anfallen.

In der Realität ist der Zusammenhang zwischen Währungskursentwicklung und Änderungen der Kreditwürdigkeit natürlich nicht deterministisch. Nicht immer geht also ein positives (bzw. negatives) Δs mit einem positivem (bzw. negativen) Δf einher. Der übliche Weg, den Zusammenhang zu beschreiben, ist über einen »Korrelationsparameter«, der das Abhängigkeitsverhalten in dem gewählten Modell beschreibt. Je höher die Korrelation, umso häufiger also solche Ausprägungen, und je stärker dabei auch noch die Schwankungen beider Werte, umso höher die Kosten der Hedge-Anpassung.

3 Hier wird schon klar, dass man eigentlich mit einem Modell beginnen muss, das einem den Preis für beide liefert, sonst bewegt man sich an dieser Stelle etwas im Kreis.

Der »stetige« Teil dieser Hedging-Kosten wird in der Literatur[4] »Slippage« genannt. Dies sind quasi die Kosten, die sich bei dauernder Anpassung nach kleinen Marktbewegungen ergeben. Allerdings kommen die meisten Publikationen[5] zu dem Schluss, dass »stetige« Veränderungen den empirisch beobachtbaren Quanto-Spread nur unzureichend erklären. Aus diesem Grund wird oft ein weiteres Feature in das Modell aufgenommen, und zwar einen Sprung des Währungskurses genau in dem Moment eines tatsächlichen Ausfalls. Dieser Sprung ist folglich nicht hedgebar und führt zu signifikanten Zusatzkosten im Ausfallszenario, da genau in diesem Fall ein deutlich positives Δs mit einer signifikanten Abwertung, also einem stark positiven Δf, einhergeht. Die Berücksichtigung dieses Features hilft, die beobachtbaren Quanto-Spreads zu erklären. Elizalde et al. (2010) zerlegen mit diesem Modellierungsansatz den Quanto-Spread in die Kosten, die aus »Slippage« entstehen, und eine implizit erwartete Abwertung im Ausfallszenario.

4.1.3 Bewertungsmodelle

Ein mathematisch vollständiges Bewertungsmodell für den Quanto-Spread ist durchaus komplex. Zum einen benötigt man für die Modellierung der Ausfallzeit ein Modell wie in Abschnitt 3.4.3 erwähnt, das stochastische Änderungen der Ausfallwahrscheinlichkeiten zulässt und damit auch Änderungen des CDS-Spreads modelliert. Zum anderen müssen auch der Währungskurs stochastisch modelliert werden - und natürlich auch die Abhängigkeitsstruktur zwischen Ausfallintensität, Ausfall und Währungskurs. Eine gute Übersicht über existierende Modelle und ein konkreter Modellierungsansatz findet sich in der Arbeit von Damiano Brigo und seinen Co-Autoren.[6] Wir finden es an dieser Stelle erwähnenswert, dass diese Ansätze mathematisch zwangsläufig dazu führen, dass die impliziten Ausfallwahrscheinlichkeiten, wie sie in Abschnitt 3.4 erläutert werden, sich für die Kontrakte in den verschiedenen Währungen ebenfalls unterscheiden. Auch wenn das nicht intuitiv klingt, ist es mathematisch jedoch richtig, da es sich um Wahrscheinlichkeiten unter sogenannten »Pricing«-Maßen mit verschiedenem Numeraire handelt und eben nicht um tatsächliche Wahrscheinlichkeiten.

4.1.4 Empirische Beobachtungsbeispiele

Wie ja schon zuvor beschrieben, ist der Zusammenhang zwischen impliziter Ausfallwahrscheinlichkeit und Währungskurs in der Realität nicht deterministisch. Es lässt sich jedoch durchaus ein gewisser Zusammenhang beobachten. In Abbildung 4.2 haben wir einmal den CDS-Spread Deutschlands und f_t für die letzten beiden Jahre gegenübergestellt.

4 Siehe Elizalde et al. (2010).
5 Siehe sowohl Elizalde et al. (2010) als auch Brigo et al. (2015).
6 Siehe Brigo et al. (2015).

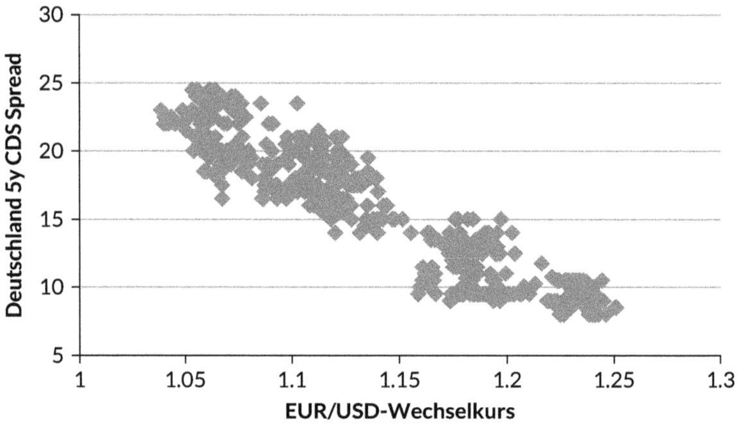

Abb. 4.2: Scatterplot des fünfjährigen CDS auf Deutschland und des Euro-US-Dollar-Wechselkurses für den Zeitraum 16. Mai 2016 bis 16. Mai 2018, Quelle: Bloomberg

Des Weiteren wollen wir in Abbildung 4.3 anhand der Quanto-Spreads vom 4. Dezember 2017 die impliziten Währungsabwertungen für die einzelnen Länder gegenüberstellen. Dies erlaubt einige Rückschlüsse über die Markterwartung in den zugehörigen Szenarien.

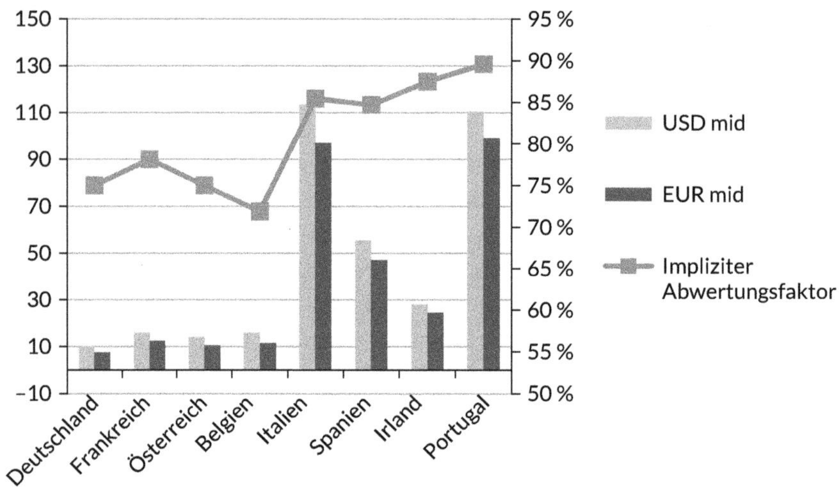

Abb. 4.3: Fünfjährige CDS-Spreads auf die jeweiligen Länder in Euro und US-Dollar und die sich daraus ergebenden impliziten Abwertungsfaktoren für den 4. Dezember 2017, Daten-Quelle: JP Morgan

Man kann hier schön sehen, dass ein Default der Core-Länder mit signifikanten Abwertungen von ca. 25 % eingepreist ist, wogegen ein Default Italiens oder Spaniens hier implizit nur mit 15 % Abwertung eingepreist ist. Am geringsten wird der Einfluss eines Ausfalls Portugals oder Irlands eingeschätzt, hier sind nur 10 % Abwertung eingepreist. Man kann dies auch als eine Art Barometer für die Relevanz eines Landes für die Eurozone interpretieren.

Interessant ist in diesem Zusammenhang auch, wie sich der Quanto-Spread, insbesondere ausgedrückt als Quotient und damit eben als implizite Euro-Abwertung, im Laufe der Zeit und mit variierendem Spreadlevel verhält. In Abbildung 4.4 ist dies für den Griechenland-CDS zwischen März 2010 und September 2011 dargestellt.

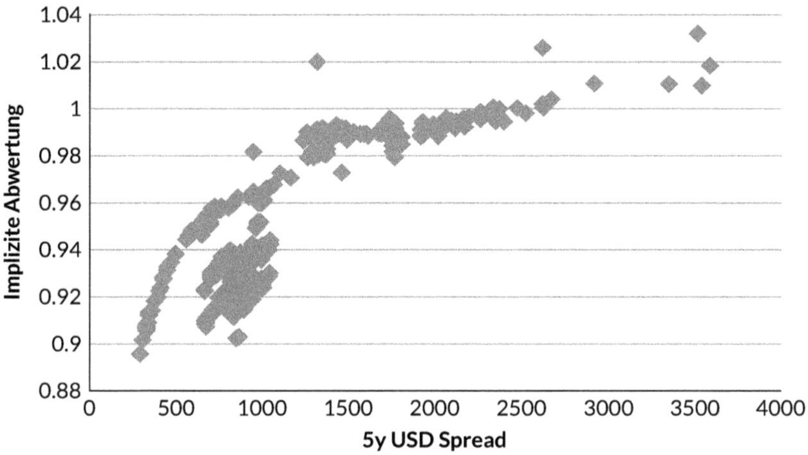

Abb. 4.4: Scatterplot des fünfjährigen CDS auf Griechenland in US-Dollar und des sich ergebenden impliziten Abwertungsfaktors für den Zeitraum März 2010 bis September 2011, Daten-Quelle: JP Morgan

Man kann erkennen, dass ab einem gewissen Punkt mit steigendem Absolutlevel die implizite Abwertung sinkt, also ein Großteil dieser Abwertung schon eingepreist ist, und dementsprechend der Quanto-Spread wieder gegen null geht. Auf einem solchen Pfad sollte also das Modell-Feature eines Sprungs beim Default keine große Rolle mehr spielen, dieses dürfte eher versuchen, plötzliche Ausfälle abzubilden. Wenn man »überraschende« Ausfälle auf Länderseite für unwahrscheinlich hält, sollte der Sprung als Teil eines Modells eigentlich eher unnötig sein. Dass ihn aber die Literatur[7] für notwendig hält, um die Preise zu erklären, erlaubt zumindest die Interpretation, dass auf jeden Fall eine gewisse Wahrscheinlichkeit für korrelierte Sprünge von Ausfallwahrscheinlichkeit und Währungskurs eingepreist werden muss.

4.2 Definitionen-Spread

4.2.1 Hintergrund

Wie in Kapitel 1 bereits ausführlich erläutert wurde, haben der CDS-Markt und die Ausgestaltung des Kontrakts durchaus schon einige Evolutionsschritte durchlaufen. Der vorerst letzte große Schritt auf diesem Weg war die Einführung der 2014er-Definitionen Ende 2014. Das Ausmaß der Änderungen verglichen mit den alten Definitionen war hier für die unterschiedlichen CDS-Typen deutlich verschieden. So sind die meisten bestehenden Kontrakte durch Unterzeichnung des zugehörigen

7 Siehe sowohl Brigo et al. (2015) also auch Elizalde et al. (2010).

Protokolls direkt in die neuen Definitionen überführt worden. Daran kann man schon erkennen, dass das ökonomische Ausmaß dieser Änderungen für solche Kontrakte nicht groß gewesen sein kann. Zumindest war wohl der Vorteil, in den aktuellen und damit liquideren Definitionen zu sein, ausreichend, um die für Protection Buyer etwas vorteilhafteren Änderungen zu kompensieren. Weitestgehend ausgenommen von dem Protokoll waren jedoch Sovereign CDS und Financial-Kontrakte (und einige ausgewählte HY Corporate CDS). Dies impliziert zum einen, dass es hier zu tiefgreifenderen Veränderungen kam, zum anderen, dass für diese Namen sowohl Kontrakte in den alten Definitionen als auch in den neuen Definitionen existieren. Teilweise werden beide Kontrakte einigermaßen liquide gehandelt, die Differenz zwischen beiden Spreads bezeichnet dann den sogenannten Definitionen-Spread, siehe z. B. Abbildung 1.10.

Ziel dieses Abschnitts ist es, die wichtigsten Unterschiede beider Kontrakt-Definitionen, die für einen Großteil des Definitionen-Spreads verantwortlich sind, zu erläutern, und diese Unterschiede auch mit Hilfe dreier kurzer Case Studies zu verdeutlichen.[8]

4.2.2 Unterschiede

Es verwundert nicht, dass gerade für Sovereign- und Financial-Kontrakte die größten Unterschiede zwischen den Definitionen entstanden sind – im Endeffekt zielt ein Großteil der signifikanten Änderungen ja darauf ab, Erfahrungen aus früheren Kreditereignissen zu verarbeiten, in denen der CDS-Kontrakt aufgrund staatlicher Interventionen nicht die volle Absicherungswirkung entfalten konnte. Wir wollen die Unterschiede hier nach ihrem Ansatzpunkt im CDS-Mechanismus, und nicht nach den verschiedenen CDS-Typen gegliedert, aufführen. Ein guter Überblick über die Unterschiede findet sich auch in ausgewählten Publikationen aus der Zeit der Definitionseinführung.[9] In Kapitel 1 wurden viele dieser Unterschiede (bzw. sogar noch weitere) bereits vorgestellt.

4.2.2.1 Trigger

Ein Unterschied der neuen Definitionen setzt bei den Triggermöglichkeiten des CDS an:

- **Governmental Intervention:** Mit den neuen Definitionen wurde für Financial CDS ein neues Kreditevent eingeführt, die sogenannte Governmental Intervention, die im Endeffekt genau die Kreditereignisse im Zusammenhang mit Anwendungen der

8 In der Tat gibt es natürlich beliebig viele Detailunterschiede in den Feinheiten der Kontraktformulierung, die in Einzelfällen immer wieder zu Unterschieden führen können, wie beispielsweise bei der NSINO-Garantie, dem Abengoa Trigger und OIBRBZ EDD. Wir wollen hier aber keine umfassende Erläuterung der Neuerungen der 2014er-Definitionen liefern, sondern nur die für Sovereign- und Financial-Kontrakte entscheidenden Aspekte herausstellen.

9 Doctor et al. (2013), Patel/Willemann (2014) und Brunton et al. (2014).

neuen BRRD-Richtlinien für europäische Banken abdeckt. Die Beschreibung beinhaltet u. a. ziemlich exakt alle Aspekte, die auch die alte Restructuring Definition auflistet, aber darüber hinaus auch noch explizit Enteignung, Zwangskonvertierungen und Cancellations. Kommt es aufgrund von staatlicher Intervention oder durch Anwendung zugehöriger Rechtssprechung zu solchen oder ähnlichen Ereignissen, führt dies zu einem harten Trigger.[10] Darin dürfte auch der größte Unterschied zu den alten Definitionen bestehen, in denen ein Restrukturierungsevent eben nur zu einem weichen Trigger führte, damit also noch Optionalität im Triggern besteht und eben auch ein Bucketing zu berücksichtigen ist. Es sind aber durchaus auch Szenarien vorstellbar, in denen kein Restrukturierungsereignis festgestellt wird, die Definition eines Governmental-Intervention-Ereignisses jedoch erfüllt sind. Dies kann z. B. der Fall sein, wenn der Bondkontrakt explizit die Möglichkeit eines solchen Bail-In-Szenarios beinhaltet.[11]
- »**Cross-Default**«: Unter den 2003er-Definitionen wurde bei der Feststellung eines Restructuring-Ereignisses für Financial-Kontrakte nicht nach der Seniorität der restrukturierten Obligation unterschieden. Dementsprechend wurden immer sowohl Senior- als auch Sub-Kontrakte getriggert. Wurde also nur eine subordinierte Obligation restrukturiert, triggerte dies auch den Senior CDS. In den neuen Definitionen wurde dies für Governmental Invervention und Restructuring-Kreditevents explizit berücksichtigt. Dort wird der Senior-Kontrakt nur durch Restrukturierung/Beeinträchtigung von Senior-Obligationen getriggert, der Sub-Kontrakt durch Restrukturierung/Beeinträchtigung von Senior- und Sub-Obligationen. Insbesondere triggern Instrumente, die wegen zusätzlicher weiterer Subordinierung nicht in den Sub CDS einlieferbar sind, diesen auch nicht (mehr). Damit wurde erreicht, dass sich Financial-Kontrakte nun stärker an den zu hedgenden Instrumenten ausrichten.

Auch wenn zu dem Komplex »**Redenomination**«, also die Redenominierung von Anleihen europäischer Mitgliedsländer im Rahmen eines Verlassens der Währungsunion, in den neuen Definitionen ein paar zusätzliche Erläuterungen enthalten sind, sind in Sachen Trigger keine fundamentalen Unterschiede zu erwarten.[12] Die wirklichen Unterschiede resultieren aus der Einlieferbarkeit, die wir als nächstes genauer beleuchten wollen.

4.2.2.2 Einlieferbarkeit/Asset Package Delivery

Die wahrscheinlich einschneidenste Veränderung wurde in Sachen Einlieferbarkeit vorgenommen. Nachdem es gerade bei Financial-Kontrakten, aber auch bei Sovereigns, in der Vergangenheit dazu gekommen war, dass die CDS Recovery deutlich von der tatsächlichen Recovery abwich, da Anleihen beispielsweise in nicht einlieferbare

10 Dies ist auch der Fall, wenn in dem Bondprospekt schon explizit die Möglichkeit eines Bail-In aufgeführt ist.
11 Explizit in den Bondbedingungen aufgeführte Ereignisse stellen unter beiden Definitionen kein Restrukturierungsereignis dar.
12 Siehe Doctor/Duembgen (2017).

Assets getauscht wurden, wurde das sogenannte »Asset Package Delivery« eingeführt. Im Endeffekt kann dabei ein ganzes Paket von Assets, in die eine ursprünglich lieferbare Obligation eingetauscht wurde, statt dieser Obligation in den CDS eingeliefert werden, auch wenn es sich dabei beispielsweise um Aktien oder GDP Warrants handelt. Damit soll die CDS Recovery möglichst genau der tatsächlichen Recovery auf diese Obligation entsprechen.

Genaugenommen ist es so, dass für Sovereign CDS in einem Restructuring das Asset Package Delivery für eine Liste an ausgewählten sogenannten »Package Observable Bonds« anwendbar ist. Für Financial CDS ist Asset Package Delivery in einem Governmental-Intervention-Kreditereignis für alle zuvor einlieferbaren Bonds anwendbar, in einem Restructuring-Kreditereignis nur für die Referenzobligation.[13]

Am besten lässt sich der Unterschied zu den alten Definitionen an einem fiktiven Beispiel verdeutlichen. Nehmen wir an, es komme zu einem Restructuring Event unter den alten Definitionen, in dem 1000 Euro Bondnominal eines bestehenden Bonds in 200 Euro Bondnominal eines neuen Bonds (handelt bei 100 %, also Wert 200 Euro) plus Equity (Wert 100 Euro) eingetauscht werden. Angenommen, der neue Bond wäre nun lieferbar in den CDS (also Seniorität, Fälligkeit, Issuer, etc. passen), so müssten allerdings in 1000 Euro CDS-Nominal auch 1000 Euro Bondnominal des neuen Bonds eingeliefert werden. Die Recovery im CDS läge damit bei 100 %, wogegen sie ökonomisch betrachtet 30 % beträgt. Wäre der neue Bond nicht in den CDS lieferbar und es gäbe keine weiteren Anleihen, so läge die Recovery ebenfalls bei 100 %, da nichts in den CDS eingeliefert werden kann. Angenommen, Asset Package Delivery ist für den Bond anwendbar, so könnte unter den neuen Definitionen in 1000 Euro CDS-Nominal einfach das Paket von 200 Euro neuem Bondnominal plus Equity eingeliefert werden, was in einer Recovery von 30 % resultiert. Sind Teile des Pakets nicht transferierbar, so wird deren Wert extern bestimmt (und nicht über eine Auktion). Besteht das Paket aus der leeren Menge, so wird die Recovery mit 0 % festgelegt.

Eine Redenominierung von Anleihen im Rahmen eines Verlassens der europäischen Währungsunion durch ein Mitgliedsland wäre ein weiteres solches Beispiel. Sollte diese Redenominierung von Anleihen mit einer Verschlechterung der Kreditwürdigkeit einhergehen, so sollte dies sowohl unter den alten als auch unter den neuen Definitionen ein Kreditereignis auslösen. Sowohl für Sovereign CDS als auch für Financials würde jedoch nur der 2014er-Kontrakt auch die resultierende Währungsabwertung in der Recovery berücksichtigen, und zwar mit Hilfe des Asset-Package-Konzepts. In den alten Definitionen wären ähnlich wie im obigen Beispiel in den Sovereign CDS die Bonds nur gegen ihr neues Nominal einlieferbar, in den Financial-Kontrakt wären wahrscheinlich sogar (je nach Währung) nur nicht redenominierte Bonds einlieferbar.

13 Zusätzlich ist es so, dass die Definition erlaubter Contingencies in den 2014er Definitionen angepasst wurde. So können (beispielsweise T2-)Anleihen, in deren Bedingungen explizit die Möglichkeit des staatlichen Bail-Ins berücksichtigt ist, gegen das volle Nominal eingeliefert werden (solange dieser Bail-In eben ein Governmental Intervention Event auslösen würde). Eine solche explizite Bail-In Möglichkeit dürfte in den 2003er Definitionen dazu führen, dass ein Bond nicht einlieferbar ist.

4.2.2.3 Succession Events

Auch bei der Definition von sogenannten Succession Events wurden aus den Erfahrungen der Vergangenheit Lehren gezogen. Eine wichtige Änderung spielt vor allem für Financial CDS eine Rolle. So wird ein Nachfolger nun für Senior und Sub CDS unabhängig bestimmt und dabei jeweils nur die Veränderung für Senior- und Sub-Obligationen berücksichtigt, sodass der CDS nun mit den jeweils entscheidenden Obligationen wandert. In den alten Definitionen wird unabhängig von der Seniorität ein gemeinsamer Nachfolger für beide Kontrakttypen bestimmt. Wenn beispielsweise wie in Kapitel 2 beschrieben eine Mehrheit der Obligationen wandert, so wandern beide CDS mit, auch wenn beispielsweise alle Sub-Obligationen zurückbleiben. Dies war z. B. im Sommer 2014 bei Banco Espirito Santo der Fall, als im Rahmen eines »Good Bank/Bad Bank«-Splits nahezu alle Senior-Obligationen in die Novo Banco transferiert wurden, die Sub-Obligationen aber zurückblieben. In diesem Fall wanderte, basierend auf den alten Definitionen, auch der Sub CDS mit zu Novo Banco, obwohl die zu hedgenden Obligationen zurückblieben. Eine ähnliche Problematik konnte auch im Fall von Bankia S.A. beobachtet werden, was die ursprüngliche Inspiration für diese Änderung in den Definitionen darstellen dürfte. Weitere Änderungen betreffen die Berücksichtigung von Garantien, schrittweisen Transfer-Plänen und das Konzept des Universal Successor. Im Endeffekt wurden diese alle eingeführt, um die Wahrscheinlichkeit eines Orphaning (siehe Abschnitt 4.4) zu reduzieren.

4.2.3 Case Studies

Wir konzentrieren uns bei den Case Studies auf Fälle, in denen sowohl 2003er- als auch 2014er-CDS schon existierten.

4.2.3.1 Novo Banco/Banco Espirito Santo

Die Geschehnisse um Banco Espirito Santo liefern aus CDS-Sicht viele interessante Gelegenheiten, um Gründe für den Definitionen-Spread zu illustrieren. Im Sommer 2014 musste Banco Espirito Santo, eine traditionsreiche portugiesische Bank und zu diesem Zeitpunkt die drittgrößte des Landes, unerwartet hohe Verluste vermelden. Mit dafür verantwortlich waren eine Reihe an außergewöhnlichen Ereignissen, u. a. Provisions für das direkte Exposure gegenüber anderen Entitäten der Firmengruppe, und die Identifikation der Kosten potenziell illegaler Praktiken. Deshalb sah sich die Banco de Portugal im August 2014 gezwungen, Resolutionsmaßnahmen zu ergreifen. Aufgrund der Relevanz der Institution für das portugiesische Bankensystem, dessen Stabilität und die Wirtschaft insgesamt, entschied man sich für einen »Good Bank/Bad Bank«-Split. Die problematischen Assets und die subordinierten Liabilities verblieben in der Banco Espirito Santo, wogegen alle anderen Assets und Liabilities in die neugegründete Novo Banco verschoben wurden. Das Eigenkapital dieser neugründeten Good Bank bzw. Brückeninstitution, die die relevanten Geschäfte fortführen sollte, wurde vom portugiesischen Resolution Fund gestellt. Dieser wiederum finanziert sich grundsätzlich über Beiträge des portugiesischen Bankensektors, wurde für diese Maßnahme aber auch durch einen Kredit des portugiesischen Staates unterstützt. Der Split führte, wie zuvor erwähnt, dazu, dass im Rahmen eines Succession Events alle CDS, also auch die Sub CDS, in die Novo Banco hinüberwanderten. Unter den 2014er-Definitionen hätte dies nur den Senior CDS betroffen, allerdings existierten zu diesem Zeitpunkt nur die alten Definitionen.

Dies war beim nächsten interessanten Ereignis anders. So transferierte die Banco de Portugal, nachdem ein Verkaufsversuch der Novo Banco keinen ausreichend hohen Preis erzielen konnte, im Dezember 2015 fünf der ausstehenden Senior-Obligationen (nach lokalem Recht begeben) mit einem Gesamtnominal von 1,9 Milliarden Euro zurück zu Banco Espirito Santo. Als Begründung hierfür wurden zusätzliche Verluste angegeben, die aus den alten Geschäften vor der ersten Resolutionsmaßnahme resultierten, und das Vorgehen wurde als abschließender Teil der ersten Resolutionsmaßnahme bezeichnet. Dies zog eine Reihe an Klagen von Investoren nach sich, die u. a. das Anrecht auf Gleichbehandlung mit den verbliebenen Senior-Obligationen verletzt sahen. Aus CDS-Perspektive warf das Vorgehen ebenfalls eine Reihe an Fragen auf. Nachdem im Endeffekt einfach nur der Emittent ausgetauscht wurde, was so in der Beschreibung des Restructuring-Ereignisses nicht aufgeführt ist, war für die 2003er-Definitionen kein Kreditereignis zu erwarten (die zugehörige Frage an die ISDA wurde auch abgelehnt)[14]. Allerdings stellte sich die Frage, ob das Vorgehen nicht in die etwas weiter gefasste Formulierung eines Governmental-Intervention-Kreditereignisses fällt. Nachdem das Komitee sich hier jedoch nicht mit der erforderlichen Mehrheit auf eine Entscheidung einigen konnte, wurde die Frage an einen externen Ausschuss zur Review verwiesen. Dieser kam im Februar 2016 zu dem Schluss, dass der Rücktransfer keine Governmental Intervention darstellt und somit auch für die 2014er-Definitionen kein Kreditereignis eingetreten war.[15] Auch war der Anteil der transferierten Bonds zu gering, um ein Succession Event darzustellen.[16]

2016 wurde der Verkaufsprozess der Novo Banco erneut aufgenommen, da diese als Brückeninstitution ursprünglich nach einem Zeitraum von zwei Jahren entweder komplett verkauft oder abgewickelt werden sollte, diese Frist jedoch nach Absprache mit den europäischen Institutionen verlängert worden war.[17] Im März 2017 wurde verkündigt, dass man sich mit Lone Star auf einen Verkauf von 75 % der Anteile an Novo Banco geeinigt habe, im Gegenzug für eine Kapitalspritze von einer Milliarde Euro und unter der Bedingung, dass eine sogenannte Liability Management Exercise (LME) durchgeführt würde, die mit Zustimmung der Bondhalter 500 Millionen Euro zusätzliches CET1 kreieren sollte. Im Juli wurden dann die tatsächlichen Details

14 https://dc.isda.org/cds/novo-banco-sa/.
15 Die ausführliche Begründung findet sich unter https://dc.isda.org/documents/2016/02/nb-er-decision.pdf.
16 https://dc.isda.org/documents/2016/03/emea-dc-meeting-statement-3-march-2016.pdf.
17 Die neue Frist wurde nicht veröffentlicht, http://ec.europa.eu/competition/state_aid/cases/261942/261942_1785271_264_2.pdf.

dieser LME bekannt. Im Endeffekt wurde angeboten, alle Bonds mit einem Haircut zurückzukaufen, und mit ausreichender Zustimmung der Halter eines Bonds sollten auch die nicht zustimmenden Bonds derselben Emission mit dem gleichen Haircut zurückgekauft werden. Als zusätzlicher Anreiz wurde angeboten, das bei einem Rückkauf erhaltene Geld für einen fixen Zeitraum zu vergleichsweise guten Konditionen in Konten bei der Novo Banco anzulegen. Anfang Oktober gab Novo Banco die Ergebnisse des Rückkaufangebots bekannt. Es hatten zwar weniger Bondhalter als erhofft das Angebot angenommen, aber genug, um trotzdem mit dem Verkauf an Lone Star fortzufahren. Insbesondere wurden in mehreren Bonds die nötigen Quoten für einen Zwangsrückkauf erreicht, was sowohl unter den alten als auch unter den neuen Definitionen ein Restructuring Event triggerte. Die zurückgekauften Bonds existieren aber dementsprechend nicht mehr, sodass in die 2003er-CDS nur weiterhin bestehende Bonds einlieferbar sind, insbesondere in den kurzen Buckets existieren dort teilweise keine mehr oder die verbliebenen handeln über Par, was höchstwahrscheinlich in einer Recovery von 100 % resultieren dürfte.[18] Im Gegensatz dazu findet für die 2014er-Definitionen Asset Package Delivery Anwendung, da es sich um ein Restrukturierungsereignis handelt, allerdings nur in Bezug auf die Referenzobligation. Das Asset Package besteht dementsprechend aus allen Assets, die man für diese erhielt, in diesem Fall zunächst einmal ein fixer Geldbetrag. Allerdings hat das ISDA-Komitee entschieden, dass auch die Option, das Geld zu vermeintlich guten Konditionen bei Novo Banco wieder anzulegen, als Teil des Pakets gesehen werden muss.[19] Da diese Möglichkeit nicht transferierbar ist und deshalb nicht in eine Auktion eingeliefert werden kann, muss nun eine externe Bewertung des Marktpreises dieser Option vorgenommen werden. Final wurde die Bewertung dieser Option mit 5,72 % festgelegt.[20]

4.2.3.2 Banca Monte dei Paschi di Siena

Die italienische Bank Banca Monte dei Paschi di Siena (Monte) gilt weithin als die älteste noch existierende Bank der Welt. In ihrer jüngeren Geschichte war sie jedoch auch schon häufiger auf staatliche Hilfen angewiesen. Zuletzt griff der italienische Staat Ende 2016 ein, nachdem alle privatwirtschaftlichen Ansätze zuvor gescheitert waren. Als Teil der staatlichen Rettung wurde im Juli 2017 verkündet, dass die subordinierten Obligationen in Aktien zwangsumgetauscht werden. Unter den 2014er-Definitionen löste dies einen Governmental Intervention Event für den Sub CDS aus. Da die vorrangigeren Teile der Kapitalstruktur unberührt blieben, wurde

18 Zum Zeitpunkt des Verfassens dieses Buches noch nicht bekannt; das ISDA Komitee hat seine Erwartungen hier skizziert: https://dc.isda.org/documents/2017/12/novo-banco-auction-settlement-expectations.pdf.

19 https://dc.isda.org/documents/2017/10/novo-banco-statement-10182017.pdf.

20 Genau genommen trat in diesem Fall auch noch ein weiterer Spezialfall auf, der jedoch so speziell war, dass wir ihn nur kurz erwähnen wollen: Für Novo Banco 2003er-CDS, die nach dem Rücktransfer der Novo Bonds zu Banco Espirito Santo noch mit einem dieser Bonds als Referenzobligation abgeschlossen wurden, ist dieser Banco Espirito Santo Bond lieferbar in den Novo Banco CDS. Eine solche Konstellation ist für 2014er-Definitionen unter normalen Umständen nicht möglich.

für den Senior CDS kein Event festgestellt. Der Zwangsumtausch der Obligationen wurde für die 2003er-Definitionen großzügig als eine Reduktion des Nominals und somit als ein Restrukturierungsereignis für Senior und Sub CDS interpretiert. Für die 2014er-Sub-Kontrakte war demnach Asset Package Delivery anwendbar und es kam zur bis zu diesem Zeitpunkt ersten Auktion dieser Art. In diese waren statt der umgetauschten Bonds eben die dafür erhaltenen Aktien einlieferbar und die Auktion lieferte eine Recovery von 49,5 %.[21] Da die umgetauschten subordinierten Obligationen in die 2003er-Kontrakte nicht einlieferbar waren, kam es zu einer gemeinsamen Auktion (genaugenommen gemeinsame Auktionen für verschiedene Buckets) für Senior und Sub CDS, in die die verbliebenen Senior-Obligationen einlieferbar waren. Dies resultierte jedoch in Recoveries von 100 % bzw. fast 100%. Für die Senior CDS hatte dies in Antizipation des Kreditereignisses den nicht-intuitiven Effekt, dass 2003er-Kontrakte weiter als 2014er-Kontrakte handelten: 2003er-Kontrakte handelten um 500 Basispunkte, was mit einem Upfront-Wert von 0 % den Ausgang der Auktion vorwegnahm, wogegen 2014er-Kontrakte, die das tatsächliche Risiko eines echten Ausfalls einpreisten, deutlich enger handelten.

4.2.3.3 Banco Popular Español

Aus CDS-Perspektive gibt es klare Parallelen zwischen der spanischen Banco Popular Español (POPSM) und Monte (vgl. Abschnitt 4.2.3.2), auch wenn es sich um grundverschiedene Ansätze zur Bankenrettung handelt. Es war zwar klar, dass die Bankenaufsicht POPSM schon länger auf dem Radar hatte. Auch ein Verkaufsprozess an andere Institutionen war in der Vergangenheit ein Thema gewesen. Die Ankündigung einer Resolution am 7. Juni 2017 kam dann aber doch für viele recht plötzlich.[22] Es handelte sich um die erste Anwendung des einheitlichen Bankenabwicklungsmechanismus (Single Resolution Mechanism, SRM). Als die EZB zu dem Schluss kam, dass insbesondere aufgrund der rapide verschlechterten Liquiditätssituation die Bank »failing or likely to fail« war, hat das Abwicklungsgremium (das europäische in Zusammenarbeit mit dem spanischen) Resolutionsmaßnahmen ergriffen: Alle nachrangigen Anleihen wurden quasi heruntergeschrieben und die Bank dann für einen symbolischen Betrag von einem Euro an Banco Santander verkauft.[23] Für die 2003er-Definitionen wurde ein Restrukturierungsereignis für Sub und Senior CDS festgestellt, allerdings existierten keine Sub-Obligationen mehr, sodass im Endeffekt in beide CDS nur Senior-Obligationen eingeliefert werden konnten. Da diese über Par handelten, wurde in einer Auktion für beide CDS eine Recovery von 100 % festgestellt. Für die 2014er-Definitionen triggerten die Resolutionsmaßnahmen ein Governmental Intervention Event (das erste überhaupt) für die Sub CDS. Der Senior CDS wurde nicht getriggert, da die senioren Obligationen ja auch unangetastet

21 http://www.creditfixings.com/CreditEventAuctions/results.jsp?ticker= MONTE.
22 https://srb.europa.eu/en/node/315.
23 Genaugenommen wurden zuerst alle AT1-Instrumente heruntergeschrieben und dann in einem zweiten Schritt die T2-Instrumente in Aktien konvertiert, die wiederum an Santander transferiert wurden.

blieben. Interessant war hier vor allem die Definition des Asset Packages: Da keine Bonds mehr existierten, war eine Auktion offensichtlich nicht möglich. Auch wenn die Halter der Sub-Obligationen im Rahmen der Resolution zunächst leer ausgingen, entschied das ISDA-Komitee, dass die Recovery damit nicht unbedingt bei 0 % liegt. Eine potenzielle Entschädigung, die Gläubigern laut Abwicklungsmechanismus nach dem »No-Creditor-Worse-Off«-Prinzip im Rahmen einer externen Bewertung zusteht, soll ebenfalls Teil des Pakets sein.[24] Die externe Bewertung kam final zu dem Ergebnis, dass die nachrangigen Gläubiger keine Ansprüche haben, weshalb die Verwertungsquote bei Null fixiert wurde.

4.3 Restrukturierungen

Bei Restrukturierungen des Kapitals eines in Schieflage geratenen Unternehmens kommt es insbesondere in Europa immer wieder zu sehr interessanten Problemstellungen für CDS. Ziel dieses Abschnittes ist es, auftretende Problemstellungen zu erläutern und anhand von Beispielen zu illustrieren.

In den USA existiert für Restrukturierungen ein einheitliches Gerichtsprozedere, das sogenannte »Chapter 11«, das aus CDS-Sicht ein Insolvenz-Kreditereignis darstellt und damit zu einem harten Trigger führt. Sobald ein Unternehmen, sei es mit einem schon mit den Gläubigern abgestimmten Restrukturierungsplan oder auch nicht, »Chapter 11« anmeldet, triggert der CDS, und es kommt zu einer ganz normalen Auktion ohne wirkliche Besonderheiten. Das ist auch der Grund dafür, dass das Kreditereignis einer Restrukturierung in nordamerikanischen CDS-Kontrakten normalerweise nicht berücksichtigt ist.

In Europa ist dies anders, insbesondere existiert kein europaweit einheitliches rechtliches Rahmenwerk für Restrukturierungen. In den letzten Jahren haben jedoch viele nationale (und auch der europäische) Gesetzgeber versucht, den Weg für Restrukturierungen (oft nach dem Vorbild des »Chapter 11«) zu erleichtern.[25] Es ist jedoch bisher nicht abschließend geklärt, welche der verschiedenen Prozeduren in den verschiedenen Ländern von der ISDA als ein hartes Insolvenz-Kreditereignis interpretiert werden wird. Diese Fragestellung wurde durch Einführung der 2014er-Definitionen insbesondere noch verkompliziert, weil es für ein hartes Insolvenz-Kreditereignis nun nicht mehr ausreicht, ein Verfahren zu eröffnen, das auf einem Gesetz basiert, das ähnlich zu einem Insolvenz-Gesetz die Gläubigerrechte beeinflusst, sondern der Effekt des Verfahrens muss wirklich einen ähnlichen Rechtsschutz bieten wie ein Insolvenzverfahren. Genauer wird dies sowohl in der Abengoa-Entscheidung der ISDA[26] als auch in Simmons & Simmons (2016) diskutiert. Wie die ISDA die einzelnen europäischen Verfahren beurteilt, wird immer erst klar, wenn das zugehörige Komitee eine solche

24 https://dc.isda.org/documents/2017/08/banco-popular-espanol-sa-emea-dc-statement-25082017.pdf.
25 Eine schöne Übersicht dazu findet sich in Clifford Chance (2015).
26 https://dc.isda.org/documents/2015/12/emea-dc-decision-09122015.pdf.

Frage in einem konkreten Fall beantworten muss. Bis dato hat sie unseres Wissens nach entschieden, dass der spanische »preconcurso (Article 5bis)« kein Kreditereignis triggert (Abengoa), die brasilianische »recuperação judicial« (Portugal Telecom International Finance) und das niederländische »surseance van betaling« (Grupo Isolux Corsán Finance) jedoch schon. Falls die ISDA einen harten Trigger feststellt, ist sie normalerweise auch bemüht, wenn nötig durch ein beschleunigtes Verfahren sicherzustellen, dass die Auktion ordnungsgemäß mit dem ökonomisch sinnvollen Ergebnis durchgeführt werden kann. Das heißt, man bemüht sich, die Auktion durchzuführen, bevor die einlieferbaren Obligationen im Rahmen der Restrukturierung in irgendeiner Form abgeändert oder eingetauscht werden.

Im Fall eines rechtlichen Restrukturierungsverfahrens, das zunächst kein Insolvenz-Kreditereignis triggert, kommt für europäische Corporate CDS das Restrukturierungs-Kreditereignis zum Tragen. Dieses triggert wie in Kapitel 2 beschrieben dann, wenn eine für alle Bondhalter gültige Beeinträchtigung wirksam wird. Dies ist oft das Endergebnis der beschriebenen rechtlichen Restrukturierungskonzepte, die die Möglichkeit beinhalten, einen Restrukturierungsvorschlag, der von einer festgelegten Mehrheit der verschiedenen Gläubigergruppen unterstützt wird, von einem Gericht absegnen zu lassen und damit für alle (also auch widersprechende) Bondhalter rechtlich bindend zu machen (der sogenannte »Cram Down«). Alternativ kann dies auch auftreten, wenn die im Bondprospekt beschriebene nötige Mehrheit aller Anleihehalter (normalerweise eine höhere Hürde als in den gerichtsbegleiteten Restrukturierungen) erreicht wird, um für alle Halter verpflichtende Änderungen in den Bondkontrakt aufzunehmen, die ebenfalls eine Beeinträchtigung darstellen. In genau diesem Szenario kann es jedoch zu Schwierigkeiten mit dem CDS kommen. Wird die Anleihe beispielsweise zwangsumgetauscht oder heruntergeschrieben, kann dies zu den in Kapitel 1 beschriebenen Problemen mit der Lieferbarkeit führen, da »Asset Package Delivery« für Corporate CDS nicht anwendbar ist. Nicht beeinträchtigte Bonds sind natürlich ganz normal weiterhin lieferbar, heruntergeschriebene allerdings nur gegen ihr reduziertes Nominal, und Bonds, die in Aktien getauscht werden, sind beispielsweise gar nicht einlieferbar. Dazu kommt erschwerend noch die Problematik des Bucketing, wie in Kapitel 2 beschrieben. So kann es sein, dass nur kurze Bonds beeinträchtigt sind, andere Bonds mit längerer Laufzeit, die lieferbar wären, aber aufgrund des Bucketing in einen kurzen CDS nicht lieferbar sind. Die Gesamtproblematik wird in Simmons & Simmons (2016) schön anhand des Beispiels Norske Skog (NSINO) erläutert, und wie kürzlich in der Presse[27] beschrieben, gibt es inzwischen in der Industrie Überlegungen, die CDS-Definitionen genau wegen dieser vermeintlichen Schwachstelle anzupassen. Anlass hierzu ist der Fall New Look, den wir in Abschnitt 4.3.3 auch als Beispiel erläutern wollen.

Genau solche Überlegungen beeinflussen aber natürlich auch die Dynamiken und Mehrheiten in den Bondhaltergruppen, sobald eine signifikante Menge an CDS ausstehend ist. Dementsprechend ist es im Endeffekt bisher im Corporate-CDS-Universum

27 Siehe Linsell (2017).

fast nie zu diesem Worst-Case-Szenario gekommen. Wenn sich CDS bzw. Basis-Halter (siehe Abschnitt 5.1) in diesen Gruppen organisieren, sollte es ihnen auch möglich sein, ihre Interessen berücksichtigt zu sehen. So kann beispielsweise durch ein Failure to Pay Event sichergestellt werden, dass der CDS seine Absicherungsfunktion voll erfüllt. Es gab jedoch in der jüngeren Vergangenheit auch Fälle, in denen der CDS entgegen seiner ursprünglichen Absicherungsfunktion eine tragende Rolle in erfolgreichen Unternehmensrefinanzierungen spielen sollte, auch wenn die Legalität dieses Unterfangens noch rechtlicher Klärung bedarf.[28]

4.3.1 Beispiel Norske Skog

Norske Skog bzw. Norske Skogindustrier ASA, ein norwegischer Papierhersteller, hat die europäischen HY-Märkte in den letzten Jahren schon häufig beschäftigt. Nach mehreren teilweise gescheiterten Zustimmungsersuchen und Umtauschangeboten kam es im Frühjahr 2016 zu dem ersten für den CDS relevanten Ereignis.[29] Um genug Liquidität für eine anstehende Redemption zu wahren, hatte die Firma angeboten, die Bonds mit Fälligkeit 2017 gegen zwei verschiedene Typen von neuen Anleihen und das Recht, neue Aktien zu erwerben, einzutauschen. Dieses nicht bindende Umtauschangebot an sich hätte kein CDS-Ereignis dargestellt. Gleichzeitig wurde jedoch für die verbliebenen Bonds ein »Zwangsumtausch-Passus«[30] in den Bondprospekt eingefügt, da mit 76 % ein ausreichender Anteil der Bondhalter zugestimmt hatte. Mit dessen Hilfe war es der Firma möglich, auch die Bonds der nicht zustimmenden Halter umzutauschen. Die ISDA entschied daraufhin, dass schon das Einfügen einer solchen für alle bindende Klausel bei gleichzeitig drohender Zahlungsunfähigkeit ein Restrukturierungs-Kreditereignis darstellt.[31] Es handelte sich um das erste Restrukturierungsereignis unter den neuen 2014er-Definitionen und in der Literatur[32] wird an diesem Beispiel der zugehörige Auktionsmechanismus, der auch in Kapitel 2 erläutert wird, noch einmal ausführlich illustriert. Für uns ist an dieser Stelle vor allem die Beobachtung relevant, dass aufgrund des nicht anwendbaren »Asset Package Delivery« die Recovery für CDS, die ins erste Bucket fallen, bei 100 % lag.[33] Und dies, obwohl der ökonomische Wert der 2017er Bonds, die ursprünglich in dieses Bucket gefallen wären, deutlich darunter lag: Die Bonds handelten zuvor eher um die 20 % und der Wert des Asset Packages sollte sich auch dort befunden haben.

Im Sommer 2017 beschäftigte NSINO dann ein weiteres Mal die Kreditmärkte. Da die notwendige Zustimmung der Bondhalter zu einer Restrukturierung jedoch nicht

28 Siehe Dolmetsch/Natarajan (2018).
29 Es gab im Vorfeld mehrfach Medienberichte wie z. B. Jackson/Johnson (2016), wonach das Verhalten der beteiligten Parteien in den Restrukturierungsverhandlungen auch durch angebliche CDS-Positionen beeinflusst war.
30 Genaugenommen wurde ein Passus eingefügt, der der Firma das Recht einräumt, die Bonds durch Lieferung der genannten Kombination frühzeitig zurückzuzahlen.
31 https://dc.isda.org/documents/2016/04/emea-dc-decision-22042016-meeting-statement.pdf.
32 Siehe Simmons & Simmons (2016).
33 Außerdem kann an diesem Beispiel ein weiterer Unterschied zwischen den 2014er- und 2003er-Definitionen beobachtet werden: So erfüllten die Garantien für eine Reihe an Bonds von Tochterunternehmen nicht die Kriterien der 2003er-Definitionen und folglich waren diese Bonds nicht in den CDS einlieferbar, für die 2014er-Definitionen war die Garantie jedoch ausreichend.

erreicht wurde, kam es diesmal zu einem harten Trigger aufgrund eines Failure to Pay[34] und in Folge dessen zu einer nicht weiter überraschenden Auktion.

4.3.2 Beispiel Isolux

Das in vielen Segmenten und Ländern aktive spanische Industrieunternehmen Grupo Isolux finanzierte sich ziemlich hälftig über Kredit-Fazilitäten und eine im März 2014 emittierte Anleihe, als es im Sommer 2016 dringend zusätzliche Liquidität benötigte. Dafür schien allerdings eine Restrukturierung der bestehenden Verbindlichkeiten unvermeidlich. Ziel war es, zusätzlich zur Bereitstellung neuer Finanzmittel, die existierenden Verbindlichkeiten zum (kleineren) Teil in tragfähige Verbindlichkeiten und zum (größeren) Teil in Equity-ähnliche Notes umzutauschen. Dafür befand man sich in Verhandlungen mit allen Gläubigergruppen mit der Absicht, bei Erreichung einer Zustimmungsquote von 75 % die Restrukturierung mit Hilfe des spanischen Konzepts der »Homologacion judicial« von Gericht für alle Gläubiger als verbindlich bestätigen zu lassen.[35] Dies hätte grundsätzlich durchaus zu der zuvor beschriebenen Problematik führen können, je nachdem, ob die Homologacion als Insolvenz-Kreditereignis interpretiert worden wäre oder eben nicht. Allerdings waren die Bonds nicht aus der spanischen Entität, sondern aus einer niederländischen Finanzierungsentität, der Grupo Isolux Corsán Finance, begeben und auch der CDS referenzierte auf diese. Das Konzept der Homologacion ist jedoch nur auf Entitäten mit COMI (Center Of Main Interest) in Spanien anwendbar, weshalb nur die Garantie der spanischen Mutterentität so restrukturiert werden konnte. Daher musste die Bondentität, nachdem die Firma insgesamt die erforderliche Mehrheit aller Gläubiger erreicht hatte (u. a. stimmten über 90 % der Bondhalter zu), das niederländische »surseance van betaling« anmelden, um das Vorgehen auch unter niederländischem Recht absegnen zu lassen.[36] Die ISDA kam hier zu dem Schluss, dass dies als Insolvenz-Kreditereignis betrachtet werden muss.[37] Es kam also zu einer Auktion, lange bevor die Bonds umgetauscht wurden, und für die Schwierigkeit, dass ein Großteil der Bonds aufgrund der Zustimmung zum Restrukturierungsplan nur eingeschränkt handelbar war, fand die ISDA ebenfalls eine Lösung.[38]

4.3.3 Beispiel New Look

Spätestens seit dem Sommer 2017 sind Bedenken bezüglich der Nachhaltigkeit der Schuldenstruktur der britischen Modekette New Look im Markt weit verbreitet.

34 https://dc.isda.org/documents/2017/08/norske-skogsindustrier-credit-event-16-august-2017-meeting-statement.pdf.
35 Unter https://www.xaia.com/uploads/media/Isolux_Restrukturierung.pdf findet sich eine genauere Beschreibung des Vorgangs aus Sicht eines Basisinvestors.
36 Gleichzeitig, u. a. nachdem die Anleihen nach US-Recht begeben waren, sollte die komplette Restrukturierung auch noch von einem begleitenden Chapter-15-Verfahren unter US-Recht sanktioniert werden.
37 Eine ausführliche Begründung findet sich unter https://dc.isda.org/documents/2016/08/grupo-isolux-corsan-finance-b-v-statement-aug-5-2016.pdf. Allerdings wird auch explizit erwähnt, dass die ISDA keine Aussage darüber trifft, ob Chapter 15 ebenfalls ein Insolvenz-Kreditereignis triggert.
38 Eine genauere Beschreibung findet sich wiederum in Simmons & Simmons (2016).

Diese resultierten u. a. aus strukturellen Problemen der ganzen Branche, verstärkt noch durch strategische Fehler in der Ausrichtung. Im Laufe des Jahres wurden Bedenken bezüglich ausreichender Liquidität immer lauter, während die Firma versuchte, mit personellen Veränderungen eine Trendwende herbeizuführen. Der größte Anteilseigner Brait wiederum verkündete im November, seine Beteiligung schon komplett heruntergeschrieben zu haben. Vor diesem Hintergrund wurde im Markt viel über potenzielle Restrukturierungsoptionen spekuliert. New Look hat Anleihen aus zwei verschiedenen reinen Finanzierungsentitäten begeben, der CDS referenziert auf die Entität, die nur den kleineren subordinierten Bond in Höhe von ca. 200 Millionen Britische Pfund begeben hat, während in der anderen Entität Anleihen mit Gesamtnominal von ca. einer Milliarde Britische Pfund ausstehen. Gleichzeitig halten sich im Markt die Gerüchte, dass sich ein großer Anteil der subordinierten Bonds in den Händen eines einzelnen Investors befände, angeblich soll es sich um Brait handeln. Zumindest gab es im Oktober 2017 Medienberichte, denen zu Folge Brait sich schon in Gesprächen mit Restrukturierungsspezialisten befände und Interesse daran hätte, selbst Anleihen zu kaufen, um seine Position in den Restrukturierungsverhandlungen zu verbessern.[39]

Vor diesem Hintergrund werden im CDS-Markt die verschiedenen Restrukturierungsoptionen genau verfolgt und analysiert.[40] Die Situation ist natürlich eine sehr spezielle, mit nur einem, noch dazu sehr kleinen, Bond aus der Referenzentität,[41] der noch dazu zu großen Teilen in den Händen eines einzelnen Investors liegen dürfte. Dies erhöht natürlich spürbar die Chancen, das für einen »Cram Down« nötige Quorum zu erreichen, sollte sich die Firma für eine nicht komplett freiwillige Restrukturierung entscheiden. Das Mittel hierfür wäre wahrscheinlich das britische »Scheme of Arrangement«. Die Entscheidung der ISDA, dass hier kein Kreditereignis vorlag, untermauert die Meinung, dass solche Fälle kein hartes Insolvenz-Kreditereignis triggern sollten, sondern dass erst die finale Sanktionierung eines Restrukturierungsplans durch das Gericht nach Erreichen der notwendigen Mehrheiten ein Restrukturierungs-Kreditereignis darstellen dürfte. Damit wäre aber das Ergebnis der Restrukturierung schon in dem Moment gültig, in dem es zu einer Auktion kommen könnte. Je nachdem, ob die Restrukturierung auf einen Umtausch in Aktien oder einen Haircut auf den Bond (beispielsweise auch durch einen Umtausch) hinausläuft, dürfte in diesem Szenario (wie ja schon zuvor mehrfach beschrieben) die Absicherungswirkung des CDS nur teilweise oder gar nicht gegeben sein. Erschwerend kommt hinzu, dass aufgrund des Bucketing in diesem Szenario in die üblichen CDS Laufzeiten von bis zu 5 Jahren (entspricht im Moment Dezember 2022) auch bei einem Haircut gar nichts einzuliefern wäre, da der bestehende Bond seine Fälligkeit erst im Juli 2023 hat. Diese Überlegungen wurden im CDS-Markt zum Anlass genommen, offen über mögliche Anpassungen des CDS-Kontrakts zu diskutieren.[42] Das Ganze wird allerdings nur relevant, wenn die Firma überhaupt den

39 Siehe Al Ali (2017).
40 Eine schöne Analyse findet sich in Kurtoglu/Doctor (2017).
41 Es besteht zwar eine Garantiebeziehung zwischen der Referenzentität und den Bonds aus der anderen Entität, diese dürfte aber höchstwahrscheinlich nicht die für den CDS gültigen Kriterien einer relevanten Garantie erfüllen, siehe auch Kurtoglu/Doctor (2017).
42 Siehe Linsell (2017).

Spielraum bewahrt, aktiv eine Restrukturierung vorantreiben zu können. Es besteht natürlich ebenfalls die Möglichkeit, dass sie von äußeren Umständen wie z. B. dem in den Medien gemeldeten Rückzug von Kreditversicherern für deren Zulieferer[43] direkt in die Insolvenz gezwungen wird.

4.3.4 Codere

Ein interessanter Präzedenzfall, der auch Aufmerksamkeit außerhalb des Finanzmarkts erfuhr, war der Fall des spanischen Glücksspielunternehmens Codere. Während die reinen Fakten[44] unstrittig sind, gibt es bei ihrer Interpretation und Bewertung doch einige Differenzen. Codere befand sich 2013 in Liquiditätsschwierigkeiten und eine Restrukturierung der insgesamt ca. eine Milliarde umfassenden Schulden schien sehr wahrscheinlich notwendig. Die Anleihen handelten bei knapp über 50 % ihres Nominalwerts. In diesem Kontext stellte die Blackstone-Tochter GSO Capital Partners, die sowohl CDS als auch Fremdkapital hielt, Liquidität über einen Loan zur Verfügung, allerdings unter der Bedingung, dass eine Kouponzahlung auf einen Bond im September 2013 erst zwei Tage nach Verstreichen der Grace Period gezahlt würde. Dies führte zum Triggern der Codere CDS aufgrund eines Failure to Pay Events[45]. Die Auktion stellte eine Recovery von 54,5 % fest[46] und dementsprechend wurden die CDS-Kontrakte abgewickelt. Im Januar 2014 begann die Firma ein »Preconcurso«-Verfahren, in dessen Rahmen dann eine finale Restrukturierung verhandelt wurde.

Dies wurde von den Medien geteilt aufgenommen. Während die Ereignisse sogar ein Feature in der »Daily Show« bekamen und dort deutlich kritisiert wurden, war die Sichtweise in der Finanzwelt differenziert. Einige Beobachter kommen zu dem Schluss, dass GSO unter Wahrung seiner Interessen als Basis-Halter der Firma Liquidität zur Verfügung stellte.[47] Die CDS-Auktion stellte ja schließlich eine Recovery fest, die der vorherigen Markteinschätzung entsprach, welche sich auch nach zusätzlicher Liquiditätsbereitstellung nicht geändert hatte. Gleichzeitig wurden die unterschiedlichen Verhandlungspositionen für eine weitere Restrukturierung vereinfacht, indem die CDS-Halter aus dem Spiel genommen wurden.

Grundsätzlich besteht darin aus unserer Sicht auch der entscheidende Unterschied zu der aktuellen Debatte um Hovnanian,[48] auch wenn beide Fälle in den Medien teilweise gemeinsam betrachtet werden.[49] Während diese Firma zum einen nicht zwangsläufig ausfallgefährdet scheint, werden zum anderen anders als im Codere-Fall auch noch

43 Siehe z. B. Quinn (2018).
44 Der erste uns bekannte Artikel hierzu war Ruhle et al (2013).
45 Die notwendige Höhe eines Zahlungsausfalls, die einen Cross Default in anderen Codere-Obligationen getriggert hätte, war hier nicht erreicht, so dass es zu keinem Effekt auf die Kapitalstruktur kam.
46 http://www.creditfixings.com/CreditEventAuctions/results.jsp?ticker=CODSA-Fin.
47 Siehe Salmon (2013).
48 Siehe beispielsweise Dolmetsch/Natarajan (2018).
49 Siehe Johnson/Smith (2018).

extra zusätzliche Obligationen erzeugt, um die Recovery für den CDS künstlich zu drücken.[50] Ereignisse wie der Hovnanian-Trigger stellen dahingehend definitiv eine Gefahr für die Glaubwürdigkeit des CDS dar.

4.4 Orphanic CDS

4.4.1 Hintergrund

Ein CDS-Kontrakt wird üblicherweise natürlich zunächst einmal nur auf Namen gehandelt, für die Obligationen am Markt existieren, die nach einem Trigger des CDS auch in diesen eingeliefert werden können. Es gibt jedoch Szenarien, die dazu führen können, dass dies zu einem späteren Zeitpunkt nicht mehr der Fall ist. Ein so verwaister CDS, für den also keine einlieferbaren Obligationen mehr existieren, wird auch »orphanic« genannt. Gelegentlich wird die Definition auch etwas weiter gefasst und ebenfalls für CDS-Kontrakte verwendet, für die es nur noch wenige, schwer zu beschaffende, einlieferbare Obligationen gibt. Ein guter Überblick zu der Thematik findet sich bei Doctor (2017).

Es gibt eine Vielzahl an möglichen Szenarien, die dazu führen können, dass ein CDS-Kontrakt verwaist. Wenn Obligationen auslaufen bzw. vorzeitig zurückgezahlt werden und keine neuen Obligationen aus derselben Entität emittiert werden (und auch keine relevanten Garantien aus der bestehenden Entität für neue Obligationen gegeben werden), bleibt der CDS ohne lieferbare Obligationen zurück. Aufgrund der typischen Kapitalstruktur europäischer HY-Emittenten mit speziellen Finanzierungsvehikeln ist dieses Phänomen dort besonders häufig zu beobachten, wenn beispielsweise für die Refinanzierung einfach eine neue Entität gegründet oder gewählt wird. Aber auch in anderen Bereichen kann es dazu kommen, z. B. wenn nach Übernahmen oder einem Merger die Refinanzierung der neuen Struktur aus einer anderen Entität vorgenommen wird. Die Successor-Bestimmungen in den CDS-Kontrakten ziehen in diesen Fällen normalerweise nicht. Der CDS würde nur mit in die neue Entität wandern, sofern dies über einen Austausch (eines ausreichend großen Anteils) der existierenden Obligationen in neue Obligationen bewerkstelligt wird.

4.4.2 Handel

Da bestehende Kontrakte auch nach dem sogenannten »Orphaning« weiterhin existieren, werden CDS folglich weiterhin gehandelt. Insbesondere für Namen, die Teil verschiedener Indices sind, werden beispielsweise aufgrund sogenannter Skew Trades (siehe Abschnitt 5.5.1) auch weiter neue Kontrakte geschrieben. Es gibt eine Reihe an

50 Einen Einblick in die Gesamtproblematik liefert Levine (2017).

Faktoren, die bei der Preisfindung maßgeblich sind. Als hauptsächliche Preisfaktoren sehen wir:

- **Marktstruktur**: Insbesondere relativ zeitnah nach einem »Orphaning« gibt es aufgrund der Marktstruktur eine natürliche Nachfrage nach CDS Protection. Profit Taker, die genau auf dieses Ereignis gesetzt haben und die Position schließen wollen, sind bereit, dafür einen Teil des Profits aufzugeben. Die Alternative dazu ist natürlich, den CDS-Kontrakt bis zum Laufzeitende zu halten.
- **Trigger-Möglichkeit**: Auch wenn keine einlieferbaren Obligationen existieren, gibt es trotzdem noch die Möglichkeit, dass ein CDS triggert. Dies liegt zum einen daran, dass die Menge »einlieferbarer Obligationen« enger gefasst ist als die Menge der Obligationen, die ein Kreditereignis, beispielsweise über einen Zahlungsausfall, triggern können (siehe Kapitel 2). Zum anderen kann es auch noch immer zu einem Bankruptcy Event kommen. Ein (unseres Wissens nach) Präzedenzfall war hier der CDS-Trigger von ABB im Jahre 2014 (siehe Beispiele unten). Wird ein Orphanic CDS getriggert, so führt dies mangels einlieferbarer Optionen dazu, dass keine Auktion stattfindet und es zu keiner Ausfall-Zahlung kommt. Allerdings enden mit dem Trigger die Kuponzahlungen, was den normalerweise mit negativem Upfront handelnden CDS dann auf ein Upfront von null hebt.
- Perspektivisch einlieferbare **Obligationen**: Der offensichtlichste Faktor in der Bewertung ist natürlich auch das Szenario, dass zu einem zukünftigen Zeitpunkt wieder einlieferbare Obligationen existieren, beispielsweise weil neue Bonds aus der Referenzentität begeben werden oder diese eine relevante Garantie auf Anleihen ausstellt.

Es gibt aber durchaus auch Szenarien, in denen die letzten beiden Preisfaktoren keine Rolle mehr spielen, weil die Referenzentität gar nicht mehr existiert.

Gerade im europäischen HY-Markt wird bei anstehenden Refinanzierungen oft ein solches Orphaning-Szenario zumindest in Erwägung gezogen und spielt folglich auch bei der Preisfindung eine gewichtige Rolle.[51] Des Weiteren wurde gerüchtehalber sogar schon versucht, mit Hilfe eines bewussten Orphaning des existierenden CDS-Kontraktes ein Refinanzierungsvorhaben zu unterstützen. So haben Hedgefonds dem UK-Retailer Matalan laut Medienberichten[52] angeboten, dessen zu diesem Zeitpunkt noch schwierige Refinanzierung möglich zu machen, falls diese aus einer anderen Entität heraus erfolge, wodurch sie aufgrund des Profits in Folge des Orphaning ihrer bestehenden CDS-Position in der Lage gewesen wären.

4.4.3 Beispiele

Ein vergleichsweise unerwartetes Orphaning in der jüngeren Vergangenheit war die Refinanzierung der französischen Fastfood-Kette *Quibb*. Nachdem diese schon

51 Dies ist auch der Anlass für die Analyse in Doctor (2017).
52 Siehe Smith (2017).

im September 2015 durch die Groupe Bertrand, den Mehrheitseigner von Burger King France, übernommen wurde, kam es im April 2017 zu der Refinanzierung der bestehenden Anleihen. Allerdings wurde im Rahmen dessen auch gleich eine Neustrukturierung vorgenommen, Quibb in Burger King France integriert und die neuen Anleihen aus dieser neuen Entität emittiert. Die alte Issuing Entität Financiere Quick SAS blieb zwar für den Moment bestehen und garantierte sogar die neuen Bonds, allerdings genügte diese Garantie nicht den Maßgaben der CDS-Definitionen. Folglich sprang der Preis eines Fünf-Jahres-CDS-Kontraktes auf die alte Entität von vorher ca. 600 Basispunkten auf ca. 95 Basispunkte (vgl. Abbildung 4.5), wo er sich seither auch eingependelt hat. Die Chancen auf neue Emissionen aus dieser Entität heraus sind in diesem Fall eher gering, da laut Bondprospekt am Ende der Neustrukturierung diese Entität voraussichtlich gar nicht mehr existieren dürfte.[53]

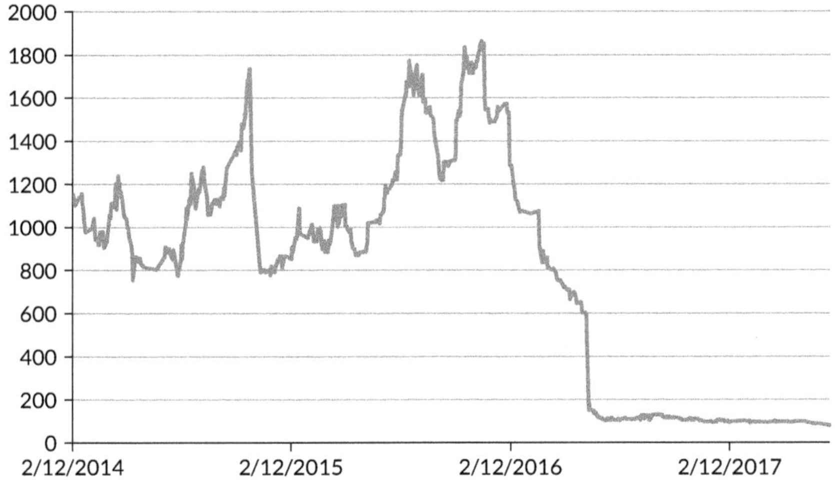

Abb. 4.5: Fünfjähriger CDS-Spread für die Referenzentität Financiere Quick SAS, Quelle: Bloomberg.

Ein weiteres Beispiel eines Orphaning ist der europäische Issuer *Unilabs*. Hier existiert ein CDS, der auf die Unilabs Subholding AB referenziert. Im Oktober 2016 wurden die Bonds dieser Entität durch Loans refinanziert. Diese wurden emittiert aus einer anderen Entität und sind nicht in den bestehenden CDS-Kontrakt einlieferbar. Dieses Orphaning scheint so aber durchaus schon eingepreist gewesen zu sein, wie sich in Abbildung 4.6 ablesen lässt. Durch das Begeben neuer einlieferbarer Anleihen im April 2017 gewann der CDS-Kontrakt jedoch wieder spürbar an Wert.

Ein anderes relevantes Beispiel in diesem Kontext ist *ABB International Finance Limited*. Nachdem alle aus dieser Entität begebenen Anleihen ausgelaufen waren, wurde diese Entität im Juli 2014 aufgelöst. Die ISDA entschied daraufhin, dass dies ein

53 Da die Firma aber im Gegensatz zu dem später genannten ABB-Beispiel im Rahmen eines Mergers verschwinden dürfte, ist kein Trigger zu erwarten.

Abb. 4.6: Fünfjähriger CDS-Spread für die Referenzentität Unilabs Subholding AB, Quelle: Bloomberg

Kreditereignis darstellt. Aufgrund fehlender Anleihen wurde jedoch keine Auktion veranstaltet. Eine Abwicklung oder Auflösung einer Referenzentität kann also durchaus einen CDS triggern, auch wenn keine einlieferbaren Obligationen mehr existieren. Allerdings hat das zugehörige Komitee in seiner Entscheidung im Falle ONO[54] auch deutlich klar gemacht, dass dies nur der Fall ist, wenn diese Auflösung/Abwicklung nicht im Zusammenhang mit einer Konsolidierung, Verschmelzung oder einem Merger stattfindet. »Im Zusammenhang« wird hier durchaus breit interpretiert, sowohl was zeitliche Nähe als auch explizit die jeweilige Entität angeht[55].

54 https://dc.isda.org/documents/2015/11/updated-emea-dc-meeting-statement-6-november-2015.pdf
55 Siehe Simmons & Simmons (2016).

5 Handelsstrategien

5.1 Bond-CDS-Basis

Dieses Kapitel beleuchtet eine Handelsstrategie, die sich der Absicherungsfunktion von Credit Default Swaps (CDS) gegen einen möglichen Kreditausfall des Emittenten bedient und durch simultane Aktivität am Anleihe- und Derivatemarkt umgesetzt wird.

5.1.1 Bewertungsdifferenzen zwischen Anleihen und CDS

5.1.1.1 Definition und Konzept der Bond-CDS-Basis

Seit Beginn des CDS-Marktes erscheint der damit möglich gewordene Vergleich zwischen Anleihen und den jeweiligen CDS-Kontrakten offensichtliches Interesse zu wecken, da beiden Instrumenten die Bewertung des Kreditrisikos des zugrunde liegenden Emittenten obliegt. Auftretende Bewertungsdifferenzen aufzuspüren und diese auszunutzen, ist die Grundidee beim Handel der sogenannten Bond-CDS-Basis. Wenngleich das Aufsetzen zweier gegenläufiger Positionen, die im Grundsatz das gleiche Risiko abbilden, zunächst ein vermeintlich risikofreies Arbitragegeschäft vermuten lässt, so wird bei detaillierter Betrachtung deutlich, dass unterschiedliche Einflussfaktoren, technische Feinheiten und verbleibende Restrisiken, die den Handel von Bond-CDS-Basis begleiten, attraktive Rendite-Risiko-Profile schaffen können.

Die erhebliche Bedeutung der Bond-CDS-Basis für Akteure am globalen Kreditmarkt unterstreicht ein Blick in die Literatur. Diverse Publikationen von Investmentbanken, beispielsweise Elizalde et al. (2009) geben eine schrittweise Einführung in die Thematik. Choudry (2006) widmet der Bond-CDS-Basis gar ein ganzes Buch. Weitere wissenschaftliche Arbeiten untersuchen z. B. die Bond-CDS-Basis in Krisenzeiten (vgl. Andritzky/Singh (2006), Bai/Collin-Dufresne (2011) und Fontana (2010)) oder beleuchten verschiedene Berechnungsmethoden zu Bestimmung der Bond-CDS-Basis (vgl. Bernhart/Mai (2016)).

Vereinfacht gesprochen und zunächst ohne eine präzise mathematische Definition untermauert, wird die Bond-CDS-Basis häufig als Differenz aus CDS-Spread und Anleihen-Spread (des gleichen Emittenten und bei gleicher Laufzeit der beiden Instrumente) verstanden und im Folgenden mit Basis abgekürzt:[1]

$$\text{Basis} = \text{CDS-Spread} - \text{Anleihen-Spread}$$

Da Bewertungsdifferenzen in beide Richtungen möglich sind, unterscheidet man in negative Basis (die Kosten der CDS-Ausfallversicherung sind niedriger als der Ertrag aus der Anleihe) und in positive Basis (die Kosten der CDS-Ausfallversicherung

1 Vgl. Elizalde et al. (2009).

übersteigen den Anleihenertrag). Gemäß der Handelsentscheidung »Kaufe das günstige Instrument, verkaufe das teure Instrument« impliziert der Handel von positiver Basis zum einen den Verkauf von CDS-Versicherung (um den relativ höheren CDS-Spread zu vereinnahmen) und den gleichzeitigen Verkauf der Anleihe. In der praktischen Umsetzung gestaltet sich jedoch eine Leihe der Anleihe, um diese anschließend zu verkaufen, oftmals als schwierig. Im Gegensatz dazu lässt sich die negative Basis problemlos umsetzen, indem der Investor sowohl die Anleihe (long risk) als auch die CDS-Versicherung (short risk) kauft. Aufgrund der sehr guten Umsetzbarkeit und der Tatsache, dass die negative Basis insbesondere nach der Finanzkrise 2008 auf Rekordniveau handelte und damit ins Rampenlicht von Basisakteuren rückte, liegt der Fokus im Weiteren auf der Betrachtung und dem Handel von negativer Basis, die in Abbildung 5.1 schematisch und vereinfacht dargestellt wird.

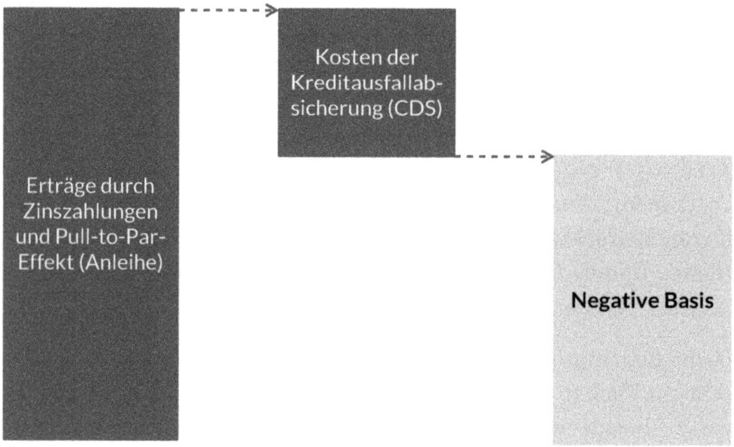

Abb. 5.1: Schematische Darstellung der negativen Basis

5.1.1.2 Haupttreiber, Ursachen und Existenzgründe

Für das Phänomen der negativen Basis lassen sich verschiedene Gründe finden. So können strukturelle Marktverwerfungen bei Ablehnung der Markteffizienzhypothese natürlich von der Existenz ineffizienter Märkte (in diesem Fall der Anleihenmarkt und der Markt für CDS-Ausfallversicherung) abgeleitet werden. Choudry (2006) führt speziell die Unterscheidung in technische Faktoren und in Marktfaktoren als Treiber für die Basis an. Technische Faktoren beziehen sich hierbei auf die verschiedenen Auswirkungen von Definition und Spezifikation der beiden verwendeten Anlageinstrumente, wohingegen Marktfaktoren vom jeweiligen Zustand der Märkte herrühren, in denen Anleihen und CDS gehandelt werden. Nachfolgend behandeln wir eine Auswahl an Faktoren, die als Haupttreiber für negative Basis gesehen werden können.

5.1.1.2.1 Technische Faktoren

5.1.1.2.1.1 Finanzierungskosten

Möchte ein Anleger in ein bestimmtes Kreditrisiko investieren und ihm stehen dafür sowohl der Kassa- als auch der Derivatemarkt zur Verfügung, so kann er bei ökonomisch gleichem Risiko entweder CDS auf die gewünschte Referenzentität verkaufen oder die zugrundeliegende Anleihe kaufen. Da der Anleihenkauf in aller Regel eine weitaus größere Finanzierungshöhe erfordert als der CDS-Verkauf (dies gilt nicht für den seltenen Fall, dass für das CDS-Geschäft eine Upfront-Zahlung zu tätigen ist, die den Preis der Anleihe übersteigt), ist insbesondere zu Zeiten signifikanter Finanzierungskosten der Anreiz gegeben, die Risikoposition über den Verkauf von CDS zu bilden. Das auf diese Weise erhöhte CDS-Angebot macht die Anleihen-Spreads relativ attraktiver gegenüber den CDS-Spreads und sorgt somit für den Zustand der negativen Basis.

5.1.1.2.1.2 Kontrahentenrisiko

Eine negative Basis-Position kann zunächst als Risikotransfer betrachtet werden, da das Kreditausfallrisiko des Anleiheemittenten via CDS-Kontrakt in Kontrahentenrisiko (das Risiko, dass der Versicherungsgeber seinen Verpflichtungen nicht nachkommen kann) gewandelt wird. Wie in Abschnitt 5.1.2.4.1.1 ausführlich dargelegt wird, lässt sich das Kontrahentenrisiko durch den Einsatz eines passenden Collateral-Managements weitestgehend reduzieren. Da allerdings Restrisiken verbleiben (siehe Abschnitt 5.1.2.4.1.2), wird ein Teil der negativen Basis als Kompensation für diese verstanden.

5.1.1.2.1.3 Legale Risiken

Unter legalen Risiken werden mögliche Szenarien subsumiert, in denen der CDS nicht den gewünschten Versicherungscharakter entfaltet und daher die negative Basis teilweise als Ausgleich für diese Unsicherheit gesehen werden kann. Mögliche technische Risiken können beispielsweise bei Restrukturierungen oder Refinanzierungen auftreten, siehe hierzu Abschnitt 5.1.2.4.3.

5.1.1.2.2 Marktfaktoren

5.1.1.2.2.1 Liquidität

Dem CDS-Markt wird grundsätzlich eine höhere Liquidität im Sinne der Handelbarkeit unterstellt als dem Anleihenmarkt. Gründe hierfür sind beispielsweise die Limitierung von Anleihen bezüglich ihres Volumens und ihrer Laufzeit (festgelegt durch die spezifische Anleihenemission), wohingegen den Akteuren am Derivatemarkt eine (nahezu) unbeschränkte Skalierung und die freie Wahl des Laufzeitbandes offen stehen. Insbesondere für kleine Anleiheemissionen und Anleihen mit besonderer Spezifikation (z. B. Denominierung in Fremdwährungen oder Abweichungen in der Prospektdokumentation) werden am Kassamarkt Liquiditätsprämien verlangt, die oftmals in negativer Basis münden.

5.1.1.2.2.2 Marktsegmentierung

Unter Marktsegmentierung wird der Zustand verstanden, dass am Anleihen- und CDS-Markt verschiedene Investorengruppen aktiv sind, deren regulatorische Anforderungen und Investmentansätze durchaus stark voneinander abweichen. Während der Anleihenmarkt von sogenannten real money accounts (z. B. Pensionsfonds, Versicherungen) geprägt wird, sind am CDS-Markt insbesondere Banken und Hedgefonds aktiv. Der strategische Investmentansatz und der Handlungsspielraum der involvierten Akteure sowie die Reagibilität und die fundamentale Einschätzung können teilweise derart stark voneinander abweichen, dass eine unterschiedliche Preisfindung an beiden Märkten zu beobachten ist.

5.1.1.2.2.3 Marktwertrisiko

Als Marktwertrisiko, auch Basisrisiko genannt, wird das Risiko eines Szenarios beschrieben, in dem sich die negative Basis ausweitet, nachdem bereits eine Basis-Positionierung aufgesetzt wurde. Aufgrund der Bewertung beider Instrumente zu den nun vorherrschenden Marktpreisen verzeichnet die Basis-Position einen Kursverlust. Auch wenn dieser Kursverlust von temporärer Natur ist und das Basisrisiko bei Fälligkeit der Position ultimativ verschwindet, ist es möglich, dass das individuelle Verlustlimit des Anlegers zwischenzeitlich überschritten wird. Mündet dies in einem Verkauf der Position, so wird der aufgelaufene Kursverlust realisiert. Ein Teil der negativen Basis kann als Kompensation für die Bereitschaft gesehen werden, dieses Marktwertrisiko in Kauf zu nehmen.

5.1.1.3 Historische Entwicklung der Bond-CDS-Basis

Wagt man eine Rückschau und betrachtet die historische Entwicklung der Bond-CDS-Basis, so zeigt sich eine Entwicklung, die mehrere Zyklen erkennen lässt. Wie Mahadevan et al. (2011) trefflich beschreiben, handelten in der frühen Entwicklung des CDS-Marktes die Spreads auf CDS weiter als ihre Pendants auf der Anleihenseite. Auch wenn Anleihen-Spreads zunächst die Ausgangslage für die Bewertung der CDS-Kontrakte darstellten, so verlangten Versicherungsverkäufer aufgrund der Neuartigkeit des Instrumentes eine Prämie, und da zu dieser Zeit die Finanzierungskosten weitestgehend ausgeblendet wurden und keine dramatischen Veränderungen in der Liquidität zu erwarten war, stellte sich eine positive Basis von bis zu 20 Basispunkten ein.

Eine zunehmende Bedeutung der Finanzierungskosten und ein massives Aufkommen von synthetischen Kreditprodukten,[2] die über den Verkauf von CDS-Ausfallversicherung Kreditrisiko auf gewünschte Referenznamen aufbauten, sorgten für eine deutliche Einengung der CDS-Spreads und führten dazu, dass die Basis in den

2 Eine Einführung in Collateralized Debt Obligations (CDO) findet sich in Kapitel 1, deren Bewertung in Abschnitt 3.9.

negativen Bereich drehte. Da laufzeitkongruente Basis-Positionen lediglich minimale Anforderungen an das regulatorische Kapital stellten, nutzten insbesondere Banken ihre Bilanzbücher, um bei günstiger Kapitalbeschaffung die laufenden Einnahmen der negativen Basis zu verbuchen, die zwischen 2005 und 2007 etwa −15 bis −20 Basispunkte betrugen.

Im Zuge der Finanzkrise ab 2007 und den einhergehenden Finanzierungsengpässen kamen Anleihen deutlich stärker unter Druck. Folgerichtig weitete sich die negative Basis spürbar auf ein Niveau von −50 Basispunkten aus. Die anschließende Pleite der Investmentbank Lehman Brothers führte zu einer schlagartigen Verschärfung der bereits angespannten Finanzmarktlage und zu einer extremen Ausweitung der negativen Basis auf bis zu −300 Basispunkte. In dieser Situation wurde die Angst vor erhöhten Zahlungsausfällen (reflektiert durch einen Anstieg der CDS-Prämien) von den Sorgen um die Liquidität am Kreditmarkt merklich überlagert. Mahadevan et al. (2011) bezeichnen zu diesem Zeitpunkt die negative Basis als eine eigene Anlageklasse, die mit Kapital ausgestatteten Anlegern eine durchaus hohe Rendite ermöglicht – und dies bei abgesichertem Kreditausfallrisiko, lediglich geringem Kontrahentenrisiko und ohne Hebeleinsatz. Es folgte 2009 eine Phase der kontinuierlichen Einengung der negativen Basis auf Vorkrisenniveau, getrieben durch das Auftreten von Basiskäufern, die einsetzende Kapitalrückkehr an den Kreditmarkt mit der verbundenen starken Nachfrage nach Anleihen sowie das vorangetriebene Deleveraging im Finanzsystem.

Dieser Normalisierungsprozess auf der Ebene der Unternehmensanleihen wurde ab 2010 nahezu nahtlos von der vielschichtigen Staatsschuldenkrise in der Europäischen Währungsunion abgelöst. Insbesondere Staatsanleihen und staatlich garantierte Anleihen der sogenannten PIIGS-Länder[3] handelten bei einem signifikanten Risikoaufschlag gegenüber den entsprechenden Staaten-CDS. Griechische Staatspapiere handelten beispielsweise Mitte April 2010 bei einer negativen Basis von −300 Basispunkten. Dieser Zustand wurde insbesondere durch den starken Abverkauf von Staatsanleihen im Zuge von Ratingherabstufungen hervorgerufen. Investoren am Anleihenmarkt haben wesentlich stärker auf die Bonitätsänderung reagiert als die Akteure am CDS-Markt, ein Paradebeispiel für den Faktor Marktsegmentierung.

Die jeweils im Anschluss an die beiden letzten großen Finanzmarktkrisen eingeläuteten und teilweise bis heute andauernden Anleihenankaufprogramme der Zentralbanken sorgen für eine anhaltend hohe Nachfrage nach festverzinslichen Wertpapieren und damit für eine deutlich spürbare Basiseinengung. Etliche Kreditmarktsegmente handeln im aktuellen Niedrigzinsumfeld bei positiver Basis. Dieser Zustand wurde in jüngster Vergangenheit lediglich Ende 2015/Anfang 2016 für einen kurzen Zeitraum aufgehoben, nachdem sich eine im Rohstoffsektor begonnene Spread-Ausweitung auf die übrigen Segmente am Kreditmarkt übertrug. Dabei wurde die starke Ausweitung der CDS-Spreads durch den Ausverkauf im weniger liquiden Anleihenmarkt überkompensiert, was sich zwangsläufig in negativer Basis widerspiegelte. Die deutlichen

3 Portugal, Irland, Italien, Griechenland und Spanien.

Preisabschläge am Anleihenmarkt können auch auf die vorherrschende Struktur am Bondmarkt zurückgeführt werden. Historisch betrachtet liegt das globale Anleihevolumen nach der Emissionsflut der letzten Jahre auf extrem hohem Niveau, während die Anzahl der Halter weiter rückläufig ist und sich angesichts der passiven Rolle der Banken immer stärker auf die Fondsindustrie konzentriert. Treten diese dominanten Halter (beispielsweise ETFs oder Multi-Asset-Fonds) als Verkäufer auf und dann auch in spürbarem Volumen, müssen signifikante Preisnachlässe gewährt werden, um die Anleihen verkaufen zu können.

5.1.1.4 Messmethoden der Bond-CDS-Basis

In Abschnitt 5.1.1.1 wurde die Basis zunächst vereinfacht als Differenz aus CDS-Spread und Anleihen-Spread formuliert. Bernhart/Mai (2016) folgend, werden an dieser Stelle präzisere Definitionen angeführt und die praktische Anwendbarkeit der verschiedenen Messmethoden diskutiert. Für detaillierte mathematische Herleitungen sei an dieser Stelle auf die Ursprungsquelle verwiesen.

5.1.1.4.1 Z-Spread-Methode

Bei dieser Messmethode wird der Z-Spread als konkrete Berechnungsmethode für den Anleihen-Spread herangezogen. Folgerichtig lautet unter dieser Annahme die formale Definition der Bond-CDS-Basis:

$$\text{Basis(Z)} = \text{CDS-Spread} - \text{Z-Spread}$$

Hierbei entspricht der CDS-Spread der laufend und jährlich zu leistenden fairen Versicherungsprämie, wenn keine Upfront-Zahlung zu tätigen ist (sogenannter Par-CDS-Spread). Der Z-Spread wiederum gleicht dem konstanten Wert, um den die risikofreie Referenzzinskurve parallel verschoben werden muss, damit sich die Summe der diskontierten Zahlungsströme und der Marktpreis der Anleihe gleichen. Er kann somit als Zusatzrendite gegenüber dem riskiofreien Zins interpretiert werden und spiegelt bei einem Anleiheninvestment die Risikoprämie für eingegangenes Kreditrisiko wider.

Die grundlegende Idee der Z-Spread-Methode ist, die negative Basis als Differenz der annualisierten Anleihenerträge abzüglich der annualisierten Kosten für die CDS-Ausfallversicherung zu verstehen. An diesem Punkt zeigen sich allerdings bereits die ersten Unzulänglichkeiten. Zum einen wird der Z-Spread auf den Marktwert der Anleihe verdient, wohingegen der CDS-Spread auf das CDS-Nominal bezahlt werden muss. Dieser Unterschied kann insbesondere bei der Betrachtung von Anleihen, die weit entfernt von Par handeln, zu absurden Ergebnissen führen. Darüber hinaus ist der faire CDS-Spread, der keine Upfront-Zahlung bedingt, aufgrund der Standardisierung in feste Couponhöhe/Coupontage und der sich daraus ableitenden anfänglichen Ausgleichszahlung eine fiktive Größe.[4]

4 Vgl. Kapitel 3 zum grundsätzlichen Bewertungsprinzip von CDS.

Ein weiterer bedeutender Nachteil der Gegenüberstellung von erwarteten Erträgen und erwarteten Absicherungskosten liegt in der Annahme, dass die beiden Instrumente nominal gleich aufgesetzt werden und bis zur (gleichen) Endfälligkeit durchlaufen, folglich ein mögliches Kreditereignis nicht vorgesehen ist.

5.1.1.4.2 Z-Spread-Methode*

Um die Z-Spread-Methode für den alltäglichen Gebrauch zugänglicher zu machen, führen wir einen Parameters α ein, der das »Größenverhältnis« der Anleihen- und CDS-Position berücksichtigt und wie folgt definiert ist:

$$\alpha = \text{CDS-Nominal}/\text{Anleihennominal}$$

Die ursprüngliche Motivation für die Einführung des Hedge-Ratios α rührt von der Fragestellung her, ob sich die Höhe der CDS-Absicherung am Marktwert oder am Nominal der Anleihe orientieren soll. Diese Entscheidung hat selbstverständlich einen bedeutenden Einfluss auf das Auszahlungsprofil bei einem möglichen Kreditereignis. Vereinfacht ausgedrückt bedeutet bei einer negativen Basis-Position die Wahl eines höheren CDS-Nominals zugleich höhere laufende Absicherungskosten und somit ein niedrigeres laufendes Basis-Einkommen, allerdings erhält der Anleger im Falle eines Kreditereignis eine höhere Kompensationszahlung. Bei der Wahl eines niedrigeren CDS-Nominals gilt entsprechend das Gegenteil und daher drückt α ein Abwägen zwischen der Basishöhe und der Kompensationshöhe im Schadensfall aus. Nachfolgend wird die Basis unter der verbesserten Z*-Spread-Methode als

$$\begin{aligned}\text{Basis}\,(Z^*, \alpha) = {} & \alpha \times \text{CDS-Running-Coupon} \\ & - \text{Z-Spread der Anleihe berechnet auf Paketpreis}\end{aligned}$$

definiert. Der CDS-Running-Coupon bezeichnet hierbei die jährlich zu leistende Versicherungsprämie, die nach etwaigem Upfront-Ausgleich über die gesamte CDS-Laufzeit jährlich zu leisten ist (in aller Regel 100 bzw. 500 Basispunkte). Bei der Berechnung des Z-Spread wird die gesamte Anfangsinvestition bestehend aus Anleihenpreis und Upfront-Zahlung (diese kann sowohl positiv als auch negativ sein) berücksichtigt. Die verbesserte Z*-Spread-Methode verfügt über den großen Vorteil, vom verwendeten CDS-Nominal abhängig zu sein und daher eine subjektive Anlegerentscheidung miteinfließen zu lassen. Im Gegenzug sollte die errechnete Basis allerdings immer mit der gewählten Kennziffer α genannt werden.

Für $\alpha = 1$ ergibt sich der sogenannte Hedge auf Nominal. Möchte der Anleger hingegen genau den Wertverlust der Position bei einem unmittelbaren Kreditereignis ausgleichen, so wählt er den sogenannten Jump-to-Default-Hedge α(JTD). Hierbei kann $\alpha(\text{JTD}) < 1$ oder $\alpha(\text{JTD}) > 1$ sein, je nachdem, ob der Paketpreis der Basis-Position unter oder über par handelt und in Abhängigkeit von der angenommen Verwertungsquote. Es lässt sich argumentieren, dass für Investoren in negative Basis die Hedge-Ratio α zwischen dem Minimum (1, α(JTD)) und dem Maximum (1, α(JTD)) liegen sollte.

Nachteilig wird dieser Messmethode zugerechnet, dass sie keinerlei Wahrscheinlichkeiten für den Eintritt eines Kreditereignisses berücksichtigt, sondern eben immer eine Rendite beschreibt, die im Szenario der Rückzahlung der Anleihe verdient wird. Zudem verhindert die (andererseits) gewünschte subjektive Wahl der Hedge-Ratio eine objektive Basis-Bewertung, welche als marktneutral angesehen werden könnte.

5.1.1.4.3 Hidden-Yield-Methode

Bernhart/Mai (2016) führen eine innovative Messmethode ein, um der grundlegenden Idee Rechnung zu tragen, die negative Basis als Aufschlag auf die risikofreie Referenzzinskurve zu verstehen, welcher nach Ausschluss von Kreditausfallrisiko zusätzlich verdient werden kann. In anderen Worten bedeutet dies, dass sich unter perfekten Marktbedingungen (keine Transaktionskosten und die ständige Verfügbarkeit von CDS-Versicherung aller Laufzeiten) eine Handelsstrategie finden lässt, die in die Anleihe investiert, diese mit CDS-Kontrakten absichert und dabei bis zur Endfälligkeit (falls kein Kreditereignis eintritt) oder bis zum Ausfallzeitpunkt den entsprechenden risikofreien Zinssatz plus die negative Basis verdient. Nach der sogenannten Hidden-Yield-Methode definiert sich die Basis als

$$\text{Basis (HY)} = \text{Parallelverschiebung einer Referenzzinskurve,}$$
$$\text{so dass die Anleihe mit der CDS-Kurve arbitragekonsistent ist}$$

Die gewünschte Arbitragekonsistenz impliziert, dass durch die Zinskurvenverschiebung um die negative Basis die Bewertungsdifferenz zwischen der Anleihe und der CDS-Kurve aufgehoben wird. Wie die Definition bereits vermuten lässt, ist die Berechnung der Basis (HY) im Gegensatz zu den beiden Vorgängermethoden nicht ohne Weiteres händisch möglich, sondern muss numerisch gelöst werden.

Die großen Vorteile der Hidden-Yield-Methode sind darin zu sehen, dass sie die Berücksichtigung von Ausfallwahrscheinlichkeiten über den Zeitablauf zulässt, unabhängig vom verwendeten CDS-Nominal ist und mit der Arbitrage-Pricing-Theorie im Einklang steht.

5.1.1.5 Eigenschaften der negativen Basis

Die negative Basis als eigene Anlageklasse weist etliche Merkmale auf, die sie für einen breiten Kreis an Investoren interessant machen. Innerhalb eines ausgewogenen Portfolios von negativen Basis-Positionen kommt verstärkend der Diversifikationseffekt hinzu.

5.1.1.5.1 Rendite-Risiko-Charakteristik und Korrelationseigenschaft

5.1.1.5.1.1 Planbarer absoluter Ertrag

Eine negative Basis-Position bietet dem Anleger eine gute Planbarkeit bezüglich des zu erwartenden absoluten Ertrags. Dieser bemisst sich insbesondere an der

Höhe der eingekauften negativen Basis und der Laufzeit der Position. Grundsätzlich wird dieser Ertrag spätestens zur Endfälligkeit der Position erzielt, wobei gegen Laufzeitende – vergleichbar zur singulären Betrachtung einer Anleihe – in aller Regel ein Pull-to-Par-Effekt auf den Paketpreis zu beobachten ist. Dieser Effekt rührt daher, dass der Anleihepreis mit immer geringer werdender Restlaufzeit gegen 100 % läuft, während gleichzeitig der CDS-Wert bei sich stetig verringernder Ausfallwahrscheinlichkeit gegen 0 % geht. Kann der geplante Gesamtertrag bereits zu einem früheren Zeitpunkt vor Endfälligkeit verdient werden, weil sich die negative Basis vollständig eingeengt hat und folglich die Bewertungsanomalie aufgehoben ist, so sollte das Basis-Paket bestehend aus Anleihe und CDS veräußerst und durch eine neue negative Basis-Position ersetzt werden.

5.1.1.5.1.2 Geringe Volatilität

Negative Basis-Positionen zeichnen sich grundsätzlich durch eine geringe Volatilität in ihrer Wertentwicklung aus. Diese Eigenschaft ist schlicht und einfach dem Umstand geschuldet, dass ein Basis-Paket aus zwei gegenläufigen Positionen besteht, dem long credit risk (Anleihe) und dem short credit risk (CDS). In der täglichen Bewertung einer Basis-Position wird ein Preisanstieg der Anleihe mit einem Wertverlust im CDS zu beobachten sein und umgekehrt, zumindest sofern der Markt keine Veränderung der Basis einpreist.

5.1.1.5.1.3 Marktvolatilität als Chance

Die negative Basis-Strategie profitiert strukturell von einer zunehmenden Volatilität am Kreditmarkt. Wie historisch zu beobachten ist, gingen die Verfügbarkeit und Höhe der negativen Basis bisher mit Phasen erhöhter Volatilität bzw. Marktstress einher (vgl. Abschnitt 5.1.1.3). Für bestehende Positionierungen bedeutet eine Ausweitung der Basis zunächst einen Bewertungsabschlag, zugleich aber auch die Möglichkeit des günstiger gewordenen Positionsaus- und aufbaus. Auf Portfolioebene wird dieser zeitweise negative Bewertungseffekt langfristig von der Attraktivität und Werthaltigkeit der neu aufkommenden Investitionsopportunitäten in aller Regel mehr als kompensiert.

5.1.1.5.1.4 Niedrige Korrelation mit anderen Assetklassen

Die Tatsache, dass die negative Basis als marktneutrale Strategie eingeordnet werden kann, spiegelt sich in den niedrigen Korrelationen zu den traditionellen direktionalen Anlageklassen wider. Hauptursächlich hierfür ist die beständige Vereinnahmung der negativen Basis, die zunächst losgelöst von der aktuell vorherrschenden Marktrichtung verdient wird. Um die Wechselwirkung zum Aktien- und den Kreditmärkten mit Zahlen zu unterlegen, wird an dieser Stelle auf die historische Wertentwicklung des Fonds XAIA Credit Basis verwiesen. Dieser Ucits-Publikumsfonds investiert ausschließlich in negative Basis bei Unternehmensanleihen und weist für den Zeitraum April 2009 (Zeitpunkt der Fondsauflage) bis März 2018 zum Euro Stoxx 50 Total Return Index als Vertreter des Aktienmarkts eine Korrelation von – 0,01 auf, zu den

Kreditmärkten beträgt sie 0,04 gegenüber dem iBoxx Sovereign Total Return Index und 0,10 gegenüber dem iBoxx Corporate Total Return Index.

5.1.1.5.2 Regulatorische Behandlung

Neben den bereits ausgeführten ökonomischen Eigenschaften der negativen Basis lohnt sich insbesondere in Zeiten verstärkter aufsichtsrechtlicher Anforderungen und Meldepflichten auch ein Blick auf die regulatorische Behandlung einer negativen Basis-Position. Vornehmlich für Banken und Versicherungen entwickelt sich diese Betrachtung und Bewertung zunehmend zu einem wichtigen Kriterium für Investmententscheidungen.

Im Bankwesen von zentraler Bedeutung ist die Solvabilitätsverordnung, die die angemessene Eigenmittelausstattung von Instituten, Institutsgruppen und Finanzholding-Gruppen vorschreibt. Demnach müssen Adressrisiken, operationelle Risiken und Marktpreisrisiken quantifiziert und mit Eigenmitteln unterlegt werden. Unter Anwendung von Kreditrisikominderungstechniken (gemäß Artikel 192 ff. Kapitaladäquanzverordnung (CRR)) lässt sich die Solvabilitätskennziffer für negative Basis-Positionen spürbar reduzieren, da der Absicherungsfunktion des CDS Rechnung getragen werden darf. Dies macht die negative Basis zu einem attraktiven, da wenig eigenkapitalintensiven Investment. Der bereits angesprochene Fonds XAIA Credit Basis weist beispielsweise eine Solvabilitätskennziffer von etwa 40 % auf.

Auch bei der Berechnung der Eigenmittelausstattung von Versicherungsunternehmen zeigt sich die negative Basis als vorteiliges Investment. Da die negative Basis als verbundene Position aufgefasst werden kann und folglich die Stresstestlogik für Anleihen auch auf absichernde CDS anwendbar ist, resultiert daraus eine niedrige Solvabilitätskapitalanforderung (SCR), und daher stellt die negative Basis auch unter Solvency II ein attraktives, da wenig eigenkapitalintensives Investment dar.

5.1.2 Trading von negativer Basis

5.1.2.1 Handelsmotivation

Die Motivation, einen negativen Basis-Trade aufzusetzen, mag von Investor zu Investor unterschiedlich sein. Als die populärsten Investmentansätze werden in Elizalde et al. (2009) insbesondere die Strategien Hold-to-Maturity, Basis-Trading und Jump-to-Default-Trading angeführt.

5.1.2.1.1 Hold-to-Maturity-Basis-Trades

Die diesem Investmentansatz zugrundeliegende Ratio liegt darin, die Bewertungsdifferenz aus Anleihen- und CDS-Spread über die komplette Laufzeit der Position zu vereinnahmen und etwaigen Marktwertschwankungen nicht allzu große Beachtung zu schenken. Zu diesem Zwecke sollten sowohl Anlage- als auch Absicherungsposition nominalgleich und möglichst laufzeitkongruent aufgesetzt sein. Aufgrund der standardisierten CDS-Laufzeiten wird in aller Regel der auf die Anleihenfälligkeit nächstfolgende CDS-Termin gewählt. Hierbei ist zu beachten, dass eine mögliche verlängerte Zahlungsfrist bei Endfälligkeit des Bonds (die sogenannte grace period) von der gewählten CDS-Laufzeit mit abgedeckt wird. Der Anlagehorizont wird maßgeblich von der Restlaufzeit der Anleihe bestimmt, kann allerdings durchaus als langfristig bezeichnet werden, da der Investor die negative Basis-Position unter der Prämisse aufsetzt, die Position bis Endfälligkeit halten zu können und das angelegte Kapital auch über diesen Zeitraum gebunden zu sehen. Im Vordergrund stehen die Idee und Handelsmotivation, die negative Basis über den gesamten Anlagehorizont einzulocken, und daraus folgend die gute Planbarkeit des Gesamtertrags der Position (siehe Abschnitt 5.1.1.5.1). Zugleich ist der Investor bereit, das volle Marktrisiko einer möglichen Basisausweitung zu nehmen und somit mögliche temporäre Marktwertverluste zu erdulden. Eine temporäre Basisausweitung und damit einhergehende Marktwertverluste schmälern den Gesamtertrag der Position nicht, sondern verschieben die Vereinnahmung lediglich in die Zukunft. Da die Position nominalgleich aufgesetzt wird, unterliegt sie im Falle eines Ausfalls keinem Recovery-Risiko.

5.1.2.1.2 Basis-Trading

Möchte ein Anleger auf eine zeitnahe Einengung der negativen Basis setzen, ohne dabei der allgemeinen Spread-Bewegung (bei gleichbleibender Basis) ausgesetzt zu sein, so bedarf es einer Durations-Absicherung der negativen Basis-Position. Diese Immunisierung erlangt der Anleger zumeist durch die Anpassung des CDS-Nominals im Verhältnis $\frac{D_B}{D_{CDS}}$, wobei D_B die Duration der Anleihe und D_{CDS} die Duration des CDS bei konsistenter Berechnung der beiden Kennziffern bezeichnet. Sollte der Investor keinen laufzeitkongruenten CDS verwenden, so sei an dieser Stelle erwähnt, dass kürzere CDS-Laufzeiten eine niedrigere Duration aufweisen und daher ein höheres Nominal vonnöten ist, um die Durations-Absicherung zu gewährleisten. Ein höheres CDS-Nominal bedeutet aufgrund der höheren Absicherungskosten einen geringeren laufenden Ertrag, andererseits wird allgemein das Auszahlungsprofil im Falle eines Ausfalls aufgrund des höheren Absicherungsvolumens attraktiver. Aufgrund der unterschiedlichen Nominale (außer es gilt $D_B = D_{CDS}$) ist die Duration-hedged Basis-Position im Falle eines Credit Events dem Recovery-Risiko ausgesetzt. Genauer genommen unterliegt die Differenz der beiden Nominale dem Risiko der realisierten Verwertungsquote. Liegt das Anleihen-Nominal über dem CDS-Nominal, profitiert der Anleger von einer höheren Verwertungsquote und umgekehrt. Investoren, deren Absicht die Materialisierung einer zügigen (Teil-)Einengung der negativen Basis und deren Anlagehorizont eher kurz- bis mittelfristig anzusehen ist, haben meist geringe Ansprüche an die absolute Höhe der negativen Basis, da die angestrebte Haltedauer wesentlich kürzer, die Handelsaktivität allerdings wesentlich höher sein sollte.

5.1.2.1.3 Jump-to-Default-Trading

Ist ein Anleger von einem Zahlungsausfall einer Referenzentität überzeugt und möchte von diesem profitieren, kann er hierzu einen negative Basis-Trade verwenden.

Die Laufzeit des CDS sollte dabei so gewählt werden, dass der Zeitpunkt, zu dem der Investor ein Credit Event erwartet, zwingend noch mit abgedeckt ist. Um das Verwertungsquotenrisiko im Falle eines Ausfalls zu eliminieren, sollten beide Legs nominalgleich aufgesetzt werden. Dann gilt zum Zeitpunkt eines Defaults folgendes Auszahlungsprofil:

$$100\,\% - P_{Bond\ dirty} + CCF_{Bond} - UPF_{CDS} - CCF_{CDS}$$

mit $P_{Bond\,dirty}$ dem Anleihenpreis inklusiver aufgelaufener Stückzinsen, CCF_{Bond} den während des Investitionszeitraums erfolgten Zinszahlungen der Anleihe, UPF_{CDS} der bei Abschluss des CDS-Kontrakts fälligen Upfront-Zahlung und CCF_{CDS} den während des Investitionszeitraums erfolgten Prämienzahlungen auf dem CDS. Je niedriger der zu Beginn des Geschäfts zu leistende Paketpreis ($P_{Bond\,dirty} + UPF_{CDS}$), desto negativer beläuft sich die Bond-CDS-Basis und desto höher fällt folglich die Zahlung eines Jump-to-Default aus. Damit die Position bei einem unverzüglichen Ausfall ein positives Jump-to-Default-Profil aufweist, muss der Paketpreis bei Geschäftsabschluss weniger als 100 % betragen. Allgemein ist der große Vorteil dieser Positionierung darin zu sehen, dass die Rückzahlungen zu jeglichem Ausfallzeitpunkt a priori bekannt und unabhängig von der realisierten Verwertungsquote sind, da sich diese in der nominalgleichen Basis-Positionierung wegkürzt (long recovery risk in der Anleihe, short recovery risk im CDS).

Im Gegensatz hierzu trägt eine short risk CDS-Position, bei der lediglich der CDS gekauft wird, die Chancen und das Risiko der realisierten Verwertungsquote. Das Auszahlungsprofil dieses Investments beträgt zum Zeitpunkt des Defaults:

$$100\,\% - Verwertungsquote - UPF_{CDS} - CCF_{CDS}$$

Allen drei Ansätzen obliegt eine gewisse Handelsratio, doch die Reinform der negativen Basis wird meist in einer Position gesehen, die laufzeitkongruent abgesichert ist und somit auch bis zur Endfälligkeit gehalten werden kann. Zudem soll sie kein Verwertungsquotenrisiko bergen und einen positiven laufenden Ertrag, allerdings keinen negativen Jump-to-Default aufweisen. In der Praxis lassen sich oftmals nicht alle der genannten Anforderungen erfüllen. Vielmehr muss der Investor die verschiedenen Aspekte der drei Handelsansätze abwägen und die Trade-Parameter gemäß seiner Präferenzen im Rahmen eines aktiven Managements bestimmen (siehe hierzu auch Abschnitt 5.1.2.3).

5.1.2.2 Technische Erwägungen

Beim Handel der negativen Basis können technische Besonderheiten einen merklichen ökonomischen Einfluss auf die Ertragserwartung der Position haben und sollten daher vor Geschäftsabschluss zwingend beachtet werden.

5.1.2.2.1 Fremdwährung und Zinsänderung

Handeln Anleihe und CDS nicht in gleicher Währung, obliegt die Basis-Position dem Risiko von Wechselkursschwankungen. Die Gründe für eine derartige Konstellation können verschieden sein. So ist es z. B. möglich, dass lediglich ein kleiner Anteil ausstehender Anleihen eines Emittenten in fremder Währung (verglichen zum Groß der Schuldenstruktur) begeben wurde. Diese handeln aufgrund geringerer Liquidität oftmals mit einem spürbaren Preisabschlag gegenüber den übrigen Anleihen und machen eine negative Basis-Positionierung erst möglich (beispielsweise vereinzelte Schweizer-Franken-Anleihen eines Euro-Emittenten oder Japanischer-Yen-Anleihen eines US-Dollar-Emittenten). Zudem ist es auch möglich, dass die Standardwährung der CDS-Kontrakte von der Standardwährung des Emittenten abweicht. So sind beispielsweise die Anleihen von UK-Emittenten zumeist in Britischen Pfund denominiert, wohingegen die CDS-Kontrakte standardmäßig und liquide in Euro handeln. Investiert der Anleger zudem in ein Basis-Paket, das nicht in seiner Referenzwährung notiert (z. B. Euro-Investor kauft US-Dollar-Anleihe vs. US-Dollar-CDS), so unterliegen natürlich alle zukünftigen Cashflows der Position dem FX-Risiko. Um die negative Basis gegen mögliche Einflüsse sich ändernder Fremdwährungskurse zu immunisieren, empfiehlt es sich, die Position mittels FX-Swaps auf die Referenzwährung des Investors abzusichern.

Die Zinssensitivität einer Basis-Position rührt größtenteils von der Zinssensitivität der Anleihe her, da der Wert eines CDS ein vernachlässigbares Zinsänderungsrisiko aufweist. Zinsswaps ermöglichen dem Anleger, das Risiko sich ändernder Zinsraten zu vermeiden und das Investment auf die Extraktion der negativen Basis zu konzentrieren.

5.1.2.2.2 Coupons bei Default

Ein besonderer Blick gilt den laufenden Zahlungen sowohl auf der Anleihe als auch auf dem CDS. Diese Notwendigkeit entsteht, weil bei einem Zahlungsausfall die aufgelaufenen Zinsen der Anleihe verloren sind, wohingegen der Basiskäufer als Versicherungsnehmer im CDS-Kontrakt die bis zum Zahlungsausfall aufgelaufene Prämienzahlung zu leisten hat. Aufgrund dessen ergibt sich für die Cashflow-Betrachtung der negativen Basis in Abhängigkeit möglicher Ausfallzeitpunkte ein Verlauf in wiederkehrenden Zacken (vgl. exemplarische Darstellung in Abbildung 5.2).

Die auflaufenden Prämienzahlungen im CDS sorgen für eine kontinuierliche Abwertung der Rückzahlung, während es an den Tagen der Couponzahlung der Anleihe zu Sprüngen und einer Aufwertung der Rückzahlung in nahezu der Höhe des Coupons kommt. Folglich gilt, dass je höher die Zahlungsfrequenz der Anleihe ist, desto häufiger und in geringerem Ausmaß treten diese Sprünge in der Rückzahlung auf und reduzieren für den Basis-Käufer das Risiko, die aufgelaufene Zinszahlungen der Anleihe zu verlieren. Demnach tritt im schlimmsten Fall der Zahlungsausfall am Tag vor einer Couponzahlung (unter Berücksichtigung einer möglichen verlängerten Zahlungsfrist) der Anleihe auf, wobei die Schadenshöhe, wie bereits erwähnt, maßgeblich

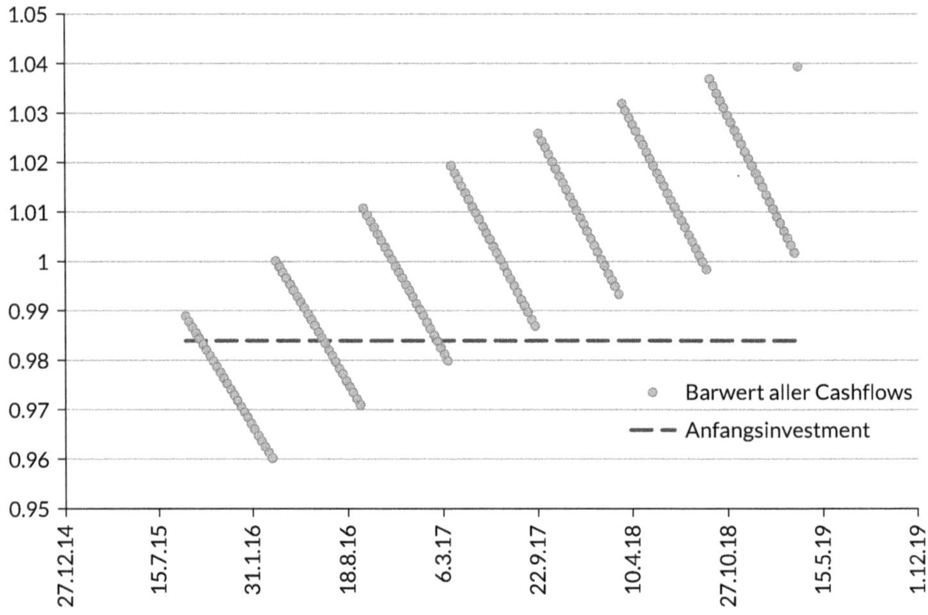

Abb. 5.2: Barwert der Auszahlung einer negativen Basis-Position in Abhängigkeit möglicher Ausfallzeitpunkte

von der Höhe und der Zahlungsfrequenz des Coupons determiniert wird. Aufgrund dieser unterschiedlichen Behandlung der Couponzahlungen ist es ratsam, ein besonderes Augenmerk auf den zu Geschäftsabschluss bereits aufgelaufenen Zinsbetrag der Anleihe zu werfen. Sollte dieser die Gesamtbewertung der Position bereits merklich beeinflussen, so lässt sich dieses Risiko mit einem zusätzlichen kurzlaufenden CDS bis zur nächsten Zinsfälligkeit und entsprechendem Nominal ausschalten.

5.1.2.2.3 Cheapest-to-Deliver-Option

Der Halter einer CDS-Versicherung besitzt die sogenannte Cheapest-to-Deliver-Option. Das bedeutet, dass er im Falle eines Credit Events jegliche Obligation der Liste einlieferbarer Anleihen in den CDS-Kontrakt andienen kann und daher bei einem physischen Settlement folglich die günstigste Anleihe für die Lieferung präferiert. Im Umkehrschluss bedeutet dies für den Basis-Investor eine zusätzliche Renditechance, wenn es sich bei der Anleihe des Basis-Pakets nicht um die Cheapest-to-Deliver-Anleihe handelt. Liegt die erwartete Verwertungsquote der Anleihe des Basis-Pakets deutlich darüber, so empfiehlt sich ein Cash-Settlement im CDS (mit der Auszahlung 100 % – realisierter Verwertungsquote) und ein gleichzeitiger Verkauf der Anleihe am Markt (zu einem höheren Preis als die realisierte Verwertungsquote). Dies führt letztlich dazu, dass das Basis-Paket bei bestimmten Marktkonstellationen über par geschlossen werden kann.

Als Paradebeispiel kann an dieser Stelle das Settlement griechischer Staatsanleihen-Basis im März 2012 angeführt werden. Während in die CDS-Auktion vornehmlich Anleihen nach griechischem Recht (sogenannte GGB-Bonds) eingeliefert wurden und eine Verwertungsquote von 21,5 % festgestellt wurde, konnten Basis-Halter in Anleihen, die nach UK-Recht begeben waren (sogenannte GREECE-InternationalBonds), die Basis-Position kurz vor der CDS-Auktion am Markt für knapp 110 % veräußern. Auch bei einem Cash Settlement des CDS und gleichzeitigem Verkauf der Anleihe am Tag der Auktion hätte sich ein Verkaufspreis deutlich über 100 % erzielen lassen. Die vom Markt höher taxierte Verwertungsquote der international begebenen Anleihen ist auf die Rechtsform des Emissionsprospekts zurückzuführen.

5.1.2.2.4 Laufzeiten-Mismatch

Nur in den seltensten Fällen wird es dem Anleger gelingen, die Laufzeit von Anleihe und CDS exakt abzustimmen, da Anleihefälligkeiten im Allgemeinen unabhängig von den vier Standardfälligkeiten (20.3., 20.6., 20.9. und 20.12. eines Jahres) des CDS-Marktes sind. Für den Hold-to-Maturity-Investor empfiehlt sich demnach, unter Berücksichtigung einer möglichen verlängerten Zahlungsfrist der Anleihe die nächstfolgende CDS-Fälligkeit zu wählen, um zu keinem Zeitpunkt und insbesondere nicht kurz vor Rückzahlung des Anleihen-Nominals eine ungesicherte Bond-Position aufzuweisen. Dieser Laufzeiten-Mismatch kann unter Umständen bis zu drei Monaten betragen und hat einen negativen Einfluss auf die Berechnung der negativen Basis, da es in diesen Zeitraum auf Paketebene lediglich zu Auszahlungen für den CDS-Überhang kommt. In Ausnahmefällen lässt sich diese Konstellation dadurch auflösen, dass man sich mit der CDS-Gegenpartei auf eine vom Standard abweichende Endfälligkeit einigt. Dabei sollte allerdings beachtet werden, dass die Liquidität dieses individuellen Absicherungsinstruments spürbar geringer ist und ein frühzeitiges Schließen der Position ggf. nur mit dem originären Kontrahent möglich ist. Um den Effekt des zeitlichen Versatzes ein wenig zu mildern, kann sich der Basis-Investor nach erfolgreicher Rückzahlung der Anleihe überlegen, die verbleibende CDS-Absicherung am Markt zum dann vorherrschenden Restwert zu veräußern. Wird die short risk CDS-Position jedoch bis zur Fälligkeit weiter gehalten, profitiert der Anleger in diesem Restzeitraum von einem möglichen Jump-to-Default.

5.1.2.3 Aktives Management

Wenngleich das Aufsetzen einer negativen Basis-Position zunächst den Eindruck eines passiven Carry-Investments erwecken kann, so sollte der Anleger nicht nur die technischen Erwägungen aus dem vorangegangen Abschnitt beachten, sondern kann vielmehr durch aktives Management das Rendite-Risiko-Profil steuern und Zusatzerträge zum laufenden Basis-Einkommen generieren. Nachfolgend werden ausgewählte Beispiele für die aktive Managementkomponente genannt.

5.1.2.3.1 Frühzeitige Veräußerung bei Basiseinengung

Laufzeitkongruent aufgesetzte Basis-Positionen haben den Charme, dass sie bis zur Endfälligkeit gehalten werden können, ohne dass eine Einschätzung für einen möglichen Ausfallzeitpunkt in die Positionierung einfließen muss. Das Renditepotenzial der Position ist vorab bekannt und wird spätestens bis zur Fälligkeit vereinnahmt. Gelingt es dem Investor jedoch, nach einer spürbaren Einengung der negativen Basis den erzielten Marktwertgewinn zu realisieren und die so frei werdenden Mittel in eine neue Basis-Opportunität zu investieren, wird er sukzessive Zusatzerträge zur ursprünglichen Ertragserwartung erwirtschaften. Als Beispiel sei an dieser Stelle die bereits in Abschnitt 5.1.1.3 erwähnte Staatsanleihen-Basis auf Griechenland angeführt. In der Phase großer Verunsicherung und Ratingherabstufungen stiegen ab April 2010 die Risikoaufschläge griechischer Anleihen teilweise deutlich über die Kosten einer Ausfallversicherung auf Griechenland. Die negative Basis weitete sich folglich in kürzester Zeit auf bis zu –300 Basispunkte aus (Abbildung 5.3 zeigt die zeitliche Entwicklung der negativen Basis im ersten Halbjahr 2010).

Nach Start des EZB-Ankaufprogramms stieg der Preis griechischer Staatsanleihen, getrieben durch die künstlich geschaffene Nachfrage, sehr stark an. Da dieser Schritt jedoch keine direkte Auswirkung auf das Kreditrisiko Griechenlands hatte, zeigte der Markt für Kreditausfallversicherungen eine deutlich geringere Reaktion. Die zuvor erworbene Basis drehte in den positiven Bereich und das auf mehrere Jahre ausgelegte Renditepotenzial (z. B. GGB 4.6 05/2013 vs. 06/2013 CDS) konnte bereits nach drei Wochen vollständig realisiert werden.

5.1.2.3.2 Anleihentausch

Eine weitere Quelle für zusätzliches Ertragspotenzial eines bestehenden Basis-Pakets kann gelegentlich ein Tausch der Anleihe bieten, ohne hierbei die Absicherungs-Position verändern zu müssen. Dies setzt voraus, dass der Emittent neben dem Basis-Bond einen weiteren Schuldtitel ausstehen hat, dessen Endfälligkeit ebenfalls von der bestehenden Ausfallversicherung abgedeckt wird. Eine Substitution ist dann ratsam, wenn dieser Schuldtitel eine höhere Verzinsung als die bereits investierte Anleihe aufweist und sich die übrigen ökonomischen Parameter der Position (beispielsweise Laufzeiten-Mismatch und Jump-to-Default-Profil) nicht grundlegend verschlechtern, da sich bei höherer Anleihenverzinsung (unter jeder Berechnungsmethode) die negative Basis vergrößert. Der Grund für diesen Pickup-Ertrag ist meist im Liquiditätsunterschied der Anleihen zu sehen, z. B. aufgrund der Emissionsgröße oder der bestehenden Halterstruktur. Umgesetzt wird die Positionsanpassung durch den Verkauf der bestehenden Anleihe und den gleichzeitigen Kauf der höher rentierlichen Anleihe in gleicher Nominalhöhe.

5.1.2.3.3 Wahl der Hedge-Ratio

Die Wahl der Hedge-Ratio ist zumeist eine subjektive Entscheidung des Anlegers und bestimmt die Höhe der Absicherungsposition in einem negativen Basis-Trade. Es wird

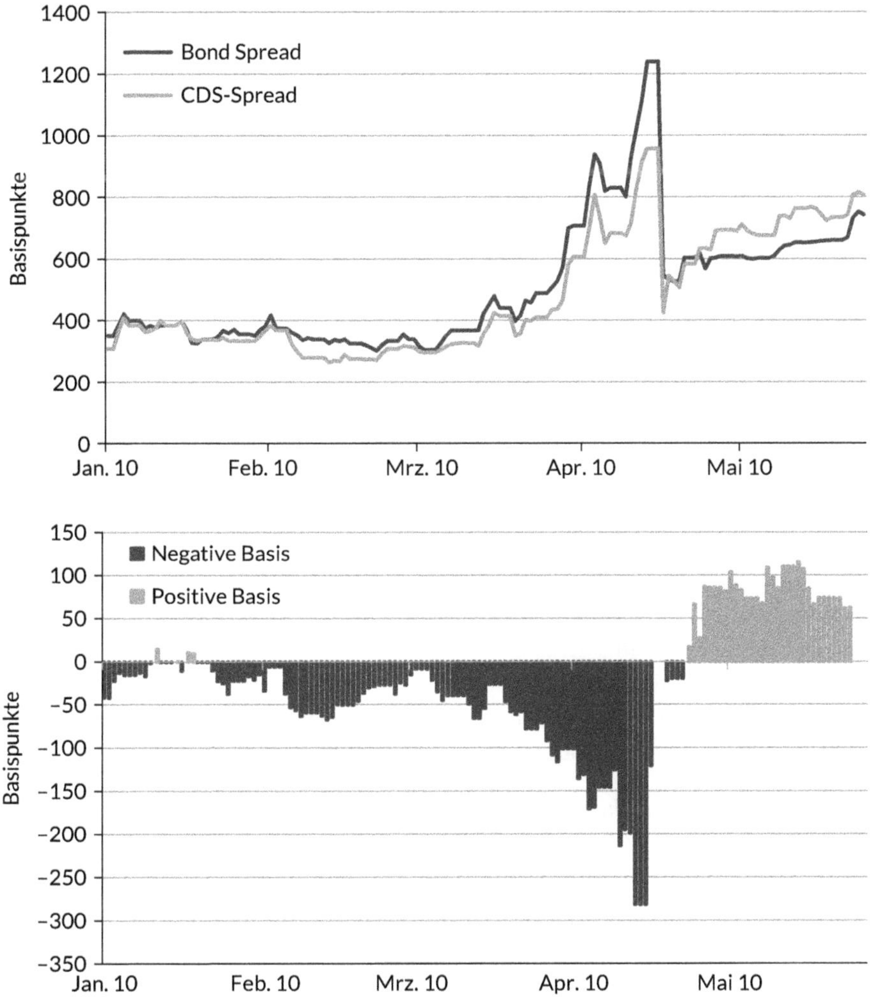

Abb. 5.3: Entwicklung der negativen Basis bei griechischen Staatsanleihen

schnell ersichtlich, dass die Bestimmung des CDS-Nominals eine Abwägung zwischen dem laufenden Ertrag der Basis-Position und dem Auszahlungsprofil im Falle eines Credit Events (Jump-to-Default) darstellt. Je höher das CDS-Nominal, desto höher sind die Absicherungskosten und folglich niedriger ist der Carry-Ertrag, den der Anleger über die Basis-Position bezieht. Andererseits bedeutet ein höheres CDS-Nominal eine entsprechend höhere Kompensationszahlung im Schadensfall.

Wie bereits in Abschnitt 5.1.1.4.2 erwähnt, bietet es sich zunächst an, unter der Z*-Spread-Berechnungsmethode eine Bandbreite zwischen dem Hedge auf Nominal ($\alpha = 1$) und dem Jump-to-Default-Hedge $\alpha(\text{JTD})$ zu bestimmen. Hierbei sichert $\alpha = 1$ das volle Nominal der Anleihe ab und $\alpha(\text{JTD})$ impliziert bei einem unverzüglichen Zahlungsausfall die PnL-Neutralität der Basis-Position. Als aktive Managementkomponente kann der Investor nun das Auszahlungsprofil der Basis-Position über die Wahl der Hedge-Ratio steuern und ggf. während der Laufzeit anpassen. Das obere Ende der Bandbreite legt die konservativste Hedge-Ratio fest, die sowohl das investierte Bond-Nominal bis zur Endfälligkeit absichert und zugleich auf kurze Sicht gewährleistet, dass ein Zahlungsausfall keinen negativen PnL-Effekt auf die Position hat. Dabei muss untersucht werden, ob die Kosten der Absicherung für die Gesamtbewertung der Basis-Position erträglich sind, da es sich um den teuersten Hedge handelt. Zudem ist es möglich, dass die Position aufgrund ihrer anfänglichen JTD-Neutralität sukzessive angepasst werden muss. Handelt das Basis-Paket über 100 %, sorgt der Pull-to-Par-Effekt auf Paketebene für einen allmählich positiv werdenden Jump-to-Default – eine Positionseigenschaft, die beispielsweise aufgrund des »shortselling ban« auf europäische Staaten nicht zulässig ist.[5]

Da die Berechnung der negativen Basis unter der Hidden-Yield-Methode in den meisten Fällen einen Wert liefert, der im Spektrum der Basiswerte für $\alpha = 1$ und $\alpha(\mathrm{JtD})$ unter Anwendung der Z*-Spread-Methode liegt, ist es aufgrund der Güte des HY-Modells naheliegend und gerechtfertigt, die entsprechende Hedge-Ratio in Betrachtung zu ziehen, die mit der negativen Basis unter der Hidden-Yield-Methode einhergeht. Ein aktives Portfoliomanagement wird in der Regel die CDS-Absicherung von Zeit zu Zeit anpassen, um die JTD-Neutralität auch zukünftig bestmöglich sicherzustellen und sich dabei der impliziten Handelsstrategie des Hidden-Yield-Modells anzunähern. Folglich unterstreicht die Wahl der Hedge-Ratio, die dem Investor obliegt und ihm Spielraum beim Positionsaufbau bietet, dass die gemeinsame Verwendung der Z*-Spread- und der Hidden-Yield-Messmethode dabei eine gute Hilfestellung sein kann.

5.1.2.3.4 Kündigungsanleihen

Eine Sonderbehandlung bei der Konstruktion von Basis-Positionen erfahren Kündigungsanleihen (Callable Bonds). Ihnen liegt das Recht des Emittenten zugrunde, die Anleihe zu vorab definierten Zeitpunkten und bei vorab festgelegten Kursen frühzeitig zurückzahlen zu dürfen, siehe Tabelle 5.1.

Kündbar am oder nach dem ausgewiesenen Datum	
Datum	**Preis**
15.6.2017	105,25
15.6.2018	103,50
15.6.2019	101,75
15.6.2020	100

Quelle: Bloomberg

Tab. 5.1: Beispiel-Tableau von Kündigungszeiträumen und -preisen

Daher sind die Zahlungsströme solcher Callable Bonds ungewiss und hängen von den zukünftigen Entscheidungen des Emittenten ab.

5 Eine genaue Betrachtung der zugrunde liegenden EU-Richtlinie Nr. 236/2012 wird in Kapitel 6 vorgenommen.

Die laufzeitkongruente Absicherung bis zur Fälligkeit der Anleihe sichert die Position einerseits zu jedem Zeitpunkt gegen den Default ab, birgt allerdings andererseits das Risiko, dass der Emittent den Schuldtitel frühzeitig zurückzahlt und sich die Basis-Position daher auf den verbleibenden CDS reduziert. Ist dies beispielsweise durch eine verbesserte Kreditwürdigkeit des Schuldners motiviert, werden sich die CDS-Spreads nach Kündigung der Anleihe spürbar einengen und auch der zeitnahe Verkauf des CDS-Überhangs kann unter Umständen einen Verlust der Position nicht verhindern. Noch schwerer kann das Verlustpotenzial wiegen, wenn die vorzeitige Rückzahlung (entweder aufgrund der singulären Schuldenstruktur des Emittenten oder aufgrund gleichzeitiger Kündigung aller anderen in den CDS einlieferbaren Anleihen) in dem Zustand mündet, dass die Referenzentität keinen relevanten Zahlungsausfall mehr erfahren kann und der CDS damit quasi wertlos wird (siehe Abschnitt 5.1.2.4.3.1).

Insbesondere wenn die Anleihe bereits nahe am oder sogar über dem nächstrelevanten Callpreis handelt und daher der Anreiz des Emittenten hoch ist, die Anleihe bei nächster Gelegenheit frühzeitig zurückzuzahlen, mag der Basis-Investor geneigt sein, als CDS-Laufzeit eben diesen Kündigungszeitpunkt zu wählen (bzw. die nächstgelegene Standardfälligkeit). Dieses Vorgehen spart einerseits die Absicherungskosten für den Zeitraum zwischen Kündigungszeitpunkt und Endfälligkeit, birgt allerdings andererseits das Risiko, dass sich die Kreditwürdigkeit des Schuldners bis zum Kündigungszeitpunkt deutlich verschlechtert, es jedoch zu keinem Credit Event kommt. In diesem Fall wird der Anleihenpreis signifikant (auch unter den Kündigungspreis) fallen und der Emittent auf die Kündigung verzichten. Spätestens bei Ablauf der kürzer gewählten CDS-Versicherung muss der Hedge verlängert werden, was allerdings aufgrund der schlechteren Kreditwürdigkeit nur zu höheren CDS-Spreads möglich sein wird und daher mit Zusatzkosten und einer Verschlechterung der Gesamtposition einhergeht. Die Alternative, lediglich die Anleihe zu liquidieren, würde aufgrund des Preisverfalls ebenfalls einen Verlust bedingen.

Die beiden vorangehenden Szenarien lassen den Schluss zu, dass die Problematik durch Aufteilung des gewünschten CDS-Nominals auf verschiedene Laufzeiten abgemildert werden kann. Dabei sollten alle CDS-Laufzeiten zwischen dem ersten Kündigungszeitpunkt und der Anleihenfälligkeit in Betracht gezogen werden, die CDS-Nominale können mit Hilfe der Call-Wahrscheinlichkeiten zu den jeweiligen Zeitpunkten bestimmt werden.[6] Im Allgemeinen gilt, je höher die Kündigungswahrscheinlichkeit für einen zukünftigen Zeitpunkt, desto höher sollte das CDS-Nominal für diesen Laufzeitpunkt gewählt werden. In der Praxis sollten die Call-Wahrscheinlichkeiten regelmäßig aktualisiert und die Absicherungspositionen entsprechend adjustiert werden. Mit Blick auf die Transaktionskosten ist es allerdings auch gut denkbar, dass vielmehr die Einschätzung des Basis-Investors zum Zuge kommt, ob eine zeitnahe Kündigung der Anleihe ansteht oder nicht. Es sei jedoch

6 Für die Berechnung der Wahrscheinlichkeiten siehe Mai/Montazeri (2014).

angemerkt, dass die Entscheidung über die vorzeitige Rückzahlung der Anleihe einzig beim Emittenten liegt und nicht zwangsläufig mit der Erwartung des Marktes übereinstimmen muss (beispielsweise Kündigung der Anleihe zu einem Call-Preis drastisch über dem aktuellen Anleihenkurs).

Generell lässt sich feststellen, dass die Absicherungsstrategie für Callable-Basis-Positionen eine schwierige Aufgabe sein kann und das Rückzahlungsprofil ungewiss ist. Auf keinen Fall sollte das Kündigungsmerkmal ignoriert werden, da dies zu vermeintlichen Basis-Investments führen kann, die unter Berücksichtigung der möglichen Kündigungspfade genauer betrachtet überhaupt keine negative Basis mehr aufweisen.

5.1.2.4 Risikomanagement

Der erfolgreiche Handel mit negativer Basis setzt nicht nur eine aktive Managementkomponente voraus, sondern erfordert ein konsequentes Risikomanagement, um die negative Basis als stabile Renditequelle zu extrahieren. Der Strategie inhärent ist die Absicherung des Ausfallrisikos des Referenzschuldners mittels CDS, etwaige Fremdwährungs- und Zinsänderungsrisiken können wie bereits in Abschnitt 5.1.2.2.1 erwähnt mittels FX-Swaps und Zinsswaps weitestgehend eliminiert werden. Das Liquiditätsrisiko, eine bestehende Basis-Position nur mit erheblichem Preisabschlag veräußern zu können, erklärt einerseits einen Teil der Bewertungsanomalie, andererseits ist das Basis-Paket als abgesicherte Position meist deutlich einfacher zu handeln als die direktionale Anleihenposition. Wesentlicher erscheinen Kontrahentenrisiko, Marktwertrisiko und technische Risiken, deren Bedeutung im Folgenden ausführlicher dargestellt wird.

5.1.2.4.1 Kontrahentenrisiko

Bei der negativen Basis-Strategie spielen die CDS-Gegenparteien, zumeist Investmentbanken, eine zentrale Rolle, da beim Positionsaufbau zunächst ein Risikotransfer vom Emittentenrisiko der Anleihe hin zum Kontrahentenrisiko im CDS stattfindet. Deshalb stellen die Auswahl und das Monitoring der CDS-Kontrahenten sowie die Ausarbeitung und Durchführung von Besicherungsanhängen zur Bewertung der Swap-Kontrakte einen bedeutenden Baustein der Anlagestrategie dar. Bei der Beurteilung von Ausfallszenarien muss unterschieden werden, ob lediglich der Kontrahent ausfällt oder ob es zu einem gleichzeitigen Ausfall des Kontrahenten und der abgesicherten Referenzentität kommt.

5.1.2.4.1.1 Auswahlprozess und Collateral-Management

Die Auswahl der Gegenparteien sollte sowohl nach quantitativen wie auch nach qualitativen Kriterien erfolgen und auch während des Geschäftsbetriebs sollte eine kontinuierliche Überwachung und Beurteilung eben dieser Kriterien vorgenommen werden. Auf quantitativer Ebene bietet es sich an, das Rating der Gegenpartei heranzuziehen, den historischen Verlauf sowie den aktuellen CDS-Spread zu betrachten oder auch einen relativen Vergleich der Aktienkursentwicklung gegenüber dem Bankenindex vorzunehmen. Hierbei handelt es sich um öffentliche und gut verfügbare Informationen. Die qualitativen Kriterien zielen beispielsweise auf die Qualität im Handel und im Settlement ab, umfassen den Post-Trade-Service oder auch die Bereitschaft der Gegenpartei, in einen Novation-Trade einzusteigen oder einem solchen zuzustimmen. Diese Merkmale sind vorab schwieriger zu beleuchten, im laufenden Betrieb sollte sich allerdings sehr zeitnah ein Bewertungsgefühl für diese einstellen.

Der auszuhandelnde Rahmenvertrag/Besicherungsanhang regelt die Bewertung der CDS-Kontrakte sowie die Rechte und Pflichten der involvierten Parteien, Sicherheiten verlangen zu dürfen bzw. stellen zu müssen. Die in dem Vertragswerk festgelegten Eckpunkte wie Minimum Transfer Amount, Haircut, Deadlines und Eligibility-Kriterien an das Collateral sind die Grundlage für den Collateral-Management-Prozess, der gewissenhaft und täglich durchgeführt werden sollte. Die tägliche CDS-Bewertung hat zum Ziel, die eingetretene Werthaltigkeit des CDS-Kontraktes entsprechend abzusichern. Hierbei verpflichten sich beide Parteien, entsprechende Veränderungen im Marktwert des CDS mit Collateral (in der Regel Cash-Collateral bzw. hochliquide Anleihen) auszugleichen, sofern ein ausgemachter Mindesttransaktionsbetrag überschritten wird. Für den Basis-Halter als Versicherungsnehmer bedeutet dies, dass er bei einer Ausweitung des CDS-Spreads die Höhe der Marktwertveränderung als Collateral anfordern kann, zugleich vom Kontrahenten eine Zahlungsaufforderung in Höhe der Marktwertveränderung erhält, sofern sich der CDS-Spread auf die abgesicherte Referenzentität verringert hat. Das tägliche Sicherheitenstellen reduziert das Risiko, dass aufgrund des Ausfalls der Gegenpartei die seit dem Abschluss des CDS-Geschäfts entstandene Wertveränderung nicht mehr beglichen wird und somit verloren geht.

5.1.2.4.1.2 Ausfallszenarien

Tritt eben das Szenario ein, dass der CDS-Kontrahent ausfällt, es jedoch zu keinem Ausfall des Referenzinstruments kommt, so ist der Basis-Investor angehalten, einen neuen CDS-Kontrakt mit einem anderen Kontrahenten abzuschließen. Die Rahmenparameter wie Nominal, Fälligkeit und Währung können dabei vom ursprünglichen Kontrakt übernommen werden. Der dann am Markt gehandelte CDS-Spread wird sich allerdings mit großer Wahrscheinlichkeit in der Zwischenzeit geändert haben. Es ist möglich, dass die vom vorherigen CDS-Kontrahenten gestellten Sicherheiten ausreichend sind, um mögliche Buchwertverluste auszugleichen, falls der aktuelle CDS-Spread höher ist als zum Zeitpunkt des initialen CDS-Geschäfts. Es besteht allerdings auch das Risiko, dass es – bedingt durch den Ausfall des Kontrahenten – zu einem spürbaren und marktübergreifenden Anstieg der CDS-Prämien kommt und die gestellten Sicherheiten des vorhergehenden CDS-Geschäfts dieses Wiedereindeckungsrisiko nicht vollumfänglich kompensieren können, wodurch sich ein (meist überschaubarer) realisierter Verlust einstellt. Im Portfoliokontext lässt sich dieses Risiko durch eine gleichmäßige Streuung aller CDS-Kontrakte über mehrere Kontrahenten reduzieren.

Im Falle eines gemeinsamen Ausfalls sowohl des Referenzschuldners als auch des CDS-Kontrahenten, auch Joint-Jump-to-Default genannt, ist ebenfalls entscheidend, ob das bisher gestellte Collateral ausreicht, die nun fehlende Absicherungsposition zu ersetzen. Der Endwert der Position reduziert sich letztlich auf die Verwertungsquote der Anleihe und die bereits vereinnahmten Sicherheiten auf dem CDS und liegt insbesondere spürbar unter der vorherigen Marktbewertung des Basis-Pakets, je niedriger die realisierte Verwertungsquote ist und je überraschender das Kreditereignis eintritt. Auch wenn der gemeinsame Ausfall als extrem unwahrscheinlich eingestuft werden kann, sollte dieses Risiko nicht unbeachtet bleiben und mittels Portfoliodiversifikation (prozentualer Anteil der Basis-Position im Portfoliokontext) verringert werden.

5.1.2.4.2 Marktwertrisiko bei Basisausweitung

Auch beim Investieren in negative Basis bleibt der Anleger nicht von der allgemeinen Timing-Problematik verschont. Der Anspruch, die negative Basis bei ihrer größten Bewertungsdiskrepanz einzukaufen, ist vermessen. Es ist durchaus möglich und wird regelmäßig vorkommen, dass sich die negative Basis ausweitet, nachdem die Position aufgesetzt wurde (siehe Abschnitt 5.1.1.2.2.3). Der resultierende Marktwertverlust kann zunächst als temporär betrachtet werden, da die Realisierung der Bewertungsdifferenz zwischen Anleihe und CDS lediglich in die Zukunft verschoben wird. Wird allerdings die Toleranzgrenze des Anlegers hinsichtlich des Marktwertverlustes verletzt und daraufhin das Basis-Paket verkauft, wird aus dem temporären Kursverlust ein dauerhafter, realisierter Verlust. Die Toleranzgrenze wird früher erreicht, sofern die Basis-Position unter Einsatz von Fremdkapital gehebelt ist. Um das Basisrisiko abzufedern, sollte der Investor ungehebelte bzw. nur moderat gehebelte Positionierungen in Betracht ziehen und im Portfoliokontext darauf achten, dass Basis-Positionen über Emittenten, Sektoren und Laufzeiten gestreut und in ihrem relativen Anteil am Gesamtportfolio begrenzt sind. Auf diese Weise lässt sich vermeiden, dass beispielsweise eine sektorale Basisausweitung bzw. die Basisausweitung einer einzelnen Position einen zu großen negativen Einfluss auf die Gesamtbewertung hat.

5.1.2.4.3 Technische Risiken

Ein zu beachtendes Risiko für Basis-Investoren ist die Unsicherheit bezüglich Änderungen in der Kapitalstruktur der Referenzentität. Mögliche Szenariopfade können hierbei in einem Orphaning des CDS oder einer nur eingeschränkten Absicherungsfunktion des CDS im Zuge einer Restrukturierung enden.

5.1.2.4.3.1 Orphaning

Wie bereits in Abschnitt 5.1.2.3.2 angeführt, sind Basis-Positionen mit Kündigungsanleihen dem Risiko ausgesetzt, dass nach einer frühzeitigen Anleihenrückzahlung der CDS im Zuge eines Orphaning nahezu wertlos wird.[7] Dieser Fall tritt ein, wenn die Referenzentität keine einlieferbaren Obligationen mehr ausstehend hat, z. B. nach einer Refinanzierung aus einer neuen Entität. Der entstehende Verlust für die Basis-Position

7 Für eine tiefergehende Betrachtung von Orphanic CDS sei auf Abschnitt 4.4 verwiesen.

fällt in aller Regel höher aus, je früher das Orphaning-Szenario eintritt und je mehr CDS-Nominal auf spätere Kündigungszeitpunkte verteilt wurde. Im Gegenzug für die Übernahme dieses Risikos dürfte der Anleger eine höhere negative Basis einfordern und sollte die Position unter Zuhilfenahme von fundamentalem Research beständig überwachen.

Das auch in Abschnitt 4.4.3 aufgegriffene Beispiel der französischen Fastfood-Kette Quibb veranschaulicht, wie überraschend und zügig ein Orphaning eintreten kann. Noch im Juli 2016 handelte das laufzeitkongruente Basis-Paket, bestehend aus QUIBB Floater 15-Okt-2019 vs. CDS Dez-2019, bei einem Paketpreis von 95 % (65 % Anleihenpreis und 30 % CDS-Upfront). Dies entsprach unter der Hidden-Yield-Methode zu diesem Zeitpunkt einer negativen Basis von mehr als – 450 Basispunkten. Die Kündigungsrechte des Emittenten lauteten wie folgt: Ab 15.10.2015 bis 14.10.2016 kündbar zu einem Preis von 102 %, zwischen 15.10.2016 und 14.10.2017 kündbar zu 101 % und ab 15.10.2017 bis zur Fälligkeit im Oktober 2019 kündbar zu 100 %. Folglich handelte die Anleihe im Juli 2016 mehr als 35 % unter dem Kündigungspreis, ein Zustand, der mit sehr geringen Call-Wahrscheinlichkeiten einhergeht. Aufgrund der Integration von Quibb in Burger King France wurde im April 2017 eine Refinanzierung beschlossen, die allerdings wegen der Neustrukturierung nicht auf der Entitätsebene von Quibb umgesetzt wurde, sondern aus der Burger-King-France-Entität heraus erfolgte. Während die Anleihe Anfang Mai 2017 bei 101 % zurückgezahlt wurde, handelte der Dez-2019-CDS lediglich bei knapp 45 Basispunkten (entspricht – 12 % Upfront), da für die Quibb-Entität keinerlei Schulden mehr ausstehend waren. Folglich führte das Orphaning zu einer Bewertung des Basis-Pakets von 89 % (101 % Anleihe und – 12 % CDS-Upfront), gleichbedeutend mit einem spürbaren Verlust verglichen zum möglichen Kaufzeitpunkt im Juli 2016.

5.1.2.4.3.2 Restrukturierung

Ist die Anleihe eines Basis-Pakets Gegenstand eines Restrukturierungsvorhabens des Unternehmens, so bedarf es erhöhter Aufmerksamkeit des Investors. Da Restrukturierungen in Europa auf nationaler Ebene geregelt sind, kann es durchaus zu einer unterschiedlichen Behandlung bei der Fragestellung nach dem Vorliegen eines Kreditereignisses kommen. Eine mögliche Diskrepanz und entsprechende Beispiele bisheriger ISDA-Urteile werden detailliert in Kapitel 4 dargelegt.

Stuft die ISDA das Restrukturierungsverfahren als hartes Insolvenz-Kreditereignis ein, so ist es für den Basisinvestor von zentraler Bedeutung, dass die CDS-Auktion zeitnah stattfindet, insbesondere bevor es zur Anwendung der Restrukturierungsmaßnahmen auf die einlieferbaren Anleihen kommt. Auf diese Weise werden die ökonomisch erwartete Kompensation des CDS-Instruments gewährleistet, der Absicherungscharakter innerhalb der Basisposition aufrechterhalten und das Basis-Paket zu 100 % ausgebucht. Ist diese zeitliche Reihenfolge nicht gegeben, so ist die festzustellende Verwertungsquote deutlich höher zu erwarten, da beeinträchtigte Anleihen unter Umständen nicht mehr einlieferbar sind. Ist hiervon auch der Basis-Bond betroffen, kann dies spürbare Verluste für die Gesamtposition bedeuten.

Auch im Falle eines ausgelösten Restrukturierungs-Kreditereignisses reduziert sich der Fokus des Basis-Investors auf das zum Zeitpunkt der Auktion dann noch einlieferbaren Universum an Obligationen und dessen direkten Einfluss auf die Verwertungsquote. Insbesondere heruntergeschriebene Anleihen und beeinträchtigte, allerdings technisch nicht mehr einlieferbare Assets können den Settlementpreis des Basis-Pakets deutlich reduzieren.

Kapitel 4 bietet eine Auswahl an europäischen Restrukturierungsbeispielen und deren Wirkung auf den CDS – allesamt Unternehmen, die bei Basis-Haltern Beachtung gefunden haben dürften.

Zumeist bietet es sich im Verlauf einer Restrukturierung an, dass sich Basis-Halter gruppieren, um auf diese Weise das Interesse der Basis-Positionierung gebündelt zum Ausdruck zu bringen und ggf. proaktiv zu vertreten. Dies kann beispielsweise durch Vorsprache beim Unternehmen, der Mitsprache bei der vertraglichen Ausgestaltung der Restrukturierungsbedingungen oder dem gemeinschaftlichen Auftreten bei Bondhalterabstimmungen im Zuge von möglichen Änderungen des Anleihenprospekts sein.

5.2 Der CDS als Spekulationsinstrument

Bisher haben wir uns hauptsächlich mit dem Versicherungscharakter bzw. der Absicherungsfunktion des CDS beschäftigt und konstatieren, dass dieser das Kreditrisiko eines Underlyings sehr effizient abbildet. Dies führt uns zu der Überlegung, dass ein CDS auch ein gutes Instrument darstellt, um Kreditrisiko einzugehen, bzw. eine Alternative zu einem klassischen Investment in eine Anleihe bietet.

Die determinierenden Faktoren für den Preis einer Anleihe sind Kreditrisiko, Zinsrisiko, etwaige juristische Risikofaktoren sowie Liquiditätsprämien. Je nachdem, welches Marktsegment betrachtet wird, können in erster Linie das Kreditrisiko oder das Zinsrisiko dominieren. Letzteres lässt sich zwar auch über Zinsderivate wie Zinsswaps und etwaige Futures absichern, jedoch ist dies mit Kosten verbunden.

5.2.1 Zinsrisiko eines CDS im Vergleich zu einer Anleihe

Um das Zinsrisiko einer CDS-Position zu betrachten, rufen wir uns die CDS-Bewertungsformel in Erinnerung, die wir in den vorangegangenen Kapiteln im Detail diskutiert haben.[8] Zum Zwecke der Darstellung betrachten wir den Barwert aus Sicht eines CDS-Verkäufers:

$$PV_{Verkäufer} = PL_{int}(c) - DL_{int} = c\int_0^{t_n} B(t)\overline{F}_\tau(t)dt - \int_0^{t_n}(1-R)B(t)dF_\tau(t)$$

8 Siehe Abschnitte 3.3.1, 3.3.2 und 3.3.3.

Unterstellen wir, der Einfachheit halber, eine flache Zinskurve, sprich gleiche Zinsraten unabhängig der Laufzeit, vereinfacht sich der Ausdruck $B(t) = e^{-\int_0^t r(s)ds}$ zu $B(t) = e^{-rt}$ und wir erhalten als Zinsdelta:

$$\frac{d}{dr}PV_{\text{Verkäufer}} = \overbrace{\int_0^{t_n} -te^{-rt}c\overline{F}_\tau(t)dt}^{0} - \overbrace{\int_0^{t_n} -te^{-rt}(1-R)\,dF_\tau(t)}^{0}$$

Wir sehen, dass Zinserhöhungen sich sowohl auf das Premium Leg als auch auf das Default Leg negativ auswirken. Da wir als CDS-Verkäufer allerdings das Default Leg short sind, kommt uns hier eine Zinserhöhung zugute, da der von uns potenziell zu zahlende Betrag höher diskontiert wird. Der Nettoeffekt ist indes nicht direkt bestimmbar, da er stark davon abhängt, wie die Ausfall- bzw. Überlebenswahrscheinlichkeit gegeben ist, oder einfach ausgedrückt, ob und zu welchem Zeitpunkt ein Kreditereignis erwartet wird. Grob gesagt gilt, je höher die Ausfallwahrscheinlichkeit $F_\tau(t)$, desto mehr Gewicht fällt dem Default Leg zu und desto positiver ist der Effekt eines Zinsanstiegs für den CDS-Verkäufer. Im Umkehrschluss gilt, je kleiner $F_\tau(t)$, desto »mehr« CDS-Kupons, die wir erhalten, werden diskontiert und desto teurer werden Zinserhöhungen.

Abbildung 5.4 stellt vereinfacht die Zahlungsströme für einen CDS und ein gleichartiges Anleihen-Investment dar, jeweils im Premium- und Default Leg. Hierbei wurden gleiche Laufzeit, Ausfallzeitpunkt, Kupon, Recovery und Risikoprämie gewählt. Für den CDS gilt, je höher die Ausfallwahrscheinlichkeit ist, desto weniger Kupons müssen im Erwartungswert abgezinst werden und desto kleiner ist der Diskontfaktor für die Recovery-Zahlung, die in der Regel signifikant niedriger ist als der vertraglich zugesicherte Nennwert. In der Tat sind es genau diese zwei letzten, sehr hohen und späten Zahlungen einer Anleihe im Kontrast zu der potenziellen Auszahlung im CDS, die das wesentlich höhere Zinsrisiko der Anleihe ausmachen. Es ist anzumerken, dass ein ähnliches Zinsrisiko künstlich erzeugt werden kann, wenn zusätzlich zu dem CDS-Verkauf eine passend gewählte Nullkuponanleihe gekauft wird.[9] Dies würde sowohl zu einer ähnlichen Anfangsauszahlung sowie Abschlusszahlung führen und beschreibt das Prinzip einer synthetischen Anleihe.

Fazit aller dieser Beschreibungen ist, dass CDS-Investments nur ein sehr geringes Zinsrisiko aufweisen, insbesondere im Vergleich zu einem Anleiheninvestment.

5.2.2 Juristische Risiken

In einem Umfeld, in dem der Markt durch niedrige Zinsen geprägt ist, rücken die bisherigen Überlegungen in den Hintergrund. Dies trifft vor allem dann zu, wenn die

9 Ein solches Vorgehen bildet in erster Linie die Dynamik im Premium Leg ab. Die Anleihe, die hierzu gewählt wird, ist in der Regel annähernd frei von Kreditrisiko, z. B. eine Staatsanleihe. Dadurch wird als Summe aus risikofreiem Zins und emittentenspezifischem CDS-Spread als Risikoaufschlag eine risikoadäquate Rendite für die synthetische Anleihe erzeugt.

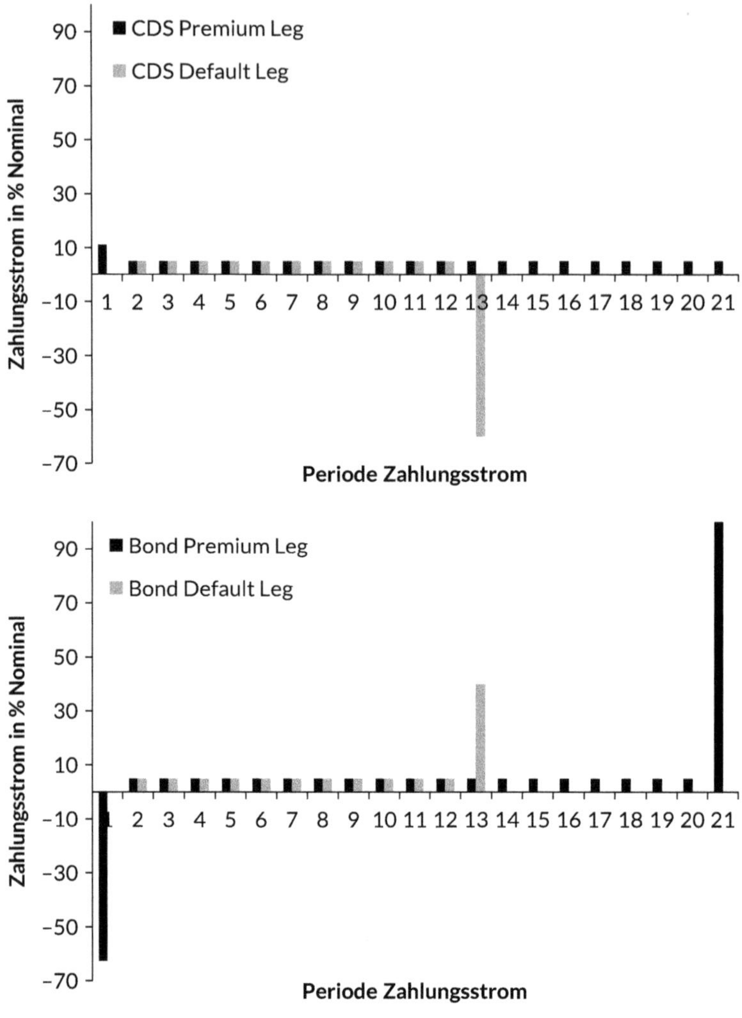

Abb. 5.4: Zahlungsströme Short CDS vs. Anleihe

hohe Liquidität über einen längeren Zeitraum aufrechterhalten bleibt. Eine solche Situation schafft vereinfacht ausgedrückt eine Nachfragelücke nach Liquidität und verlagert die Verhandlungsmacht über Kreditkonditionen hin zu den Emittenten. Die Folge ist in erster Linie eine systematische Überschuldung des Systems, die den Markt durch höhere Ausfallraten und niedrige Verwertungsquoten zunehmend instabil macht.[10] Eine Strategie, die die Emittenten wählen, um diese Fragilität zu

10 In dieser Situation fällt es Anlegern, sowohl auf den Kredit- wie auch auf den Aktienmärkten, schwer, hinreichend hohe Renditen zu erzielen, da eine allgemeine Übernachfrage nach Anlagegütern herrscht. Dies entspricht mehr der traditionellen Sicht der optimalen Kapitalstruktur, in der eine Erhöhung des Verschuldungsgrades die Kapitalkosten senkt, da eine Erhöhung der Risikoprämien als Gegenmoment exogen eingeschränkt ist. Die niedrigeren Nettokapitalkosten machen es dem Unternehmen möglich, in Projekte zu investieren, die zuvor als zu riskant bzw. unprofitabel angesehen wurden.

mitigieren, ist, kreativer bei der Ausgestaltung der Kreditverträge zu werden. So werden vor allem im High-Yield-Bereich Restriktionen bezüglich Leverage Ratios, Zugriff auf die Firmen-Aktiva, Change-of-Control-Klauseln, Abstimmungsquoren und Rückkaufrechten deutlich aufgeweicht.[11] Der CDS ist zwar grundsätzlich kein Allheilmittel gegen diese Vorgehensweisen, zumal niedrige Verwertungsquoten auch im CDS deutlich spürbar sind, jedoch erweisen sich die standardisierten Rahmenwerke der Absicherungsverträge sowie der ISDA-Komitee-Richtlinien als weitaus robuster gegenüber ihrer individuellen Anleihe- und Kreditpendants. Des Weiteren erlaubt es der CDS auch von Situationen zu profitieren, in denen der potenzielle Gewinn des Anleiheinvestors natürlich begrenzt ist, wie beispielsweise dem vorzeitigen Rückkauf einer Anleihe. Dies ist darin begründet, dass das Absicherungsinstrument das inhärente Kreditrisiko und eben nicht die Profitabilität eines Underlyings widerspiegelt.

5.2.3 Aspekte der Liquidität und positive Basis

Ein weiterer Vorteil des CDS liegt in der zumeist höheren Liquidität im Vergleich zu einer Anleihe. Einerseits ist das hinreichend durch seinen derivativen Charakter begründet, da es sich um bilaterale Verträge handelt, die somit jederzeit, weitgehend unabhängig von der Verfügbarkeit eines Underlyings, abgeschlossen werden können. Andererseits bedeutet das jedoch nicht, dass grundsätzlich jeder CDS liquide verfügbar ist. Nur in der Tendenz herrscht eine höhere Verfügbarkeit, insbesondere, wenn es sich um einen Namen handelt, der in einem CDS-Index vertreten ist. Ist dies der Fall, können auch CDS, die von eher geringer Liquidität gekennzeichnet sind, in bestimmten Marktsituationen abgeschlossen werden. Diese Möglichkeiten eröffnen sich vor allem, wenn sich Handelsdruck auf viele Indexnamen in Kauf- oder Verkaufsrichtung entwickelt. In dieser Situation steht es dem Händler offen, den Index-CDS selbst als Gegenposition aufzubauen.[12] Um sein Risiko zu minimieren, muss er jedoch auch die illiquiden Konstituenten handeln, die nicht Teil der originären Marktnachfrage bzw. des Marktangebots waren. Analog zu unserer Analyse der Ausnutzung von Liquiditätsunterschieden in Negative-Basis-Strategien können wir ähnliche Effekte in einer Short-CDS-Konstellation betrachten. So kann es vorkommen, dass der CDS eines Underlyings, indexgetrieben oder z. B. durch einen Bond-Squeeze, auf höheren Spread-Niveaus handelt als dessen Anleihen. In diesem Fall spricht man von positiver Basis. Ein direkter Positive-Basis-Trade würde durch den Verkauf eines CDS und den gleichzeitigen Leerverkauf einer geeigneten Anleihe umgesetzt werden. Ersteres ist durch oftmals hohe Leihekosten, die meist auch mit starker positiver Basis einhergehen, nicht praktikabel. Jedoch partizipiert jede Strategie, die einen Short CDS beinhaltet, indirekt von einem solchen Szenario.

11 Vgl. Fox (2018).
12 Diese Art der Absicherung wird als CDS Skew Trade bezeichnet, vgl. Abschnitt 5.5.1.

5.3 Kapitalstrukturstrategien

5.3.1 Grundmechanik

Die grundsätzliche Idee hinter Kapitalstrukturstrategien ist die Ausnutzung von Bewertungsdifferenzen und Unterschieden zwischen den Zahlungsanspruchsprioritäten der Passivseite einer Unternehmensbilanz. Diese Preisverwerfungen können eine Reihe von Ursachen haben, darunter völlig profane Gründe wie z. B. die Liquidität der einzelnen Wertpapiere. Einen dominanten Erklärungsansatz bietet in erweiterter Interpretation die Hypothese der Marktsegmentation.[13] Die Kaufseite des Marktes ist in ihrem Aktionsradius in der Regel auf das Instrumentarium beschränkt, das die Strategien ihrer Mandate ihnen vorgeben. Diese wiederum sind ihrerseits größtenteils auf bestimmte Investmentuniversen beschränkt, in denen ein spezifischer komparativer, steuerlicher oder regulatorischer Vorteil gesehen wird. Im Gegensatz dazu stehen breit gefächerte Ansätze, die hohe Anforderungen an die Systemlandschaft der Risikomanagementsysteme stellen und aufgrund vielerlei regulatorischer Vorgaben durchaus anspruchsvoll sind.[14] Nach der Finanzkrise, die 2007 ihren Anfang nahm, verschwanden allerdings viele Hedgefonds, die einen solchen breiten Arbitrage-Ansatz hatten, vom Markt. Eine ähnliche Struktur ist in Banken erkennbar, deren Handelstische darauf ausgelegt sind, Liquidität für sehr spezifische Produkte zur Verfügung zu stellen, und die oft sehr isoliert von anderen Produkten und damit anderen Tischen agieren. Vor Implementierung der Volcker Rule wurden etwaige Preisverwerfungen von sogenannten Eigenhandelstischen erkannt und entweder zur Risikominderung oder Zusatzertragsgenerierung genutzt.[15] Sie hatten eine umfassendere Perspektive des Bewertungsgefüges der an den einzelnen Handelstischen gehandelten Instrumente und sorgten somit für eine gewisse Annäherung an faire Gleichgewichtspreise.

Maßgeblich für die technische Umsetzung von Kapitalstrukturstrategien waren die Arbeiten von *Robert C. Merton*, die die ersten Strukturmodelle zur Bewertung von Eigen- und Fremdkapital darboten. Im Gegensatz zu klassischen Schätzungen von Ausfallrisiken und Verwertungsquoten, basierend auf den wenigen Datenpunkten, die Quartalsberichte liefern, und sogenannten Reduced-Form-Modellen, die die impliziten Ausfallwahrscheinlichkeiten aus den Marktpreisen von Anleihen und CDS ableiten, liegt die Idee von Strukturmodellen darin begründet, dass sie sowohl auf Bilanzdaten als auch auf Markdaten kalibriert werden. Das Merton-Modell selbst ist eine Erweiterung des Black-Scholes-Modells zur Bewertung von (europäischen) Aktienoptionen. Insofern wird, unter einer Reihe von Annahmen, eine Aktie als Call-Option auf die Aktiva des Unternehmens gesehen.[16] Überlebt das Unternehmen die Betrachtungsperiode, werden die Gläubiger ausbezahlt und den Eigenkapitalgebern bleiben die Aktiva. Können die Schulden nicht bedient werden, übernehmen die Fremdkapitalgeber die Firma.

13 Siehe Copeland et al. (2007).
14 Wir vertiefen diese Diskussion in Kapitel 6.
15 https://www.federalreserve.gov/supervisionreg/volcker-rule.htm.
16 Vergleiche Merton (1974).

Merton modelliert den Wert aller Assets der Firma über die Betrachtungsperiode exogen gemäß einem stochastischen Prozess der Form $U_t = U_0\, e^{\left(r-\frac{1}{2}\sigma^2\right)t+\sigma\, W(t)}$, einer sogenannten geometrisch Brownschen Bewegung mit gegebenem Wiener-Prozess $W(t)$. Bei dieser Modellierung ist zu bemerken, dass die Annahme eines perfekt funktionierenden Marktes dazu führt, dass der Wert aller Firmenassets im Mittel mit der risikolosen Zinsrate r wächst. Der Modellparameter σ ist eine instantane Standardabweichung, die die Streuung um den Erwartungswert modelliert. Im Rahmen einer rein eigenkapitalbasierten Finanzierung entspricht der Wert aller Aktien der Firma gerade diesem Wert U_t. Diese Aussage ist trivial und bedeutet letztlich nur, dass sich der Wert der Aktien in dieser Konstellation synchron zu dem Wert der Firma, sprich der Summe ihrer Aktiva, entwickelt. Interessant wird es, sobald wir Fremdkapital hinzufügen. Um im Rahmen der Black-Scholes-Spezifikationen zu bleiben, handelt es sich dabei um eine Nullkuponanleihe. Dadurch beschränkt Merton die Anzahl der möglichen Ausfallzeitpunkte auf lediglich einen, den Zeitpunkt der Endfälligkeit der Anleihe, an dem der Nennwert B zurückgezahlt werden muss. Der Firmenwert U umfasst weiterhin die Aktivseite der Bilanz, die über das Eigenkapital S und das neu hinzugekommene Fremdkapital D auf der Passivseite finanziert wird. Nun verhält sich der Aktienwert nicht mehr linear zum Wert der Aktiva, sondern es tritt zum Fälligkeitszeitpunkt T der Anleihe eine Fallunterscheidung ein:

$$S_T, D_T = \begin{cases} S_T = 0,\ D_T = U_T & für\, U_T < B \\ S_T = U_T - B,\, D_T = B & für\, U_T > B \end{cases}$$

Unterschreitet der Firmenwert U_T die Verbindlichkeit B, tritt ein Zahlungsausfall ein und die Aktiva gehen an die Gläubiger über. Der Wert der Aktie ist in diesem Moment null und der (Recovery-)Wert der Anleihe umfasst den Wert der Summe der Aktiva. Überschreitet der Unternehmenswert diese kritische Grenze, wird die Anleihe zum Nennwert B zurückgezahlt und den Aktionären verbleibt eine Residualgröße in Höhe der Aktiva abzüglich der Auszahlung. Diese Anschauungsweise verdeutlicht auch, warum im Kontext des Merton-Modells eine Aktie als das Auszahlungsprofil einer europäischen Call-Option auf die Aktiva verstanden wird, mit T als Ausübungszeitpunkt und B als Ausübungspreis. Folglich ist nach dem Black-Scholes-Modell der Wert der Aktie zum Zeitpunkt t gegeben durch die Black-Scholes-Formel

$$S_t(U_t, \sigma, T-t) = U_t\Phi(d_1) - e^{-r(T-t)}B\Phi(d_2)$$

Dies entspricht dem Barwert der Differenz aus dem erwarteten Unternehmenswert, falls dieser den Nominalbetrag B übersteigt, und der erwarteten Auszahlung auf die Verbindlichkeiten. $\Phi(d_1)$ und $\Phi(d_2)$ entsprechen hier den kumulierten Wahrscheinlichkeiten über die Dichtefunktion der Standard-Normalverteilung und sind analog zu ihren Black-Scholes-Pendants interpretierbar.

$$d_1 = \frac{\ln\left(\frac{U_t}{B}\right) + \left(r + \frac{1}{2}\sigma^2\right)(T-t)}{\sigma\sqrt{T-t}}$$

$$\mathrm{d}_2 = \mathrm{d}_1 - \sigma\sqrt{\mathrm{T}-\mathrm{t}}$$

Da $\Phi(d_2)$ der Wahrscheinlichkeit der Ausübung einer Option entspricht, können wir sagen, dass $1 - \Phi(d_2) = \Phi(-d_2)$ uns die Wahrscheinlichkeit gibt, dass der Firmenwert zu T unter dem Ausübungspreis B liegt, sprich nach unserer Definition einen Zahlungsausfall erleidet.

Abbildung 5.5 veranschaulicht die Interpretation dieser Vorgehensweise. Letztlich simulieren wir bei gegebener Volatilität eine Reihe von Iterationen eines vordefinierten stochastischen Prozesses des Firmenwertes U_t aus seinem den Bilanzdaten entnommenen Startpunkt U_{T_0}.

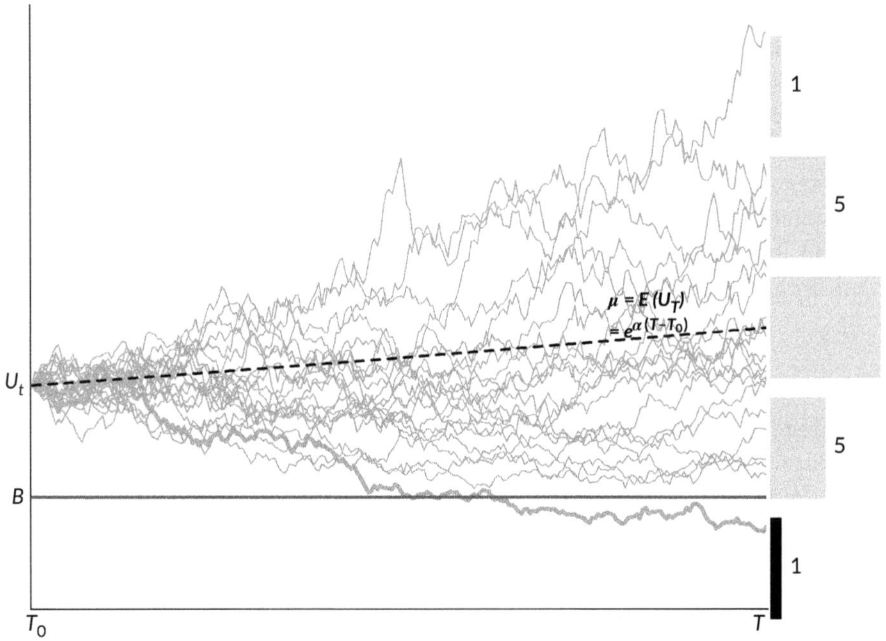

Abb. 5.5: Simulierte Kursverläufe

Das Ziel ist es, zu messen, wie viele dieser Pfade zum Zeitpunkt T unter dem kritischen Wert B enden. In unserem Beispiel ist dies genau ein Pfad von den 22 simulierten, wie aus dem Histogramm auf der rechten Seite zu erkennen ist. Somit unterstellen wir eine Ausfallwahrscheinlichkeit von knapp 4,5 %. Je mehr Pfade wir simulieren, desto mehr nähert sich das Histogramm einer Lognormalverteilung an, mit dem Mittelwert und der Standardabweichung, die wir über den Zins r und dem Volatilitätsparameter σ eingestellt haben. Ist die Anzahl an Iterationen hoch genug, kommen wir mit dieser Methode zu den annähernd gleichen Ergebnissen, die uns das Black-Scholes-Modell als geschlossene Formel liefert.

So schlicht und elegant das Merton-Modell ist, so problematisch sind jedoch die Modellannahmen. Abgesehen von verschiedenen statistischen Ungereimtheiten ist die Unterstellung, dass Zahlungsausfälle nur zu einem festen Zeitpunkt auftreten und die Aktiva der Firma frei handelbar sind, als nicht realistisch zu erachten. Ungeachtet dessen findet sich die Grundidee in vielen Risikomodellen wieder. Eine der prominentesten Erweiterungen des Merton-Ansatzes ist das Moody's KMV Modell.[17] Der Unterschied zwischen beiden Modellen besteht in der Deklaration des Ausfallereignisses. In unserem Beispiel tritt ein Zahlungsausfall ein, wenn der Pfad, auf dem sich der Unternehmenswert bewegt, zum Laufzeitende eine kritische Grenze unterschreitet. In der stetigen Betrachtung ist die Ausfallwahrscheinlichkeit somit als feste Region der Verteilungsfunktion des Aktienkurses zu einem bestimmten Zeitpunkt gegeben. Moody's KMV hingegen misst die Distanz einer Variablen zu dieser Grenze und folgert anhand empirischer Daten hieraus die Wahrscheinlichkeit eines Zahlungsausfalls. Dadurch beschränken sich die möglichen Ausfallzeitpunkte nicht mehr nur auf einen einzigen.

Des Weiteren wird ein zweites großes Problem angegangen, die Verteilungsannahme. Da das Merton-Modell auf dem Black-Scholes-Modell basiert, folgt der Unternehmenswert einer geometrischen Brownschen Bewegung, wobei sowohl der Drift als auch die Volatilität als konstant angenommen werden. Dieser stetige Prozess ist vor allem bei unter Druck geratenen High-Yield-Namen nicht zu beobachten. In gestressten Situationen wird vor allem die Volatilität deutlich zunehmen. Es finden sich in solchen Kursverläufen häufig auch Sprungstellen, die größtenteils durch signifikante Änderungen der Nachrichtenlage getrieben werden. Um diese massiven Bewegungen in einem stetigen Prozess abzubilden, muss eine sehr hohe Volatilität unterstellt werden, was wiederum zu übertriebenen Bewegungen in Ruhephasen führt.

Eine sinnvolle Alternative, um Aktienverläufe zu simulieren, bieten Jump-Diffusion-Modelle, die einerseits Kurssprünge berücksichtigen und andererseits die Volatilität als kursabhängige oder stochastische Variable definieren, anstatt eine konstante Größe zu unterstellen. Jedoch wird dabei der zu verwendende mathematische Apparat erheblich größer.

5.3.2 Aufbau

Nachdem wir die Zusammenhänge zwischen den Aktiva und den Passiva eines Unternehmens verdeutlicht haben, müssen wir noch genauer auf die Dynamik eingehen, mit der sich auftretende Verluste aus den Vermögenswerten durch die Kapitalstruktur propagieren. Grundsätzlich ist die Passivseite einer Unternehmensbilanz nach dem Wasserfallprinzip ausgelegt, in dem das Eigenkapital die erste Stufe der Risikoabsorption darstellt und die höchste Seniorität des Fremdkapitals nur Verluste hinnehmen muss, wenn alle nachrangigen Risikopuffer aufgebraucht sind. Eine spezielle Stellung nehmen besicherte Schuldtitel ein, da das Verlustpotenzial in erster Linie von der Verwertungsquote der Anlagegüter des Besicherungspools abhängt. Diese Unterschiede

17 Vgl. Crosbie/Bohn (2003).

zwischen den verschiedenen Senioritäten der Finanzierungsinstrumente eines Unternehmens erlauben es, eine Position zwischen den verschiedenen Passiva einzugehen.

Eine Kapitalstrukturposition gilt indes als effizient, wenn die Long-Position eine möglichst hohe Verwertungsquote bei zeitgleich möglichst hoher Rendite und die Short-Position eine möglichst niedrige Verwertungsquote bei möglichst geringen Absicherungskosten aufweist. Insofern erwarten wir, dass z. B. eine Kombination aus Covered- bzw. First-Lien-Anleihe gegen eine Short-Aktienposition zwar die höchste Wertdifferenz im Falle einer Insolvenz bietet, jedoch in der Regel aus Rendite-Kosten-Sicht keine attraktive Position umsetzbar ist. CDS-seitig sind, abhängig von der Branche des Unternehmens und der Breite seiner Kapitalstruktur, Anleihen bis zum Lower Tier 2 bzw. Subordinated-Bereich absicherbar und damit im Umkehrschluss das Kreditrisiko replizierbar.[18]

Die klassische Position in unserem CDS-Kontext ist somit eine Short-Position in Senior oder Subordinated CDS in Kombination mit einer Absicherung über die relevante Aktie. Diese Aktie muss nicht zwingend mit dem Emittenten des Fremdkapitals und somit der Referenzentität des CDS übereinstimmen. Jedoch sollte ein signifikanter Zusammenhang zwischen beiden Entitäten existieren. Ein Beispiel hierfür wäre eine Firma, die in einer Holdingstruktur aufgebaut ist, mit der Holding als Emittent der Aktie und einer Finanzierungstochter, die die Anleihen begeben hat und von der Muttergesellschaft garantiert wird. Diese erweiterte Komplexität birgt zwar neue Risiken im Sinne von Bewertungsdifferenzen, die sich in Mark-To-Market-Risiko niederschlagen, sowie weiteren juristischen Risiken bezüglich der Garantie, jedoch ergeben sich durch dieses »Um-die-Ecke-Schauen« auch eine Vielzahl attraktiver Opportunitäten.

Was wir bisher noch nicht geklärt haben, ist, in welcher Form diese Aktienabsicherung abgeschlossen wird. Ein heuristischer Ansatz ist die Betrachtung einer Long-Position in Kreditrisiko als einfaches Kupongeschäft. Das Risiko im Insolvenzfall ist der Wertverlust bis auf die Verwertungsquote, was meist über einen festen Kupon und ein Disagio im Marktpreis kompensiert wird. Das bedeutet, dass das Gewinnpotenzial nach oben hin begrenzt ist auf einen Bewertungskurs des Fremdkapitalinstruments bei einer Ausfallwahrscheinlichkeit von null.[19] Diese Deckelung des Gewinns macht eine Absicherungsposition über den reinen Leerverkauf der Aktie oder eine Short-Forward- bzw. Single-Stock-Future-Position schwierig. In einem Szenario, in dem sich die Aktie stark erholt oder sogar eine langfristige Rallye einschlägt, werden wir zwar vermutlich über das sinkende Kreditrisiko kompensiert, allerdings nur bis zu einem gewissen Level. Aktienbewegungen darüber hinaus schlagen als voller Verlust zu Buche. Folglich benötigen wir eine Short-Position, die uns gegen Aktienverluste absichert und Aufwärtsbewegungen nur begrenzt folgt. Per Definition finden wir solche Eigenschaften in einer Put-Option.

18 Vereinzelt gibt es Zusatzdokumentationen, die Schuldtitel mit einem stärkeren Eigenkapitalcharakter einlieferbar machen. Ein Beispiel dafür ist das CoCo Supplement, das wir bereits in Abschnitt 2.2.1 skizziert haben.

19 Ausgeschlossen aus der Betrachtung sind Zinseffekte und hybride Instrumente wie z. B. Wandelanleihen.

In Abbildung 5.6 haben wir, gegeben einer Recovery-Annahme von 40 %, eine günstige Kombination aus CDS-Nominal sowie Aktien-Put Strike und Anzahl gewählt, um zu veranschaulichen, wie synchron sich CDS und Put bezüglich des unterliegenden Aktienkurses verhalten. Wir sehen auch den signifikant negativen Effekt einer alternativen Leerverkaufsposition der Aktie in einem Erholungsszenario. Der CDS-Verkauf entspricht hierbei einer Long-Position in der Fima und die Put-Option, die als Kauf dagegen steht, bildet von der Idee her die Absicherung gegen eine Verschlechterung der Kreditwürdigkeit.

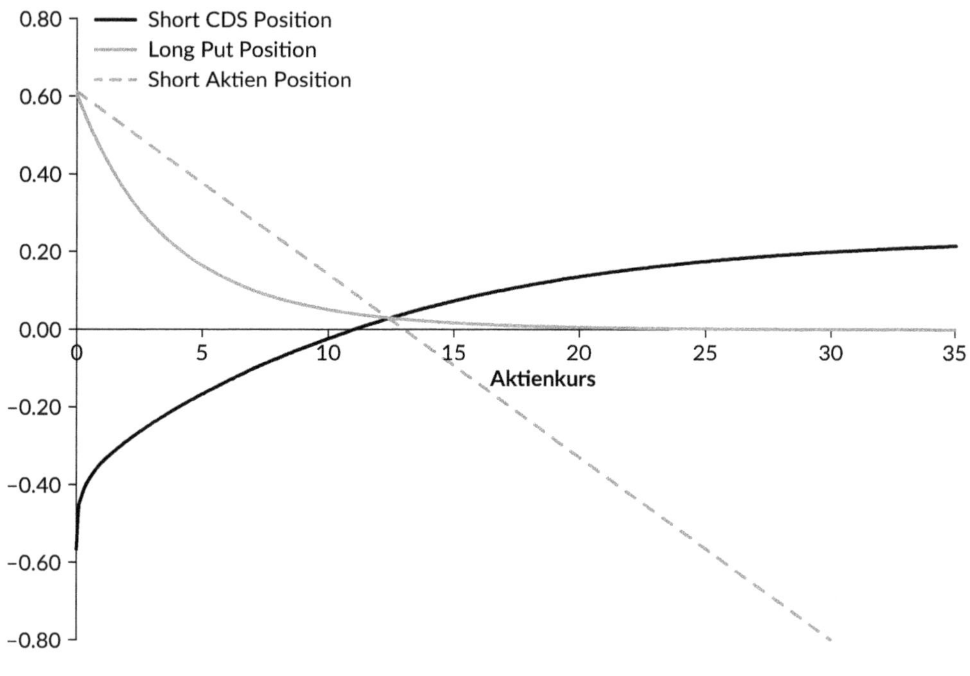

Abb. 5.6: Wertentwicklung CDS- und Put-Position vs. Aktienkurs

5.3.3 Ertragsprofil

Die Kombinationsmöglichkeiten der verschiedenen Laufzeiten, Strikes und Hedge-Ratios des CDS und der Put-Option sind zahlreich und die angestrebte Position richtet sich somit nach Kriterien der Preiseffizienz und der zugrunde liegenden Strategie. Für die Option bedeutet das einerseits die niedrigste Volatilität in Relation zu Strike und Laufzeit, sprich auf der Volafläche, zu finden. Andererseits spielen die effektive Hedgewirkung, also Strike abzüglich Prämie, und das Optionsdelta eine wichtige Rolle. CDS-seitig gilt es, den attraktivsten Punkt auf der CDS-Kurve auszuwählen. Die Analyse dazu erfolgt anhand der gleichen Gesichtspunkte, die in Kurvenstrategien relevant sind und auf die wir in späteren Abschnitten genauer eingehen werden. Kurzum sind vor allem die Punkte attraktiv, die vor einer signifikanten

Fälligkeit liegen und eine hohe Steilheit zur nächstkürzeren Laufzeit aufweisen. Letztlich entscheidend ist jedoch die strategische Ausrichtung der Position. Diese kann entweder »Carry«-orientiert sein oder einen ausgeprägteren »Gamma«-Charakter aufweisen, was in der Folge erläutert wird.

Ersteres bedeutet, die Position so aufzusetzen, dass über die Halteperiode hinweg ein stetiger Ertrag erwirtschaftet wird. Die Zuflüsse kommen hierbei aus dem Kupon des verkauften CDS sowie dem Rolldown, sprich dem Zeitwertverlust des CDS. Dieser ist begründet in der Annahme einer steigenden CDS-Kurve, gleichbedeutend mit höheren Spreads für längere Laufzeiten, was die Regel ist. Allerdings gibt es durchaus auch Ausnahmen von dieser Regel. Vor allem die Emittenten, bei denen ein konkreter immanenter Ausfall bevorsteht, weisen inverse CDS-Kurven auf, d. h. Kurven, bei denen die Spreads der kurzen Laufzeiten größer sind als die Spreads der langen Laufzeiten. Da CDS in einer Auktion 100 % des CDS-Nominals abzüglich der relevanten Recovery Rate auszahlen, werden die einzelnen Kurvenpunkte vor einer bevorstehenden Auktion an ihren Recovery Levels handeln. Diese in der Regel flache Upfront-Kurve bedingt die notwendig hohen Spreads für kurze Laufzeiten, um Upfronts abzubilden, die den Recovery Rates entsprechen.[20]

Wird die Position beispielsweise mit einem Fünf-Jahres-CDS aufgesetzt, erwarten wir, nach einem Jahr Haltedauer einen vollen Kupon C_T zu erwirtschaften und im Rückkauf, zum Schließen der Position, nur noch den anfänglichen Preis für einen Vier-Jahres-CDS zahlen zu müssen. Dem stehen im Beispiel N_{Put} Put-Optionen mit zweijähriger Laufzeit gegenüber, für die wir analog zu dem CDS die Differenz aus der derzeitigen Prämie für zwei Jahre und erwartend die derzeitige Prämie für ein Jahr erwirtschaften. Bei einer Haltedauer von einem Jahr ergibt sich somit zum Zeitpunkt t + 1 der folgende Carry-Ertrag aus Sicht des CDS-Verkäufers:[21]

$$\begin{aligned}\pi_{t+1} = {} & (CDS\,Upfront_{t,5Yr} - CDS\,Upfront_{t+1,4Yr} + C_T)Nominal_{CDS-Short} \\ & - (Put_{t,2YR} - Put_{t+1,1Yr})N_{Put}\end{aligned}$$

Es ist anzumerken, dass ex ante Carry-Berechnungen eine sehr statische Betrachtungsweise darstellen. Es wird unterstellt, dass sich weder die Credit Spreads über die Laufzeitenkurve noch die Volatilität oder der Aktienkurs bewegen.

Diese Annahme ist natürlich nicht realistisch. Es muss stets die Sensitivität der Gesamtposition zu einer Veränderung der Aktie in Betracht gezogen werden. In erster Instanz muss folglich das Gesamt-Delta der potenziellen Position untersucht werden. In den meisten Fällen wird man jedoch feststellen, dass das Delta anfangs strategiebedingt nahe bei null sein wird. Damit ist der entscheidende Faktor vielmehr das Positions-Gamma, sprich die Veränderung des Deltas bezüglich des Underlyings.

20 Dies bezieht sich auf Kreditereignisse ohne »Bucketing«, sprich gilt nicht für Restrukturierungen, bei denen sich mehrere Verwertungsquoten aus den einzelnen Laufzeitbuckets in der Auktion einstellen.
21 In dieser Betrachtung sind Nominal und Kupon eine positive Zahl.

Die Entscheidung zwischen Carry und Gamma ist indes ein direkter kontinuierlicher Trade Off, da Gamma-Positionen Optionen mit Strikes erfordern, die näher am Geld liegen. Als direkter Gegeneffekt erhöht sich dadurch jedoch auch ihr Zeitwertverlust, was sich somit negativ auf das Carry der Position auswirkt. Am extremen Ende des Spektrums steht eine Position, in der völlig auf Carry verzichtet wird, um ein möglichst hohes Gamma zu erzielen. Diese Konstellation lässt sich grob mit einem finanzierten Straddle in der Optionsanalogie vergleichen.[22]

Die Entscheidung zwischen Carry und Gamma hängt indes davon ab, welche Sichtweise man auf das Unternehmen hat. Stabilere Kandidaten, bei denen man keine großen Kursausschläge erwartet, eignen sich besser für erstere Variante, wohingegen man bei Emittenten mit hohem Kursrisiko mehr Gamma bevorzugen wird. Diese Aussage ist zwar arbiträr, verdeutlicht jedoch die Ähnlichkeit mit der zuvor erwähnten Straddle-Position.

Eine Entscheidung, die man in beiden Fällen treffen muss, ist, wieviel Ausfallrisiko man bereit ist einzugehen. Ausgehend davon, dass man die tatsächliche Verwertungsquote kennt oder diese abgesichert hat, ist der Nettozahlungsstrom in der Ausfallsituation deterministisch und einfach zu bestimmen.[23] Bezüglich der momentanen Bewertung zu t ergibt sich ein Gewinn oder Verlust von:[24]

$$\pi_{Default} = (K_{Put} - Put_t)N_{Put} \\ - (100\,\% - R_{eff} - CDS\,Upfront_t + Accrued_t)Nominal_{CDS-Short},$$

wobei K_{Put} und Put_t den Ausübungspreis und die Optionsprämie respektive für N_{Put} Optionen darstellen und R_{eff} die effektiv realisierte Verwertungsquote ist. Gegeben der Hedge basiert auf der realisierten Recovery, erwirtschaftet man im Ausfall weder Verlust noch Gewinn. Man spricht in diesem Fall von einer »jump-neutral gehedgten« Position. Dies ist zwar eine sehr angenehme Eigenschaft, da sie Risiko minimiert, in manchen Situationen ist das jedoch nicht wünschenswert. Gerade dann, wenn man die momentane Marktannahme an die Verwertungsquote als zu niedrig einstuft und ein jump-neutraler Hedge so viele Put-Optionen erfordert, dass die Position nicht gewinnbringend aufgesetzt werden kann, wird man auf eine Recovery Rate absichern, die ein annehmbares Restrisiko offen lässt.

Was wir bisher außer Acht gelassen haben, ist der eigentliche Grund, sich für eine spezielle Kapitalstruktur-Position zu entscheiden: die Fehlbewertung innerhalb der

22 Der Ausdruck Straddle bezeichnet die Position einer Long-Put-Option in Verbindung mit einer Long-Call-Option gleichen Strikes. Es wird die Summe der Prämien bezahlt, um von einer Abwärtsbewegung sowie einer Aufwärtsbewegung des Underlyings zu profitieren. Insofern entspricht dies einer Long-Position in der Volatilität des Underlyings.

23 Recovery Rates lassen sich sehr effizient über Recovery Swaps bzw. Recovery Locks absichern. Beide Instrumente gleichen sich in ihrer Funktion und stellen Abwandlungen eines Standard CDS dar. Ähnlich zu einer Art Forward auf die Recovery zahlt oder erhält man die Differenz zwischen der tatsächlich in der Auktion festgestellten Verwertungsquote und der vertraglich vereinbarten (siehe Abschnitt 2.4).

24 In dieser Betrachtung sind Nominal und Accrued eine positive Zahl.

Kapitalstruktur. Deuten geeignete Modelle darauf hin, dass bei gegebenem Aktienkurs ein oder mehrere CDS-Punkte oder die ganze Kurve gegenüber der Volatilitätsfläche der Put-Optionen bei zu hohen Spreads handeln, haben wir eine günstige Preisverwerfung identifiziert. Eine Aussage darüber, inwieweit sich diese in Form eines Ertrags realisieren lässt, ist indes nicht so einfach zu treffen.

Rufen wir uns unsere Überlegungen zu dem Ertrag aus einer negativen Basisposition in Erinnerung, um adäquate Vergleichsmöglichkeiten zu haben. In einem einheitlichen Modell für Anleihe und CDS ergibt sich die negative Basis als der Parameter, um den die Zinskurve verschoben werden muss, um den Preis der Anleihe zu erklären.[25] Insofern ist entweder die Anleihe oder der CDS um diesen Aufschlag auf die Diskontkurve zu günstig. Die Basis selbst realisiert sich entweder durch eine spontane Anpassung der Preisverhältnisse oder über einen Pull-to-Par ähnlichen Effekt als konstanter Ertrag, inklusive der Kupon-Differenz zwischen Anleihe und CDS, bis zum Ende der Laufzeit, da die Anleihe zu ihrem Nennwert und der CDS zu null konvergiert. Ähnlich verhält es sich in einem Zahlungsausfall, bei dem die Anleihe in der CDS-Auktion zu ihrer Verwertungsquote veräußert wird und der CDS die Differenz zu ihrem Nennwert auszahlt. Inwieweit sich die Basis dadurch realisiert, hängt jedoch von Faktoren wie Hedge-Ratios, Cash-Preis des Pakets, angelaufener Stückzinsen beider Instrumente und technischer Determinanten der Auktion ab.

In diesem letzten Punkt verhält sich eine Kapitalstrukturposition sehr ähnlich zu einer Basisposition. Auch hier wird die Anleihe auf ihre Verwertungsquote gepreist und die Option wird nahe oder an ihrem Ausübungspreis handeln. Somit sind zu diesem Zeitpunkt alle Preisverwerfungen verschwunden. Vorausgesetzt, die realisierte Recovery Rate wurde antizipiert oder abgesichert, ergibt sich für diese Situation der von uns dargestellte deterministische Gewinn oder Verlust basierend auf dem gewählten Hedge-Ratio. Im Gegensatz zu Basispositionen ist eine Realisierung der Preisverwerfung über die Laufzeit nicht unbedingt sichergestellt. Grund dafür ist, dass Kapitalstrukturpositionen in der Regel nicht laufzeitenkongruent aufgesetzt werden können und ein basisähnlicher Ertrag somit einem signifikanten Rollrisiko der Optionen unterliegt, d. h. dem Risiko, dass der Zeitpunkt des angestrebten Ersetzens (Rollens) der Optionen in neue Optionen mit längerer Laufzeit in eine dafür ungünstige Marktphase fällt. Im Umkehrschluss bedeutet das jedoch nicht, dass wir auf eine spontane Preisanpassung angewiesen sind, um einen Ertrag aus der Preisverwerfung zu erwirtschaften. Per Definition ist entweder der CDS, den wir verkaufen, zu teuer oder die Put-Option, die wir kaufen, zu günstig. Es ist gerade diese Preisdiskrepanz, die es uns überhaupt ermöglicht, eine Carry- oder Gamma-Position zu eröffnen. Folglich können wir sagen, dass sich das »Mispricing« je nach Konzeption der Position in Carry-, Gamma- und Restpotenzial der Position aufteilt.

25 Siehe Abschnitt 5.1.1.4.3.

5.3.4 Beispiel

Um unsere vorherigen Beobachtungen zu konkretisieren, schauen wir uns ein Beispiel aus der Praxis an. Abbildung 5.7 zeigt eine mögliche Kapitalstrukturposition für J.C. Penney Co. Inc., ein US-Retail-Unternehmen, basierend auf den Daten eines speziellen Credit-Equity-Modelles, deren ausführliche Beschreibung den Rahmen dieses Buches sprengen würde. Die Aktie folgt hierbei einem sogenannten »killed diffusion process«, wobei die sogenannte Killing-Rate in reziprokem Zusammenhang zum absoluten Aktienwert steht. Anschaulich bedeutet dies, dass die Ausfallwahrscheinlichkeit mit fallendem Aktienkurs steigt und umgekehrt. Die implizite Varianz bzw. Volatilität wird indes mit einer konstanten Elastizität gegenüber ihrem Aktienpreis als inverser Zusammenhang modelliert. Ein inverser Zusammenhang macht intuitiv Sinn, da man davon ausgehen kann, dass bei steigenden Kursen die Volatilität sinkt und bei fallenden Kursen, sprich gestressten Situationen, die Volatilität steigt, zumal ein sinkender Aktienpreis auch einen höheren Verschuldungsgrad bedeutet.

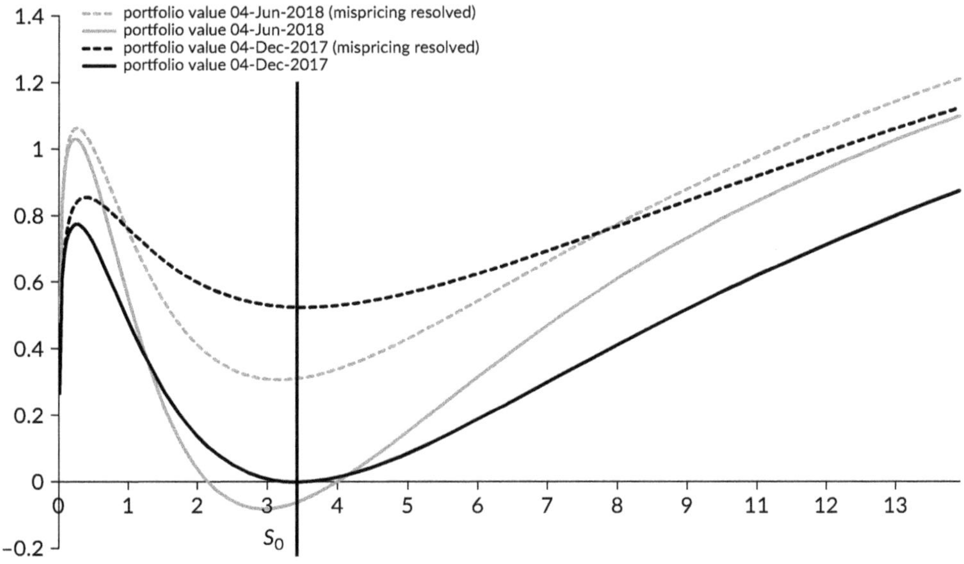

Abb. 5.7: Credit-Equity-Modell-Betrachtung einer Kapitalstrukturposition

Die Position besteht aus 10 Millionen US-Dollar Short-Fünf-Jahres-CDS (zum Betrachtungszeitpunkt 20. Juni 2022), die mit 2,9 Millionen Januar 2019 Strike-2-Optionen auf eine Verwertungsquote von 37 % abgesichert wurden, wobei die Recovery Rate von 37 % auf den Marktquotierungen verfügbarer Recovery Swaps basiert.

Die schwarze Linie im Bild repräsentiert den Ertrag der Position zum Betrachtungszeitpunkt für gegebene Aktienpreise und zeigt sehr anschaulich den

Gamma-Charakter, der sich aus der CDS-Put-Kombination ergibt. Ein weiterer Hinweis darauf, dass zum Aufsatzzeitpunkt ein klarer Schwerpunkt auf das Gamma gesetzt wurde, ist die graue durchgezogene Linie. Sie zeigt den Ertrag nach Rolldown in einem halben Jahr. Zum Eröffnungszeitpunkt stand die Aktie bei ca. 3,40 US-Dollar. In diesem Punkt im Bild sehen wir, dass der Ertrag nach Zeitwertverlust leicht negativ ist. Bei steigendem Aktienkurs verdienen wir jedoch zusätzlich zu unserem Gamma noch einen Rolldown. Dies ist darin begründet, dass der Zeitwertverlust der Put-Option bei steigendem Wert des Underlyings und damit modellkonform sinkender Volatilität abnimmt, sofern die Option bereits aus dem Geld ist. Heuristisch könnte man sagen, dass die Option in dieser Situation bereits so günstig geworden ist, dass das Theta kaum noch eine Rolle spielt. CDS-seitig hängt die Veränderung des Rolldowns stark von der ursprünglich im Markt beobachteten Krümmung der CDS-Kurve ab. Dies wiederum basiert auf Erwägungen bezüglich der Fälligkeitenstruktur der Verbindlichkeiten des Unternehmens bzw. der marktbasierten Einschätzung der Ausfallwahrscheinlichkeiten und auch der Liquidität der einzelnen CDS-Punkte selbst. Sofern die Put-Option nach der starken Aktienbewegung noch einen signifikanten Restwert aufweist, ist die Veränderung der Steilheit der CDS-Kurve bzw. eine Änderung ihres Rolldowns in unserer Abbildung nicht direkt erkennbar. Da jedoch ab einem Aktienkurs von ca. 11 US-Dollar die graue Kurve bezüglich der schwarzen Kurve eine gewisse Parallelität aufweist, können wir sagen, dass die CDS-Kurve in den relevanten Punkten weder steiler noch flacher wird, sondern sich nunmehr gleichmäßig verschiebt. Hier reflektiert der Abstand der beiden Kurven direkt den Rolldown des CDS für die gegebene Beobachtungsperiode.

Sinkt der Aktienkurs hingegen, konvergiert der Preis der Option zu ihrem Strike und ihr Delta zu minus eins. In dieser Konstellation passiert dies auf der Option deutlich schneller bzw. mit höherem Gamma als auf dem CDS, was zu einem signifikanten Wertgewinn der Gesamtpositon führt. Auch hier ist die Zeitwertverlustsituation ähnlich. Allerdings gilt das nur bis zu einem kritischen Kurslevel der Aktie sowie der sich daraus ergebenden Volatilität, bei dem sich die Ausfallwahrscheinlichkeit rapide an 100 % annähert. Das hohe Gamma des CDS in dieser Situation bewegt seinen Preis deutlich auf den Recovery-Wert, was allerdings bereits in der Put-Option realisiert wurde. In solchen extrem gestressten Situationen, in denen ein Ausfall als imminent erscheint, würde die CDS-Kurve über alle Punkte auf der Verwertungsquote handeln. Der Rolldown ist somit bei null und die schwarze und die graue Linie würden in ihrem Ertrag des Ausfallszenarios zusammenfallen.

Die gestrichelten Linien im Bild geben respektive den Ertrag der Position zum Betrachtungszeitpunkt und nach sechs Monaten, angenommen, es tritt eine spontane Auflösung der vom Modell beobachteten Preisdiskrepanz auf, die durch den Unterschied der beiden Linien visualisiert ist. Je weiter wir uns weg von unserem Ausgangsaktienkurs bewegen, desto mehr konvergieren diese zu einem gewissen Grad zu ihren marktpreisbasierten Pendants. Dies illustriert unsere vorhergehende Diskussion, dass das Mispricing sich sowohl über eine spontane Preisanpassung als auch über Carry und

Gamma realisiert. Besonders deutlich ist dies bei unserem anfänglichen Aktienkurs S_0 erkennbar. Hier repräsentieren die gestrichelten Linien eine hypothetische Situation, in der wir eine analoge Position zu fairen Markpreisen eröffnet hätten. Dies hätte einer simplen Straddle-Strategie entsprochen, in der wir ein deutlich negatives Carry für eine Gamma-Position zahlen müssten. Gegeben einer Haltedauer von einem halben Jahr wäre diese Position erst bei den Aktienkursniveaus profitabel, bei denen sich die gestrichelten Linien schneiden.[26]

5.3.5 Risiken

Kapitalstrukturpositionen fallen unter den Sammelbegriff »Relative-Value-Strategien«, die gemeinhin als Arbitragestrategien bezeichnet werden. Dieser Begriff ist jedoch nicht unproblematisch, da der Begriff Arbitrage in der engeren Definition als risikofreier Ertrag gilt. Neben den allgemein unvermeidbaren Kursverlustrisiken in Arbitragepositionen, sprich einer Ausweitung der bereits vorhandenen Preisverwerfungen, gilt es eine Reihe von Risiken zu beachten, die immanent für Kapitalstrukturpositionen sind.

Da die Grundidee letztlich darin besteht, das eingegangene Risiko auf einen Emittenten mit einer Short-Position in einem gleichartigen Instrument abzusichern, ist die Frage durchaus angebracht, wie gleichartig dieses Instrument wirklich ist. Zwar weisen Kapitalstrukturpositionen, im Gegensatz zu rein statistischen Zusammenhängen wie etwa einer Absicherung auf ein Unternehmen der gleichen Industriegruppe, einen heuristisch starken Zusammenhang auf, jedoch ist die Güte dieser Absicherung immer abhängig von den unterstellten Modellannahmen sowie der Robustheit des Modells selbst. Ferner nimmt dieses Modellrisiko über den Zeithorizont der jeweiligen Position zu, da selbst signifikante Zusammenhänge nicht notwendigerweise zeitlich persistent sein müssen.

5.3.5.1 Kursverlustrisiken

In Basispositionen beschränken sich Kursverlustrisiken meistens auf Phasen erhöhter Volatilität und verminderter Liquidität, da zum Ende der Laufzeit hin diese Fehlbewertungen als Ertrag realisiert werden können. Da jedoch Kapitalstrukturpositionen in der Regel mangels Verfügbarkeit von Optionen einer der CDS-Fälligkeit entsprechenden Restlaufzeit nicht laufzeitkongruent aufgesetzt werden können, besteht das Risiko, dass Kursverluste permanent verzeichnet werden müssen, sprich die Preisverwerfung über die Laufzeit der Put-Option hinaus besteht. Dies geht Hand in Hand mit dem latenten Rollrisiko der Option. Vor allem, wenn erhöhte Unsicherheit über ein Ereignis besteht, das zeitlich nach dem aktuellen Verfall stattfindet und innerhalb der

26 Das negative Carry, bzw. die Summe der Zeitwertverluste auf CDS und Option, entsprechen der Differenz aus der schwarzen gestrichelten Kurve, unserer fair gepreisten Position zu T = 0, und der grauen gestrichelten Linie, der fair gepreisten Position nach einem halben Jahr Haltedauer.

Laufzeit des potenziellen Rollkandidaten liegt, wird die Fristenkurve signifikant steiler und damit der neue Kontrakt unter Umständen zu teuer, um die bestehende Position fortzuführen.

5.3.5.2 Veränderungen der Kapitalstruktur

Zu beachten sind Ereignisse, die ungünstige Veränderungen in der Zusammensetzung der Kapitalstruktur, beispielsweise eine Erhöhung des Verschuldungsgrades, nach sich ziehen. Ein klassisches Beispiel hierfür ist der Leveraged Buy-Out, bei dem eine Sponsorenfirma, meist in Form eines Private Equity Fonds, das Gros an Eigenkapital des Unternehmens aufkauft und dies letztlich über Schuldverschreibungen des Unternehmens finanziert. Eine vergleichbare Situation dazu ist die Privatisierung eines Unternehmens, bei dem der Aktienrückkauf wiederum über Fremdkapital finanziert wird. In der Konsequenz werden das Ausfallrisiko steigen und die Recovery Rate sinken, da nun mehr Gläubiger sich die gleichen Aktiva bei gleicher Risikoabsorption durch das Eigenkapital teilen müssen. Andererseits führt der Aufkauf des Eigenkapitals zu einer drastischen Reduktion der sich im Umlauf befindlichen Aktien bzw. einem kompletten Börsenrückzug, was die Leihe für Aktienshorts und damit jegliche Absicherungsposition erschwert bis unmöglich macht.

Leveraged Buy-Outs stellen eine extreme, wenn auch nicht sehr häufig auftretende Entwicklung der Kapitalstruktur dar. Jedoch auch die triviale Entscheidung zur Erhöhung des Leverage, z. B. um die Eigenkapitalrendite in einem positiven Marktumfeld bei guten Wachstumsaussichten zu erhöhen, führt in einer Kapitalstrukturposition zu Verlusten. Eine tatsächliche Absicherung gegen solche Szenarien ist nicht möglich, da sich in dieser Situation Aktie und Fremdkapital diametral zueinander bewegen. Selbst bei adäquat gehedgtem Ausfallrisiko und Verwertungsquote gibt es keinen Schutz gegen die technisch getriebene Rallye in der Aktie. Als Konsequenz ergibt sich damit für die Handelsentscheidung, dass vorwiegend Emittenten gewählt werden, die bereits durch einen hinreichend hohen Verschuldungsgrad gekennzeichnet sind, und potenzielle Risiken bezüglich des maximalen Leverage schon im Vorfeld abgeklärt werden.

5.3.5.3 Recovery-Risiko

Wie bereits in Abschnitt 2.1.7 angedeutet, handelt es sich bei den Recovery-Standardannahmen von 40 % für Senior-Anleihen bzw. 20 % für nachrangige Schuldtitel lediglich um eine Markt-Usance, die die Umrechnung von Spreads zu Upfronts erleichtert. Da diese teils massiv von den sich tatsächlich in CDS-Auktionen ergebenden Verwertungsquoten abweichen, sind sie als Schätzer für Hedge-Ratios in vielen Fällen nur bedingt geeignet.[27] Folglich müssen der ex ante Status der Kapitalstruktur

27 Die effektiv realisierten Ergebnisse einzelner CDS-Auktionen sind bei Creditex Group Inc. Markit Group Ltd. frei einsehbar: http://www.creditfixings.com/CreditEventAuctions/fixings.jsp.

genau geprüft und Szenarien entwickelt werden, wie sich die Firmenaktiva in einem gestressten Marktumfeld entwickeln und in welcher Art und Weise das Unternehmen restrukturiert oder abgewickelt wird. Insbesondere muss Klarheit darüber geschaffen werden, welche Position die von unserem CDS abgesicherte Anleiheklasse in den relevanten Szenarien einnimmt. Die Überlegungen hierzu sind indes alles andere als arbiträr. Emittenten, die sich in einer solch ernsten Schieflage befinden, werden gemeinhin als Distressed Investment bezeichnet, ein sehr spannendes und höchst dynamisches Themengebiet. Dieses ist geprägt durch spieltheoretisch motivierte Handlungsalternativen einer sehr spezifischen Gruppe von Investoren und juristische Rahmenwerke, die geografisch gesehen äußerst heterogen sind. Des Weiteren sind Informationen über den tatsächlichen Verschuldungsgrad und die Verfügbarkeit der Aktiva nicht zwingend symmetrisch verteilt, da Dokumente zu Bankkrediten und Konzerninterna nur schwer zugänglich sind.

Ein elegantes Instrument, um diese Unsicherheiten zu umgehen, stellt der Recovery Swap dar, da er in seinem Funktionsprinzip einem Forward auf die realisierte Recovery ähnelt, die sich in der finalen CDS-Auktion einstellt. Was man hier jedoch berücksichtigen muss, ist, dass dieser relativ illiquide ist und eine Quotierung meist erst erfolgt, wenn die marktimplizite Ausfallwahrscheinlichkeit hinreichend groß ist.[28]

5.3.5.4 Prospekt-/Dokumentationsrisiken

Oftmals sind interessante Opportunitäten bei Emittenten mit komplexer Kapitalstruktur zu finden. Gerade in Holdingstrukturen können Anlagegüter, Eigenkapital und Fremdkapital in Betreiber-, Dach- sowie Finanzierungsgesellschaften separiert sein, was ein tiefes Verständnis für die im Fokus stehende Kapitalstruktur unumgänglich macht. Zu unterscheiden ist hier zwischen ökonomischen und vertraglichen bzw. juristischen Abhängigkeiten. Ersteres wäre z. B. eine Konstellation, in der die Aktiva sowie Schuldverschreibungen in der Betreibergesellschaft liegen und Upstream-Zahlungen an die Holding leisten, die wiederum Emittent der Aktie ist. Gesetzt den Fall, dass die Dachgesellschaft über kein weiteres Einkommen verfügt, sollte ein Aktienshort eine robuste Absicherung für die Anleihen der Tochtergesellschaft darstellen. Ist allerdings nicht sichergestellt, dass ein Zahlungsausfall des Fremdkapitalemittenten die Aktionäre in vollem Umfang trifft bzw. sind Anlagegüter und Fremdkapital physisch oder technisch voneinander getrennt, z. B. als Sicherheit für Dritte oder zwischen den Entitäten, sollte die Absicherungsbeziehung vertraglich begründet sein. Die zentrale Rolle hierbei spielen uneingeschränkte und unwiderrufliche Garantien zwischen der eigenkapital- und der fremdkapitalbegebenden Entität. Während Garantiedokumentationen meist in Anleiheprospekte eingebunden sind, erweist es sich als wesentlich schwieriger, Informationen zu der Unbelastetheit von Anlagegütern zu finden, insbesondere, wenn diese als Besicherung für Bankkredite dienen.

28 Siehe Abschnitt 2.4.

Da wir die Kapitalstruktur aus dem Blickwinkel eines CDS-Verkäufers betrachten, gilt es nicht nur, die Dokumentationen der von der Referenzentität begebenen Schuldtiteln zu kennen, sondern weitergehend die relevanten Regularien der ISDA zu beachten. Im Falle eines Kreditereignisses ergeben sich, abhängig von der Kontraktart des CDS, interessante Dynamiken, die dem Investor zugleich Chancen und Risiken eröffnen, zumal ein Kreditereignis nicht zwingend die Insolvenz der betroffenen Firma bedeutet. So gilt es, geeignete Szenarien für realistische Kreditereignisse auszuarbeiten, die wiederum den Modus der CDS-Auktion definieren, um dadurch festzustellen, welche Obligationen in die Auktion einlieferbar sind und demnach dem relevanten CDS gegenüberstehen. Besonders interessant sind in diesem Zusammenhang europäische Unternehmens-CDS, bei denen ein Restrukturierungsereignis festgestellt wurde. Dies führt, wie wir bereits in Abschnitt 2.2.1 festgestellt haben, zu einer Unterteilung der Auktion in eine Reihe von Laufzeit-Buckets, für die jeweils nur bestimmte Anleihen eingeliefert werden dürfen, was in der Konsequenz höchstwahrscheinlich in unterschiedlichen Verwertungsquoten resultieren wird.

5.4 Kurvenstrategien

5.4.1 Aufbau

Kurvenstrategien finden sich in einer Reihe unterschiedlicher Instrumentkategorien wie Credit, Equity, Rates und Commodities wieder. Die grundsätzliche Intention besteht darin, zwei gegensätzliche Positionen unterschiedlicher Laufzeit einzugehen, um einerseits das jeweilig instantane inhärente Risiko zu minimieren und gleichzeitig einen Ertrag zu erwirtschaften, der durch Preisunterschiede, basierend auf den Fristenkurven, gegeben ist. Nachdem CDS-Verträge innerhalb ihrer Kontraktkategorien, unabhängig von der Laufzeit, über die ISDA-Dokumention samt Settlement-Matrix standardisiert sind, können solche Positionen im Credit-Bereich auf eine sehr elegante Art und Weise aufgebaut werden. Im Gegensatz dazu unterscheiden sich die Prospekte einzelner Anleihen mitunter sehr signifikant voneinander.

Konträr zu den bisher betrachteten Strategien sind Kurvenpositionen mit einer klar direktionalen Komponente behaftet, die dennoch nicht nur auf eine reine Long-Position beschränkt ist. Abhängig von dem strategischen Aufbau der Position profitieren wir entweder von einem sogenannten »Flattening«, einer Verflachung der Kurve, oder einem »Steepening«, also einer steiler werdenden Kurve. Verflacht die Kurve, weil ein positives Marktereignis eingetreten ist, spricht man von einem Bull-Flattening, bei einem negativen Ereignis von einem Bear-Flattening.

Die Tatsache, dass sich ähnliche Kurventorsionen in einem positiven wie auch negativen Marktumfeld einstellen, mag zunächst unintuitiv sein, ergibt jedoch einen Sinn, sobald wir uns die konkrete Situation des Unternehmens vor Augen führen. Wählen wir zur Veranschaulichung beispielsweise eine extreme Variante des Bear-Flattenings aus der Übersicht in Tabelle 5.2. In diesem Szenario erwarten wir eine allgemeine

Ausweitung über alle Kurvenpunkte. Sollte jedoch das Ausfallrisiko immanent sein, sprich eine signifikante fällige Zahlung aller Erwartung nach nicht bedient werden können, springen alle Punkte der Upfront-CDS-Kurve auf die erwartete Recovery Rate und die Kurve ist per Definition flach.

	Flattening	Steepening
Bear	Immanentes Ausfallrisiko. Das kurze Ende der Kurve steigt stärker als das lange Ende.	Gesamtausfallrisiko gestiegen, aber nicht unmittelbar. Langes Ende der Kurve steigt stärker als das kurze Ende.
Bull	Gesamtausfallrisiko gefallen, aber nicht unmittelbar. Langes Ende der Kurve sinkt stärker als das kurze Ende.	Ausfallrisiko auf kurzfristige Verbindlichkeiten stark gefallen. Das kurze Ende der Kurve sinkt stärker als das lange Ende.

Tab. 5.2: Kurvenbewegungen

Abhängig von der jeweiligen Erwartung bezüglich des Emittenten wird die Ausrichtung der Position über das Hedge-Ratio bestimmt, also dem Verhältnis der beiden involvierten Nominale. Der Vorteil einer nominalgleichen Position, sprich dem gleichzeitigen Kauf zweier CDS mit dem gleichen Nominal, liegt in ihrer Robustheit gegenüber instantanen Zahlungsausfällen, da unter der Prämisse, dass das Kreditereignis innerhalb der Laufzeit des kürzeren CDS eintritt und für beide Kontrakte der gleiche Cheapest-to-Deliver festgelegt wird, kein Recovery-Risiko besteht. Im Ausgleich dazu müssen Marktwertschwankungen hingenommen werden, die einerseits auf Kurventorsion und andererseits darauf beruhen, dass Parallelbewegungen der CDS-Kurve einen größeren Effekt auf den Barwert der CDS haben, die eine längere Laufzeit aufweisen. Alternativ kann die Position auch neutral in Bezug auf diese Parallelbewegungen aufgebaut werden. Man spricht in diesem Zusammenhang von einer DV01-neutralen Position.[29]

Zwei weitere Varianten, die Carry-Flat-Position sowie der Butterfly, sind sekundäre Kombinationen der klassischen Strukturen. In einer *Carry-Flat-Struktur* wird das Nominal des kürzeren CDS solange erhöht, bis die laufenden Erträge bei null sind. Im Austausch für das entgangene Carry erkaufen wir uns hierdurch eine attraktive Upside in einem Kreditereignis und erzielen gleichzeitig eine stabilere Position gegenüber CDS-Kurvenverschiebungen dadurch, dass das höhere Nominal für das geringere DV01 des kurzen CDS je nach effektivem Hedge-Ratio kompensiert. *Butterfly-Strukturen* sind eine Kombination aus Steepener und Flattener. Interessant wird dies vor allem bei CDS-Kurven, die extrem unterschiedliche Steigungen um einen bestimmten CDS-Punkt herum aufweisen. Handelt es sich z. B. um den Fünf-Jahrespunkt eines Emittenten, der in einem CDS-Index vertreten ist, kann es

29 Das DV01 bezeichnet die Änderung des Upfront-Wertes bzw. Barwertes einer Spread-Ausweitung um einen Basispunkt und wird oft als Spread-Delta bezeichnet. Wir gehen in Abschnitt 5.4.2 genauer darauf ein, siehe auch Abschnitt 3.5.

unter bestimmen Umständen dazu kommen, dass eine starke Ausweitung im Index diesen Fünf-Jahrespunkt mitzieht und er aus seiner Kurve herausragt. Das hat zur Folge, dass die Spread-Differenz zwischen einem Jahr und fünf Jahren sehr hoch ist, zwischen fünf und zehn Jahren jedoch sehr gering ausfällt. Hier würde sich eine Butterflyposition anbieten, in der jeweils der Ein- und der Zehn-Jahrespunkt gekauft sowie der Fünf-Jahrespunkt verkauft werden. Die Hedge-Ratios müssen hier indes anhand derselben Kriterien bestimmt werden wie in einem klassischen Steepener beziehungsweise Flattener.

Für welche strategische Ausrichtung wir uns schlussendlich entscheiden, muss nach den Maßgaben der klassischen fundamentalen Kreditanalyse unter Beachtung der speziellen Eigenschaften der Dokumentation des CDS-Kontraktes abgeklärt werden. Klassischerweise werden neben dem allgemeinen Marktumfeld samt der emittentenbezogenen Begebenheiten vor allem Wachstumsindikatoren und Entwicklung von Bilanzkennziffern, u. a. EBITDA, Leverage Ratio und Free Cash Flow, in Betracht gezogen. Der ausschlaggebende Punkt ist jedoch, diese Daten in einen Kontext zu der Fälligkeitsstruktur der Verbindlichkeiten zu bringen.

Betrachten wir in Abbildung 5.8 den CDS-Spread von Beazer Homes USA Inc., einem US- Immobilienfinanziers, und seine in die Zukunft kumulierten Verbindlichkeiten, stellen wir einen durchaus sinnvollen Zusammenhang fest. Bis zum Fünf-Jahrespunkt sehen wir ein stark ansteigendes Volumen an Fälligkeiten. Insbesondere am Fünf-Jahrespunkt verdoppeln sich diese fast. Der CDS-Spread steigt kongruent dazu mit dem steilsten Teil der Kurve zwischen drei und fünf Jahren. Ab der Zehn-Jahres-Fälligkeit kommen nach der momentanen Fremdkapitalstruktur nur noch geringe Fälligkeiten hinzu und wir extrapolieren die CDS-Kurve ab dem Zehn-Jahrespunkt mit einem konstanten Risikoaufschlag. Grundsätzlich werden CDS-Kurven von sechs Monaten bis zehn Jahren Laufzeit im Markt quotiert, wobei beide Extreme an einer deutlich reduzierten Liquidität im Gegensatz zu einem Fünf-Jahres-CDS leiden. Es ist jedoch nicht ausgeschlossen, dass in bestimmten idiosynkratischen Situationen einzelnen Anleihen, die in diese Laufzeiten fallen, spezielle Aufmerksamkeit zukommt und die relevanten CDS-Punkte erhöhte Handelsvolumina verzeichnen können.

Der interessanteste Punkt in Abbildung 5.8 ist der Sieben-Jahres-CDS. Zwar ist die Steigung zwischen fünf und sieben Jahren geringer als zwischen drei und fünf, jedoch kommen nur sehr überschaubare Auszahlungen von rund 100 Millionen US-Dollar auf das Unternehmen zu. Es ließe sich eine Position vorstellen, in der Sieben-Jahres-CDS verkauft wird und Fünf-Jahres-CDS gekauft wird. Eine risikofreudigere Variante mit kürzerem CDS zur Absicherung ist dank der steilen Kurve, in Abhängigkeit der erwarteten Zahlungsfähigkeit, durchaus auch denkbar. In jedem Fall bevorzugen wir jedoch den Sieben-Jahrespunkt als Short-Position gegenüber dem Fünf-Jahrespunkt.

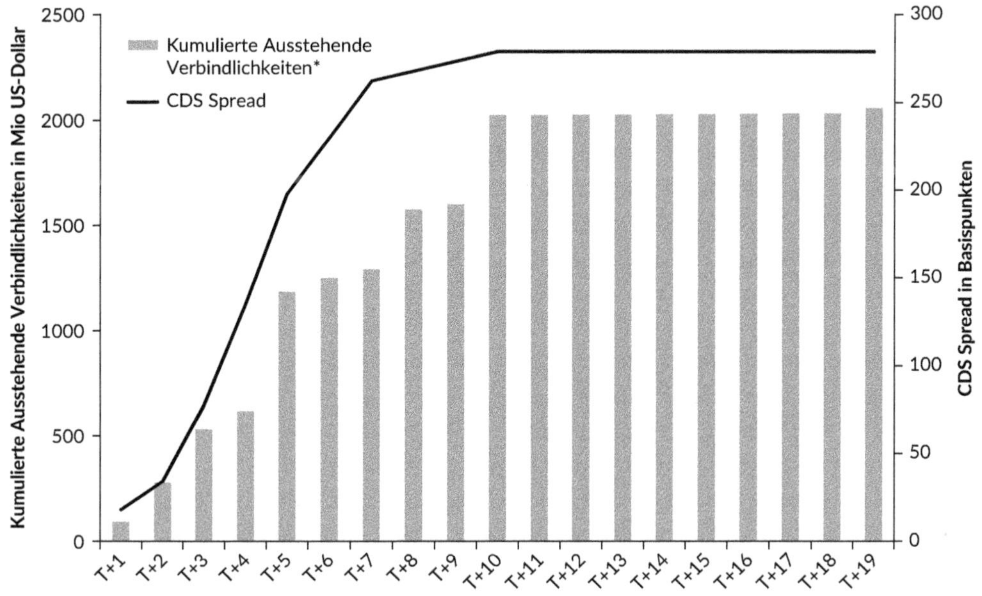

Abb. 5.8: Kumulierte Ausstehende Verbindlichkeiten vs. CDS-Spread, Datengrundlage: Bloomberg
*Verbindlichkeiten beinhalten Anleihenominal, Zinsschuld sowie verfügbare Kreditlinien (Januar 2018).

5.4.2 Ertragsprofil

CDS-Kurvenpositionen erzielen je nach Aufsatz und eintretendem Szenario einen Ertrag bestehend aus einer Kombination von Rolldown- und Kursgewinnen bzw. -verlusten. Rolldown, sprich Erträge aus Zeitwertverlust, werden erzielt, wenn wir eine Short-Position in dem CDS haben und Verluste im Umkehrschluss bei einer Long-Position, solange die betrachtete Kurve eine positive Steigung aufweist. Wie wir im Abschnitt 5.3.3 bei Kapitalstrukturpositionen festgestellt haben, sind CDS-Kurven in der Regel monoton steigend, entsprechend der Kurve in Abbildung 5.8. Die gravierendste Ausnahme finden wir bei Emittenten, die vor einem immanenten Zahlungsausfall stehen. Ihre CDS-Upfronts handeln gemäß der angenommenen Recovery Rates und die zugehörigen Spreads somit invers, sprich auf höheren Levels am kurzen Ende der Kurve.

5.4.2.1 Rolldown-Ertrag

Betrachten wir das Beispiel einer klassischen Position in Short-Fünf-Jahres-CDS gegen Long-Ein-Jahres-CDS gleichen Nominals. Wie bereits zuvor angedeutet, sind wir, falls sich in einem Auktionsmechanismus keine unterschiedlichen Recoveries für die einzelnen Laufzeit-Buckets ergeben, dank der gleichen Nominale vor instantanen Zahlungsausfällen und Recovery-Risiko geschützt. Wenn wir annehmen, dass alle zukünftigen Ereignisse in der momentanen CDS-Kurve eingepreist sind und sich der Status quo nicht verändert, verdient die Position an dem Zeitverlust des Fünf-Jahres-CDS und verliert den Zeitwert des Ein-Jahres-CDS. Wird eine CDS-Kurve mit einem hinreichend steilen Fünf-Jahrespunkt gewählt, wie beispielsweise in Abbildung 5.8 dargestellt, fällt sein Zeitwertverlust sehr hoch aus und kompensiert somit den Ein-Jahres-CDS, was zu einem Nettoertrag führt. Nach einem Jahr muss der kurze CDS gerollt, sprich erneuert werden. Zu diesem Zeitpunkt muss die Position neu evaluiert werden. Es steht nun zur Auswahl, entweder einen neuen Ein-Jahres-CDS zuzukaufen oder die gesamte Position zu schließen, die Gewinne zu realisieren und ggf. eine neue Fünf- gegen Eins-Position einzugehen. Die Entscheidung ergibt sich aus den gleichen Überlegungen, die wir bei der Eröffnung einer neuen Position anstellen. Gab es keine Änderungen an der Schuldenstruktur des Unternehmens, verschiebt sich die Fälligkeitenkurve nach unserer einjährigen Halteperiode um genau ein Jahr nach vorne. Sollte die Attraktivität unseres ehemaligen Fünf-Jahres-CDS von dem Mangel an zusätzlichen Fälligkeiten innerhalb seiner Laufzeit gegenüber dem ehemaligen Vier-Jahres-CDS dominiert sein, spricht dies nun für eine Vier- gegen Eins-Position. In diesem Fall wäre die Neueröffnung eines Ein-Jahres-CDS sinnvoll. Überwiegt allerdings die Spread-Differenz zwischen Fünf- und Vier-Jahres-CDS die Zunahme der Fälligkeiten, sollte auch die Short-Position von vier in fünf Jahre gerollt werden.

Unter der Annahme, dass die CDS-Kurve sich über die Halteperiode nicht verändert, ist der erwartete Ertrag indes sehr einfach zu berechnen und in Tabelle 5.3 dargestellt. Folgend der Grundidee, dass der Erwartungswert des heutigen Fünf-Jahres-CDS-Spreads in einem Jahr dem Vier-Jahres-CDS-Spread zum Betrachtungszeitpunkt entspricht, können die Werte der Upfront-Zahlungen zur Positionseröffnung sowie ihre Erwartungswerte zum Ende der Halteperiode[30] aus

	5-Jahres-CDS	1-Jahres-CDS
Kupon in Basispunkten	100	100
Nominal in US-DollarD	–1 000 000,00	1 000 000,00
Restlaufzeit zu Positionseröffnung	5 Jahre	1 Jahr
Spread zu Positionseröffnung	200	18
Upfront zu Positionseröffnung	4,31	-0,73
Laufzeit nach einem Jahr	4	0
Spread nach einem Jahr	135	0
Upfront nach einem Jahr	1,26	0
Angelaufener Stückzins	10 000,00	–10 000,00
Ertrag nach einem Jahr	40 500,00	–2 700,00
Summe	**37 800,00**	

*Spread und Zinskurve 29.1.2018

Tab. 5.3: Rolldown-Ertrag

30 In unserem Beispiel entspricht die Haltedauer einem Jahr.

der verfügbaren CDS-Kurve berechnet werden. Nachdem sich die laufenden Kuponzahlungen auf gegenläufige Nominale gleicher Höhe beziehen, fallen diese aus der Rechnung heraus und wir verdienen die Differenz der Upfronts.

5.4.2.2 Kursgewinne und -verluste

Auch wenn die Annahme einer sich über die Haltedauer der Position nicht verändernden CDS-Kurve nicht sehr realistisch ist, zeigt diese Berechnung, dass der zugrunde liegende Trend der Position für uns läuft. Der effektive Gewinn bzw. Verlust der sich realisieren wird, hängt davon ab, inwieweit sich unsere Erwartungen an das Unternehmen erfüllen. Insofern hat das von uns gewählte Beispiel einen grundsätzlich bullischen Charakter. Das bedeutet, dass wir damit rechnen, dass die Risikoaufschläge am langen Ende der Kurve sinken und wir hierdurch unseren Fünf-Jahres-CDS günstiger zurückkaufen können. Ein positiver Ertrag in Form von Kursgewinnen ergibt sich dann, wenn der Effekt auf unsere Long-Position Ein-Jahres-CDS dies nicht negativ kompensiert. Nehmen wir an, dass wir zum Aufsatz der Position mit einer Verbesserung des Marktumfelds rechnen und das Unternehmen kurz darauf tatsächlich bessere Absatzzahlen in Aussicht stellt. Dies sollte keinen unmittelbaren Effekt auf bestimmte Zahlungsströme haben, sondern das Gesamtausfallrisiko der Firma senken, sprich zu einer Parallelverschiebung der CDS-Kurve nach unten führen. Um die konkreten Auswirkungen auf die Upfront-Werte unserer CDS zu finden, ist es für kleinere Spread-Bewegungen nützlich, die Formel für das Spread-Delta zu verwenden, die wir in Abschnitt 3.5.3 kennengelernt haben. Wir haben das DV01, sprich den Barwert (Dollarwert) einer Spread-Ausweitung um einen Basispunkt aus der Beziehung des Credit Triangle wie folgt definiert:

$$\Delta u = \Delta[DL - c\,PL(1)] = \Delta[PL(1)(s - c)] = PL(1)\Delta s$$

Wobei u dem Upfront, DL dem Default Leg und $PL(1)$ dem Premium Leg unter Annahme kontinuierlicher Premienzahlung unabhängig der Premienhöhe entspricht, $PL(c) = c\,PL(1)$, mit:

$$PL(1) = PL_{int}(1) = \int_0^{t_n} B(t)\overline{F}_\tau(t)dt$$

Im Kontext der Darstellung des DV01 entspricht Δs einem Basispunkt. Da $PL(1)$ letztlich von s abhängt, entspricht die Sensitivität des CDS bezüglich dem Par Spread s eigentlich der ersten Ableitung von $u = PL(1)(s - c)$ nach s. Unter Einhaltung der Produktregel ergibt sich:

$$\frac{d}{ds}[PL(1)s - PL(1)c] = PL(1) + (s - c)\frac{d}{ds}PL(1), \quad wobei\ \frac{d}{ds}PL(1) < 0$$

Vereinfacht gesagt entspricht der obere Ausdruck einer Art von Duration. Da $c\,PL(1)$ ein um die Überlebenswahrscheinlichkeit gewichteter Barwert der CDS-Prämien »c«

darstellt, wird das DV01 deshalb oft als »Risky Duration« bezeichnet. Ähnlich der diversen Durationsmaße, wie wir sie aus der Anleihewelt kennen, ist die CDS-Laufzeit nur eine bedingt gute Approximation, abhängig vom Zinsniveau und mäßig effektiv bei hohen Spread-Niveaus. Der Ausdruck $(s - c)\frac{d}{ds}PL(1)$ zeigt des Weiteren, dass der Zusammenhang zwischen Upfront und Spread nicht linear ist und das DV01 somit den Effekt von Spread-Bewegungen auf das Upfront durch die Vernachlässigung eines Gamma-Effekts überschätzt.

Dieser kann bei großen Spread-Bewegungen durchaus signifikant sein. Für unsere Betrachtungen ist das DV01 jedoch eine gute erste Approximation. Basierend auf der Zins- und Spread-Kurve von Ende Januar 2018 bekommen wir, nach ISDA-Modell, für einen Fünf-Jahres-CDS-Spread von 200 Basispunkten ein DV01 von 0,0414 Prozentpunkten sowie für einen Ein-Jahres-CDS-Spread von 18 Basispunkten 0,009 Prozentpunkte. Wenn wir annehmen, dass die Bekanntgabe positiver Wachstumserwartungen zu einer Einengung um zehn Basispunkte über die ganze Kurve führt, verändern sich die Upfront-Preise der CDS um diese zehn Basispunkte multipliziert mit ihrem DV01. Im Beispiel verdienen wir auf dem Fünf-Jahrespunkt folglich 0,414 Prozentpunkte und verlieren auf dem Ein-Jahrespunkt 0,09 Prozentpunkte. Inwieweit es in diesem Fall tatsächlich zu einer reinen Parallelverschiebung der Kurve kommt, ist allerdings fraglich. Nachdem der kurze CDS bereits bei so niedrigen Spreads handelt, würden wir erwarten, dass sich die Punkte am langen Ende der Kurve stärker verschieben als am kurzen Ende. Das Ausmaß dieses Effekts ist indes fall- und richtungsspezifisch zu betrachten. So wären im Falle von negativen Absatzerwartungen Parallelbewegungen für beide Punkte durchaus denkbar, jedoch auch eine stärkere Reaktion auf dem langen CDS. Der entscheidende Punkt ist, Marktnachrichten bezüglich ihrer Implikationen für die Bonität bzw. der verfügbaren Liquidität der betrachteten Firma an bestimmten Punkten des Zeithorizonts zu interpretieren. Dies kann einerseits heuristisch zielgerichtet auf die Fälligkeit bestimmter signifikanter Verbindlichkeiten erfolgen oder in einem quantitativeren Kontext anhand von zahlungsstrombasierten Strukturmodellen, sogenannter State-Dependent-Free-Cashflow-Modelle.[31]

5.4.2.3 Carry-Komponenten und Hedge-Ratios

Alternative Kurvenprofile bieten in der Regel zusätzlich noch eine Carry-Komponente als Einkommensquelle. Diese entspricht einer Form von Zinseinkommen und entsteht, wenn wir ein Hedge-Ratio von ungleich eins wählen bzw. netto mehr CDS Protection verkaufen als kaufen. In den bereits in Abschnitt 5.4.1 angesprochenen Steepener-Positionen sehen wir solche Konstellationen sehr häufig vertreten. Wir erachten eine Kurve als zu flach, wenn entweder das lange Kurvenende das subjektiv höhere Kreditrisiko mit einem zu geringen Spread darstellt oder das kurze Ende bei zu hohem Spread gegenüber dem subjektiv niedrigeren kurzfristigen Ausfallrisiko

31 Siehe Liao et al. (2004).

preist. Anders formuliert, falls wir das langfristige Ausfallrisiko des Emittenten als höher ansehen bzw. seine kurzfristige Liquiditätssituation als weniger gravierend als die CDS-Spreads implizieren, können wir diese Meinung über einen Steepener monetarisieren. Um es zu vermeiden, eine direkte Position zu nehmen, müssen wir den langen CDS kaufen und den kurzen CDS verkaufen. In einer Nominal gematchten Konstellation wird dies jedoch Rolldown-Kosten verursachen, sollte die Spread-Kurve nicht hinreichend flach sein. Genauer gesagt kann eine solche Position nur kosteneffektiv aufgesetzt werden, wenn der barwertige Rolldown-Ertrag des Ein-Jahres-CDS mindestens dem barwertigen Rolldown-Verlust des Fünf-Jahres-CDS entspricht.

Ist es uns indes nicht möglich, die Position kostendeckend aufzubauen, obwohl sie uns attraktiv erscheint, können alternativ unterschiedliche Nominalstrukturen verwendet werden. Am anderen Ende des Spektrums, zu einem Hedge-Ratio von eins, steht die Variante des DV01 Match. Ähnlich zu den Absicherungsstrategien, wie sie uns aus Zinsportfolien bekannt sind, werden die Verhältnisse gemäß ihrer Sensitivitäten zu der unterliegenden Rate gewählt. Vereinfacht dargestellt würde bei einem Steepener mit einem DV01 von eins des Ein-Jahres-CDS und einem DV01 von fünf des Fünf-Jahres-CDS fünfmal so viel kurzer CDS verkauft werden, wie langer CDS gekauft wird. Somit steigt einerseits der zu vereinnahmende Rolldown auf dem Ein-Jahres-CDS gegenüber dem Rolldown-Verlust auf dem Fünf-Jahres-CDS um den Faktor fünf. Des Weiteren verdienen wir auch Kupon auf das fünffache Nominal gegenüber der von uns zu leistenden Kuponzahlung auf dem langen CDS und erwirtschaften dadurch eine Carry-Komponente.

Diese Betrachtung gilt, wie zuvor, nur bei über die Zeit statischen CDS-Kurven. Wenn wir diese Annahme realistischerweise aufgeben und den CDS-Kurven eine Dynamik über die Zeit zugestehen, müssen wir DV01-Veränderungen mit einkalkulieren. Da diese Proxy für die erste Ableitung des Upfront-Preises nach dem Spread von dem momentan vorherrschenden Spread abhängt, kann sie nicht konstant sein. Im Kontext der DV01-Entwicklung bei Spreadveränderungen spricht man von Konvexität. Grundsätzlich gilt, dass das DV01 bei steigendem Spread kleiner wird und dadurch Short-Positionen sinkende Grenzverluste sowie Long-Positionen sinkende Grenzerträge aufweisen. Da die Ableitung des DV01 nach dem Spread letztlich die zweite Ableitung der Ursprungsfunktion ist, wird sie auch Gamma genannt. Da der Gewichtungsfaktor $PL(1)$ hierbei sehr stark einfließt, ist eine solche Veränderung des DV01 für längere Laufzeiten größer. In der Konsequenz bedeutet das, dass in einer Spread-Ausweitung, im Gegensatz zu unserer klassischen Position, bei der das hohe Gamma abfedernd für die Verluste auf dem langen CDS wirkt und das geringe Gamma den Gewinn auf dem kurzen CDS kaum schmälert, die Konvexität nun gegen uns läuft. Dies stellt somit grundsätzlich eine DV01-gehedgte Eins-gegen-fünf-Position zur Ausnutzung steigender Spread-Niveaus in Frage und ist direkt aus unserer Wahl des DV01 für das Hedge-Ratio ableitbar. Unter der Annahme paralleler Spread-Ausweitungen, sprich einer Verschiebung der CDS-Kurve nach oben, werden wir bei einer Bewegung um einen Basispunkt weder einen Gewinn noch einen Verlust erzielen, da die Wahl unserer Nominale die Position DV01-neutral gemacht hat. Dies ist allerdings nur bei den anfänglichen Spreadleveln der Fall. Jede weitere Ausweitung wird aufgrund der negativen Konvexität zu Verlusten führen.

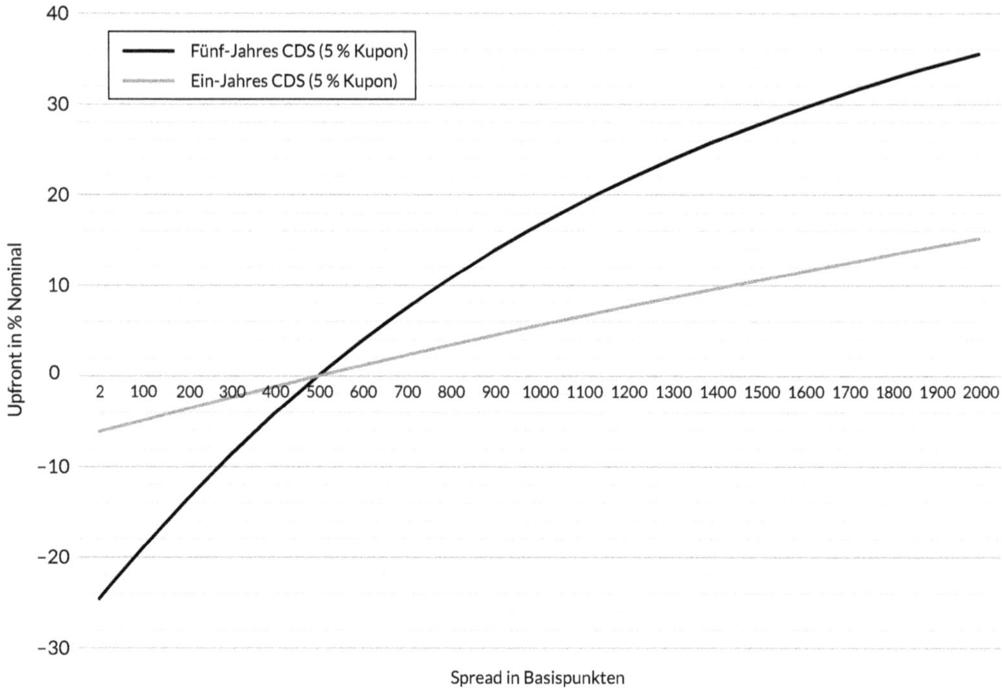

Abb. 5.9: Konvexität von Fünf-Jahres- und Ein-Jahres-CDS

Ein weiterer Nachteil einer DV01-neutralen Position ist, dass wir nun Ausfall- bzw. Recovery-Risiko eingeführt haben. Tatsächlich können wir das Ausfallrisiko als eine Randlösung der negativen Konvexität sehen, da hinreichend große instantane Spread-Bewegungen das Ausfallrisiko für jeden Kurvenpunkt gegen hundert Prozent konvergieren lassen. Folgend unserem Beispiel, müssen wir in dieser Situation netto auf vier Nominale in der CDS-Auktion auszahlen, da wir fünf Short-Nominale mit lediglich einem Long-Nominal abgesichert hatten. In der Praxis scheidet dadurch eine solche Position als Kandidat für eine Absicherung gegen negative markt- oder emittentenbezogene Ereignisse, als Bear Steepener, nicht unbedingt aus. So sind rein parallele Spread-Bewegungen und instantane Zahlungsausfälle im Falle von vergleichsweise niedrigen Ausfallwahrscheinlichkeiten wenig realistisch. Die tatsächlichen Bewegungen einzelner Kurvenpunkte sind indes sehr komplex und selbst über die oben angesprochenen Modellierungen der Zahlungsströme nur schwer zu quantifizieren. Insofern sind die Betrachtungen aus der Perspektive einer Modellwelt, in der lediglich Parallelverschiebungen vorkommen, konservativ, aber nicht grundlegend falsch.

Grundsätzlich gilt es für jede Kurvenstrategie, passend zu der ökonomischen Grundausrichtung, Hedge-Ratios zu finden, die einerseits der Strategie gerecht werden, andererseits auch einen ausgewogenen Kompromiss zwischen Rolldown, Carry, Konvexität und auch Ausfallrisiko darstellen. Nominal- sowie DV01-Hedge stellen indes zwei Extreme eines Spektrums dar. Dazwischen finden sich u. a. statistische Ansätze, die Hedge-Ratios als Korrelation zwischen den einzelnen Kurvenpunkten modellieren.

5.4.3 Beispiel

Im Folgenden wollen wir die Entwicklung einer klassischen Position mit einem Zahlungsprofil, wie wir es zum Anfang des letzten Abschnitts angesprochen hatten, in einem realistischen Marktumfeld betrachten. Die originäre Spread-Bewegung von zehn Basispunkten aus unserem Anfangsbeispiel ist von uns speziell gewählt, um die Grundkonzepte hinter den einzelnen Bewertungsauswirkungen zu illustrieren. Der tatsächliche Effekt auf die Bewertungskurse trat auf den ersten Blick gegenüber dem Rolldown-Ertrag deutlich in den Hintergrund, jedoch können je nach Emittenten-Typ und Marktlage wesentlich größere Bewegungen auftreten. In Abbildung 5.10 werden die tatsächlichen Spread-Verläufe von Beazer Homes USA Inc., dem Emittenten aus unserem vorhergehenden Beispiel, dargestellt. Die graue Fläche entspricht der Differenz aus Fünf-Jahres- und Ein-Jahres-Spread, als simples Maß der Kurvensteilheit. Das Ausmaß von Steilheit und Tagesschwankungen, vor allem in gestressten Situationen, ist durchaus bemerkenswert. In der Spitze sahen wir im August 2011

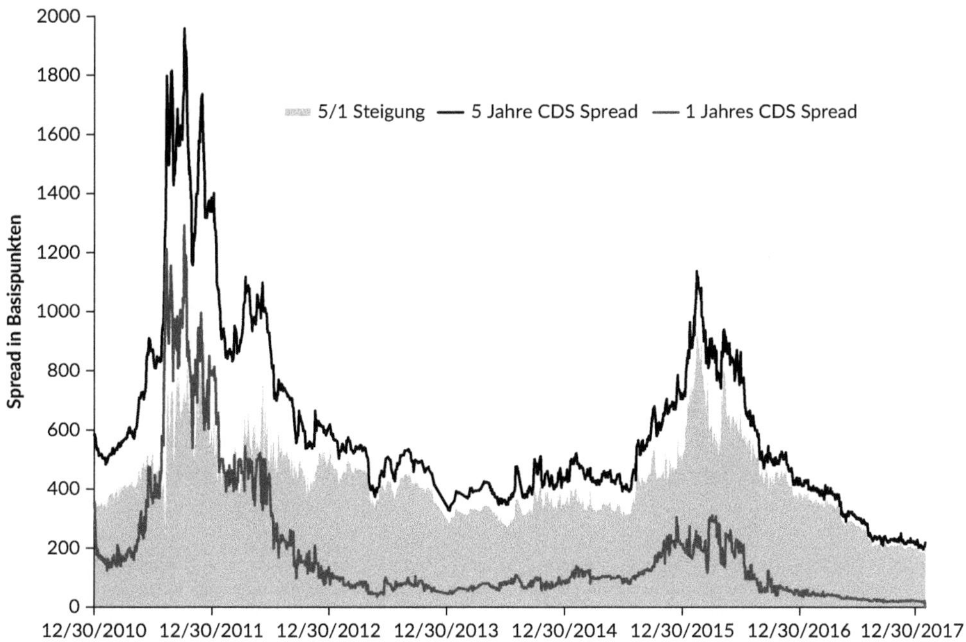

Abb. 5.10: Spread-Verlauf Beazer Homes USA, Inc., Datengrundlage: Bloomberg

eine Tagesbewegung von über 220 Basispunkten auf dem Fünf-Jahrespunkt sowie auf dem Ein-Jahrespunkt. Für den größten Teil des Betrachtungszeitraums zeigt sich auf Spread-Ebene jedoch eine solide Synchronbewegung beider CDS. Gerade im Zeitraum Ende 2011 bis Mitte 2014 wären durch die allgemeine Einengung in einer Fünf-gegen-eins-Position signifikante Erträge zu verzeichnen gewesen. Deutlich schwieriger erweist sich der Zeitraum Ende 2015 bis Mitte 2016. Hier kann eine signifikante Ausweitung festgestellt werden, die sich im Weiteren deutlich stärker auf den langen CDS auswirkt und somit zu einer Verlustsituation geführt hätte. Das macht im Umkehrschluss diesen Zeitraum auch sehr interessant für den Neuaufbau einer Position.

Wir wollen nun einen beispielhaften Trade im Einzelnen nachvollziehen. Gegeben der Fälligkeiten und Marktsituation entscheiden wir uns etwa Ende April 2016 für eine Fünf-gegen-eins-Position.

Der Fünf-Jahres-CDS wird zu diesem Zeitpunkt bei 846 Basispunkten sowie der Ein-Jahres-CDS bei 148 Basispunkten quotiert. In der Periode bis Anfang Dezember läuft die Position bereits deutlich für uns. Wir stellen eine signifikante Einengung der Spreads am langen Ende der Kurve fest, mit einem Fünf-Jahrespunkt, der zu diesem Zeitpunkt bei 453 Basispunkten handelt. Der Effekt auf das kurze Ende der Kurve ist in absoluten Werten, bei 52 Basispunkten, wesentlich verhaltener. In Relation gesehen ist dies jedoch fast eine Drittelung des Ursprungslevels. Zusätzlich zu den Spread-Bewegungen müssen wir noch den Zeitwertverlust beider CDS-Positionen in Betracht ziehen. Als wir die Position eröffnet haben, waren die Fälligkeiten des Fünf- bzw. des Ein-Jahres-CDS am 20. Juni 2021 respektive 20. Juni 2017 terminiert. Nach dem zwischenzeitlichen CDS-Roll im September fallen die neuen Kurvenpunkte auf den jeweils 20. Dezember.[32] Dementsprechend wird unsere Position nur noch als viereinhalb Jahre gegen ein halbes Jahr, mit Spreads bei 411 bzw. 44 Basispunkten quotiert.

Es stellt sich für uns nun die Frage, ob wir nach einer derartigen Marktbewegung die Position schließen und Gewinne mitnehmen sollten. Da wir ähnlich starke Bewegungen im gesamten US-High-Yield-Sektor bzw. im relevanten Index verzeichnen, muss die Position nicht zwingend ihr gesamtes Potenzial, vor allem in Relation zu alternativen Anlagen, ausgeschöpft haben. Insbesondere stellen wir fest, dass die Kurve zu diesem Zeitpunkt für alle Laufzeiten bis zu einem Jahr äußerst flach handelt. Das bedeutet, dass wir unseren halbjährlichen CDS gegen einen neuen Ein-Jahres-CDS ersetzen können, ohne einen signifikanten Risikoaufschlag zahlen zu müssen.[33] Unser Viereinhalb-Jahres-CDS könnte indes gehalten werden, da die Differenz in der

32 Um Einzelnamen-CDS mit ihren Index-Pendants zu harmonisieren, wurden mit Wirkung zum 20. Dezember 2015 die Rolltermine auf zwei pro Jahr reduziert. Somit werden die laufenden Kontrakte im März und September eines Jahres gerollt. Die gültigen On-The-Run-Fälligkeiten sind damit respektive der Juni und der Dezember.

33 Dies bezieht sich lediglich auf die Spread-Differenz zwischen beiden Kontrakten. Durch die längere Laufzeit des neuen Kontrakts muss dennoch ein Upfront-Aufschlag geleistet werden.

Kontrakt-Rolle lediglich rund 50 Basispunkte ausmacht. Allerdings kommen mit dem verlängerten Kontrakt keine signifikanten Fälligkeiten hinzu, weshalb wir uns dazu entscheiden, beide CDS zu rollen.

Analog zu den Spread-Verläufen in Abbildung 5.10, die im Zeitraum Anfang August bis Ende Dezember 2017 ihre Tiefstände innerhalb der Betrachtungsperiode fanden, zeigt auch Abbildung 5.11, dass das Performance-Potenzial bei diesem Emittenten im August 2017 weitestgehend ausgeschöpft ist.

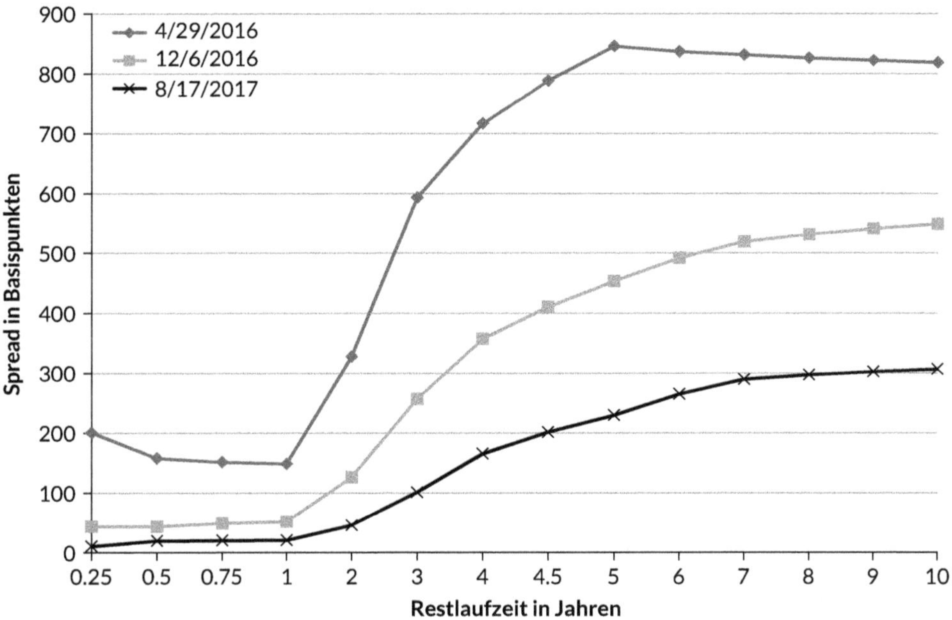

Abb. 5.11: Beazer Homes USA, Inc. CDS-Spread-Kurve im Zeitverlauf, Datengrundlage: CMA

Die von uns im Dezember 2016 gerollten CDS, die zu diesem Zeitpunkt eine Restlaufzeit von abermals nur noch viereinhalb Jahren bzw. ein halbes Jahr aufweisen, werden bei 201 bzw. 20 Basispunkten quotiert. Zwar wäre eine erneute Rolle des kurzen CDS möglich, ohne einen Spread-Aufschlag für die längere Laufzeit zu zahlen, jedoch sind sowohl der indizierte Rolldown als auch das Potenzial für weitere Spread-Einengungen nicht ausreichend, um eine weitere Verlängerung der Position zu rechtfertigen. Wie zu erwarten, zeigt sich die Ex-post-Analyse der Strategie in Tabelle 5.4 als äußerst positiv. Um den Ertrag in den richtigen Kontext zu rücken, ergänzen wir die Daten um das Jump to Default, sprich die Wertveränderung der Position im Falle eines Kreditereignisses, sowie den maximalen historischen Drawdown. Letzterer dient uns als rudimentäres Risikomaß. Die Berechnung erfolgt, indem wir unterstellen, dass beide CDS nach Positionseröffnung instantan auf die Spreadlevels des 5. Oktober 2011 springen, dem Tag unserer Beobachtungsperiode, an dem der Fünf-Jahrespunkt am

CDS-Laufzeit	Kurvenpaar 1 20. Juni 2021	 20. Juni 2017	Kurvenpaar 2 20. Dezember 2021	 20. Dezember 2017
Positionseröffnung	29.4.2016	29.4.2016	6.12.2016	6.12.2016
Positionsauflösung	6.12.2016	6.12.2016	17.8.2017	17.8.2017
Nominal	−1 000 000,00	1 000 000,00	−1 000 000,00	1 000 000,00
Eröffnungspreis (% Nominal)	12,46	−3,99	−1,90	−4,65
Auflösungspreis (% Nominal)	−3,41	−2,47	−11,79	−1,66
Positionsertrag	158 682,31	15 189,54	98 857,50	29 925,69
Gesamtertrag	173 871,85		128 783,19	
Positionswert max. historischer Drawdown (% Nominal)	35,81	8,07	35,21	7,40
Ertrag in historischem Drawdown	−233 529,10	120 549,20	−371 190,29	120 516,24
Ertrag bei Kreditereignis	−575 436,77	739 877,30	−719 044,59	746 533,08

Tab. 5.4: Kurvenposition Beazer Homes USA, Inc. im Positionszyklus

weitesten handelte. In vielen Fällen überschätzen wir hierdurch zwar das Risiko, jedoch zeigt der Zeitraum bis Ende 2011, dass ein solches Szenario durchaus möglich ist. Der interessante Aspekt an unserer Rechnung ist hingegen, dass eine Erhöhung des Stressfaktors bis hin zur Zahlungsunfähigkeit des Unternehmens uns einen positiven Ertrag beschert und damit den Unterschied zwischen Marktpreisrisiko und Ausfallrisiko in einem Nominal-gehedgten Flattener darstellt. Es ist anzumerken, dass der von uns errechnete Ertrag in einem Jump-to-Default-Szenario zwar auf einer Verwertungsquote von 30 % basiert, eine Änderung dieser jedoch bei gleichem Nominal keine Auswirkung auf das Gesamtergebnis hat.

5.4.4 Risiken

5.4.4.1 Mark-to-Market-Risiko

Wie in dem vorherigen Beispiel beschrieben, sind Mark-to-Market-Verluste, sprich Kursverluste, nicht zu unterschätzen. Einerseits wirken sich Spread-Ausweitungen in Form von Parallelverschiebungen unterschiedlich auf die Barwerte und damit Preise der Kurvenpunkte aus, da sie über das DV01 der einzelnen Laufzeiten einfließen. Andererseits stellen reine Parallelverschiebungen einen Sonderfall dar. In der Regel wirken sich im Fremdkapitalbereich neue Marktinformationen in erster Linie auf die Kurvenpunkte aus, zu denen relevante Fälligkeiten bestehen. So werden überraschende und schwerwiegende immanente Liquiditätslücken, die zu einem unmittelbaren Zahlungsausfall führen könnten, zu einer flachen Upfront-Kurve um die erwartete jeweilige Recovery führen. Eine flache Upfront-Kurve impliziert indes eine inverse

Spread-Kurve. Sollte die CDS-Kurve anfangs einer Normalform entsprochen haben, monoton steigend, wird die Spread-Bewegung auf den kurzen Teil der CDS-Kurve sehr hoch ausfallen.

In der gegensätzlichen Situation ist die Liquidität des Unternehmens mehr als ausreichend, um die kurzfristigen Verbindlichkeiten zu bedienen, was niedrige Ausfallwahrscheinlichkeiten und somit auch niedrige Spreads der kurzen Laufzeiten impliziert. Nachrichten, die langfristig negative Implikationen bezüglich des Umsatzes und oder des Gewinns der Firma oder ihrer gesamten Industriegruppe haben, stellen die Zahlungssicherheit langfristiger Verbindlichkeiten in Frage. Dies wird in der Regel nur überschaubare Effekte auf das kurze Ende der Kurve haben, wohingegen längere Laufzeiten deutlich stärker betroffen sein werden.

Ähnliche Effekte haben Veränderungen in der Fälligkeiten-Struktur. Stehen die Rückzahlungszeitpunkte von Anleihen oder Krediten signifikanter Größe in naher Zukunft bevor, ist die Wahrscheinlichkeit sehr hoch, dass die Firma versuchen wird, diese zu refinanzieren. Dies verschiebt einen bestimmten Anteil der Ausfallwahrscheinlichkeitsmasse in die Zukunft. Sollte das nicht bereits eingepreist sein, wird es sich negativ auf die Long-Position in unserem kurzen CDS auswirken, da sein Preis fällt, und gleichzeitig eine Preiserhöhung auf dem langen CDS zur Folge haben, was ebenfalls negativ für unsere Short-Position ist. Besonders kritisch sind indes Situationen, in denen sich die Firma in einer schwierigen Marktlage befindet und die Refinanzierung nur zu erhöhten Risikoaufschlägen möglich ist, was die Schuldenlast und damit das Ausfallrisiko zusätzlich erhöht.

Um diese Risiken zu einem gewissen Grad zu kontrollieren, ist es notwendig, Kurven zu wählen, auf denen unser Short-CDS-Kandidat einen bereits hinreichend hohen Spread aufweist, wodurch wir das hohe Gamma eines solchen CDS nutzen. Des Weiteren lassen sich durch die genaue Analyse des jeweiligen Schuldners sowie durch kontinuierliche Re-Evaluierung eine Vielzahl von Fehlern vermeiden. Auch macht es im Portfoliokontext Sinn, Grundparameter wie Korrelationen zu überwachen und letztlich ein möglichst diversifiziertes Portfolio zu halten. Es ist jedoch anzumerken, dass wir stets aus der Sicht eines klassischen Bull Flatteners argumentieren. Somit stellen viele dieser und aller folgend angesprochenen Risiken in einer anderen Konstellation der Position auch Chancen dar und sollten folglich einzelfallspezifisch betrachtet werden.

5.4.4.2 Ausfallrisiko

Eine Erweiterung des Mark-to-Market-Risikos ist das Ausfallrisiko der Position. In dem von uns zuletzt betrachteten Beispiel werden für beide CDS-Nominale gleicher Höhe unterstellt. Solange beide CDS in einem Kreditereignis getriggert werden und in der Auktion auch für beide Kontrakte die gleiche Recovery Rate festgestellt wird, besteht kein Ausfallrisiko. Abhängig von den jeweiligen Eröffnungspreisen kann dies vielmehr einen positiven Effekt auf eine Bull-Flattener-Position haben. Dies gilt nicht mehr, sobald wir unterschiedliche Nominale verwenden, um beispielsweise DV01-neutrale Positionen einzugehen.

5.4.4.3 Rollrisiko

Ein entscheidender Punkt, der Hand in Hand mit Mark-to-Market- und Ausfallrisiken einhergeht, ist das Rollrisiko des kürzeren CDS als Long-Position. Grundsätzlich ist leicht ersichtlich, dass mit einer gegen null strebenden Restlaufzeit auch der DV01 des CDS, und somit seine Reaktion auf Spread-Ausweitungen, zunehmend geringer ausfällt. In einer ungünstigen Konstellation wird zu lange damit gewartet, den kurzen Kontrakt zu erneuern. Eine überraschende Spread-Ausweitung führt damit einerseits zu einem Verlust auf der Short-Position des längeren CDS, der immer noch ein signifikantes Spread-Delta aufweist, und andererseits zu einem nunmehr zu teuren Rollkandidaten, der für eine weitere Absicherung benötigt wird. Auch die Refinanzierung von Schuldtiteln, deren Fälligkeiten innerhalb der Laufzeit unseres kurzen CDS lagen, kann eine Rollsituation als schwierig gestalten, insbesondere in einem gestressten Marktumfeld.

5.4.4.4 Risiken bei speziellen Kreditereignissen

Probleme, die insbesondere für Kurvenstrategien relevant sind, ergeben sich häufig in Restrukturierungs-Kreditereignissen. Wie bereits in Abschnitt 2.2.1 besprochen, finden sich hier vor allem für europäische, australische und neuseeländische Unternehmen sowie Finanzunternehmen zusätzliche Regelungen, die CDS verschiedener Laufzeiten unterschiedlichen CDS-Auktions-Buckets zuordnen. In diese Auktionen sind nur bestimmte, ebenfalls nach Laufzeit kategorisierte, Anleihen lieferbar. Dies führt dazu, dass sich dadurch unterschiedliche Cheapest-to-Deliver-Obligationen finden, die letztlich zu unterschiedlichen Verwertungsquoten führen. Insofern werden wir, trotz gleicher Nominale, voneinander abweichende Ein- und Auszahlungen der jeweiligen CDS feststellen, sollten diese in unterschiedliche Restrukturierungs-Buckets fallen. Dies kann somit zu einem nur schwer zu quantifizierenden Recovery-Risiko führen.

Ein weiteres »weiches Kreditereignis«, das potenziell Probleme aufwerfen kann, ist das »Succession Event«. Ein solches Ereignis tritt ein, wenn sich der Referenzschuldner der ausstehenden Anleihen eines Unternehmens aufgrund von u. a. Fusionen und Spin-Offs ändert.[34] Ändert sich der Schuldner nur für einen Teil der ausstehenden Obligationen, wandert auch nur ein Teil der dazugehörigen CDS mit. Abhängig von der jeweiligen Kontraktdefinition und Situation erfolgt dies entweder gar nicht,

34 Siehe Abschnitt 2.2.3.

vollständig oder nur zu einem bestimmten Prozentsatz. Im Idealfall spiegelt sich die neue Schuldnerstruktur durch diesen Mechanismus in den CDS-Kontrakten wider. Potenzielle Probleme für eine Kurvenposition ergeben sich, wenn sich die Kapitalstruktur deutlich ändert. Wandern beispielsweise ausschließlich Schuldtitel langer Laufzeit, die einen großen Teil der ausstehenden Obligationen ausmachen, so wird auch der Großteil unserer beiden CDS-Positionen auf diesen neuen Schuldner referenzieren. Da dieser allerdings keine kurzlaufenden Fälligkeiten besitzt, verlieren wir einen signifikanten Teil der Absicherungswirkung unserer kurzen CDS.

5.5 Erweiterte CDS-Handelsstrategien

Der bisherige Aufbau unserer Diskussion verschiedener Handelsstrategien verallgemeinerte Schritt für Schritt den direkten Absicherungsbezug und erweiterte somit einerseits den Umfang unseres Handelsinstrumentariums. Andererseits verlagerte er aber auch unseren Fokus immer mehr abseits des Relative-Value-Gedankens im Sinne von direkter Arbitrage. Dies erweiterte unsere Wahrnehmung des CDS als reines Absicherungsinstrument für Kreditrisiken, indem wir Parallelen zu Derivaten auf Eigenkapital identifizierten und Heterogenität und damit Optionalität einzelner CDS-Punkte innerhalb ihrer Kurve feststellten. Im Weiteren wollen wir uns mit den extremen Enden des Relative-Value-Spektrums befassen.

5.5.1 Index Skew Trades

Wenn wir uns mit den sogenannten Index Skew Trades beschäftigen, befinden wir uns sehr nahe an dem ursprünglichen Arbitrage-Gedanken. Skew Trades fallen unter die Kategorie Indexarbitrage, einer Strategie, in der entweder CDS auf den Index verkauft und seine Bestandteile, die Indexmitglieder, gekauft werden oder umgekehrt. Ein Ertrag bildet sich dann als Differenz des Index-Spreads und dem durchschnittlichen Spread der Einzelnamen-CDS. Abermals gibt es analoge Strategien für eine Vielzahl von Anlageklassen, solange der Index die Mechanik und die Ökonomie der Indexmitglieder in seinem unterliegenden Portfolio hinreichend genau repliziert. Für CDS-Indizes ist dies der Fall.

5.5.1.1 CDS-Indizes

CDS-Indizes sind grundsätzlich liquide und transparente Instrumente. Sie unterliegen standardisierten Parametern, die in ihrer ISDA-Dokumentation spezifiziert sind, und ermöglichen es den Akteuren auf eine sehr effiziente Art und Weise, ihre Marktmeinung bezüglich Kreditrisiken auszudrücken. Allerdings ist anzumerken, dass die Veränderungen des Markt- sowie regulatorischen Umfelds auch bei CDS-Indizes ihre Spuren hinterlassen haben. Wie wir in Abschnitt 1.6 gesehen haben, bedeutete beispielsweise die Einführung des CDS-Shortselling-Verbots einen massiven Einbruch der Liquidität für die iTraxx-SovX-Indexreihe.[35] Speziell davon betroffen war der Markit iTraxx Sovx Western Europe, der den Bereich der europäischen Staaten-CDS abdeckte, und trotz der hohen Nachfrage nach Kreditabsicherung auf europäische Peripheriestaaten im Zuge der Eurokrise nach der Serie 8 nicht erneut aufgelegt wurde. Tabelle 5.5 gibt uns einen Überblick über die On-The-Run-Index-CDS, die zum Zeitpunkt des Entstehens dieses Buches verfügbar waren. Somit haben sich der iTraxx Europe, der iTraxx Asia sowie der CDX durchgesetzt, die geografisch respektive Europa, Asien und Nordamerika abdecken.

	Index	Konstituenten (1)	Kupon (bps)	Recovery Rates (%)	Laufzeiten (Jahre)	Restructuring Modus
iTraxx Europe	Europe	125	100	40	3, 5, 7, 10	Mod Mod R
	Non Financials	95	100	40	5, 10	Mod Mod R
	Senior Financials	30	100	40	5, 10	Mod Mod R
	Sub Financials	30	100	20	5, 10	Mod Mod R
	Crossover	75	500	40	3, 5, 7, 10	Mod Mod R
iTraxx Asia	Japan	40	100	35	5	Full Restructuring
	Asien ex -Japan IG	40	100	40	5	Full Restructuring
	Australien	25	100	40	5	Mod R
CDX	IG	125	100	40	1, 2, 3, 5, 7, 10	No Restructuring
	HY	100	500	30	3, 5, 7, 10	No Restructuring
	EM	15	100	25	5, 10	Full Restructuring

(1) Alle Indizes sind gleichgewichtet mit Ausnahme des Markit CDX EM (3% < % Handelsvolumen < 15%)

Tab. 5.5: Überblick Markit iTraxx Serie 29, CDX Serie 30, CDX Emerging Market Serie 29

Ferner hilft uns Tabelle 5.5, die recht simple Mechanik eines CDS-Index zu verstehen. Sein Nominal wird aus der Summe der gleichgewichteten Einzelnominale der Index-Mitglieder gebildet. Beispielhaft für den Markit CDX HY mit 100 Indexmitgliedern bedeutet das, dass wir bei einem Indexnominal von 100 Millionen US-Dollar einen Fünf-Jahres-CDS auf ein Portfolio von 100 Fünf-Jahres-CDS mit einem Nominal von jeweils einer Million US-Dollar abgeschlossen haben. Des Weiteren werden der CDS-Kupon sowie die Recovery Rate des Index auf die Parameter seiner Mitglieder harmonisiert, in diesem Fall bei 500 Basispunkten und 30 %. Allerdings bedeutet das nicht, dass nur Indexmitglieder aufgenommen werden, die diesen Kriterien entsprechen. Es ist durchaus üblich, CDS zu inkludieren, deren Kupon und Recovery Rate von den Indexstandards abweichen. Dies ist nicht notwendigerweise ein Problem, wie wir auf den folgenden Seiten erkennen werden.

Kreditereignisse werden in der gleichen Analogie behandelt. Unseren Überlegungen in Abschnitt 2.4 folgend nehmen wir an, dass ein Zahlungsausfall bei einer Referenzentität festgestellt wird, deren CDS Teil des CDX-HY-Index ist. Der betroffene

35 https://ihsmarkit.com/research-analysis/04062013123657ESMA-responds-to-short-selling-restrictions.html.

Einzelnamen-CDS selbst wird in der Regel Cash-gesettled. Dies erfolgt zu seinem anteiligen Nominal, in unserem Fall eine Million US-Dollar, basierend auf der in der Auktion festgestellten Verwertungsquote. Für den Index wird eine neue Version erstellt, die dem ausgefallenen Namen ein Indexgewicht von null zuweist. In der Folge wird unser 100-Millionen-US-Dollar-Index-CDS mit einem Gewichtungsfaktor von 0,99 versehen, der das effektive Nominal von 99 Millionen US-Dollar darstellt, auf dem alle folgenden Kupon- und Handelspreis-Zahlungen basieren.[36]

5.5.1.2 Abweichungen vom intrinsischen Wert

Ungeachtet der vielen Ähnlichkeiten, die Index-CDS mit vergleichbaren CDS-Portfolios bezüglich ihrer Mechaniken aufweisen, sind erstere eigenständige Instrumente, deren Preise durchaus von dem theoretischen Preis eines solchen Portfolios abweichen können. Die veröffentlichten Indexwerte basieren auf exekutierbaren Quotierungen, die von einer Reihe von Preis-Kontributoren zur Verfügung gestellt werden. Diese werden nach den jeweiligen Kriterien der verschiedenen Datenanbieter statistisch aufbereitet und stellen in der Regel die durchschnittlichen regionalen Tagesschlusskurse zu Mid-Preisen dar. Diese Indexpreise werden gewöhnlich nicht stark von ihrem intrinsischen Wert, der Summe der Werte ihrer Einzelnamen-CDS, abweichen. Wenn doch, dann spricht man von einem positiven oder negativen (Index-)Skew. Der Index-Skew bezeichnet die Differenz aus den Marktpreisen von Index-CDS und der Summe aller Marktpreise der Einzelnamen-CDS. Häufig wird der Skew im Markt auch als Differenz der entsprechenden Par Spreads (in Basispunkten) quotiert. Aber warum kann es überhaupt einen signifikant von null abweichenden Skew geben?

Einen technischen Faktor bringt die Standardisierung der Kreditereignisse mit sich. Im Gegensatz zu den erwähnten Abweichungen einzelner Parameter zwischen Index- und Einzelnamen-CDS ist dies nicht ohne weiteres durch eine Upfront-Ausgleichszahlung heilbar, da ein zusätzliches Risiko eingeführt wird. Der iTraxx Crossover umfasst größtenteils europäische Unternehmen und handelt somit auch nach dem Format eines Standard European Corporate (STEC). In der Serie 29 beinhaltet er jedoch auch einige wenige Namen, die als Standard North American Corporate handeln (SNAC). Dies ist insofern problematisch, als dass STEC-Kontrakte Restrukturierungen als Kreditereignis ansehen und in einem Mod-Mod-R-Mechanismus abwickeln, wohingegen ein SNAC-Kontrakt keine Form der Restrukturierung absichert. Wird eine Short-CDS-Position in dem Index nun mit seinen Einzelnamen-CDS abgesichert, ist eine Situation denkbar, in der wir auf den Index anteilig auszahlen, während unsere Long-Position uns auf dem Namen nicht entschädigt. De facto wäre eine anfängliche Spread-Differenz (der Index handelt über dem CDS-Portfolio) durch diesen Umstand

36 Gegeben, es handelt sich um das einzige Kreditereignis, das in dieser Index-Serie festgestellt wurde, verbleiben 99 Mitglieder in der Folgeversion dieser Serie.

somit durchaus erklärbar gewesen. Um dieses Risiko zu vermeiden, werden die Einzelnamen-CDS bei einem Skew Trade in der Regel an den Index angepasst. Dies führt zu einer ökonomisch äquivalenten Long- und Short-Position und erspart uns ferner die unterjährigen Zahlungen, die aus etwaigen Kupondifferenzen entstehen würden. Jedoch müssen wir dafür eine Liquiditätsprämie in Kauf nehmen, die sich auf die Geld-Brief-Spanne auswirkt. In einer arbitragefreien Welt sollten in einer solchen Konstellation der CDS-Index sowie das entsprechend angepasste CDS-Portfolio auf den gleichen Spreads handeln. Unterschiedliche Marktdynamiken können diesen Zusammenhang jedoch beeinflussen und somit zu Preisverwerfungen führen. Dies liegt darin begründet, dass allgemein die Motivation, einen CDS-Index zu handeln, sich davon unterscheidet, einen Einzelnamen-CDS zu eröffnen. CDS-Indizes sind liquide und sehr einfache Instrumente und damit eine komfortable Möglichkeit, Kreditmartkrisiko aufzubauen oder abzusichern. Insofern sind hier Angebot und Nachfrage von Makrofaktoren getrieben. In einem starken Sell-Off-Szenario kann die erhöhte Nachfrage, Marktrisiko abzusichern, den Index weiter als sein Portfolio handeln lassen. Umgekehrt wird in einer Rallye wiederum der Index enger handeln. Demgegenüber können auch idiosynkratische Ereignisse zu einer relativen Über- oder Untertreibung führen. Sind die Spread-Bewegungen für bestimmte Indexmitglieder beispielweise aufgrund drohender Kreditereignisse hinreichend groß, können sie indextreibend wirken. Wenn in unserem Beispiel gegenüber dieser Bewegung aus Perspektive eines Makro-Akteurs keine signifikante Veränderung der Marktlage eingetreten ist, wird der Index dem Einzelnamen-CDS nicht im gleichen Maße folgen und es kommt abermals zu einer Preisverwerfung. Letztlich ist diese Divergenz ein weiteres Beispiel für Marktseparation. In diesem Fall unterscheiden sich die Blickwinkel jedoch zwischen einem Index als Abbildung des Marktrisikos gegenüber einem Portfolio von CDS zur Absicherung der jeweiligen Emittenten-spezifischen Ausfallrisiken.

5.5.1.3 Umsetzung von Index-Skew-Positionen

Sobald sich unter Einbeziehung der Geld-Brief-Spannen eine Differenz zwischen Index- und Einzelnamen-Spreads ergibt, treten Arbitrageure auf den Plan, um diese Verwerfungen zu monetarisieren. Skew-Positionen umzusetzen, ist indes eine logistische Herausforderung. Beispielsweise umfasst die momentane On-The-Run-Serie 30 des CDX High Yield 100-Indexmitglieder. Folglich müssten 100 Einzelnamen-CDS zuzüglich des eigentlichen Index-CDS gehandelt werden. Sollten sich die Preise eines oder mehrerer CDS zwischenzeitlich verändern, führt dies zu einem Exekutions-Risiko im Aufsatz, das die Position potenziell ineffizient macht, zumal Skew für gewöhnlich in angespannteren und damit volatileren Marktphasen auftritt. Um dieses Risiko zu vermeiden, müssten alle Kontrakte zum gleichen Zeitpunkt gehandelt werden. Das ist nicht unbedingt unrealistisch, wenn man sich die Handelsmechanik in solchen Situationen vor Augen führt. Das plötzliche Ungleichgewicht in Angebot und Nachfrage für Index- und/oder einer gewissen Anzahl an

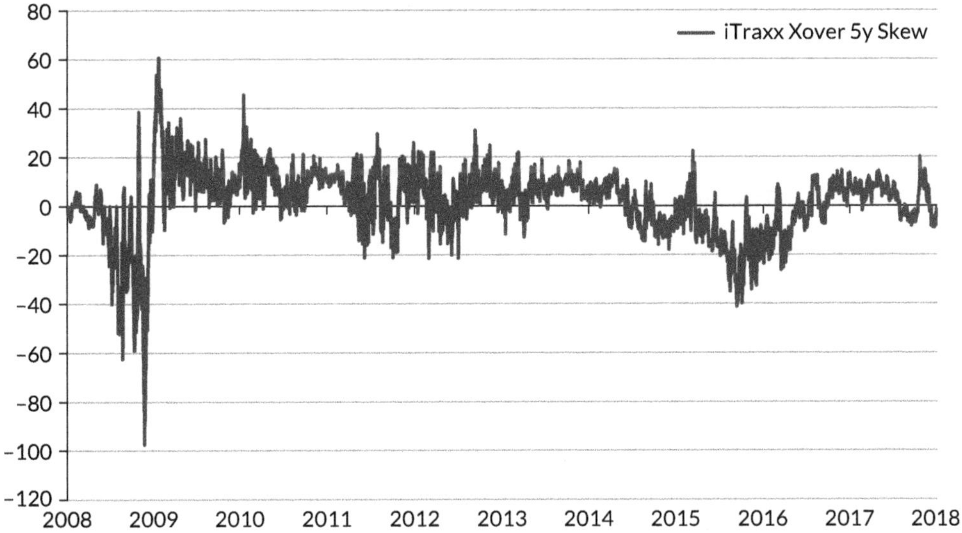

Abb. 5.12: iTraxx Xover Fünf-Jahres-Skew Historie On-The-Run-Serie. Gehandelter minus-theoretischer (NAV-)Spread, Quelle: Goldman Sachs, GS Securities Division

Einzelnamen-CDS führt zu einem starken unidirektionalen Positionsaufbau an den Handelstischen der Liquiditätsanbieter. Um ihre Positionen zu schützen, könnten die Händler in Erwiderung ihre Geld-Brief-Spannen erhöhen, um die Zu- bzw. Abflüsse zu stoppen. Allerdings verzichten sie hierdurch darauf, an dem gestiegenen Handelsvolumen zu partizipieren. Alternativ können sie das Volumen aufrechterhalten und sich mit einem geeigneten effizienten Hedge absichern, sprich Index-CDS kaufen, um den Kaufsog der betroffenen Einzelnamen-CDS auszugleichen oder umgekehrt. Dies ist zwar sehr ertragreich für die CDS-Händler, führt jedoch in letzter Konsequenz zu einer signifikanten Vergrößerung der Handelsbücher. Ist dies nicht erwünscht, veräußert der Handelstisch nun beide Seiten seiner Position entweder in Teilen, über sogenannte »Arb Listen«, oder in einem Gesamtpaket als Skew-Position. Somit fungiert er als eine Art Warehouser und dadurch letztlich als natürlicher Anbieter von Skew-Positionen.

Skew-Positionen an sich haben ein sehr stabiles Risikoprofil. Wenn die Kupons der Einzelnamen-CDS dem Index-Kupon entsprechend vereinbart werden, fließen netto unter der Laufzeit keine Zahlungen. Die Spread-Differenz und somit der annualisierte Ertrag wird über die Upfront-Zahlungen zur Positionseröffnung fest fixiert und über die Laufzeit oder zum Zeitpunkt des Schließens der Position realisiert. Durch die annähernd perfekte Symmetrie beschränkt sich das Risiko auf das Marktpreisrisiko, sprich das Risiko einer weiteren Ausweitung des Skews. Wird die Position in diesem Fall bis zum Laufzeitende gehalten, sollte auch dies unproblematisch sein, da zu diesem Zeitpunkt abermals das anfangs gehandelte Skew Level realisiert wird. Allenfalls kann es zwischenzeitlich zu erhöhten Collateral-Anforderungen kommen, die eine Bereitstellung von Liquidität erfordern. Ein Blick auf Abbildung 5.12 zeigt jedoch, dass

Skew-Ausweitungen verhalten und vor allem nicht persistent sind. Letzteres macht intuitiv Sinn, da der originäre Grund für das Auftreten eine Überreaktion in Folge eines plötzlichen Marktungleichgewichts ist und aufgrund der Arbitrageanreize langfristig nicht stabil sein kann.

5.5.2 Pair Trades

Am anderen Ende des Arbitrage- bzw. Relative-Value-Spektrums stehen Pair Trades. Während wir bisher versucht haben, das gleiche zugrundeliegende Risiko über unterschiedliche Instrumente, oder anders ausgedrückt, verschiedene Märkte, abzubilden, haben Pair Trades einen etwas größeren Blickwinkel. So wird versucht, einen gemeinsamen heuristischen Treiber für die Marktbewegungen der Wertpapiere zweier oder mehrerer Emittenten zu finden und geeignete Hedge-Ratios zu wählen, um die Effekte dieses Treibers weitgehend zu neutralisieren. Da es sich in diesem Fall um meist stochastische Zusammenhänge handelt, bietet es sich an, hierzu Methoden aus der Statistik heranzuziehen.

5.5.2.1 OLS-Modell

Betrachten wir hierzu die Fünf-Jahres-CDS zweier Stahlproduzenten aus dem US-High-Yield-Segment. Unter der Annahme, dass die Stahlpreise oder zumindest die allgemeine Entwicklung der Rohstoffmärkte den dominanten Treiber für die Spread-Entwicklung beider Emittenten darstellt, können wir als ersten Schritt eine OLS-Regression auf die Spreads der CDS betrachten. OLS ist dabei eine Abkürzung für den englischen Begriff »ordinary least squares«. Nach einer allgemeinen Bereinigung der CDS-Historien beider Emittenten, um extreme Ausreißer und Handelstage zu entfernen, die keine Preisbewegungen aufweisen, was meist keinen fundamentalen Hintergrund hat und nur auf Illiquidität zurückzuführen ist, verbleiben uns für unseren Zehn-Jahres-Zeitraum rund 1900 Beobachtungen. Da unser Ziel ist, eine Position aufzubauen, die lediglich aus diesen beiden CDS besteht, schätzen wir folgendes univariates Modell, wobei der CDS-Spread für den Emittenten AK Steel Corp. die abhängige Variable darstellt und US Steel Corp. unsere erklärende Variable ist:

$$Y_i = \widehat{\alpha} + \widehat{\beta} X_i + \varepsilon_i$$

Im Ergebnis stellen wir eine durchaus solide Korrelation zwischen beiden Spread-Historien fest, mit einem $\beta = 1{,}4541$ und einem $R^2 = 89{,}7\,\%$. Letzteres ist ein Gütemaß für unsere Schätzung und besagt, dass das Modell, bestehend aus unserem Schätzer $\widehat{\beta}$ für das Reaktionsausmaß beider CDS und $\widehat{\alpha}$ als Achsenschnittpunkt für einen Spread von null bei US Steel, ca. 89,7 % der gesamten bivariaten Streuung erklärt. Da wir ein sehr simples Einfaktorenmodell benutzen, ist R^2 ein ausreichend robustes Maß und impliziert, dass der sehr starke Zusammenhang auch eine sehr gute Hedgewirkung bedeuten kann.[37] Ungeachtet der hohen Güte des Modells sehen wir uns mit zwei Problemen konfrontiert. Zum einen bildet das $\widehat{\beta}$ hier den Faktor ab, um den sich der Spread von AK Steel stärker bewegt als der von US Steel. Da unser Gewinn und Verlust sich jedoch aus Upfront-Werten bilanziert, sprich einer nichtlinearen Funktion der Spreads, kann $\widehat{\beta}$ nur bedingt als Hedge-Ratio verwendet werden. Das zweite Problem zeigt sich in einem Scatterplot unseres Modells. Mit einem zunehmend höheren Spread bei US Steel nimmt der Abstand der einzelnen beobachteten Punkte (X_i, Y_i) zu unseren prognostizierten Werten $\widehat{Y}_i = \widehat{\alpha} + \widehat{\beta} X_i$ zu, was eine Form von Heteroskedastizität, sprich eine Ungleichverteilung der Standardfehler ε_i, darstellt. Dies kann mit Hilfe eines Breusch-Pagan- oder White-Tests bestätigt werden.[38] Zwar verletzt dies die Gauss-Markov-Bedingungen eines OLS-Modells, jedoch mit überschaubaren Konsequenzen für uns, da die Schätzer zwar ineffizient werden, sprich die Aussage über die Güte der Schätzer in den Konfidenzintervallen und T-Tests verfälscht ist, jedoch ihre Werte erwartungstreu bleiben.[39] Letzteres ist für uns entscheidend, da wir ohnehin aus unserer Handelsidee heraus postulieren, dass der Zusammenhang beider Spread-Historien signifikant ist und dies auch über das Gütemaß R^2 bestätigt wird, das von Heteroskedastizität nicht beeinflusst wird.[40]

Eine Variante, um mit Heteroskedastizität umzugehen, ist, die Variablenspezifikation zu ändern. Finanzdaten sind meist nicht normalverteilt, sondern folgen einer Lognormalverteilung, da sie häufig bei null links-trunkiert sind und eine deutliche Rechtsschiefe erkennbar ist. Somit könnten wir das Modell verbessern, indem wir auf die Logarithmen beider Spread-Historien regressieren, da ihre Logarithmen einer Normalverteilung entsprechen sollten. Dies hat für uns jedoch nur begrenzten Nutzen, da wir ultimativ nach einem handelbaren Hedge-Ratio suchen und die bisherige Regression auf Basis der Spreads lediglich eine qualitative Aussage über die Beständigkeit des Zusammenhangs liefert.

In der Folge ist es sinnvoller, das gleiche Modell an die Upfronts der bereinigten Spread-Daten zu fitten, um somit ein $\widehat{\beta}$ zu erhalten, das direkt unserem Hedge-Ratio entspricht. In der Folge erhalten wir:

$$Y_i = 6{,}6254 + 1{,}0482 X_i + \varepsilon_i.$$

Somit liegt unser Hedge-Ratio bei zirka 1,05, was bedeutet, dass bei einer Spread-Ausweitung, in der sich das Fünf-Jahres-Upfront von US Steel um einen Prozentpunkt erhöht, das Upfront von AK Steel um 1,05 Punkte zunimmt. Das R^2 liegt mit einem Wert von 83,6 % immer noch in einem guten Bereich. Interessant ist, dass wir abermals Heteroskedastizität feststellen. Diesmal nehmen die Standardfehler

37 R^2 misst den Anteil der Streuung der abhängigen Variablen, der durch das Modell erklärt wird. Nehmen wir eine Vielzahl neuer Variablen in das Modell mit auf, führt dies potenziell zu Multikollinearität und somit zu einem ineffizienten Modell. Dies würde nicht durch ein sich verschlechterndes R^2 reflektiert werden.

38 Siehe Verbeek (2008), S. 99-100.

39 Siehe Verbeek (2008), CH. 2.3.

40 R^2 hängt von der Varianz der abhängigen Variablen sowie der ihres Schätzers ab und bleibt somit von der Verteilung des Standardfehlers unberührt: $R^2 = Var(\widehat{y}_i)/Var(y_i) = 1 - Var(e_i)/Var(y_i)$.

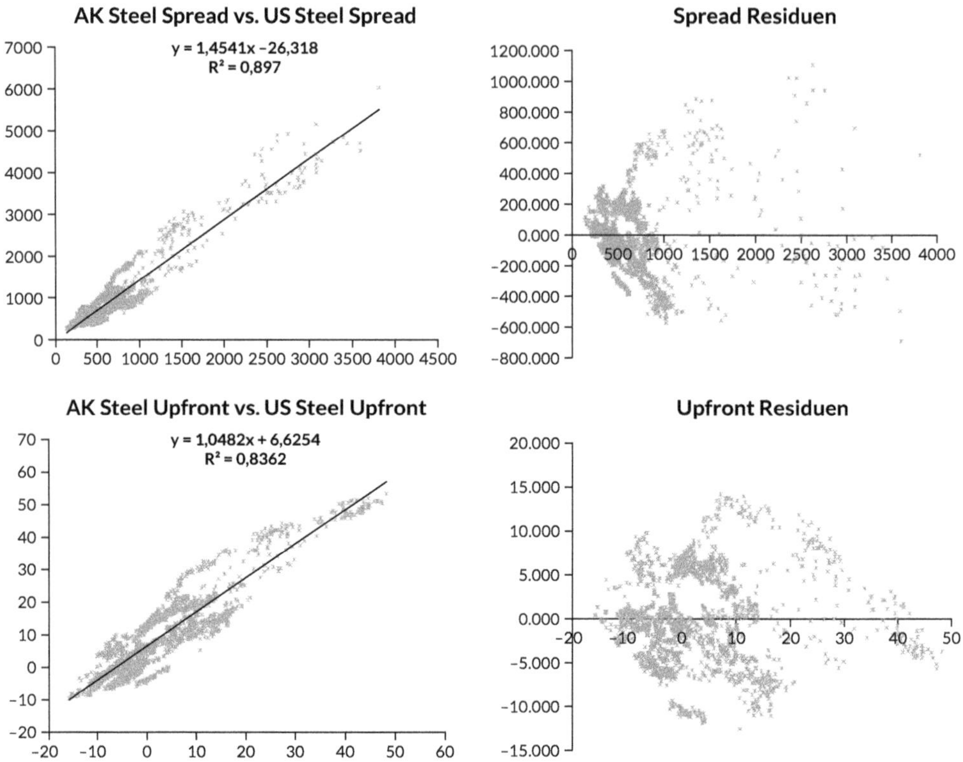

Abb. 5.13: Spread Model und Upfront Model, Quelle: Bloomberg

mit steigenden X_i nicht monoton zu, sondern nur bis zu ca. der Hälfte der Wertemenge und danach wieder ab. Diese Erkenntnis ist deshalb nützlich für uns, da das Verhalten der Standardfehler in beiden Modellen vor allem endogene Erklärungsansätze hat, die Rückschlüsse auf das Verhalten unserer Hedgeposition in Extremsituationen zulassen. Wie bereits in den vorherigen Kapiteln diskutiert, nimmt das DV01 mit steigenden Spreadlevels ab. Insofern ist es nachvollziehbar, dass je weiter wir uns entlang der jeweiligen Achse bewegen, für gegebenen Spread der einen Firma die Bandbreite der Spreads für die andere Firma zunimmt, da größere Spread-Bewegungen erforderlich sind, um signifikante Upfront-Veränderungen zu bewirken. Ist die Ausfallwahrscheinlicheit hinreichend groß, verändert sich der Charakter der Position, sodass die Upfront-Preise der CDS die Markterwartung bezüglich der Auktionsergebnisse der Recovery-Werte widerspiegeln. Dies können mitunter recht starke Schwankungen sein, die hohe Spread-Bewegungen implizieren, welche sich beispielsweise in Form von inversen Spread-Kurven zeigen, bis sich eine gleichgewichtige Recovery Rate eingestellt hat. Eine Regression auf Upfront-Werte zeigt genau diese Dynamik. Mit zunehmendem Risiko steigen die Schwankungen der Upfronts beider Firmen, was eine erhöhte Unsicherheit reflektiert. Ab einem gewissen Schwellenwert konvergieren sie jedoch zu ihren Recovery-Werten. Je eindeutiger dieser Wert für beide Firmen ist, desto dichter wird sich ein Klumpen von Beobachtungspunkten am oberen Ende unserer Punktewolke bilden. Dies ist durchaus nachvollziehbar, wenn wir uns den Verteilungscharakter von CDS-Upfront-Preisen vor Augen führen. Effektiv sind sie links-trunkiert auf den Barwert aller Kuponzahlung bis Laufzeitende, für eine Ausfallwahrscheinlichkeit von quasi null, sowie rechtstrunktiert bei 100 % abzüglich der Recovery Rate.

Ultimativ gibt dies Aufschluss über das effektive Risiko einer potenziellen Position. Ganz grundsätzlich muss natürlich unsere Annahme erfüllt sein, dass der unterliegende markttreibende Effekt weiterhin beide Emittenten in gleicher Weise beeinträchtigt, sprich die positive Korrelation beider CDS-Historien sich als konsistent zeigt. Ist dies der Fall, verbleiben uns Mark-to-Market- sowie Recovery-Risiken. Ein in unserem Fall stark gesunkener Stahlpreis kann für den einen Emittenten bereits schwere Konsequenzen haben, während der andere, z. B. aufgrund langfristiger Absatzverträge, diese Phase überstehen könnte. Selbst wenn beide Emittenten zeitgleich ausfallen, ist es nicht gegeben, dass sich in beiden CDS-Auktionen die gleiche Verwertungsquote einstellt. Insofern ist es essenziell, abseits der statistischen Hedge-Ratios auch alle pathologischen Szenarien in Betracht zu ziehen.

5.5.2.2 Handelsaspekte

Gegeben unseres Hedge-Ratios können wir uns eine durchaus facettenreiche Strategie überlegen. Die direkteste Komponente hierbei ist eine Art Mean Reversion bzw. Spread Compression. In diesem Fall weicht das Verhältnis zwischen den Upfront-Preisen von unserem prognostizierten Hedge-Ratio ab und wir erwarten, dass sich dieses Verhältnis über die Laufzeit wieder einstellt. Diese Vorgehensweise entspricht der Suche nach einem möglichst hohen absoluten Fehlerterm, sprich der Abweichung des momentanen AK Steel Spreads von seinem prognostizierten Wert bezüglich des momentan vorherrschenden US Steel Spreads. Weitergehend gilt es, mögliche Carry-Komponenten zu beachten, die entstehen, sobald wir ein $\beta \neq 1$ haben, was den Regelfall darstellt. Je nachdem, ob das Long-Nominal oder das Short-Nominal überwiegt, führt dies zu Kuponzahlungen und somit entweder einem positiven oder auch negativen laufenden Ertrag. Auch gilt es die Kurvenstruktur der Emittenten zu untersuchen. Ist die Kurve auf der Short-CDS-Position steiler als die der Long-Position, profitieren wir von einem Netto-Rolldown für die zu erwartende Halteperiode. Ferner müssen etwaige mögliche Kurventorsionen in Betracht gezogen werden.

Ist dies ein Kernpunkt der Strategie, spricht man von einem sogenannten Diagonal Steepener bzw. Flattener, mit der Grundidee, dass eine Kurve im Verhältnis zu der anderen zu steil oder zu flach gepreist ist oder sich beide Kurven fundamental unterschiedlich entwickeln.

Da wir im Mittel, folgend unserem Modell, eine Upfront-Kombinationen der Form $Upfront_{AK\,Steel} = 1{,}05\,Upfront_{US\,Steel} + \alpha$ erwarten, würden wir für eine Short-AK-Steel-Position einen Überhang von 1,05 zu 1 an Nominal in US Steel Long CDS benötigen,

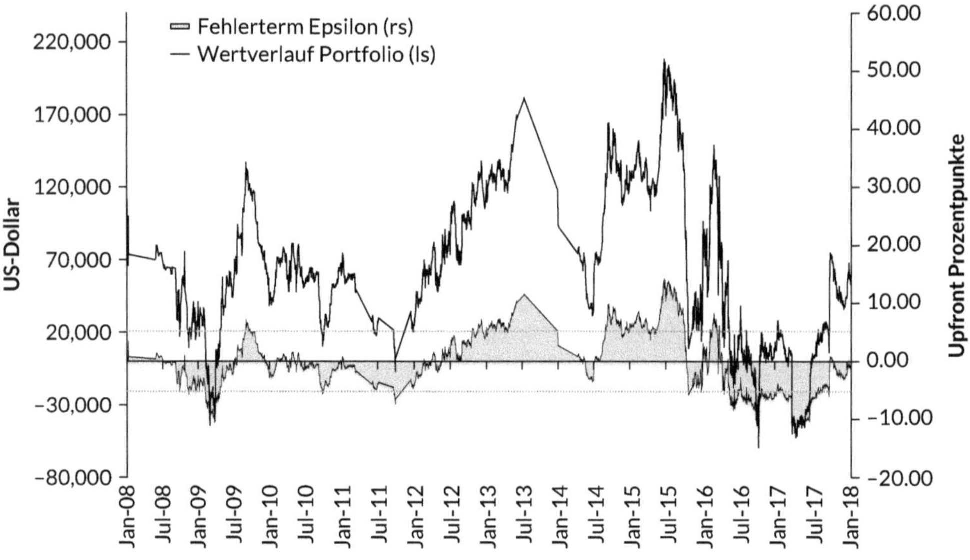

Abb. 5.14: Simuliertes Hedge Portfolio AK Steel vs. US Steel, Quelle: Bloomberg

was zu unerwünschten laufenden Prämienauszahlungen führen würde. Solange der Rolldown beider CDS-Kurven ähnlich hoch ausfällt, würden wir in der Konsequenz die Gegenposition bevorzugen und US Steel CDS verkaufen. Folglich suchen wir nach einer Situation, in der der AK Steel CDS deutlich unter seinem in unserem Modell prognostizierten Wert handelt. Ist dies der Fall und genügt die angestrebte Position unseren Anforderungen an den laufenden Ertrag und an die Kurvenstruktur, enden wir beispielsweise in einer 1,05-Millionen-US-Dollar-Short-Position in US Steel und einer Eine-Million-US-Dollar-Long-Position in AK Steel. Die theoretische Marktwerthistorie einer solchen simplen Hedgestrategie ist in Abbildung 5.14 dargestellt. In der Grafik sind weder die laufenden Erträge aus der Nominaldifferenz noch die Rolldown-Effekte berücksichtigt. Erstere sind jedoch einfach zu berechnen und entsprechen dem CDS-Kupon, 5 % pro Jahr, auf 0,05 Millionen US-Dollar über die Halteperiode der Position. Solange keine ungünstigen Kurventorsionen auftreten, profitiert unser Portfolio von einem unterliegenden positiven Bias in Form eines Netto-Rolldowns auf unsere Gesamtposition. In erster Linie erwarten wir jedoch, Kursgewinne durch Mean Reversion bzw. Spread Compression zu erzielen.

Dass fast alle betrachteten Aspekte in unserem Portfolio für uns laufen, ist nicht immer der Fall. Somit stellt unsere Position eine gewisse Idealisierung eines Pair Trades dar. Nichtsdestotrotz ist auch diese durchaus risikobehaftet. Der Marktwert unseres Portfolios bewegt sich während der betrachteten Periode in einem recht breiten Band zwischen – 60 000 US-Dollar und + 210 000 US-Dollar. Das tatsächliche Chancen-/Risiko-Verhältnis hängt davon ab, wie wir unser Kauf- bzw. Verkaufssignal definieren. Die grundlegende Entscheidungsgröße ist wie beschrieben der Fehlerterm

Epsilon, sprich die Differenz unserer abhängigen Variablen zu ihrem Schätzer. Im Mittel sollte er, folgend der OLS-Annahmen, bei null liegen. Zur Veranschaulichung definieren wir unser Kaufsignal bei einem Epsilon von einer Standardabweichung unter null und das Verkaufssignal bei null. Dies hätte beispielsweise Ende November 2015 zu einer Positionseröffnung bei einem Marktwert von 10 000 US-Dollar geführt. Dem gegenüber steht ein potenzieller Verlust von 80 000 US-Dollar im November 2016, was dem maximalen Marktwertverlust unserer Strategie in der Betrachtungsperiode entspricht. Wenn wir davon ausgehen, dass wir die Position bei einem Epsilon von null schließen werden, liegt unser potenzieller Gewinn von etwa 60 000 US-Dollar knapp unter diesem Drawdown. Die Zahlen selbst sind indes nicht besonders überraschend, da der Marktwert des Portfolios eine Funktion von Epsilon darstellt und das Verkaufssignal, das Kaufsignal und der maximale historische Verlust in etwa jeweils eine Standardabweichung auseinander liegen.[41] Gegeben der historischen Daten, schaffen wir somit ein sehr symmetrisches Zahlungsprofil. Da solche Daten meist jedoch unter einem sehr starken Survival Bias leiden, müssen wir die wirtschaftliche Entwicklung beider Emittenten genau verfolgen, um unser Ausfall- bzw. Recovery-Risiko sowie das inhärente Modellrisiko unter Kontrolle zu halten.

5.5.2.3 Erweiterte Strategien

In erweiterter Form ist es natürlich auch denkbar, eine Reihe von CDS-Kombination gegen einen bestimmten Wert zu stellen. Dies bietet sich vor allem im Kontext eines Skew Trades an, wenn es nicht möglich oder praktikabel ist, alle Einzelnamen-CDS des Index zu beschaffen. Folglich besteht die Zielsetzung darin, Emittenten zu identifizieren, die eine möglichst hohe Indexkorrelation aufweisen und eine Nominalkonstellation zu implementieren, deren Korrelationsstruktur die Varianz des Index möglichst genau abbildet. Dadurch wird die Anzahl der benötigten Emittenten in Abhängigkeit der Modellgüte minimiert. In der Folge wird im gleichen Maße von Long/Short-CDS-Nominaldifferenzen, Rolldowns und Spread Compression-Effekten wie bei den oben besprochenen Pair Trades profitiert. Allerdings stehen dem auch die gleichen Risiken gegenüber.

41 Zur Erinnerung: Der Wert des Portfolios errechnet sich als $MV = N \cdot Y_i - \widehat{\beta} N \cdot X_i = N[Y_i - \widehat{\beta} X_i]$. Unser Fehlerterm Epsilon ist gegeben als $\varepsilon_i = Y_i - \widehat{\alpha} - \widehat{\beta} X_i$ bzw. $\varepsilon_i + \widehat{\alpha} = Y_i - \widehat{\beta} X_i$.

6 Die Regulierung des CDS-Marktes

6.1 Regulierungszyklus 2008 bis 2018

Es gibt keine Finanzmärkte, die dem uneingeschränkten vollkommenden Wettbewerb im Sinne des Neoliberalismus unterliegen. Die Finanzmärkte sind seit jeher von einer Vielzahl an Markteingriffen bestimmt, die das Investorenverhalten nachhaltig und preisbildend beeinflussen. Einerseits bedingen regulatorische Eingriffe Kosten und andererseits beeinflussen sie die Anlagemöglichkeiten der Marktteilnehmer. Hiervon ist der Kreditderivatemarkt nicht ausgenommen.

Wie die meisten Marktsegmente profitierte der CDS-Markt von einer kontinuierlich rückläufigen Regulierung von den 1990er-Jahren an bis zum Krisenjahr 2008. Im Anschluss an die Finanzmarktkrisen der letzten Jahre hat der Regulierungszyklus vor allem in Europa jedoch neue Dimensionen angenommen. Hierbei setzt die Regulierung auf internationaler Ebene nicht nur direkt bei den Marktteilnehmern (Basel III bei Banken und Solvency II bei Versicherungen) an, sondern eben auch auf Ebene der Märkte und auf Ebene der Instrumente. 2018 hat die USA bereits wieder angefangen, Banken mehr Spielraum zu gewähren, was als Wendepunkt im Regulierungszyklus gedeutet werden kann.

Dieses pro-zyklische Verhalten des Regulators – also ad hoc straffere Regulierung im Zuge von Finanzkrisen, die dann schrittweise wieder gelockert werden, bis es zur nächsten Krise kommt – kann in den Finanzmärkten auf eine lange Historie zurückblicken. In Boomphasen werden generell Markteingriffe zurückgenommen bzw. regulatorische Hürden abgebaut, da die Behörden dadurch weiteres Wachstum fördern wollen. Im Nachgang einer Krise an den Märkten verstärkt der Regulator allerdings die Regulierungsbestrebungen, um die Marktmechanismen teilweise außer Kraft zu setzen.

Gerade für Kreditderivate spielen diese Regulierungsmaßnahmen der letzten Jahre eine zentrale Rolle, da der Derivatemarkt allgemein auf allen oben dargestellten Ebenen Eingriffe erfahren hat. Hierbei geht es von Leerverkaufsverboten auf spezifische Kreditderivate über Regulierungen des Marktes (EMIR) bis hin zu Regulierungen die Marktteilnehmer betreffend (Solvency II, Basel III).

Wir konzentrieren uns im Folgenden auf die Regulierungsmaßnahmen, die innerhalb Europas Anwendung finden. Daneben gibt es weltweit eine Vielzahl nationaler Regelungen, die aber nur sehr spezifische Effekte mit sich bringen. Regulierung ist also zumindest eine Nebenbedingung für die Handelsstrategien von Investoren, womit sich wiederum ein zyklisches Investitionsverhalten der Marktteilnehmer rechtfertigen lässt. Marktakteure verhalten sich also durchaus rational, wenn sie ihr Portfolio bzw. ihre Strategien am Regulierungszyklus ausrichten, weshalb diesem eben wiederum eine marktbeeinflussende Rolle zukommt.

Der Kreditderivatemarkt ist zumindest von direkten Eingriffen der Europäischen Zentralbank, wie sie beispielsweise am Anleihenmarkt umgesetzt worden sind, verschont geblieben. Allerdings standen Kreditderivate nicht nur im Mittelpunkt der Subprime-Krise, sondern spielten auch eine Rolle in der Europäischen Schuldenkrise, weshalb die Regulierungsmaßnahmen noch über jene beispielsweise in den USA hinausgingen. Außerdem spielt sich die Regulierung der europäischen Finanzmärkte auf zwei Ebenen ab. Einerseits ist eine Vielzahl unterschiedlicher supranationaler Institutionen involviert, während nationale Behörden nicht nur die europäischen Regeln umzusetzen haben, sondern eben auch eigene Maßnahmen ergreifen können. Vor diesem Hintergrund werden nachfolgend die relevanten Institutionen in Europa vorgestellt.

6.2 Europäische Institutionen der Finanzmarktregulierung

Bereits 2001 wurde angesichts des gemeinsamen Euro-Finanzmarktes in Europa der Ausschuss der Europäischen Aufsichtsbehörden für das Wertpapierwesen (*Committee of European Securities Regulators*, CESR) basierend auf einer Entscheidung der EU-Kommission aktiv, wobei die erste europäische Wertpapieraufsicht noch weitestgehend beratenden und beobachtenden Charakter aufwies. Aus dem CESR ging im Jahre 2011 die Europäische Wertpapier- und Marktaufsichtsbehörde ESMA (*European Securities and Markets Authority)* hervor, die einen erheblichen Zuwachs an Kompetenzen erfahren durfte.[1]

Die ESMA ist eine unabhängige, dem Europäischen Parlament weisungsgebundene EU-Behörde und verfolgt drei maßgebliche Ziele: den Schutz der Investoren, die Einhaltung geordneter Märkte und die Stabilität der Finanzmärkte. Hierunter fällt beispielsweise die Einhaltung der Regelungen aus MiFID II oder des Leerverkaufsverbots, aber auch die Einhaltung von Transparenzpflichten beispielsweise bei M&A-Transaktionen oder die Überwachung von Veröffentlichungspflichten. Die ESMA zeichnet verantwortlich für die Alternative *Investment Fund Manager Directive* (AIFMD) und ist zuständig für die Zulassung von Rating-Agenturen. Die ESMA entscheidet außerdem über die Clearing-Pflicht spezifischer Derivate, auch basierend auf ihrer Einschätzung damit verbundener Systemrisiken.

Darüber hinaus spielen auch Regulierungen, die nicht spezifisch auf den CDS-Markt wirken, eine Rolle für die Preisfindung von Kreditderivaten. An erster Stelle sind hier alle Institutionen der Bankenaufsicht zu nennen, die beispielsweise auch bei der Abwicklung von Finanzinstitutionen zum Tragen kommen. In Europa fällt diese Rolle vor allem der EBA (European Banking Authority[2]) und der Europäischen Zentralbank (EZB) zu. Die EBA hat hierbei nur eine Art Beratungsmandat, sie hat also keine direkten Eingriffsrechte. Eine Ausnahme hierzu besteht aber für den Fall,

1 https://www.esma.europa.eu.
2 https://www.abe-eba.eu/.

das nationale Behörden gegen europäisches Recht verstoßen, weshalb die Behörde in jegliche regulierende Maßnahme automatisch überwachend involviert ist. Der EZB wurde erst in Folge der europäischen Schuldenkrise die Aufsicht systemrelevanter Kreditinstitute innerhalb der EU übertragen, wobei dies als Teil ihres Mandats zur Stabilisierung der Finanzmärkte zu betrachten ist. Einerseits werden hierdurch die Aktivitäten von Banken am CDS-Markt beeinflusst, beispielsweise über Eigenkapitalregeln und Bestimmungen zur Risikotragfähigkeit der Institute. Andererseits haben die Mechanismen bei der Abwicklung von Instituten eine entscheidende Bedeutung bei der Verlustverteilung innerhalb der Kapitalstruktur und somit für die realisierten Verwertungsquoten von Financial Senior und Subordinated CDS. Bei der Vielzahl an Abwicklungen und Restrukturierungen in den letzten Jahren (beispielsweise der Novo Banco in Portugal, der Monte dei Paschi in Italien oder der spanischen Banco Popular) konnten diese Effekte bei der Festellung der Verwertungsquote (vor allem bei Subordinated CDS) innerhalb des Auktionsmechanismus im CDS-Markt beobachtet werden. Hierbei war ebenfalls festzustellen, dass die nationalen Aufsichtsbehörden bei der Interpretation der europäischen Regulierungsregeln durchaus einen gewissen Spielraum haben, wodurch trotz der Existenz eines verpflichtenden europäischen Regelwerks nationale Besonderheiten bei der Bestimmung der Verlustverteilung eine Rolle spielen.

Wie eingangs erwähnt, sind regulatorische Maßnahmen ein Grund dafür, dass die Annahme kompetitiver Preisfindung an den Märkten verfehlt ist. Es bestehen also persistente Preisanomalien an den Märkten, die vor allem in Krisensituationen besonders ausgeprägt sind. Ein Beispiel hierfür sind die divergenten Marktbewegungen innerhalb der Kreditmärkte im Zuge der Griechenlandkrise. Nachdem Griechenland in den Jahren 2010 und 2011 mehrmals von allen Ratingagenturen herabgestuft wurde, lag das Rating unter den Mindestanforderungen einiger Investoren, vor allem von Versicherungen und Pensionskassen, im Kreditmarkt unter deren Mindestanforderungen bezüglich der Kreditqualität. Hier kam es sukzessive zu starken Verkäufen griechischer Anleihen, was zu einer starken Ausweitung der Credit Spreads im Anleihenmarkt geführt hat. Diese Entwicklung war am CDS-Markt weitaus weniger stark ausgeprägt, d. h. die CDS-Spreads haben sich weniger stark ausgeweitet. In anderen Worten: Das Phänomen der negativen Basis (vgl. Abschnitt 5.1) hat extreme Ausmaße angenommen. Einer der zentralen Gründe dafür liegt eben in einer regulatorisch bedingten Form der Marktsegmentation. Während im Anleihenmarkt besonders stark regulierte Investoren (s. o.) dominieren, war der CDS-Markt von (zumindest damals) weniger stark eingeschränkten Banken und Hedgefonds geprägt. Erstere wurden regulatorisch zum Verkauf der Anleihen »gezwungen«, während vor allem Hedgefonds von der Einstufung von Ratingagenturen weitestgehend unabhängig sind. Zwei Instrumente (Anleihen und CDS), die sehr ähnliche Charakteristiken aufweisen und auf dieselbe Referenzentität und somit dasselbe Risiko referenzieren, weisen dadurch völlig divergente Entwicklungen auf. Der Einfluss regulatorischer Maßnahmen ist also insbesondere groß bei der Betrachtung relativer Preise (also Preisverhältnissen).

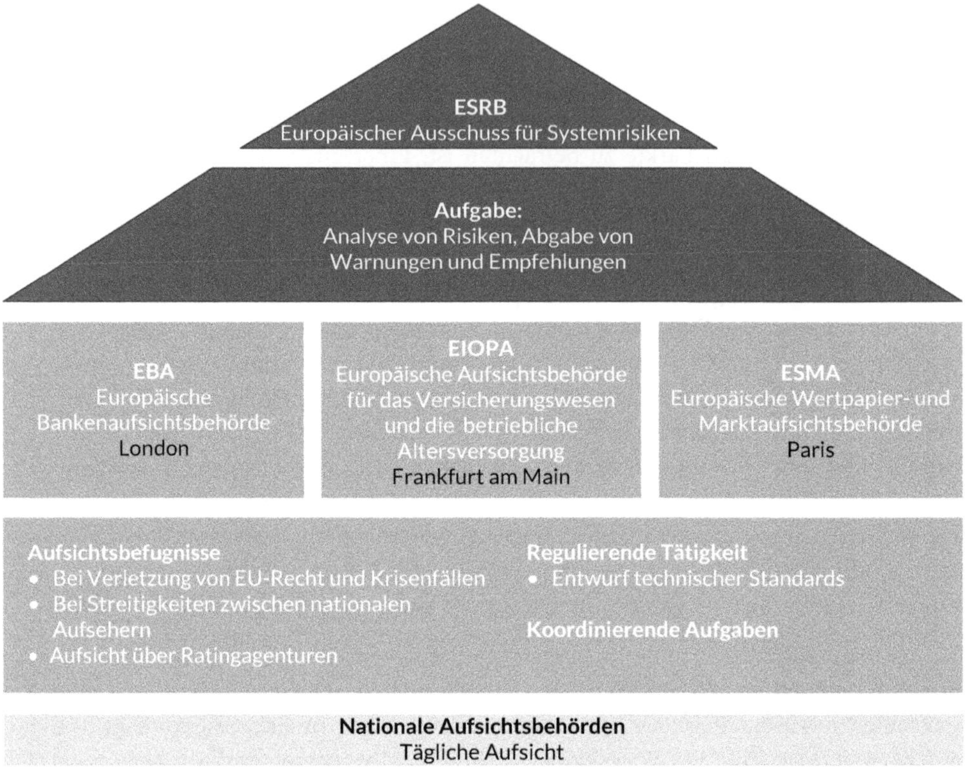

Abb. 6.1: Übersicht europäische Regulierungsbehörden, Quelle: Bundesministerium der Finanzen

In diesem Zusammenhang hat sich eine weitere divergente Preisentwicklung innerhalb des griechischen Staatsanleihenspektrums ergeben, die ebenfalls rechtlich regulatorischer Natur war. Als in 2011 absehbar wurde (vgl. Abschnitt 1.7.2), dass eine Restrukturierung der Staatsanleihen für Griechenland unumgänglich wurde, kam es zu einer divergenten Entwicklung zwischen Anleihen, die nach inländischem und solchen, die nach ausländischem Recht begeben wurden. Die den Anleihen nach inländischem Recht zugrunde liegende Anleihedokumentation konnte direkt durch eine Gesetzesänderung angepasst werden mit dem Ziel, diese in einem zweiten Schritt in neu begebene Anleihen umzutauschen. Investoren in diese Anleihen haben dadurch einen starken Einschnitt in das Anleihenominal hinnehmen müssen. Die Prospekte der Anleihen nach internationalem Recht hingegen waren von der griechischen Gesetzgebung unabhängig und somit auch nicht Teil der Restrukturierungsmaßnahmen. In der Konsequenz haben Halter von Anleihen nach griechischem Recht ca. 75 % ihres Anleihenominals eingebüßt, während Anleihen nach internationalem Recht vollständig bedient und zurückgezahlt wurden. Investoren in diese Anleihen haben hierbei keinerlei Verluste erfahren. Die nationale Gesetzgebung kann also auch einen starken Einfluss auf die Abwicklung der darauf referenzierenden CDS haben, beispielsweise über die CTD(cheapest to delivery)-Option im Zuge einer Auktion im CDS-Markt als Folge eines Kreditereignisses.

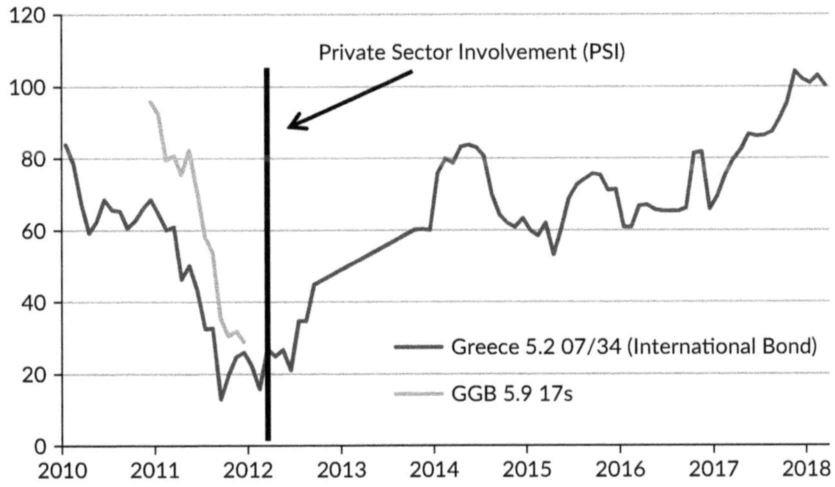

Abb. 6.2: Divergierende Entwicklungen in nach nationalem und internationalem Recht begebenen griechischen Staatsanleihen während der Krise, Quelle: Bloomberg, XAIA-Investment

Gerade in Krisensituationen spielen also regulatorische Maßnahmen eine wichtige Rolle bei der Wertermittlung von CDS-Kontrakten. Folglich müssen politische, regulatorische und rechtliche Aspekte in die Bewertung von Kreditrisiken miteinbezogen werden.[3] Hierbei kommt den regulatorischen Institutionen sowie den nationalen und internationalen Rechtsrahmen eine hohe Bedeutung zu und müssen dementsprechend von den zum Teil auch nur indirekt betroffenen CDS-Investoren berücksichtigt werden. Daneben bestehen natürlich auch regulatorische Rahmenbedingungen, die direkt im CDS-Markt Anwendung finden. Und solche, die die Investoren im CDS-Markt betreffen. Darauf werden wir im Folgenden detaillierter eingehen.

6.3 Leerverkaufsverbot

Es ist EU-regulierten Finanzinstituten seit November 2012 verboten (vgl. Kapitel 1), CDS-Leerverkäufe auf europäische Staaten abzuschließen. Die Regulierung zielt darauf ab, Investments mit spekulativem Charakter zu verbieten, wenn diese von einem schlimmen Szenario für einen EU-Staat profitieren, also sozusagen auf solch ein Szenario »wetten«. Auch wenn diese Grundidee einfach nachvollziehbar und offensichtlich politisch gut zu vermarkten ist, ist es in der Praxis nicht immer einfach festzustellen, ob ein spezielles Investment gemäß der Regulierung verboten werden sollte oder nicht. Das einfachste Beispiel für ein Investment, das durch die Regulierung vermieden werden soll, ist der Kauf von CDS-Protection auf einen EU-Staat mit der Absicht, von einer Verschlimmerung der finanziellen Situation des Staates zu profitieren. Aber wie genau

3 Vgl. hierzu Felsenheimer/Vogt (2013).

weist man diese Absicht nach bzw. in welchen Fällen ist der Kauf von CDS-Protection auf einen EU-Staat noch zulässig?

Beispiel: Wann ist eine CDS-Position ungedeckt?

Gemäß dem Wortlaut der EU-Richtlinie Nr. 236/2012 sind sogenannte »ungedeckte« CDS-Positionen verboten, was für den Kauf von CDS-Protection auf einen EU-Staat ein bereits bestehendes Investment in festverzinsliche Wertpapiere bedingt, die vom betreffenden Staat emittiert oder garantiert wurden. Anders formuliert ist also der Kauf von CDS-Protection zu Absicherungszwecken zulässig, solange man nicht »übersichert«. Die tagtägliche Praxis eines Portfoliomanagers bedarf also zur Umsetzung der EU-Richtlinie einer exakten Definition der Begriffe »ungedeckt« bzw. »übersichert«. Wir werden in der Folge zeigen, dass solch eine Definition nicht ganz so eindeutig ist, wie man zunächst vermuten mag, und werden anhand eines konkreten Praxisbeispiels aufzeigen, wie eine solche Definition sinnvollerweise aussehen könnte.

Will man das Ausfallrisiko einer Staatsanleihe (bzw. einer Anleihe, die durch einen EU-Staat garantiert ist) durch den Kauf von CDS-Protection absichern, muss man sich zunächst in Erinnerung rufen, dass sich die eventuelle Entschädigungszahlung aus dem CDS am Nominalwert der Anleihe orientiert, während sich aber gleichzeitig die entstehenden Verluste auf die Marktwerte von Anleihe und CDS auswirken. Um dies anschaulich zu demonstrieren, betrachten wir beispielhaft zwei unterschiedlich geartete Fälle:

(a) Die Staatsanleihe handelt (deutlich) über ihrem Nominalwert und das Upfront des CDS ist so hoch, dass selbst die Summe aus Anleihekurs und CDS-Upfront noch über Par handelt.
(b) Die Staatsanleihe handelt (deutlich) unterhalb ihres Nominalwertes und das Upfront des CDS ist so niedrig, dass die Summe aus Anleihekurs und CDS-Upfront noch unterhalb von Par handelt.

Im Fall (a) ist die Differenz aus Markt- und Nominalwert der Anleihe bei Abschluss eines nominalgleichen CDS-Vertrages nicht abgesichert. Um letzteres zu bewerkstelligen, würde man mehr CDS-Nominal als Anleihenominal benötigen. Umgekehrt erscheint im Fall (b) ein nominalgleicher Kauf von CDS-Protection bereits eine Übersicherung zu sein, weil man im Falle eines Kreditereignisses mit dem vollen Nominal kompensiert würde. Zusätzlich ist zu erwähnen, dass das Auftreten der Fälle (a) und (b) alles andere als konstruiert, sondern absolut die Regel ist, denn die Summe aus Anleihekurs und CDS-Upfront unterliegt täglichen Marktschwankungen. Es ist sogar noch schlimmer: Im Zeitverlauf ändert sich dieser Wert ständig, was auch eine ständige Änderung einer sinnvoll definierten Obergrenze für das maximal zulässige CDS-Nominal im Sinne der EU-Richtlinie nach sich zieht. Zu allem Überfluss verhalten sich die Preisveränderungen der Summe aus Anleihekurs und CDS-Upfront auch nicht ausschließlich zufällig, sondern unterliegen zusätzlich dem deterministischen sogenannten »Pull-To-Par-Effekt«. Dieser impliziert, dass man bereits bei Abschluss der CDS-Absicherung zukünftige Anpassungen bereits erwartet. Sollte man also antizipativ agieren dürfen und prophylaktisch mehr CDS-Nominal abschließen dürfen als aktuell benötigt? Eine weitere Feinheit, die es zu beachten gilt, ist, dass bei Feststellung eines Kreditereignisses der aufgelaufene CDS-Coupon akkurat zwischen Versicherungsnehmer und -geber abgerechnet wird, während ein angelaufener Anleihe-Coupon nicht erstattet wird. Man muss folglich bei der Höhe des CDS-Nominals den sogenannten »Dirty-Preis« der Anleihe als Rechengrundlage verwenden, der an Coupon-Zahltagen Sprünge aufweist. Diese Sprünge können bei hohen Coupons beträchtlich sein und führen stets zu einer Anpassung des maximal zulässigen CDS-Nominals.

Aus unserer Sicht sollte die praktische Umsetzung der EU-Richtlinie für die maximale Höhe des CDS-Nominals, im Folgenden ohne Beschränkung der Allgemeinheit in Euro berechnet, mit Augenmaß durchgeführt werden, so dass die durch die jüngsten Finanzkrisen ohnehin schon gebeutelte Liquidität des CDS-Marktes nicht unnötig strapaziert wird. Insbesondere erscheint es sinnvoll, bei der maximal zulässigen Höhe des CDS-Nominals folgende Punkte zu beachten:

- Ein CDS-Nominal, das die Summe der Euro-Nominale aller einlieferbaren Anleihen im Portfolio nicht übersteigt, sollte stets erlaubt sein. Dies ergibt sich aus unserer Sicht schlicht daraus, dass kurz vor Laufzeitende einer Anleihe deren Preis nahezu bei Par steht und der Preis eines laufzeitkongruenten CDS nahezu bei Null. Folglich bietet eine nominalkongruente CDS-Absicherung kurz vor Laufzeitende einen exakt zu rechtfertigenden Schutz vor den Auswirkungen eines Kreditereignisses. Wir sind insbesondere der Meinung, dass es im obigen Fall (b) erlaubt sein sollte, antizipativ mehr CDS-Absicherung zu erwerben als basierend auf aktuellen Marktwerten nötig. Ansonsten wäre man durch die Regulierung zu ständigen CDS-Nachkäufen gezwungen, was aufgrund der Illiquidität von CDS-Transaktionen unverhältnismäßig erscheint.
- Ein CDS-Nominal, das unter der hypothetischen Annahme eines unmittelbaren Kreditereignisses keinen zu erwarteten Verlust und keinen zu erwarteten Gewinn erzielt, sollte zulässig sein. Da die zu erwartenden Gewinne und Verluste neben Nominalen und Marktwerten auch von der erwarteten Verwertungsquote einer hypothetischen CDS-Auktion abhängig sind, muss man für diese einen sinnvollen Erwartungswert ansetzen. Die Standard-Erwartung gemäß der CDS-Standard-abhängigen ISDA-Definition bietet hier sicherlich eine sinnvolle Orientierungsgröße. Im obigen Fall (a) sollte es also insbesondere erlaubt sein, mehr CDS-Nominal als Anleihenominal abzuschließen.

Nachfolgend demonstrieren wir die Berechnung des maximal zulässigen CDS-Nominals in Fall (a) anhand eines konkreten Beispiels. Zu diesem Zwecke betrachten wir die irische Staatsanleihe IRISH 3.4 03/18/24, sowie einen zugehörigen CDS-Kontrakt auf Irland mit fast identischer Laufzeit bis zum 20. März 2024. Die Anleihe handelte zwischen März 2016 und März 2018 deutlich über Par. Nicht zuletzt weil der Standard-Coupon des Irland-CDS mit 100 Basispunkten zudem deutlich unterhalb des Anleihecoupons von 340 Basispunkten liegt, war die Summe aus Anleihewert und CDS-Upfront, in der Folge als Paketpreis bezeichnet, immer noch spürbar nördlich von Par, so dass Fall (a) oben vorliegt. Abbildung 6.3 visualisiert den Paketpreis im Zeitraum von Mitte März 2016 bis März 2018. Außerdem zeigt die Abbildung auch die Höhe des CDS-Nominals in Prozent von Anleihenominal, welches unter der hypothetischen Annahme eines sofortigen Kreditereignisses keine erwarteten Gewinne oder Verluste erzielen würde. Unter Verwendung einer Verwertungsquote $R = 0{,}4$, was im vorliegenden Beispiel der ISDA-Standard-Annahme entspricht, wurde dieser Nominalwert berechnet als

$$Nominal = \frac{Dirty\ Preis\ der\ Anleihe - R}{1 - Upfront - R}$$

Diese Formel ergibt sich durch Umstellen der Gleichung

$$(1 - Upfront - R) \times Nominal = Dirty\ Preis\ der\ Anleihe - R$$

nach dem CDS-Nominal, wobei die rechte Seite der Gleichung gerade den zu erwarteten Verlust aus der Anleihe widerspiegelt und die linke Seite die zu erwartende Entschädigung aus der CDS-Absicherung. Das CDS-Nominal wird also genau so berechnet, dass die Entschädigung dem Verlust entspricht, was oben vorgestellter Logik Rechnung trägt.

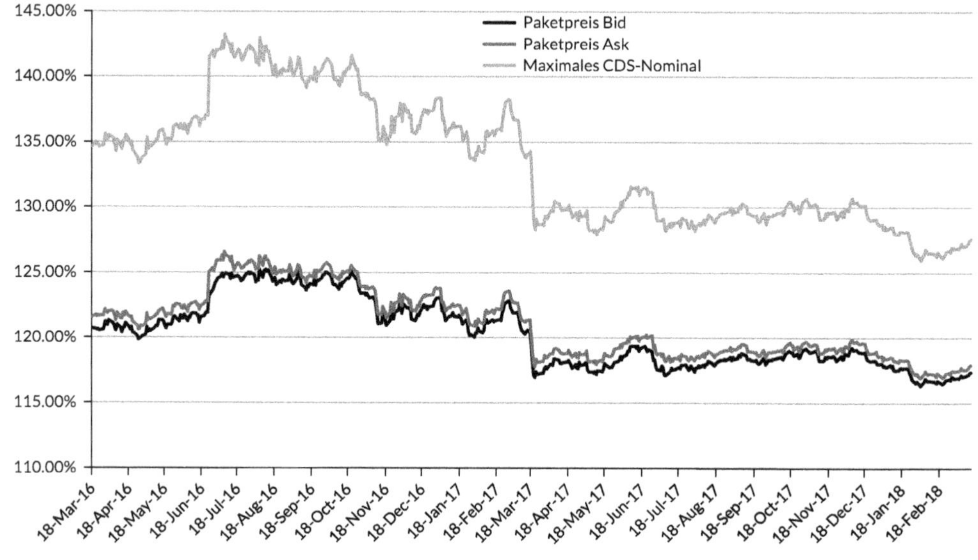

Abb. 6.3: Leerverkaufsverbotskonforme Absicherung, Quelle: XAIA Investment

Erstens sieht man in Abbildung 6.3, dass eine vollständige CDS-Absicherung des Kreditausfallrisikos der besagten irischen Staatsanleihe notwendigerweise ein CDS-Nominal bedingt, das höher als das Anleihenominal ist. Zweitens sieht man, dass eine vollständige CDS-Absicherung eines Nominals bedarf, das sich täglich ändert. Anders formuliert führt ein konstantes CDS-Nominal auf ganz natürliche Art und Weise dazu, dass man an manchen Tagen untersichert und an anderen

Tagen übersichert ist, abhängig von den Marktwerten der Anleihe und des CDS. Drittens kann man anhand des abgebildeten Kursverlaufes erahnen, dass es neben den zufälligen Kursschwankungen einen deterministischen Abwärtstrend des Paketpreises gibt. Dieser trägt dem Pull-To-Par-Effekt Rechnung, denn im März 2024 muss der Paketpreis notwendigerweise bei Par ausgebucht werden, sofern es zuvor nicht zu einem Kreditereignis kommt.

In diesem Zusammenhang wollen wir abschließend auch noch eine weitere Widrigkeit hervorheben, die die praktische Umsetzung der EU-Richtlinie zum CDS-Shortselling erschwert. Und zwar kann der Anleihepreis maßgeblich von Einflussfaktoren abhängen, die keinen oder nur einen vernachlässigbaren Einfluss auf das CDS-Upfront haben. Zu nennen sind hier vor allem das allgemeine Zinsniveau sowie FX-Kurse in dem Fall, dass Anleihewährung und CDS-Währung abweichend sind. Das kann dazu führen, dass sich nur aufgrund dieser Einflussfaktoren das zur Kreditrisikoausfallminderung notwendige CDS-Nominal verringert. In diesem Fall kann man also unter Umständen »passiv« in eine Übersicherung hineingeraten und per Richtlinie zum Abbau von CDS-Absicherung gezwungen werden. Auch aufgrund solcher Szenarien ist es bei der praktischen Umsetzung der Richtlinie sinnvoll, für den Abbau einer passiv entstandenen Übersicherung eine gewisse Karenzzeit einzuräumen.

Zudem treten weitere Effekte am CDS-Markt auf, die möglicherweise die ursprüngliche Intention der Entscheidungsträger konterkarieren. Beispielsweise können die entstehenden CDS-Absicherungskosten aufgrund der hohen Transaktionskosten (ständige Positionsanpassung nötig) ansteigen und in der Folge dazu führen, dass viele CDS-Absicherungsinvestments, sowie dadurch auch die zugrunde liegenden Staatsanleihe-Investments, gar nicht mehr zustande kommen. Das heißt, das Leerverkaufsverbot kann dazu führen, dass die Nachfrage nach europäischen Staatsanleihen zurückgeht, was wiederum die Kosten der Neuverschuldung für EU-Länder erhöhen würde. Das Leerverkaufsverbot wurde ja ursprünglich erdacht, um spekulative Attacken auf Mitgliedsländer zu unterbinden, da diese eben zu steigenden Refinanzierungskosten der Länder führen. Genau dieser Effekt kann aber auch durch die Etablierung eines Leerverkaufsverbots entstehen. Des Weiteren bestehen andere Möglichkeiten für Investoren, EU-Länder-Risiko leer zu verkaufen. Beispielsweise spricht die hohe Korrelation zwischen den CDS-Spreads der jeweiligen EU-Länder und deren heimische Banken dafür, alternativ zu Staaten-CDS Kreditausfallversicherung über Financial CDS (referenzierend auf die heimischen Banken eines Landes) zu kaufen. Financial CDS sind vom Leerverkaufsverbot nicht betroffen und somit können Spekulanten – ohne regulatorischen Einschränkungen zu unterliegen – darauf wetten, dass ein Land ausfällt (bzw. aus der EU austritt), indem sie Ausfallversicherung auf das Bankensystem halten.

Diese Effekte zeigen ein grundsätzliches Problem regulatorischer Maßnahmen auf. Auch wenn sie nur auf ein spezifisches Marktsegment bzw. eine bestimmte Investorengruppe angewendet werden, entstehen oftmals Übertragungseffekte auf andere Märkte/Investoren. Diese Übertragungseffekte können wiederum der ursprünglichen Maßnahme entgegenwirken, was die Effektivität regulatorischer Eingriffe stark reduzieren kann. Da dies in der Regel vor allem in Krisenfällen (wofür die meisten Maßnahmen ja auch ursprünglich geschaffen wurden) auftritt, bestehen wenige Möglichkeiten, die Maßnahmen angesichts der Erfahrungen, die damit gemacht wurden, kontinuierlich anzupassen und zu verbessern.

6.4 Bank Recovery and Resolution Directive (BRRD)

Wie in Kapitel 1 bereits ausgeführt wurde, stellt die Bank Recovery and Resolution Directive (BRRD) einen weitreichenden Eingriff in das europäische Bankensystem dar. Seit Anfang 2016 vollumfänglich und europaweit etabliert, schreibt die BRRD einheitliche Aufsichts- und Abwicklungsmechanismen für Finanzinstitute vor, regelt Bail-In- und Bail-Out-Maßnahmen und ist zuständig für den von der gesamten Bankenbranche finanzierten Abwicklungsfonds SBRF (Single Bank Resolution Fund). Grundsätzlich wurde die BRRD geschaffen, um die Kosten einer Bankenpleite primär den Anteilseignern und Gläubigern und nicht mehr den Steuerzahlern aufzubürden. Die BRRD kann also als Teil des im Nachgang zur europäischen Finanzkrise installierten makroprudenziellen Ansatzes verstanden werden. Hier geht es nicht darum, einzelne Institute zu beaufsichtigen, sondern um die Finanzstabilität als Ganzes. Es stehen also weniger idiosynkratische Risiken im Mittelpunkt der Regulierung, sondern vor allem systemische Risiken.

Die Effekte der BRRD auf Finanzinstitute sind sehr weitreichend und betreffen über Mindestrisikokapitalregeln die Bilanzstrukturen der Banken, deren Emissionstätigkeit sowie deren gesamte Kapitalstruktur. Vor allem die Einführung von »Preferred« und »Non-Preferred Liabilities« schafft zwei Klassen von senioren Anleihen. Letztere werden in einem Bail-In-Szenario inkludiert und sind deshalb als nachrangig zu »Preferred«-Anleihen zu sehen. Abbildung 6.4 zeigt die Funktionsweise der BRRD bezogen auf die Kapitalstruktur.

Um die BRRD umzusetzen, muss also die Haftungskaskade innerhalb der Kapitalstruktur umgesetzt werden. Die neuen Bail-In-Regeln schreiben außerdem vor, dass ein gewisses Nominal an Anleihen emittiert werden muss, um im Falle einer Abwicklung eben auch zur Abdeckung der Abwicklungskosten herangezogen werden zu können. Das impliziert aber auch auf der Kapitalstruktur eine unterschiedliche Rangigkeit der Gläubiger, auch auf Ebene vorrangiger Anleihen, sogenannten Non-Preferred Senior Bonds. Hierbei gibt es unterschiedliche Ansätze zur Umsetzung der Regeln, wobei man drei Vorgehensweisen unterscheiden kann:[4]

- »Vertragliche Nachrangigkeit«: Eine vertragliche Implementierung der Rangigkeit von Anleihenklassen, die direkt in den Anleihen-Prospekten fixiert wird. Diese Methode ist analog zu der Gestaltung von Nachranganleihen zu sehen.
- »Gesetzliche Nachrangigkeit«: Die Nachrangigkeit von Schuldtiteln wird durch die Hierarchie derselben innerhalb der nationalen Insolvenzverordnung umgesetzt.

4 Vgl. hierzu und im Folgenden Unicredit Credit Research, Non-Preferred Senior Bonds compared to the HoldCo/OpCo approach, 13. Februar 2018.

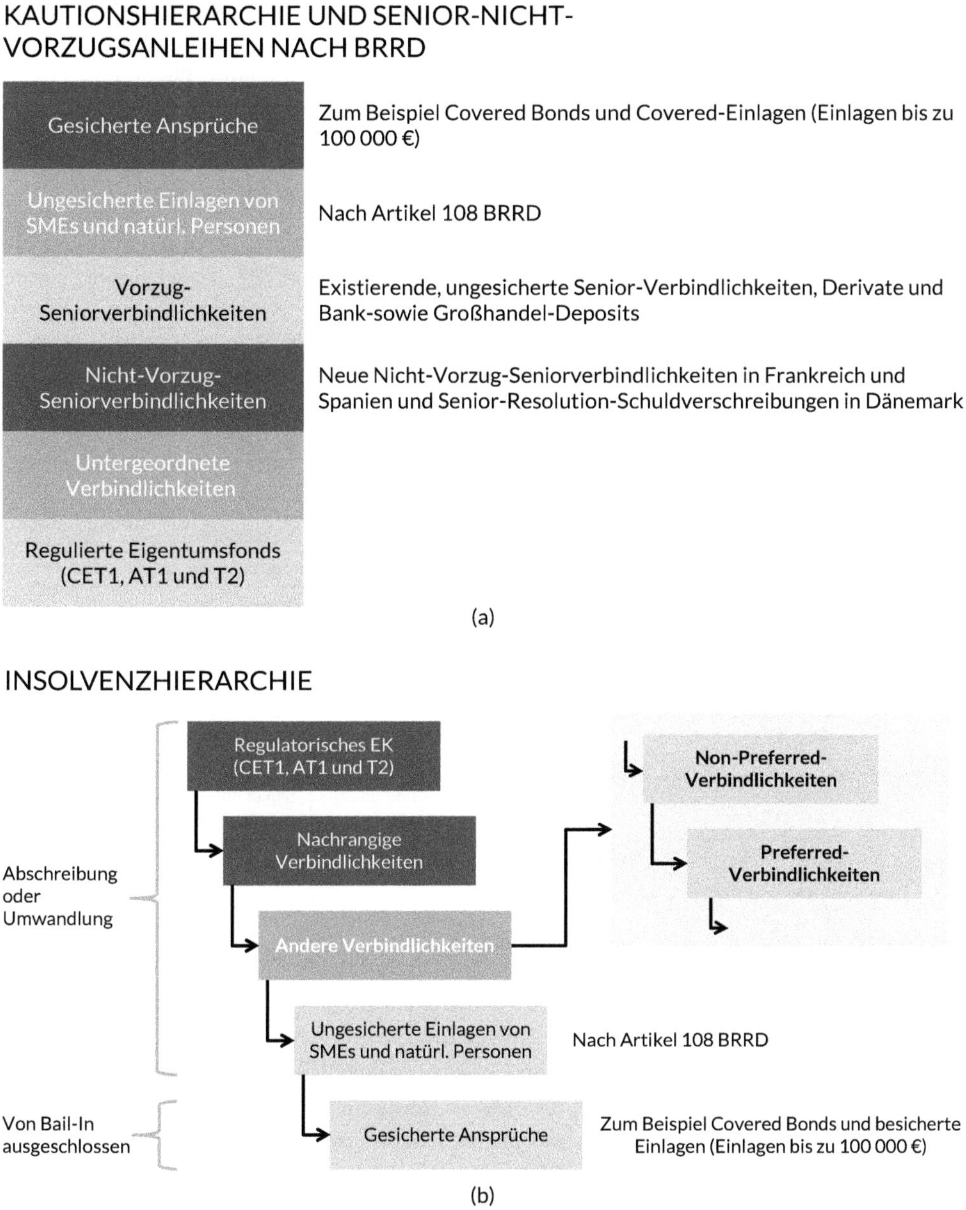

Abb. 6.4: Kapitalstruktur/Bail-In-Hierarchie im Zuge der Etablierung des BRRD, Quelle: Unicredit Credit Research, XAIA Investment

- »Strukturelle Nachrangigkeit«: Die Nachrangigkeit von Anleihen ist durch die Struktur des emittierenden Instituts geregelt. Hierbei werden Anleihen, die aus der Beteiligungsgesellschaft (Holding Company, HoldCo) emittiert werden, im Bail-In-Prozess inkludiert, während aus der Betriebsführungsgesellschaft (Operating Company, OpCo) emittierte Anleihen exkludiert werden.

Die länderspezifische Implementierung der BRRD in Europa ist in Tabelle 6.1 aufgezeigt und hat, wie später noch gezeigt wird, eine Auswirkung auf den CDS-Markt dahingehend, dass sie einen Einfluss auf die Referenzentität eines Financial CDS bzw. auf die Lieferbarkeit von Anleihen in eine CDS-Auktion hat.

Land	Art	Status
Gesetzliche Nachrangigkeit		
Österreich	Senior non-preferred	geplant
Frankreich	Senior non-preferred	implementiert
Deutschland	Senior non-preferred	geplant
Italien	Senior non-preferred	implementiert
Spanien	Senior non-preferred	implementiert
Schweden	Senior non-preferred	geplant
Strukturelle Nachrangigkeit		
Irland	HoldCo/OpCo	implementiert
Schweiz	HoldCo/OpCo	implementiert
UK	HoldCo/OpCo	implementiert
USA	HoldCo/OpCo	implementiert
Gesetzliche und strukturelle Nachrangigkeit		
Belgien	Senior non-preferred und HoldCo/OpCo (KBC)	implementiert
Holland	Senior non-preferred und HoldCo/OpCo (ING)	Senior non-preferred geplant, HoldCo/OpCo implementiert

Quelle: Unicredit Credit Research, XAIA Investment

Tab. 6.1: Länderspezifische Umsetzung der BRRD,

Offensichtlich beeinflusst die spezifische Umsetzung der Bail-In-Hierarchie auch die Bewertung von Senior-Anleihen, da diese eben im Abwicklungsfall früher oder später herangezogen werden, um die Abwicklungskosten zu decken. Zwei zentrale Punkte ergeben sich aus der divergierenden Umsetzung der BRRD in den jeweiligen Ländern. Bei Instituten in den Ländern, die eine »strukturelle Nachrangigkeit« über die Trennung einer Bank in eine OpCo und in eine HoldCo umgesetzt haben, liegt die HoldCo als Referenzentität eines Senior CDS zugrunde. In den anderen Ländern hingegen fungiert die OpCo als Referenzentität.

Des Weiteren macht die BRRD wegen der Schaffung zweier Klassen von vorrangigen Anleihen eine Anpassung der CDS-Dokumentation erforderlich. In dem sogenannten »Senior Non-Preferred Supplement«, einer Ergänzung zu den 2014er ISDA Credit Derivatives Definitions, die am 8. Dezember 2017 veröffentlicht wurde, wird dieser strukturellen Entwicklung Rechnung getragen.[5] Da »Senior

5 Vgl. u. a. JP Morgan Europe Credit Research, CD Player, 15. Februar 2018.

Non-Preferred«-Anleihen in der Kapitalstruktur zwischen traditionellen vorrangigen (Senior) und nachrangigen (Subordinated) Anleihen einzuordnen sind, hat die ISDA mit diesen Ergänzungen reagiert. Neben den Definitionen der Kreditereignisse, der Loss-given-Default-Mechanismen (Modified Modified Restructuring und Asset Package Delivery) und der Rolle von Non-Preferred-Anleihen bei Succession Events werden Non-Preferred-Anleihen neben traditionellen Senior-Anleihen auch als lieferbare Obligationen eingeführt. Diese Änderungen wurden im CDS Roll im März 2018 implementiert, da hier erstmals Senior Non-Preferred CDS bei französischen Banken eingeführt wurden.

Nach der Einführung des Senior Non-Preferred Supplement kam es im Mai 2018 zu einer Auktion im Financial-CDS-Markt bezüglich der portugiesischen Novo Banco. Da sich die Bank allerdings seit längerem in einem Abwicklungsprozess befunden hatte, spielte hier die neue Ergänzung keine Rolle. Die erwartenden Auswirkungen der Ergänzung auf Financial-CDS in Europa lassen sich wie folgt umreißen:

- Aufgrund ihrer strukturellen Nachrangigkeit im Bail-In-Szenario ist davon auszugehen, dass Senior-Non-Preferred-Anleihen den Status der Cheapest-to-Delivery im Auktionsprozess einnehmen werden. Allerdings spielt hier auch das ausstehende Volumen der Anleihen im Vergleich zu dem der CDS eine Rolle. Je größer das zu liefernde Senior-Non-Preferred-Volumen ist, desto stärker ausgeprägt sollte der CTD-Charakter derselben sein.
- Durch die gleichzeitige Lieferbarkeit von traditionellen Senior-Anleihen reduziert sich das Orphanic-Risiko (vgl. Abschnitt 4.4), da auch bei die Senior Non-Preferred einschließenden Bail-In-Szenarien lieferbare Anleihen bestehen bleiben, die in Kombination mit der Eigenschaft der Asset Package Delivery dafür sorgen sollten, dass jederzeit in die Auktion einlieferbare Anleihen und/oder Asset Packages bestehen bleiben. Die Ergänzung stärkt also tendenziell den Versicherungscharakter von Senior CDS.
- Bezüglich von Succession Events wird nur noch der Transfer von Senior-Non-Preferred-Anleihen (und entsprechende Loans) berücksichtigt, nicht jedoch der Transfer von traditionellen Senior-, Senior Preferred- oder Subordinated-Anleihen.

Einerseits reflektieren diese kontinuierlichen Anpassungen der ISDA-Dokumentation den Umstand, dass die Implementierung von regulatorischen Änderungen im CDS-Markt notwendig ist, um die Versicherungsfunktion von CDS-Kontrakten aufrecht zu erhalten. Andererseits ist es aus Sicht von Marktteilnehmern notwendig, regulatorische Maßnahmen zu beobachten, um ggf. ihre Positionierung anzupassen. Dies ist insbesondere der Fall bei der Umsetzung von komplexen Strategien. Eine zentrale Rolle spielt vor allem die Regulierung des Bankensektors bei Kapitalstrukturpositionen (vgl. Abschnitt 5.3), da hier ein direkter Eingriff in die Kapitalstruktur über die Bail-In-Hierarchie stattfindet. Die BRRD hat also nicht nur die Schaffung einer neuen Anleihenkategorie zur Folge, sondern beeinflusst auch die absolute und insbesondere die relative Bewertung von speziellen Anleihenkategorien. Hier ist allerdings keine allgemein gültige Regel zur relativen Preisfindung abzuleiten, da die unterschiedlichen nationalen Ansätze zur Implementierung der BRRD eben zu spezifischen Preisrelationen führen. Dies macht eine unternehmensspezifische Analyse u. a. der Kapitalstruktur, der Methode zur Nachrangigkeit von Senior-Non-Preferred-Anleihen und der relativen Volumen der einzelnen Anleihenkategorie unumgänglich.

6.5 European Market Infrastructure Regulation (EMIR)

In Kapitel 1 haben wir dargestellt, durch welche Entwicklungen EMIR ausgelöst wurde, welchen Grundsätzen die Regulierung folgt und wie der prinzipielle Transaktionsprozess nach der Etablierung einer zentralen Clearing-Stelle aussieht. Nachfolgend wenden wir uns dem spezifischen Prozess des Clearings von CDS-Kontrakten über die dominierende (wenn auch nicht einzige) Clearing-Stelle Intercontinental Exchange (ICE) zu.[6]

Neben den Anforderungen aus EMIR werben die Clearing-Häuser mit weiteren Vorteilen eines zentral geclearten Marktes im Gegensatz zu klassischen bilateralen Over-The-Counter-Transaktionen. Ein wichtiges Argument bezieht sich auf die Transparenz des CDS-Marktes, die mit Hilfe eines zentralen Marktplatzes stark zunehmen wird. Preise werden vergleichbar und nähern sich an einem zentralen Marktplatz schneller an, als das bisher der Fall gewesen ist. Das bedeutet aber auch, dass einzelne »Preisanomalien« geringer werden. Diese können z. B. in Form von unterschiedlichen Geld/Brief-Spannen im bilateralen OTC-Markt auftreten, was aus Investorensicht durchaus Handelsopportunitäten generieren kann. Ein weiteres Argument betrifft die Reduktion des Kontrahentenrisikos. Auch im Falle eines bilateral besicherten CDS-Kontraktes besteht ein – wenn auch noch so gering erscheinendes – Risiko, dass über Nacht die Referenzentität des CDS *und* der Kontrahent gleichzeitig ein Kreditereignis erleiden. In diesem Falle könnte der Kontrahent die möglicherweise notwendige Stellung einer weiteren Besicherung nicht mehr leisten. Dieses Thema wird in der Praxis weitgehend »hemdsärmlig« gelöst, indem man offensichtlich hoch korrelierte Risiken nicht in CDS-Transaktionen kombiniert: Befürchtet man beispielsweise einen Zusammenbruch des amerikanischen Finanzsystems, sollte man vermeiden, Kreditversicherung auf Morgan Stanley bei Goldman Sachs zu kaufen. Durch die Installation mehrerer Clearing Broker wird auch das »gemeinsame Ausfallrisiko« von Referenzentität und Kontrahent an zentral geclearten Märkten weiter reduziert. Allerdings wird hier auch die systemische Relevanz der Clearing Broker offensichtlich. Ein weiterer Vorteil liegt in der erweiterten Verfügbarkeit von Kontrahenten, die zwar nicht zwingend mit der Schaffung von zentral geclearten Märkten einhergeht, allerdings bereits von vielen Banken angekündigt wurde, nachdem sich eine Vielzahl von Marktakteuren im Zuge der Subprime- und der europäischen Schuldenkrise vom CDS-Markt temporär verabschiedet haben. Ein letzter Punkt betrifft die Kosten der

6 Ein erster Überblick findet sich hier: https://www.theice.com/clear-credit/cds-client-clearing.

Sicherheitenbereitstellung, die vor allem durch die Verzinsung derselben verursacht wird. Da im Clearing-System beispielsweise die Verrechnung von Marginzahlungen (Cross Margining) umgesetzt wird, kann es hier zu Einsparungen im Vergleich zur bilateralen Sicherheitenstellung kommen.

ICE ist die führende Clearing-Plattform im globalen CDS-Markt mit einem Marktvolumen von über 1,6 Billionen US-Dollar im ersten Quartal 2018. Das Clearing umfasst hierbei alle gängigen CDS-Indices und die liquiden Einzelnamen-CDS auf globaler Basis. Es existieren allerdings nach wie vor CDS auf weniger liquide Referenzentitäten, die nicht über Clearing-Häuser gehandelt werden und bei denen die damit verbundenen Kontrahentenrisken in der Regel durch bilaterale Besicherungsverträge geregelt werden. ICE unterscheidet hier insbesondere zwischen zwei Arten von Transaktionen: bilateral exekutierte und solche, die über eine angeschlossene Handelsplattform aufgesetzt werden.

6.5.1 Bilaterale CDS-Transaktionen im ICE-Clearing

Um bilaterale Transaktionen nachträglich zu clearen, ist ein neunstufiger Prozess erforderlich. Käufer (Buy-Side-Kunden) und Verkäufer (Market Maker) des CDS handeln direkt – also nicht auf einer Handelsplattform – miteinander, mit der Übereinstimmung, die Positionen nachträglich zu clearen (1). Der Market Maker sendet die Transaktion inklusive aller fürs Clearing erforderlichen Transaktionsdetails an das Mid-Office-System und reported die Transaktion an das DTCC (Swap Data Repository) (2).[7] Das an die ICE angebundene Mid-Office-System sendet die Transaktionsdetails zum Käufer (3), der anschließend die Transaktionsdetails inklusive der das Clearing betreffende Instruktionen bestätigt (4). Danach bestätigen die Parteien dem Clearing Broker die Transaktion und die Übereinstimmung, zu den angegebenen Konditionen zu clearen (5), was an die zentrale Clearing-Stelle des ICE weitergeleitet wird (6). Dort findet eine Risikomessung statt, die Sicherheitenanforderungen geprüft (7) und die Transaktion danach final gecleared (8). Abschließend wird die Transaktion im Zuge des regulatorischen Reportings an die DTCC gemeldet (9).

Dagegen vereinfacht eine auf der ICE-Plattform gehandelte Transaktion den Prozess wie folgt:

6.5.2 ICE-Plattform-Transaktion

Käufer und Verkäufer exekutieren die Transaktion auf einer elektronischen Handelsplattform (1), auf der Clearing-Limite überprüft und zum Clearing Broker gesendet werden (2). Wird die Transaktion von allen Parteien akzeptiert, wird diese von der Handelsplattform an die Clearing-Stelle gesendet, wobei die Handelspartner synchron

7 Das DTCC ist eine Institution, die im Zuge des Dodd-Frank Act in 2010 geschaffen wurde, um eine zentrale Faszilität zum Erfassen und Aufbewahren aller Swap-Transaktionen zu haben.

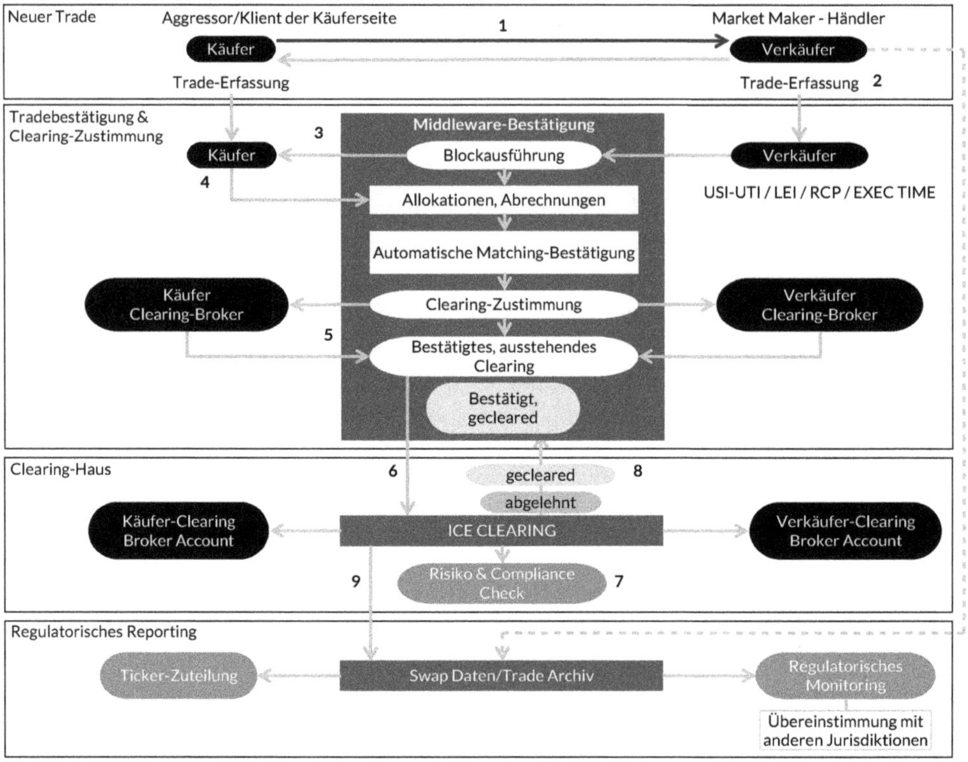

Abb. 6.5: Workflow Bilaterale CDS-Transaktionen, Quelle: ICE, XAIA Investment

ihren regulatorischen Reportingpflichten nachkommen (3). Die Clearing-Stelle führt eine Risikomessung durch, prüft die Sicherheitenanforderungen (4) und cleared im Anschluss die Transaktion (5). Abschließend werden die Transaktionsdetails von der Clearing-Stelle an die Aufsichtsbehörden gesendet.

Die Vorteile von Transaktionsabwicklungen über elektronische Plattformen liegen offensichtlich in der Automatisierung, beispielsweise dem regulatorischen Reporting und dem damit verbundenen effizienteren Prozess. Im Gegensatz zur bilateralen Sicherheitenstellung findet im Clearing ein aus anderen Derivaten bekannter Marginmechanismus (Initial Margin und Variation Margin) Anwendung. Jede CDS-Transaktion erfordert eine initiale Sicherheitenstellung, die unter der Verwendung eines Stress-Tests aus mehreren relevanten Parametern bestimmt wird. Zu den Parametern gehören Spread-Bewegungen, Veränderungen in der Verwertungsquote und Jump-to-Default-Parameter. Zusätzlich werden Geld/Brief-Spannen, die Positionsgröße und die Liquiditätssituation berücksichtigt. Hierbei werden allerdings auch Portfolioeffekte berücksichtigt, die letztlich zu einer kapitaleffizienten Berechnung der Sicherheiten führt.

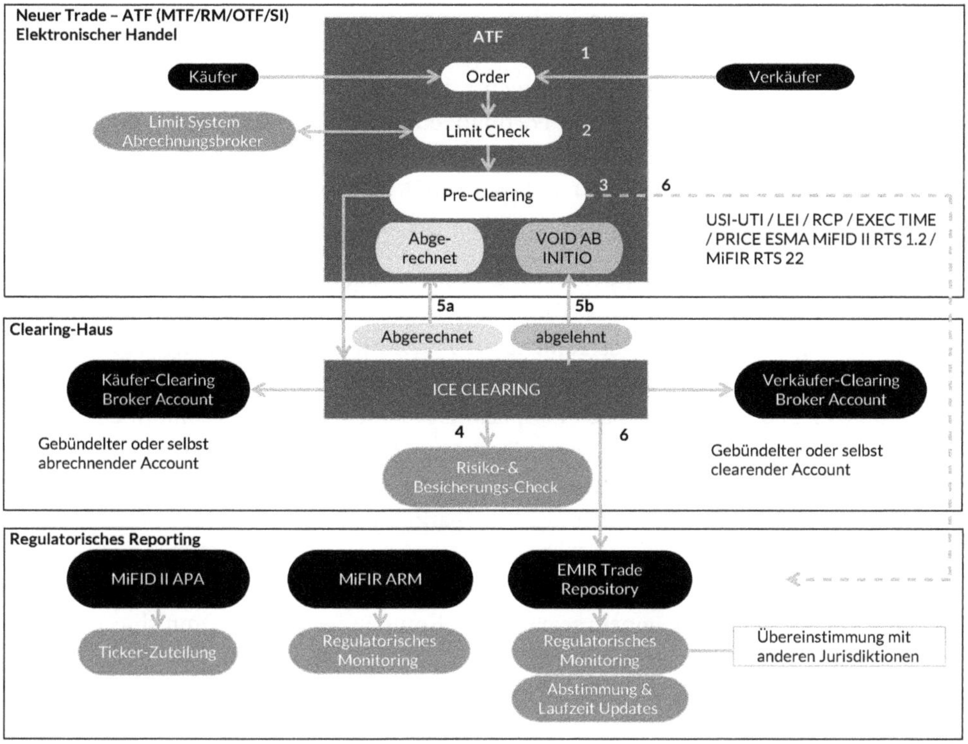

Abb. 6.6: Workflow Plattform-Transaktionen, Quelle: ICE, XAIA Investment

	Marginanforderung %	Position	Nominal	Marginanforderung nominal
125 Einzelnamen zu jeweils 4 Mio. €	1,25%	Kauf Protection	500 000 000	6 250 000
iTraxx Main	2,00%	Verkauf Protection	500 000 000	10 000 000
iTraxx Skew	0,50%		1 000 000 000	5 000 000

Quelle: ICE, XAIA Investment

Tab. 6.2: Marginberechnung an der ICE am Beispiel der iTraxx Main 5Y,

Wenn man für ein Portfolio aus 125 Referenzentitäten (dem iTraxx-Main-Universum entsprechend) in einem Nominal von 500 Millionen Euro Kreditausfallversicherung kauft, fallen hier 1,25 % Margin (6,25 Millionen Euro) an, während der Verkauf desselben Portfolios im Indexformat eine initiale Marginzahlung in Höhe von 2,00 % (10 Millionen Euro) erfordert. Die Margin-Differenz beider Positionen lässt sich darauf zurückführen, dass die gesamten berücksichtigten Risikoparameter bei der Marginberechnung eben auch Default-Annahmen miteinbeziehen und somit das Risiko von Versicherungsverkäufen tendenziell über dem von Versicherungskäufen liegt. Das gilt natürlich nur, solange die Spreads keine »Distressed«-Niveaus erreicht haben – in diesem Fall spiegelt die Marginrelation zwischen dem Kauf und Verkauf von Versicherung den umgekehrten Zusammenhang wider. Würde man beide Positionen separat betrachten, fiele also eine gesamte Marginzahlung in Höhe von 16,25 Millionen Euro an. Durch die Portfoliobetrachtung (beispielsweise im Falle eines Skew Trades, vgl. Abschnitt 5.5.1) reduziert sich diese jedoch auf 0,50 % des Portfolionominals (1 Milliarde Euro) und somit auf 5 Millionen Euro. Die Marginreduktion aufgrund der Portfoliobetrachtung beläuft sich also auf 11,25 Millionen Euro.

Ein zentraler Grund für die Schaffung von Clearing-Stellen war vor allem die Reduktion des Kontrahentenrisikos. Die Umsetzung innerhalb des Clearing-Hauses findet durch sogenannte Omnibus-Konten auf Ebene eines Clearing-Mitglieds statt. Diese treten gegenüber Kontrahenten als eine wirtschaftliche Einheit auf, innerhalb des Kontos jedoch segregiert nach beispielsweise Fonds oder Unterkonton. Das heißt, es besteht kein Zugriff innerhalb eines Omnisbus-Kontos zwischen verschiedenen Unterkonten, während nach außen Marginforderungen/-verpflichtungen aggregiert werden. Folgendes Beispiel verdeutlicht die Segregation. Bei einem Clearing-pflichtigen Handelsgeschäft zwischen einem Asset Manager und einer Bank A wird diese Transaktion über den vorher gewählten Clearing Broker an einer Clearing-Stelle abgewickelt. Dieses Geschäft wird dann einem segregierten Konto innerhalb des Omnisbus-Kontos des Clearing-Mitglieds zugeordnet. Somit ist die Sicherheitenstellung des Asset-Managers von anderen Transaktionen innerhalb des Omnisbus-Kontos abgetrennt.[8] Sollte ein Clearing-Mitglied ausfallen, würden die Positionen der Kunden auf ein anderes Mitglied übergehen. Damit in einem solchen Fall ein reibungsloser Übergang stattfinden kann, ist es ratsam, im Vornherein einen Backup Clearing Broker auszuwählen und die notwendigen vertraglichen Grundlagen zu schaffen.

Ein oftmals vernachlässigtes Problem im bilateralen Collateral-Management-Prozess sind implizite Funding-Optionalitäten. Die im Credit Support Annex (CSA) festgelegten Zinssätze, die auf das Collateral gezahlt werden müssen, können abweichen von den Zinssätzen, die von einer Vertragspartei »risikofrei« erwirtschaften werden können. Dadurch können implizite Kosten entstehen oder umgekehrt sich implizite Einnahmequellen ergeben. Diese Thematik ist insbesondere dann präsent, wenn im CSA geregelt ist, dass das Collateral in einer anderen Währung hinterlegt werden muss als die Währung, in der der CDS abgeschlossen wurde. Es kann auch sein, dass einer Vertragspartei eine Wahlmöglichkeit bezüglich der Währung der Sicherheitenstellung eingeräumt wird. Folgendes Beispiel verdeutlicht die damit verbundenen potenziellen Probleme: Ein Asset Manager hat einen offenen CDS-Kontrakt mit einer europäischen Bank und räumt derselben ein, die Sicherheitenstellung in Euro zu leisten. Nun möchte der Asset Manager den CDS-Kontrakt mit einer amerikanischen Bank »novaten«, da diese einen besseren Preis für den CDS zeigt als die europäische Bank. Diese amerikanische Bank hat allerdings mit der europäischen Bank eine Sicherheitenstellung

8 Bei der rechtlichen und wirtschaftlichen Abtrennung gibt es allerdings Unterschiede zwischen verschiedenen Clearing-Häusern beispielsweise in den USA und in Europa.

in US-Dollar vereinbart. Somit würde die europäische Bank einen CDS-Kontrakt mit Sicherheitenstellung in Euro gegen einen identischen CDS-Kontrakt, der jedoch mit Sicherheitenstellung in US-Dollar verbunden ist, umtauschen. Stellt die europäische Bank nun Sicherheiten und liegt die Collateral-Verzinsung in US-Dollar unter der in Euro, wird sie der Novation – also dem Übertrag des Kontrahenten Asset Manager in Kontrahent amerikanische Bank – nicht zustimmen. Die Frage nach der Denominierung der Sicherheitenstellung kann also einen Einfluss auf die Handelbarkeit von CDS-Kontrakten haben und ist somit relevant für die effiziente Exekution von CDS-Positionen. Bei einer Transaktion über eine Clearing-Stelle wird dieses Problem durch eine einheitlich denominierte Sicherheitenstellung gelöst und spielt somit keine Rolle mehr bei der Exekution eines CDS.

Die sukkzessive Einführung der Clearing-Pflicht hat zudem vielschichtige andere Effekte auf den CDS-Markt. Einerseits wird die Problematik des Kontrahentenrisikos effizient gelöst und somit öffnet sich der Kreditderivatemarkt gegenüber neuen Investoren, die bisher entweder über keine bilaterale Sicherheitenstellung verfügt haben, und solchen, denen diese zu aufwendig gewesen ist. Die Preistransparenz nimmt zu und sollte langfristig zu niedrigeren Geld/Brief-Spannen führen, womit eine weitere Reduktion der Transaktionskosten verbunden ist. Vor dem Hintergrund der gestiegenen regulatorischen Reportingpflichten bieten Clearing-Häuser (vor allem bei Plattform-Transaktionen) automatische Reportingmechanismen, die auch interne Abteilungen gegenüber herkömmlichen bilateralen und nicht geclearten Transaktionen entlasten. Im Ergebnis ist dies ein wichtiger Schritt zu einem standardisierten Marktsegment, womit der CDS-Markt für viele seinen Nimbus als geheimnisvoller Nischenmarkt verliert. Und angesichts der Kostenvorteile geclearter CDS im Vergleich zu nicht-geclearten OTC-Transaktionen ist davon auszugehen, dass der CDS-Markt eine gewisse Konsolidierung erfährt und bilaterale »Customized«-Transaktionen weiter rückläufig sein werden.

6.6 Markets in Financial Instruments Directive (MiFID) II

MiFID II/MiFIR (Markets in Financial Instruments Directive II/Markets in Financial Instruments Regulation, im Folgenden mit MiFID abgekürzt) umfasst alle Themenkomplexe des Anlegerschutzes sowie Transparenz- und Reportingpflichten. Also aus Sicht eines Asset Managers dessen Pflichten gegenüber Kunden und Investoren, wie beispielsweise Kostentransparenz, Provisionsoffenlegung usw. Zusätzlich werden die Pflichten der Handelspartner untereinander (also Asset Manager und Bank/Broker) sowie die Pflichten gegenüber den Aufsichtsbehörden geregelt – also wiederum Transparenzpflichten bezüglich der Handelstransaktionen und u. a. Anforderungen an das Meldewesen, die Erfüllung von Zugangsanforderungen und an die Produktüberwachung.

Die zentrale Änderung dieser Maßnahmen betrifft in der Praxis die Handelsplatzpflicht für Derivate (siehe Abschnitt 6.5) und die Reportingpflichten von Transaktionen.[9]

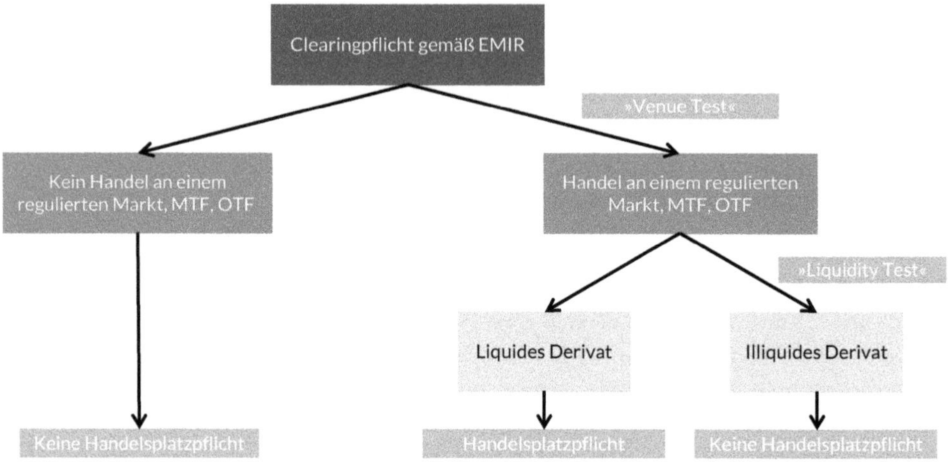

Abb. 6.7: Handelsplatzpflicht für OTC-Derivate, Quelle: BVI, XAIA Investment

Die Meldepflicht von Geschäften verlangt von Finanzakteuren, also den handelnden Parteien in Finanztransaktionen, der jeweiligen nationalen Aufsichtsbehörde alle relevanten Einzelheiten von getätigten Geschäften bis spätestens zum Ende des nächsten Handelstag zu melden. Dieses sogenannte Transaction Reporting[10] umfasst alle Finanzinstrumente, die an einem Handelsplatz gehandelt werden, und alle auf ein an einem Handelsplatz gehandeltes Instrument referenzierenden Finanzinstrumente (z. B. Derivate). Außerdem umfasst die Meldepflicht auch solche Instrumente, die an einem Handelsplatz gehandelte Instrumente bündeln, auch wenn sie selbst nicht an einem Handelsplatz gehandelt werden (z. B. Index-Zertifikate). Somit fallen CDS-Transaktionen unter die meldepflichtigen Geschäfte mit den damit verbundenen Reportingpflichten.

Meldepflichtig sind alle der Regulierung unterliegenden Wertpapierfirmen (Ausnahme: Kapitalverwaltungsgesellschaften und Alternative Investmentfonds) bzw. Handelplattformen, die Geschäfte für Wertpapierfirmen, die nicht der Regulierung unterliegen, tätigen. Hierbei gibt es durchaus noch unterschiedliche Interpretationen der nationalen Aufsichtsbehörden, wobei es hauptsächlich um die Frage geht, wer die Meldung vornehmen kann. Beispielsweise kann ein Broker, der einen Kundenauftrag

9 Die umfassende Beschreibung der Reportingpflichten findet sich in den ESMA-Leitlinien: Meldung von Geschäften, Aufzeichnung von Auftragsdaten und Synchronisierung der Uhren nach MiFID II, 02/10/2017 | ESMA/2016/1452 DE.

10 http://deutsche-boerse.com/dbg-de/regulierung/regulatory-dossiers/mifid-mifir/mifid-i-to-mifid-ii/transaction-reporting.

zum Verkauf eines Finanzinstruments erhält, die aus der Order resultierende Transaktion selbst melden oder die Details der Transaktion an eine weitere Wertpapierfirma übermitteln, die dann die Meldung vornehmen kann. Hier haben sich wiederum sogenannte ARMs (Approved Reporting Mechanism) etablieren können, also Institutionen, die für kleinere Wertpapierfirmen die sehr detaillierten und komplexen Reportinganforderungen ausführen. Ein ARM ist somit die einzige Institution im MiFID-II-Regelwerk, die Meldungen im Namen Dritter ausführen darf.

Unter die meldepflichtigen Geschäfte fallen alle Transaktionen von Finanzinstrumenten (Kauf und Verkauf), jedoch keine Orderübermittlung, die nicht ausgeführt wird. Während also jegliche Positionsveränderung eines Finanzinstruments gemeldet werden muss, sind Novations im CDS-Markt davon nicht betroffen. Der Hintergrund für diese Regelung liegt in der Sicht der Regulierungsbehörden, dass bei Novations kein zusätzliches Marktrisiko entsteht, sondern das bereits bestehende Risiko nur auf einen anderen Marktteilnehmer übertragen wird.

Die mit den Geschäften verbundenen Charakteristika, die an die Aufsichtsbehörden gemeldet werden müssen, sind hierbei extrem umfangreich. Neben der allgemein notwendigen exakten Beschreibung des Kontrahenten (inklusive Legal Entity Identifier (LEI) der Rechtseinheit, beispielsweise auch Einzelheiten zu den handelnden Personen, z. B. dem ausführenden Händler) müssen bei CDS-Transaktionen die exakte Beschreibung des Instruments (Referenzentität, Laufzeit, Ausgestaltung und vieles mehr), aber auch die exakte Uhrzeit der Ausübung angegeben werden. Außerdem muss für CDS-Transaktionen ein ISIN-Code generiert werden, damit die Transaktion einheitlich und eindeutig bezeichnet wird. Dies wird vom ANNA Derivatives Service Bureau erstellt, wobei auf deren Plattform auch alle generierten ISINs veröffentlicht werden.[11] Die von beiden Kontrahenten an die zuständigen Aufsichtsbehörden zu übermittelnden Transaktions-Details werden sich bei korrekter Handhabe dann »matchen« und die Transaktion ist vollumfänglich transparent und den Behörden bekannt.

Nachstehend finden Sie ein Beispiel aus den oben genannten ESMA-Leitlinien, die spezifisch beim Abschluss einer CDS-Transaktion aus alleiniger Sicht einer Wertpapierfirma X gemeldet werden muss:

»Die Wertpapierfirma X kauft von der Wertpapierfirma Y einen außerbörslich gehandelten (OTC) Credit Default Swap (CDS) im Wert von 1 000 000 (einer Million) Euro mit einem Kupon von 100 Basispunkten. Basisinstrument ist eine Anleihe der Allianz SE. Die Abwicklung erfolgt in bar.

Ablaufdatum des CDS ist der 30. Juli 2020. Die Wertpapierfirma X erhält von der Wertpapierfirma Y ein Upfront Payment in Höhe von 33 879 Euro. Die zugrunde liegende Anleihe hat die ISIN ZA2344558978 und wird an einem Handelsplatz gehandelt. Der CFI-Code des CDS ist SCUCCC.«

11 https://www.anna-dsb.com/.

Nr.	Feld	Werte
7	Identifikationscode des Käufers	{LEI} der Wertpapierfirma X
16	Identifikationscode des Verkäufers	{LEI} der Wertpapierfirma Y
30	Menge	›1000000‹
31	Währung der Menge	›EUR‹
33	Preis	›100‹
36	Handelsplatz	›XXXX‹
38	Zahlung bei Abschluss	›-33879‹
39	Währung der Zahlung bei Abschluss	›EUR‹
41	Kennung des Finanzinstruments	
42	Vollständige Bezeichnung des Instruments	›ALLIANZ SE SNR CDS‹
43	Klassifizierung des Instruments	{CFI-Code}
46	Preismultiplikator	›1‹
47	Code des Basisinstruments	{ISIN} der zugrunde liegenden Anleihe
55	Ablaufdatum	›2021-06-20‹
56	Art der Lieferung	›CASH‹

Quelle: ESMA-Leitlinien: Meldung von Geschäften, Aufzeichnung von Auftragsdaten und Synchronisierung der Uhren nach MiFID II, 02/10/2017 | ESMA/2016/1452 DE, S. 212.

Tab. 6.3: Relevante Felder einer CDS-Transaktion bei der Erhöhung des Nominalwerts der Position,

»Wenn kein Upfront Payment erfolgt, sollte in Feld 38 der Wert ›0‹ eingetragen werden. Wenn die Wertpapierfirma X das Upfront Payment nicht entrichtet, sondern erhält, ist der Betrag in Feld 38 als negativer Wert einzutragen.«

Insgesamt müssen bei einer CDS-Transaktion mehr als 60 Felder befüllt und den Aufsichtsbehörden gemeldet werden.

Ein weiteres Beispiel beschreibt die Meldepflichten im Falle einer Erhöhung des Nominalwerts einer CDS-Position:

»Die Wertpapierfirma X schließt mit der Wertpapierfirma Y am 26. Oktober 2018 um 08:21:01 einen Credit Default Swap (CDS) zur Besicherung von 2 Millionen Euro ab. Der Credit Default Swap ist mit einem festen Kupon von 100 Basispunkten und einer Zahlung bei Abschluss in Höhe von 50 000 Euro verbunden, die die Wertpapierfirma X erhalten hat. Die Wertpapierfirmen X und Y handeln für eigene Rechnung (DEAL).«

Die Meldung muss dann wie in Tabelle 6.4 dokumentiert in weiteren Felden spezifiziert werden.

Nr.	Feld	Werte Meldung Wertpapierfirma X	Werte Meldung Wertpapierfirma Y
2	Referenznummer des Geschäfts	›12456771‹	›39998776‹
4	Identifikationscode der ausführenden Einrichtung	{LEI} der Wertpapierfirmam X	{LEI} der Wertpapierfirmam Y
7	Identifikationscode des Käufers	{LEI} der Wertpapierfirmam Y	{LEI} der Wertpapierfirmam Y
16	Identifikationscode des Verkäufers	{LEI} der Wertpapierfirmam X	{LEI} der Wertpapierfirmam X
28	Handelszeitpunkt	›2018-10-26T08:21:01Z‹	›2018-10-26T08:21:01Z‹
29	Handelskapazität	›DEAL‹	›DEAL‹
30	Menge	›2000000‹	›2000000‹
32	Erhöhung/ Verringerung des Nominalbetrags des Derivats		
33	Preis	›100‹	›100‹
38	Zahlung bei Abschluss	›50000‹	›50000‹

Quelle: ESMA Leitlinien: Meldung von Geschäften, Aufzeichnung von Auftragsdaten und Synchronisierung der Uhren nach MiFID II, 02/10/2017 | ESMA/2016/1452 DE, S. 74.

Tab. 6.4: Relevante Felder einer CDS-Transaktion bei der Erhöhung des Nominalwerts der Position,

»Der bei Zahlung bei Abschluss (Feld 38) angegebene Wert sollte sowohl in der Geschäftsmeldung der Wertpapierfirma X als auch in der Geschäftsmeldung der Firma Y, die die Absicherung erwirbt, positiv sein, da der Verkäufer des Credit Default Swaps den Betrag erhält.

Am 25. November 2018 um 10:52:03 vereinbaren die Parteien des vorstehenden CDS-Kontrakts, den Nominalwert auf 5 Millionen Euro zu erhöhen und eine zusätzliche Zahlung in Höhe von 75 000 Euro festzulegen, die die Wertpapierfirma X erhält. Die Kuponzahlungen bleiben unverändert.«

Nr.	Feld	Werte Meldung Wertpapierfirma X	Werte Meldung Wertpapierfirma Y
2	Referenznummer des Geschäfts	›124567981‹	›399987981‹
4	Identifikationscode der ausführenden Einrichtung	{LEI} der Wertpapierfirmam X	{LEI} der Wertpapierfirmam Y
7	Identifikationscode des Käufers	{LEI} der Wertpapierfirmam Y	{LEI} der Wertpapierfirmam Y
16	Identifikationscode des Verkäufers	{LEI} der Wertpapierfirmam X	{LEI} der Wertpapierfirmam X
28	Handelszeitpunkt	›2018-11-25T10:52:03Z‹	›2018-11-25T10:52:03Z‹
29	Handelskapazität	›DEAL‹	›DEAL‹
30	Menge	›3000000‹	›3000000‹
32	Erhöhung/ Verringerung des Nominalbetrags des Derivats	›INCR‹	›INCR‹
33	Preis	›100‹	›100‹
38	Zahlung bei Abschluss	›75000‹	›75000‹

Quelle: ESMA-Leitlinien: Meldung von Geschäften, Aufzeichnung von Auftragsdaten und Synchronisierung der Uhren nach MiFID II, 02/10/2017 | ESMA/2016/1452 DE, S. 75.

Tab. 6.5: Spezifisch zu befüllende Felder bei der Erhöhung des Nominalwerts einer CDS-Position,

»Die Referenznummer des Geschäfts (Feld 2) sollte für diese Geschäftsmeldung zur Erhöhung eindeutig sein und nicht der Referenznummer der ursprünglichen Geschäftsmeldung entsprechen.

Die Menge (Feld 30) spiegelt den Wert der Erhöhung des Nominalbetrags wider. Ändern sich nach der Erhöhung des Nominalbetrags die Kuponzahlungen, sollte der neue Kupon im Feld Preis (Feld 33) angegeben werden.

Beim Zeitpunkt handelt es sich um den Zeitpunkt der Erhöhung und nicht um den Zeitpunkt des ursprünglichen Geschäfts.

Die ursprüngliche Geschäftsmeldung sollte nicht storniert werden.

Die Meldung des ursprünglichen Geschäfts und die Meldung der Erhöhung des Nominalwerts geben zusammen an, dass die Wertpapierfirma X eine Absicherung in Höhe von 5 Millionen Euro an ihre Gegenpartei verkauft hat.«

Neben den oben beschriebenen Anforderungen aus dem Transaktionsreporting besteht für einige Märkte/Marktteilnehmer die Pflicht zur Erfüllung der Nachhandelstransparenz. Diese unterscheidet sich nicht wesentlich vom Transaktionsreporting bezüglich der zu reportenden Felder – allerdings muss das Reporting im Zuge der Nachhandelstransparenz spätestens 15 Minuten nach dem Abschluss des Geschäfts gemeldet werden. Hierbei sollen vor allem systemisch relevante Transaktionen von den Aufsichtsbehörden schnell erfasst werden, um kurzfristige Entwicklungen an den Märkten, die stark marktpreisrelevant sein können, zu erkennen.

Im Zuge dessen hat die ESMA große und dominante Handelsfirmen als sogenannte Systematische Internalisierer (SI) definiert, also »Wertpapierfirmen, die in organisierter und systematischer Weise häufig in erheblichem Umfang Handel für eigene Rechnung treiben, wenn sie Kundenaufträge außerhalb eines geregelten Marktes … ausführen«. Dieses Konzept wrude schon in MiFID I eingeführt, war allerdings nicht exakt definiert und auf den Aktienhandel beschränkt geblieben. Mit MiFID II wurden dieses Konzept auf mehrere Marktsegmente ausgeweitet (inklusive CDS) und der Begriff »erheblicher Umfang« exakt definiert. Bei Derivaten (in liquiden Märkten) besteht der »häufige und systematische« Handel einer Wertpapierfirma genau dann, wenn die Zahl der auf eigene Rechnung abgeschlossenen OTC-Geschäfte in dem spezifischen Derivatemarkt »2-3 % der Gesamtanzahl an Geschäften mit dem entsprechenden Finanzinstrument, die in dem gleichen Zeitraum innerhalb der Union an einem beliebigen Handelsplatz oder OTC ausgeführt werden, entspricht oder überschreitet.« Darüber hinaus sollte die Wertpapierfirma mindestens einmal wöchentlich in dem spezifischen Derivat handeln, um das Kriterium der Häufigkeit zu erfüllen. Hierbei wird der CDS-Markt von der ESMA als liquide eingeordnet, weshalb die obigen Kriterien für den CDS-Handel zutreffen.

In erheblichem Umfang internalisiert eine Wertpapierfirma genau dann, wenn »das Volumen des OTC-Handels, das sie für eigene Rechnung ausführt, in den vergangenen sechs Monaten den folgenden Prozentsätzen entsprach oder diese überschritten hat:

- 25 % des gesamten Nennbetrags, den die Wertpapierfirma mit diesem Finanzinstrument für eigene Rechnung oder im Namen der Kunden getätigt hat und der an einem Handelsplatz oder OTC getätigt wurde; oder
- 0,5 bis 1,5 % des gesamten Nennbetrags, der mit diesem Finanzinstrument innerhalb der Union an einem Handelsplatz oder OTC getätigt wurde.«

Hierbei obliegt die Prüfung der Kriterien der Wertpapierfirma und muss vierteljährlich durchgeführt werden. Erfüllt die Wertpapierfirma die oben genannten Bedingungen, müssen allen Anforderungen im Zusammenhang mit der systematischen Internalisierung und insbesondere Artikel 18 MiFIR[12] – in dem die Kriterien für SI festgelegt werden – nachgekommen werden.

Zusammenfassend ist die Bedeutung eines Geschäfts für Meldezwecke in MiFID sehr breit gefasst. Jeglicher Kauf und Verkauf sowie eine Veränderung der Position oder auch das Schließen derselben unterliegen der Meldepflicht. Hierbei müssen folgende Kriterien (jeweils über mehrere Felder) gemeldet werden:[13]

- die Kennung des Finanzinstruments;
- die Angabe, ob sich der Auftrag auf den Erwerb oder die Veräußerung des Finanzinstruments bezieht;
- Preis und Menge gemäß Angabe im Auftrag;
- Bezeichnung und Einzelheiten des Kunden der übertragenden Firma für die Zwecke des Auftrags;
- Bezeichnung und Einzelheiten des Entscheidungsträgers für den Kunden, wenn die Anlageentscheidung im Rahmen einer Vertretungsvollmacht getroffen wird;
- Angaben zur Identifizierung eines Leerverkaufs;
- Angaben zur Identifizierung einer Person oder eines Algorithmus, die bzw. der für die Anlageentscheidung in der übermittelnden Firma verantwortlich ist;
- Land der Zweigniederlassung der Wertpapierfirma, in der sich die für die Anlageentscheidung verantwortliche Person befindet, und Land der Zweigniederlassung der Wertpapierfirma, die den Auftrag vom Kunden empfangen oder gemäß einem von diesem erteilten Vermögensverwaltungsmandat eine Anlageentscheidung für einen Kunden getroffen hat;
- bei einem Auftrag über Warenderivate eine Angabe, ob mit dem Geschäft eine objektiv messbare Risikominderung gemäß Artikel 57 der Richtlinie 2014/65/EU einhergeht;
- der Code zur Identifizierung der übermittelnden Firma.

In der Praxis sind die Anforderungen der Nachhandelstransparenz – also die Meldung eines Geschäfts innerhalb von 15 Minuten nach Abschluss desselben für Wertpapierfirmen, die keinen SI-Status haben – kaum zu erfüllen. Der Hauptgrund hierfür liegt

12 Artikel 18: Verpflichtung der systematischen Internalisierer zur Veröffentlichung verbindlicher Kursofferten in Bezug auf Schuldverschreibungen, strukturierte Finanzprodukte, Emissionszertifikate und Derivate.

13 Richtlinie 2014/65/EU des Europäischen Parlaments und des Rates vom 15. Mai 2014 über Märkte für Finanzinstrumente sowie zur Änderung der Richtlinien 2002/92/EG und 2011/61/EU, Artikel 65.

darin, dass die Meldung gewisse Kriterien erfordert, die nur der Kontrahent in einer CDS-Transaktion der Wertpapierfirma übermitteln kann. Die Wertpapierfirma ist also darauf angewiesen, dass dies sehr zeitnah geschieht, da die Reportingpflicht ja bei ihr liegen würde. Das Risiko einer Falschmeldung oder ein Verstoß gegen die zeitlichen Vorgaben, aufgrund eines Verstoßes oder einer Verzögerung verursacht durch die Gegenparteil, läge dann bei der Wertpapierfirma. Vor diesem Hintergrund konzentriert sich der CDS-Handel auf Kontrahenten mit SI-Status, die dann die Meldepflicht im Zuge der Nachhandelstransparenz übernehmen. Somit hat sich Anfang 2018 auch das Spektrum möglicher CDS-Kontrahenten verringert, da anfänglich nur etwa zehn Handelshäuser den Status des Systematischen Internalisierers im CDS-Markt (darunter kein einziges deutsches Haus) innehatten.

Während MiFID II den Handel mit Kreditderivaten nicht direkt einschränkt, erfordern die verschärften Reportingpflichten jedoch eine sehr effiziente und exakte Abwicklung von CDS-Transaktionen, da beim Handelsabschluss neben den ökonomisch relevanten Parametern (Spread, Notional, Strike etc.) eben auch die für die Meldung notwendigen (u.a. die ISIN und exakte Uhrzeit der Ausführung) übermittelt werden müssen. Die Bedeutung des Mid-Office bei der Abwicklung von CDS-Transaktionen ist somit weiter angewachsen.

Letztlich stellt sich die Frage, ob die Aufsichtsbehörden wirklich in der Lage sind, diese extrem großen Datenmengen so zu managen, dass man sie auch hinsichtlich ihres Informationsgehalts nutzen kann. Zumindest anfänglich durfte man hieran durchaus noch zweifeln und auch wenn die Aufsichtsbehörden im Zuge des MiFID II alle Informationen zu den Handelsgeschäften haben, muss dies nicht zwangsläufig dazu führen, dass die systemischen Risiken abnehmen.

Fazit

CDS bieten ein breites Band von Einsatzmöglichkeiten im Risiko- und Portfoliomanagement. Sie reichen von der Absicherung einzelner Positionen im Kreditbereich zum Zwecke der Risikoimmunisierung bis zur Nutzung für komplexere Handels- und Anlagestrategien.

Nicht zuletzt aufgrund der Tatsache, dass es nach wie vor eine große Anzahl von Kapitalmarktteilnehmern gibt, die CDS nicht einsetzen können oder wollen, ergeben sich immer wieder Vorteile einer Positionierung über CDS gegenüber einem Einsatz einer rein klassischen Anlage über Anleihen. Solange diese Marktsegmentierung fortbesteht, wird es regelmäßig Abweichungen des ökonomischen Wertes von Anleihe und CDS geben, die sich ggf. für eine effiziente Positionierung nutzen lassen, sofern man selbst beide Instrumente einsetzen kann.

Welche Art der Nutzung ggf. für den Kapitalmarktteilnehmer in Frage kommt, hängt von der speziellen Bedürfnislage einerseits und der vorhandenen bzw. noch zu schaffenden Infrastruktur des Instituts und dem Kenntnisstand der handelnden Personen andererseits ab.

Regulatorisch ist das Instrument CDS in jeden Fall klar definiert und wird von der Aufsicht in seiner Wirkungsweise sowohl als risikotragendes wie auch als risikominderndes Instrument anerkannt.

Aber nicht nur für direkte, sondern auch für indirekte Nutzer, die beispielsweise über Credit Linked Notes oder über gemanagte Fonds in diesen Markt investieren, ergibt sich ggf. die Notwendigkeit, sich mit den grundlegenden Mechanismen dieses Instrumentes zu beschäftigen.

Als Autoren dieses Buches hoffen wir, dem geneigten Leser einen Beitrag zur Evaluierung dieses wichtigen Marktsegmentes geleistet haben zu können.

Ulrich von Altenstadt

Referenzen

Al Ali, N.: »New Look Owner Is Said in Talks W/Restructuring Advisers«, *Times*, erschienen in Bloomberg News, am 8. Oktober 2017.

Andritzky, J. und Singh, M.: »The pricing of credit default swaps during distress«, *IMF Working Paper* 06/254, 2006.

Armstrong, A. und Rutkowski, M.: »Valuation of credit default swaptions and credit default index swaptions«, *International Journal of Theoretical and Applied Finance* 12/2009, p. 1027–1053.

Bai, J. und Collin-Dufresne, P.: *The determinants of the CDS-Bond basis during the financial crises of 2007–2009*, Working paper, 2011.

Banks, E.: *See no Evil: Uncovering The Truth Behind The Financial Crisis*, Houndmills/UK, 2011.

Barclays: *2014 Credit Definitions: All you need to know*, Barclays – Credit Research, Soren Willemann, Jigar N. Patel, 2014.

Bernhart, G., Mai, J.-F., Schenk, S. und Scherer, M.: »The density of distributions from the Bondesson class«, *Journal of Computational Finance* 18:3/2015, p. 99–128.

Bernhart, G. und Mai, J.-F.: »Negative basis measurement: finding the holy scale«, in: K. Glau et al. (Hrsg.), *Innovations in Derivative Markets – fixed income modeling, valuation adjustments, risk management, and regulation*, Cham, 2016, p. 385–403.

Brigo, D.: »Constant Maturity CDS valuation with market models«, *Risk Magazine*, June issue, 2006.

Brigo, D., Capponi, A. und Pallavicini, A.: »Arbitrage-free bilateral counterparty risk valuation under collateralization and application to credit default swaps«, *Mathematical Finance* 24:1/2014, p. 125–146.

Brigo, D., Pede, N., und Petrelli, A.: *Multi Currency Credit Default Swaps – Quanto effects and FX devaluation jumps*, arXiv:1512.07256v1, https://arxiv.org/abs/1512.07256, submitted on 22. December 2015.

Brigo, D. und Morini, M.: »No-armageddon arbitrage-free equivalent measure for index options in a credit crisis«, *Mathematical Finance* 21/2011, p. 573–593.

Brunton, S., McKnight, S. und Philips, L.: *Credit Supernova – ISDA publishes 2014 ISDA Credit Derivatives Definitions*, Linklaters February 2014.

Choudry, M.: *The Credit Default Swap Basis*, New York 2006.

Clifford Chance LLP (Hrsg.): *A Guide to European Restructuring and Insolvency Procedures*, 28. September 2015.

Cont, R., Kan, Y. H.: *Statistical modeling of credit default swap portfolios* (April 1, 2011), available at SSRN: https://ssrn.com/abstract=1771862 or http://dx.doi.org/10.2139/ssrn.1771862.

Copeland, T. E., Weston, J. F., Shastri, K.: *Finanzierungstheorie und Unternehmenspolitik – Konzepte der kapitalmarktorientierten Unternehmensfinanzierung*, München, 4. Auflage 2007.

Crépey, S., Jeanblanc, M. und Zargari, B.: »Counterparty risk on a CDS in a Markov chain copula model with joint defaults«, in: Kijima, M. et al. (Hrsg.): *Recent advances in financial engineering*, World Scientific, 2010, p. 91–126.

Crosbie, P. und Bohn, J.: *Modeling Default Risk*, Moody's KMV, 2003, available at https://business.illinois.edu/gpennacc/MoodysKMV.pdf.

Credit Suisse: *A guide to Credit Events and auctions*, Credit Suisse – Fixed Income Research, Helen Haworth, 2011.

Credit Suisse: *ISDA Succession Events*, Credit Suisse – Fixed Income Research, Helen Haworth, Marco Gironi, Hayley Walker, 2010.

Determinations Committee: *2016 ISDA Credit Derivatives Determinations Committees Rules*; International Swaps and Derivatives Association, Inc., 2016.

Doctor, S., White, D. und Mehonic, A.: *The New CDS Definitions*, Europe Credit Research, J. P. Morgan, 19. November 2013.

Doctor, S.: *CD Player*, Europe Credit Research, J. P. Morgan, 11. Mai 2017.

Doctor, S. und Duembgen, M.: *What's Up Docs?* (Redenomination Edition), Europe Credit Research, J. P. Morgan, 15. Februar 2017.

Dolmetsch, C. und Natarajan, S.: »Hedge Fund Solus Sues GSO, Hovnanian Over CDS ›Manipulation‹«, erschienen in *Bloomberg News* am 11. Januar 2018.

Elizalde, A., Doctor, S. und Saltuk, Y.: *Bond-CDS Basis Handbook*, Europe Credit Derivatives Research, J. P. Morgan, 2009.

Elizalde, A., Doctor, S. und Singh, H.: *Trading credit in different currencies via Quanto CDS*, Europe Credit Derivatives Research, J. P. Morgan, 12. Oktober 2010.

Felsenheimer, J., Gisdakis, P. und Zaiser, M. (2005a): »Das Sahnehäubchen im Kreditmarkt – DJ iTraxx: Ein umfassender Überblick über das liquideste Instrument im Kreditmarkt«, *Kreditderivate Spezial*, European Credit Strategy, HVB Corporates & Markets, 2005.

Felsenheimer, J., Gisdakis, P. und Zaiser, M. (2005b): *Active Credit Portfolio Management, Weinheim*, 2005.

Felsenheimer, J. und Gisdakis, P.: *Credit Crisis – From Tainted Loans to a Global Economic Meltdown*, Weinheim, 2008.

Felsenheimer, J. und Vogt, C.: »Restrukturierung von Anleihen«, in: Schiffmacher, C. (Hrsg.), *Bond Yearbook 2013/2014*, S. 62 ff.

Fontana, A.: *The persistent negative CDS-bond basis during the 2007/08 financial crisis*, University of Ca' Foscari Venice, 2010.

Fox, S.: *Covenant Review* (Jan 2018): The Dirty Half-Dozen, European High Yield Edition: Six Aggressive Terms from 2017 That We Expect To See Issuers Utilize in 2018.

Fujii, M., Shimada, Y. und Takahashi, A.: »Collateral posting and choice of collateral currency – implications for derivatives pricing and risk management«, *CIRJE working paper*, 2010.

Ghosh, A. und Winnicki, D.: *Quanto of solace, Quantitative Strategy, Credit Research*, 10. Juni 2011, Barclays Capital, 2011.

Gordy, M. B. und Willemann, S.: »Constant Proportion Debt Obligations: A Post-Mortem Analysis of Rating Models«, *Finance and Economics Discussion Series*, Divisions of Research & Statistics and Monetary Affairs, Federal Reserve Board, Washington, D.C., 2010.

Gupta, S. und Sundaram, R. K.: »Mispricing and arbitrage in CDS auctions«, *Journal of Derivatives* 22:4/2015, p. 79–91.

Hering, C., Hofert, M., Mai, J.-F. und Scherer, M.: »Constructing hierarchical Archimedean copulas with Lévy subordinators«, *Journal of Multivariate Analysis* 101/2010, p. 1428–1433.

Höcht, S.: *Determination and valuation of recovery risk in credit-risk models*, Dissertation Technische Universität München (2009), erhältlich unter https://mediatum.ub.tum.de/?id=800276.

Hofert, M. und Scherer, M.: »CDO pricing with nested Archimedean copulas«, *Quantitative Finance* 11:5/2011, p. 775–787.

Hull, J. und White, A.: Valuing credit default swaps I: no counterparty default risk, *Journal of Derivatives* 8:1/2000, p. 29–40.

International Monetary Fund (IMF): *Navigating the Financial Challenges Ahead, Global Financial Stability Report*, September 2009.

International Monetary Fund (IMF): *Old Risks, New Challenges, Global Financial Stability Report*, April 2013.

ISDA: *2014 ISDA Credit Derivatives Definitions*, International Swaps and Derivatives Association, Inc., 2014.

ISDA: *Single-name Credit Default Swaps: A Review of the Empirical Academic Literature*, Christopher L. Culp, Andria van der Merwe, Bettina J. Stärkle, 2016.

Jackson, G. und Johnson, M.: »Hedge funds spar over Norske Skog debt restructuring«, *Financial Times*, 25. Februar 2016, online zugegriffen am 29. Januar 2018.

Johnson, M. und Smith, R.: »The mystery trader who roiled Wall Street«, *Financial Times*, 4. Juni 2018, online zugegriffen am 5. Juni 2018.

J. P. Morgan Securities plc (JPM 2013): *The New CDS Definitions*, Europe Credit Research, Saul Doctor, Danny White, Aida Mehonic, 2013.

J. P. Morgan Securities plc (JPM 2017): *What's Up Docs?* (Redenomination Edition), Europe Credit Research, Saul Doctor, Moritz Duemgen, Dennis Wang, 2017.

J. P. Morgan European Credit Research (JPM Research 2014): *New Financial CDS Fair Value II*, 11. Juli 2014.

Krekel, M.: *Pricing distressed CDOs with base correlation and stochastic recovery*, UniCredit Bank Research, Mai 2008, erhältlich unter https://papers.ssrn.com/sol3/papers.cfm?abstract_id=1134022.

Kurtoglu, E. und Doctor, S.: *New Look – CDS considerations post restructuring news*, Europe Credit Research, J. P. Morgan, 25. Oktober 2017.

Levine, M.: »Blackstone May Do Its Cleverest CDS Trade Again«, erschienen in *Bloomberg News*, am 9. November 2017.

Li, D. X.: »On Default Correlation: A Copula Function Approach«, *Journal of Fixed Income* 9 (4)/2000, p. 43–45.

Liao, H.-H., Chen, T.-K. und Lu, C.-W.: *Estimating Multi-Period Corporate Credit Risk – A Cash Flow Based Approach*, Working paper, 2004, https://dx.doi.org/10.2139/ssrn.971771.

Linklaters: *Credit Supernova*, Suzanna Brunton, Simon McKnight, Lala Phillips, 2014.

Linsell, K.: »U.K. Retailer's Struggle Sparks Warning on ›Flawed‹ Derivatives«, erschienen in *Bloomberg News*, am 29. November 2017.

Mahadevan, S., Musfeldt, A. und Naraparju, P.: *Credit Derivatives Insights, Morgan Stanley Handbook of Credit Derivatives and Structured Credit Strategies*, 5. Auflage 2011.

Mai, J.-F.: *Extendibility of Marshall-Olkin distributions via Lévy subordinators and an application to portfolio credit risk*, Dissertation Technische Universität München, 2010, erhältlich unter https://mediatum.ub.tum.de/node?id=969547.

Mai, J.-F., Scherer, M. und Zagst, R.: »CIID frailty models and implied copulas«, in: Jaworski, P. et al. (Hrsg.): *Copulae in Mathematical and Quantitative Finance* (Proceedings of the 2nd Workshop on Copula Theory and its Applications, Krakau, Poland), Heidelberg/Berlin, 2013, S. 201–230.

Mai, J. und Montazeri, M.: *Negative basis measurement for callable bonds*, Working paper XAIA Investment, 2014, erhältlich unter www.xaia.com/uploads/media/NBcallable_XAIA.pdf.

Mai, J.-F. und Scherer, M.: *Simulating Copulas*, 2nd edition, World Scientific, 2017.

Merton, R.: »On the Pricing of Corporate Debt: The Risk Structure of Interest Rates«, *Journal of Finance*, 29/1974, issue 2, p. 449–70.

O'Kane, D. und Livesey, M.: *Base correlation explained*, Fixed Income Quantitative Research Lehman Brothers, 2004.

O'Kane, D. und Turnbull, S.: *Valuation of credit default swaps*, Fixed Income Quantitative Research Lehman Brothers, 2003.

Patel, J. und Willemann, S.: *2014 Credit Definitions: All you need to know*, European Credit Focus, Barclays Capital, Credit Research, 11. Juli 2014.

Quinn, Á.: »New Look Notes Fall After Credit Insurance Cover Report«, erschienen in *Bloomberg News*, am 8. Januar 2018.

Ruhle, S., Childs, M. und Miecamp, J.: »Blackstone Unit Wins in No-Lose Codere Trade: Corporate Finance«, erschienen in *Bloomberg News*, am 22. Oktober 2013.

Salmon, F.: »Recipe for disaster: the formula that killed Wall street«, *Wired Magazine*, 2009, https://www.wired.com/2009/02/wp-quant/.

Salmon, F.: »The truth about Blackstone and Codere«, erschienen bei *Reuters*, 6. Dezember 2013, online zugegriffen 18. Mai 2018 unter: http://blogs.reuters.com/felix-salmon/2013/12/06/the-truth-about-blackstone-and-cordere/.

Simmons & Simmons: *The Aftermath of the 2014 ISDA Credit Derivatives Definitions, Credit Derivatives Developments*, September 2016, online zugegriffen am 2. Januar 2018 unter: http://www.elexicircacom/-/media/files/articles/2016/capital Prozent20 markets/20160930 Prozent20the Prozent20aftermath Prozent20of Prozent20the Prozent202014 Prozent20isda Prozent20credit Prozent20derivatives Prozent20 definitions.pdf.

Shan, S.C., Tang, D.Y. und Yan, H.: »Credit Default Swaps and Bank Regulatory Capital«, *HKIMR Working Paper* No. 20, 2017.

Sinn, H.-W. und Wollmershäuser, T.: »Target Loans, Current Account Balances and Capital Flows: The ECB's Rescue Facility«, *International Tax and Public Finance* 19 (4)/ 2012, p. 468–508.

Smith, R.: »Hedge funds offer to support Matalan in exchange for CDS win«, *Financial Times*, 10. Juli 2017, online zugegriffen am 2. Januar 2018.

Verbeek, M: *A guide to modern econometrics, Chichester*, 3. Auflage 2008.

Abkürzungsverzeichnis

ABS	Asset Backed Securities
ABCP	Asset-Backed-Securities gedeckte Commercial Paper
APD	Asset Package Delivery
AöR	Anstalt des öffentlichen Rechts
ARM	Approved Reporting Mechanism
ATM	At the Money
BaFin	Bundesanstalt für Finanzdienstleistungsaufsicht
BIP	Bruttoinlandsprodukt
BIZ	Bank für internationalen Zahlungsausgleich
bp	Basispunkte
BRRD	Bank Recovery and Resolution Directive
bzw.	beziehungsweise
ca.	circa
CCP	Central Clearing Counterparty
CDO	Collateralized Debt Obligation
CDS	Credit Default Swap
CESR	Committee of European Securities Regulators
CET1	Common Equity Tier 1/Kernkapitalquote
CMBS	Commercial Mortgage Backed Securities
CMCDS	Constant Maturity CDS
CoCo	Contingent Convertibles
CPDO	Constant Portfolio Debt Obligation
CPPI	Constant Proportion Portfolio Insurance
CRR	Kapitaladäquanzverordnung
CSA	Collateral Service Agreement / Credit Support Annex
CTD	Cheapest To Delivery
CVA	Credit Valuation Adjustment
DC	Determinations Committee
DDS	Digital Default Swap
d.h.	das heißt
DTCC	Depository Trust & Clearing Corporation
DV01	Dollar Value Of 1 Basis Point
EBA	European Banking Authority
EBITDA	Earnings before interests, taxes, depreciation and amortisation
EFSF	European Financial Stability Facility
EIB	European Investment Bank
EMIR	European Market Infrastructure Regulation
EONIA	Euro OverNight Index Average (Index für Overnight-Zinssatz)
ESFS	Europäische Finanzstabilisierungsfaszilität
ESM	Europäischer Stabilitätsmechanismus
ESMA	European Securities and Market Authority
ETF	Exchange Traded Fund
etc.	et cetera
EU	Europäische Union
EUR	Euro
evtl.	eventuell
EZB	Europäische Zentralbank
ff.	fortfolgende
FTD	First-to-Default
FTT	Financial Transation Tax
FX	Foreign Exchange

G-7	Gruppe der Sieben
G20	Gruppe der Zwanzig
GBP	Great Britain Pound
GDP	Gross Domestic Product
ggf.	gegebenenfalls
GI	Governmental Intervention
HLPGC	Homogenous Large Portfolio Gaussian Copula
HY	Hidden Yield
ICE	Intercontinental Exchange
IG	Investment Grade
IMM	International Monetary Market; Initial Market Midpoint
ISDA	International Swaps and Derivatives Association
IWF	Internationaler Währungsfonds
JTD	Jump-to-Default
KfW	Kreditanstalt für Wiederaufbau
KVG	Kapitalverwaltungsgesellschaft
LEI	Legal Entity Identifier
LIBOR	London Interbank Offered Rate
LME	Liability Management Exercise
LT2	Lower Tier 2
M&A	Mergers and Acquisitions
MBS	Mortgage Backed Securities
MiFID	Markets in Financial Instruments Directive
MiFIR	Markets in Financial Instruments Regulation
Mio.	Million(en)
Mrd.	Milliarden
Nr.	Nummer
o. Ä.	oder Ähnliches
OLS	Ordinary Least Squares
OTC	Over the Counter
OTM	Out of the Money
%	Prozent
PDO	Prior Deliverable Obligation
PnL	Profit and Loss
POB	Package Observable Bond
PSI	Private Sector Involvement
RDS	Recovery Default Swap
RMBS	Residential Mortgage Backed Securities
S.	Seite
SBRF	Single Bank Resolution Fund
SCR	Solvency Capital Requirement
SE	Societas Europeae (europäische Gesellschaft)
SEFC	Standard European Financial Corporate
SECF	Standard European Coco Financial Corporate
SEME	Standard Emerging European & Middle Eastern Sovereign
SI	Systematischer Internalisierer
SIV	Special Investment Vehicle
S&L	Savings and Loan
SLAS	Standard Latin America Sovereign
SLBL	Standard Latin America Corporate BL
SNAC	Standard North American Corporate
s. o.	siehe oben
SPV	Special Purpose Vehicle
SRM	Single Resolution Mechanism
SRO	Standard Reference Obligation
SSEI	Standard Subordinated European Insurance Corporate

STCDO	Standardisierter Tranchen-CDO
STEC	Standard European Corporate
STEM	Standard Emerging European Corporate
s. u.	siehe unten
SWES	Standard Western European Sovereign
TRS	Total Return Swap
u. a.	unter anderem
US	United States
USA	United States of America
USD	US-Dollar
usw.	und so weiter
UT2	Upper Tier 2
vgl.	vergleiche
vs.	versus
z. B.	zum Beispiel

Stichwortverzeichnis

www.ingramcontent.com/pod-product-compliance
Ingram Content Group UK Ltd.
Pitfield, Milton Keynes, MK11 3LW, UK
UKHW051945051026
15623UKWH00004B/954

9 783527 509492